中国刑事警察学院系列教材
高等学校公安学类核心课程教材

治安案件查处

主 编 商小平
副主编 王 义
王晓明

其他参编人员
（按姓氏笔画排序）
丁肇伟 佘博通 郦赫遥
裴 明

高等教育出版社·北京

内容简介

本书以公平、正义、规范、文明执法理念为指导，以追求查处治安案件的法律效果、政治效果、社会效果相互统一为目标，以知识体系完整、知识内容精准为规则，严格依据最新的法律、法规及部门规章等，针对治安案件自身特点及查处治安案件的重点、难点问题，系统阐述了查处治安案件的基本原则、违反治安管理行为的法律认定要领及保障案件查处顺利进行的行政强制措施；集中介绍了查处治安案件的普通程序、简易程序（包括快速办理程序）、调解程序及法律救济程序；重点介绍了扰乱公共秩序、妨害公共安全、侵犯人身财产权利及妨害社会管理四类治安案件中常发案件的查处要务。

为了有助于读者对重点知识的学习理解，本书采用二维码形式在章尾拟定了“自测自评”及“思考练习题”，并配备了参考答案。

本书既适用于全国公安司法类院校各专业本科生及硕士研究生的专业课教学，也适用于全国公安实战部门广大治安民警执法办案过程中学习参考。

图书在版编目（CIP）数据

治安案件查处 / 商小平主编.--北京：高等教育出版社, 2019.11 (2022.12 重印)
ISBN 978-7-04-052878-7

Ⅰ.①治… Ⅱ.①商… Ⅲ.①治安管理－案件－处理－中国－高等学校－教材 Ⅳ.① D922.14

中国版本图书馆CIP数据核字（2019）第244550号

Zhian Anjian Chachu

策划编辑 帅映清　责任编辑 帅映清　封面设计 王 鹏　版式设计 杜微言
责任校对 张 薇　责任印制 存 怡

出版发行 高等教育出版社
社 址 北京市西城区德外大街4号
邮政编码 100120
印 刷 大厂益利印刷有限公司
开 本 787mm×1092mm 1/16
印 张 18
字 数 440千字
购书热线 010-58581118
咨询电话 400-810-0598
网 址 http://www.hep.edu.cn
http://www.hep.com.cn
网上订购 http://www.hepmall.com.cn
http://www.hepmall.com
http://www.hepmall.cn
版 次 2019年11月第1版
印 次 2022年12月第5次印刷
定 价 45.00元

物 料 号 52878-00

前　言

查处治安案件是广大公安民警一项经常性的基础工作。与刑事案件相比，治安案件具有发案率高、涉及面广等特点。与侦办刑事案件相比，查处治安案件的法律依据庞杂，而且，民警办案涉及整个案件的调查、处罚及对处罚决定的执行，是自始至终的全程执法活动。因此，查处治安案件工作量大、任务艰巨。《治安管理处罚法》[①]是查处治安案件最基本的法律依据。近年来我国又陆续颁布或修订了一系列与查处治安案件相关的法律、法规、司法解释和部门规章，如 2018 年 11 月修订的《公安机关办理行政案件程序规定》等。为公安专业教学及科研成果“贴近实战”“服务实战”，我们根据上述最新的法律、法规、司法解释和部门规章编写了本教材。

与以往的同类教材相比，本教材具有以下特点：一是法律依据更新、更全、更具体，从实体性法律对违反治安管理行为的认定到程序性法律对违反治安管理行为的调查与处罚，从基本法律到部门规章，都更全面、更具体地进行了阐释与介绍；二是编写模式更新、更简捷、更实用，具有明显的可操作性；三是内容编排更科学、更合理、更直观，具有较强的可读性。本教材既适用于公安实战部门的广大民警自学，也适用于公安院校治安专业的本科生学习。

在编写本教材的过程中，除了严格依据《宪法》《行政处罚法》《治安管理处罚法》《行政强制法》《行政复议法》《行政诉讼法》《国家赔偿法》《公安机关办理行政案件程序规定》等法律、法规之外，我们还参阅了公安部领导的重要讲话和学术同行的研究成果。在此，表示诚挚的谢意。

本教材由商小平任主编，王义、王晓明任副主编，佘博通、裴明、丁肇伟、郦赫遥参与编写工作。同时，本教材得到了中国刑事警察学院王乔教授和浙江省公安厅治安管理总队沈秋伟副总队长的审阅和指导，特此感谢！

限于编者的理论水平与实践经验，加之时间仓促，教材中难免存有疏漏与不妥之处，敬请广大读者批评指正，更求同行不吝赐教。

编者

2019 年 5 月

① 本书涉及现行法律，一律使用全称，但省略“中华人民共和国”。

目　录

第一编　治安案件查处总论

第二编　治安案件查处程序

第三编　常发治安案件的查处

第一编　治安案件查处总论

第一章　治安案件及其查处

第一节　治安案件的概念、分类

一、治安案件的概念

治安案件，也称治安行政案件，是指公安机关对违反治安管理行为[①]，依据《治安管理处罚法》及有关法律、法规的规定，组织调查并对违法行为人予以治安行政制裁的法律事实。

对于治安案件的概念，我们可以从以下几个层面对其加以解读：

（一）违反治安管理行为发生是治安案件成立的前提条件

违反治安管理行为，是指行为主体实施了违反《治安管理处罚法》等有关法律法规并应当受到相应处罚的行为。违反治安管理行为不是违反其他行政管理法律规范的行为，也不是经济、民事违法行为，更不是触犯《刑法》的犯罪行为。

（二）违反治安管理行为主体是治安案件的责任承担人

首先，不同主体实施了同一违反治安管理行为，其承担责任的方式、责任轻重就会有所差异。例如，在责任承担方式方面，个人实施违法行为直接由个人承担责任；单位实施违法行为，则实行双罚制。在责任轻重方面，对于未成年人、精神病人等均有基于主体原因的减免。其次，主体身份不同，会对治安案件的定性产生影响。对此，《治安管理处罚法》等在构成要件中做了明确规定。例如，虐待、遗弃行为，如果不具有家庭成员、抚养人的身份则不能认定为违法；再如，违法承接典当物品行为的认定，就要求主体必须是典当业工作人员。

（三）从主管机构来讲，公安机关对治安案件负全面管理责任

我国《治安管理处罚法》中既有实体规则，又有程序规则。公安机关既要依照法律规定对治安案件进行事实认定，同时又要依照《治安管理处罚法》《公安机关办理行政案件程序规定》等相关法律法规、规章的程序规定对治安案件进行办理。只有经过公安机关依照确立的程序予以受理后的法律事实，才能被称为治安案件。所以，公安部门负责治安案件所有实体上、程序上的工作，对治安案件负全面的管理责任。

（四）从法律责任来讲，治安案件具有应受处罚性

所谓应受处罚性，指的是违法行为主体应当承担(治安管理处罚法)规定的制裁后果。反之，如果公安机关依据法律规定认为一行为不应当受到治安管理处罚，那么治安案件也就不成立。

---

① 出于行文方便，以下除非特别标注，本书中“违反治安管理法律、法规的行为”或“违法行为”即为“违反《治安管理处罚法》及相关法律的行为”。

二、治安案件的分类

根据不同的标准,治安案件有不同的分类。下面列举两种分类:

(一) 以违反治安管理行为所侵害的客体为标准进行划分

依照《治安管理处罚法》的规定,根据违反治安管理行为所侵害的客体的不同,治安案件可以分为四大类:扰乱公共秩序的案件、妨害公共安全的案件、侵犯人身权利和财产权利的案件、妨害社会管理的案件。

(二) 根据公安部规定的案由进行划分

根据治安案件的案由及其内部行为方式、侵犯对象的不同,公安部 2012 年出台的《公安部关于规范违反治安管理行为名称的意见》把分布在《人民警察法》《治安管理处罚法》《禁毒法》《居民身份证法》《反恐怖主义法》等法律、法规、规章中的治安案件划分为 401 个案由。

第二节　查处治安案件的法律依据及其适用

一、查处治安案件的法律依据

查处治安案件的法律依据,是指适用于公安机关认定违反治安管理行为,追究违反治安管理行为人的法律责任,由国家制定并保障实施的具有法律效力的法律文件。具体来讲,宪法、法律、行政法规、地方性法规和部门规章等不同层次的规范性文件,构成了查处治安案件、实施治安管理处罚所依据的法律体系。

(一) 根本依据

宪法是查处治安案件的根本法律依据。宪法是国家的根本大法,规定了国家基本的法律秩序以及价值判断标准,具有最高的法律效力和权威。《宪法》第 5 条规定:“中华人民共和国实行依法治国,建设社会主义法治国家。国家维护社会主义法制的统一和尊严。一切法律、行政法规和地方性法规都不得同宪法相抵触。一切国家机关和武装力量、各政党和各社会团体、各企业事业组织都必须遵守宪法和法律。一切违反宪法和法律的行为,必须予以追究,任何组织或者个人都不得有超越宪法和法律的特权。”因此,治安管理处罚法律规范也是依照宪法加以制定的,公安机关查处治安案件时,宪法也是最高的行为准则。

(二) 直接依据

根据我国《立法法》的规定,依照位阶从高到低排列,查处治安案件的直接依据可以分为法律,行政法规,地方性法规、自治条例和单行条例,部门规章等几个层次。

1. 法律

法律在国家规则体系中的地位仅次于宪法,它是由全国人民代表大会及其常委会行使国家立法权,依照《立法法》制定的全国普适性的规范性文件。依照在查处治安案件中所起功能的不同,大致可以分为依据性法律、衔接性法律、补充性法律三个层次。

依据性法律是指规定治安案件查处实体性规定与程序性规定的法律文件,即《治安管理处罚法》。该法 2005 年 8 月 28 日由第十届全国人民代表大会常务委员会第十七次会议通过,自 2006 年 3 月 1 日起施行。2012 年 10 月 26 日,第十一届全国人民代表大会常务委员会第二十九次会议通过《治安管理处罚法》的修正案，自 2013 年 1 月 1 日起施行。《治安管理处罚法》是查处治安案件最主要的法律依据。

衔接性法律是指涉及治安案件查处活动的诉讼、救济、保障的法律规范，主要包括《行政处罚法》《行政复议法》《行政诉讼法》和《国家赔偿法》等。其中《行政处罚法》是规范各种行政处罚的纲领性、总则性法律，对行政处罚的目的、原则、适用范围、处罚种类、查处程序等作出了统一规定，对所有的行政查处活动具有普遍的指导意义，当然也是查处治安案件的重要的指导性法律依据。《行政复议法》和《行政诉讼法》设定了各种行政处罚（包括处理）的复议、诉讼范围与程序规范，当然也是治安管理处罚法律救济的重要法律依据。《国家赔偿法》是规定国家机关和国家机关工作人员违法行使职权，侵犯公民、法人和其他组织的合法权益时，受害人享有依法取得国家赔偿的权利的规范性法律文件。公安机关及其执法人员作为重要的行政执法主体，其执法行为当然受其调整与规范。

补充性法律是指《治安管理处罚法》以外的其他法律规范中明确规定需要依照《治安管理处罚法》加以处理的法律，主要包括《道路交通安全法》《消防法》《集会游行示威法》《枪支管理法》《戒严法》《突发事件应对法》等。

2. 行政法规

行政法规的制定主体是国务院，内容是“为执行法律的规定需要制定行政法规的事项”，以及《宪法》第 89 条规定的国务院行政管理职权的事项。[①] 宪法、法律之规定是行政法规制定的依据，行政法规的内容不得与宪法、法律之规定相抵触。公安机关在查处治安案件的过程中，一方面存在事实认定需要行政法规提供依据的情况，比如《治安管理处罚法》第 54 条规定“被依法撤销登记的社会团体，仍以社会团体名义进行活动的”，其中认定“被依法撤销登记的社会团体”所依据的就是国务院颁布的《社会团体登记管理条例》，再如第 28 条“违反国家规定，故意干扰无线电业务正常进行的”中，“违反国家规定”就是指违反《无线电管理条例》。另一方面，行政法规的有效实施，也需要《治安管理处罚法》的保障。很多行政法规在条文中均规定了“违反本条例规定，构成违反治安管理行为的，依法给予治安管理处罚”或类似的内容，通过《治安管理处罚法》赋予行政法规较高的强制力，从而保障了行政法规的有效实施。

3. 地方性法规、自治条例、单行条例

地方性法规是指由省、直辖市的人民代表大会及其常务委员会根据本行政区域的具体情况和实际需要，在不同宪法、法律、行政法规相抵触的前提下制定的区域性的规范性文件。设区的

---

① 《宪法》第 89 条规定：“国务院行使下列职权：(一) 根据宪法和法律，规定行政措施，制定行政法规，发布决定和命令；(二) 向全国人民代表大会或者全国人民代表大会常务委员会提出议案；(三) 规定各部和各委员会的任务和职责，统一领导各部和各委员会的工作，并且领导不属于各部和各委员会的全国性的行政工作；(四) 统一领导全国地方各级国家行政机关的工作，规定中央和省、自治区、直辖市的国家行政机关的职权的具体划分；(五) 编制和执行国民经济和社会发展计划和国家预算；(六) 领导和管理经济工作和城乡建设、生态文明建设；(七) 领导和管理教育、科学、文化、卫生、体育和计划生育工作；(八) 领导和管理民政、公安、司法行政等工作；(九) 管理对外事务，同外国缔结条约和协定；(十) 领导和管理国防建设事业；(十一) 领导和管理民族事务，保障少数民族的平等权利和民族自治地方的自治权利；(十二) 保护华侨的正当的权利和利益，保护归侨和侨眷的合法的权利和利益；(十三) 改变或者撤销各部、各委员会发布的不适当的命令、指示和规章；(十四) 改变或者撤销地方各级国家行政机关的不适当的决定和命令；(十五) 批准省、自治区、直辖市的区域划分，批准自治州、县、自治县、市的建置和区域划分；(十六) 依照法律规定决定省、自治区、直辖市的范围内部分地区进入紧急状态；(十七) 审定行政机构的编制，依照法律规定任免、培训、考核和奖惩行政人员；(十八) 全国人民代表大会和全国人民代表大会常务委员会授予的其他职权。”

市的人民代表大会及其常务委员会根据本市的具体情况和实际需要，在不同宪法、法律、行政法规和本省、自治区的地方性法规相抵触的前提下，可以对城乡建设与管理、环境保护、历史文化保护等方面的事项制定地方性法规。

根据 2015 年修改的《立法法》的最新规定，各省、自治区、直辖市以及设区的市的人民代表大会及其常务委员会均可根据本地方辖区的实际需要，开展有针对性的立法活动，其中涉及治安管理方面的内容，就成为本地方查处治安案件的法律依据。例如，《广东省禁毒条例》第 35 条规定，“对自愿到前款规定戒毒场所接受戒毒治疗的吸毒人员，公安机关对其原吸毒行为依法不予治安管理处罚”。该条规定是广东省范围内对于吸毒人员进行治安管理处罚的依据。值得注意的是，地方性法规、自治条例、单行条例仅在其实行范围可以作为治安案件处理的依据，在不同地域范围内处理相同或类似的治安案件，需注意各地方规定之不同而分别依照适用。

4. 部门规章

部门规章是国务院各部门、各委员会根据法律和行政法规的规定和国务院的决定，在本部门的权限范围内制定和发布的调整本部门范围内的行政管理关系的，并不得与宪法、法律和行政法规相抵触的规范性文件。部门规章仅对本部门内部的工作产生规范性效力，其适用面相对狭窄。但是考虑到治安案件是由公安机关全权负责，因此公安机关内部的部门规章就对治安案件的查处发挥着重要的作用，是查处治安案件的重要依据。具体来讲，比较重要的部门规章有《公安机关办理行政案件程序规定》《公安机关治安调解工作规范》《公安机关执行〈中华人民共和国治安管理处罚法〉有关问题的解释》《公安机关执行〈中华人民共和国治安管理处罚法〉有关问题的解释（二）》[①] 等。

二、查处治安案件法律依据的适用及效力

（一）查处治安案件法律依据适用的含义及特点

查处治安案件法律依据的适用，是指公安机关依照其职权范围，把治安管理的法律规范运用到具体治安案件查处中的专门活动。结合治安案件的特点与法律规范的要求，查处治安案件法律依据的适用呈现出以下特点：

1. 适用主体只能是公安机关。这是我国《治安管理处罚法》中明确规定的。公安机关查处治安案件是法律授权的执法活动，代表国家与法律的权威。公安机关在查处治安案件时要严格依照法律规定实施，不能进行超越法律授权的活动。

2. 适用程序有严格的法律要求。《治安管理处罚法》明确规定了查处治安案件的程序要求，公安机关必须严格遵守。该法第 79 条规定：“公安机关及其人民警察对治安案件的调查，应当依法进行。严禁刑讯逼供或者采用威胁、引诱、欺骗等非法手段收集证据。以非法手段收集的证据不得作为处罚的根据。”

3. 适用结果应当以法律文书的形式加以明示。根据《治安管理处罚法》第 95~97 条之规定，治安案件调查结束后，公安机关应当根据不同情况，如确有依法应当给予治安管理处罚的违法行

---

① 根据《立法法》之规定，我国法律的解释分为立法解释、司法解释两种，解释主体分别为全国人民代表大会及其常务委员会、最高人民法院与最高人民检察院，因此公安机关对于《治安管理处罚法》的两个解释不属于《立法法》规定的法律解释范畴，归为部门规章较为稳妥。

为的,根据情节轻重及具体情况,作出处罚决定,依法不予处罚的,或者违法事实不能成立的,作出不予处罚决定。公安机关作出治安管理处罚决定的,应当制作治安管理处罚决定书。处罚决定书能当场向被处罚人宣告的,应当当场宣告并送达;无法当场向被处罚人宣告的,应当在 2 日内送达被处罚人。

4. 适用具有强制性。治安案件查处的对象有配合遵守的义务,否则公安机关有权强制其遵守。例如,《治安管理处罚法》第 82 条第 2 款规定:“公安机关应当将传唤的原因和依据告知被传唤人。对无正当理由不接受传唤或者逃避传唤的人,可以强制传唤。”

(二) 查处治安案件法律依据的效力

法的效力,就是指法的约束力。狭义的法的效力,一般指法律的适用范围,包括时间效力、空间效力两个层面。不同法律规范之间,存在效力位阶,也是法律适用过程中需要注意的问题。

1. 时间效力

法律的时间效力是指法律何时生效、何时失效以及法律对生效以前的行为有无溯及力的问题。根据我国《治安管理处罚法》第 22 条之规定,“违反治安管理行为在六个月内没有被公安机关发现的,不再处罚。[①] 前款规定的期限,从违反治安管理行为发生之日起计算;违反治安管理行为有连续或者继续状态的,从行为终了之日起计算”,故《治安管理处罚法》的适用无溯及力。

但是随着社会生活的变化,未来该法仍存在进一步修订完善之可能,会出现法律适用的溯及力问题。面对这样的情况,鉴于该法有剥夺人身自由及财产权利的可能,出于保障人权的考虑,法律更迭产生的后果不应当由违法嫌疑人来承担。如《治安管理处罚法》出现溯及力的问题,应当参照《刑法》之规定,引入“从旧兼从轻”原则:新旧法交替时的违法行为,原则上应当适用行为发生时的法律规定(旧法),但是若新法规定轻于旧法时,应当适用新法,以最大程度地保障人权。

2. 空间效力

《治安管理处罚法》第 4 条规定:“在中华人民共和国领域内发生的违反治安管理行为,除法律有特别规定的外,适用本法。在中华人民共和国船舶和航空器内发生的违反治安管理行为,除法律有特别规定的外,适用本法。”此条款较为清楚地阐明了查处治安案件法律依据适用的空间效力。具体到办案实践中,有几个方面的内容需要细化说明:

第一,根据《香港特别行政区基本法》《澳门特别行政区基本法》的规定,全国人民代表大会授权香港特别行政区、澳门特别行政区依照各自基本法实行高度自治,享有行政管理权、立法权、独立的司法权和终审权。因此,我国恢复对香港、澳门行使国家主权,除了统一管理外交和国防事务外,香港和澳门的政治、经济、法律制度保持不变,全国性的《治安管理处罚法》不适用于香港、澳门特别行政区。

第二,对于外国驻华使领馆中发生的治安案件,是否属于《治安管理处罚法》第 4 条规定的“领域内”发生的治安案件,目前有不同的观点。一种观点认为,使领馆当视同为他国土地之延伸,故其中发生的治安案件应当适用派遣国法律而非驻在国法律。根据我国法律规定与公安机关的办案实践,这种观点是不妥当的,其理由如下:

---

① 此处的“不再处罚”,应当解释为不受《治安管理处罚法》之任何处理、制裁,就是不再作为违反治安管理的行为处理。而不应当解释为本法中的“不予处罚”之情况。——编者注

首先,我国签署的《维也纳外交关系公约》第22条规定:“一、使馆馆舍不得侵犯。接受国官吏非经使馆馆长许可,不得进入使馆馆舍。二、接受国负有特殊责任,采取一切适当步骤保护使馆馆会免受侵入或损害,并防止一切扰乱使馆安宁或有损使馆尊严之情事。三、使馆馆舍及设备,以及馆舍内其他财产与使馆交通工具免受搜查、征用、扣押或强制执行。”从该规定并不能当然地推论出使馆、领馆不受驻在国的司法管辖,而是驻在国司法管辖权受到国际法一定程度的限制。

其次,根据《领事特权与豁免条例》之相关规定,使领馆的全体人员并不当然地全部享有“外交豁免权”,即便是具有外交豁免权身份的人,根据其身份的不同,其外交豁免权所覆盖的范围也不尽相同。此外,该条例第22条规定:“领馆行政技术人员或者领馆服务人员如果是中国公民或者在中国永久居留的外国人,除没有义务就其执行职务所涉及事项作证外,不享有本条例规定的特权与豁免。”所以,并非所有的使领馆人员在任何情况之下,均享有“通过外交途径解决”的方式排除《治安管理处罚法》适用的特权。

综上所述,《治安管理处罚法》在外国驻华使领馆中并非完全排除适用,而是应当基于法律的限制性规定加以区别适用。公安机关未经使领馆的同意,不得进入使领馆执行公务;公安机关有必要对使领馆的中国籍服务人员依法采取传唤等强制措施的,应当通知该使领馆。如果违反治安管理的行为人享有领事特权与豁免,公安机关应当在进行必要的调查后,层报公安部并外交部通过外交途径解决;如果违反治安管理的行为人不享有领事特权与豁免,公安机关应当依照有关国际条约和我国法律查处。中国公民作为外国驻华领事馆服务人员时,除没有义务就其执行职务所涉及事项作证外,不享有其他领事特权与豁免。因此,诸如外国驻华领事馆的中国籍服务人员在领事馆实施针对中国公民的治安违法行为时,应当适用《治安管理处罚法》之规定。

3. 各种法律依据的效力位阶

法律、行政法规、部门规章和地方政府规章在法律效力上处于不同的位阶,行政法规的效力高于部门规章和地方政府规章;部门规章和地方政府规章的效力通常取决于制定主体的行政级别。行政级别高的行政主体制定的规章的效力通常高于行政级别低的行政主体制定的规章的效力。行政立法是国家整个立法的一部分,故其效力位阶与整个立法的效力位阶是紧密联系在一起的。要明确我国行政立法在整个法律体系中的地位,必须考察我国整个立法的位阶序列:

(1) 宪法具有最高的法律效力,一切法律、行政法规、地方性法规、自治条例和单行条例、规章都不得同宪法相抵触。

(2) 法律的效力高于行政法规、地方性法规、规章,行政法规的效力高于地方性法规、规章。

(3) 地方性法规的效力高于本级和下级地方政府规章,省、自治区人民政府制定的规章的效力高于本行政区域内设区的市、自治州的人民政府制定的规章。

(4) 自治条例和单行条例依法对法律、行政法规、地方性法规作变通规定的,在本自治地方适用自治条例和单行条例的规定。

(5) 经济特区法规根据授权对法律、行政法规、地方性法规作变通规定的,在本经济特区适用经济特区法规的规定。

(6) 部门规章之间、部门规章与地方政府规章之间具有同等效力,在各自的权限范围内施行。

同一位阶或位阶不明确的法律规范如发生冲突,法律适用遵循下述规则:

(1) 同一机关制定的法律、行政法规、地方性法规、自治条例和单行条例、规章,特别规定与一般规定不一致的,适用特别规定;新的规定与旧的规定不一致的,适用新的规定。

(2) 法律之间对同一事项的新的一般规定与旧的特别规定不一致,不能确定如何适用时,由全国人大常委会裁决;行政法规之间对同一事项的新的一般规定与旧的特别规定不一致,不能确定如何适用时,由国务院裁决。

(3) 地方性法规、规章之间不一致时,其处理规则是:同一机关制定的新的一般规定与旧的特别规定不一致时,由制定机关裁决;地方性法规与部门规章之间对同一事项的规定不一致,不能确定如何适用时,由国务院提出意见,国务院认为应当适用地方性法规的,应当适用地方性法规的规定;认为应当适用部门规章的,应当提请全国人大常委会裁决;部门规章之间、部门规章与地方政府规章之间对同一事项的规定不一致时,由国务院裁决;根据授权制定的法规与法律规定不一致,不能确定如何适用时,由全国人大常委会裁决。

第三节　查处治安案件的基本原则

一、过罚法定原则

过罚法定原则,是指对《治安管理处罚法》规定的违法行为,应当依照法律认定并处罚;法律没有明确规定的,不得认定为违法行为并处罚。过罚法定原则,可以看作罪刑法定原则在《治安管理处罚法》中的延续。因《治安管理处罚法》中规定有剥夺公民人身自由、财产权之罚则,很多违法行为与犯罪相比较,仅有程度之不同而无性质之区别,出于限制国家权力、保障人权的考量,在《治安管理处罚法》中明确过罚法定原则十分必要,并且应当作为查处治安案件的基本原则加以贯彻。

过罚法定原则脱胎于刑法罪刑法定原则。过罚法定原则不仅仅是一种法律意义上的宣告,也是实践中查处治安案件必须遵循的基本原则,因而需要通过一系列具体内容的充实来加以贯彻实现:

1. 禁止类推解释

类推解释,是指需要判断的具体事实与法律规定的构成要件基本相似(而不是相符)时,将后者的法律效果适用于前者。禁止类推解释一般是从形式层面来使用,即禁止一切种类的类推解释。法律是由文字组成的,形式上禁止类推解释,就是指在解释法条内容时,不能超越文字本身所拥有之含义内容,不能因为具有"相似性"而把一种行为硬套在构成要件上。如果不禁止类推解释,则公民对其自身行为的可预测性就会遭受损害,其后果要么是妨碍公民自由权的行使,要么造成公民在不可预测的情形之下受到治安处罚。

2. 禁止溯及既往

法的溯及既往,或者说法的溯及力的问题,实际讨论的是新旧法条文的效力问题。事后法律的适用意味着公民需要遵守行为时并不存在的法律,这是十分不可思议的。公民不可预见其行为后立法机关在未来当如何立法,故现在的行为被未来的法律认定为违法,显然是有悖于罪刑法定原则的要求,公民也无丝毫自由可言。正因为禁止溯及既往是出于保障人权的需要,故对其内涵通常做实质的解释,即对于不利于嫌疑人的法律,严格禁止溯及既往;但是新法对嫌疑人较为有利时,则要考虑适用新的法律,以便在实质上全面地对嫌疑人的权利加以保障。

3. 处罚的明确性

处罚的明确性,一般包含两个方面的内容:一方面从《治安管理处罚法》本身来讲,其规定的违法行为要件与处罚要清晰明确,以便公民正确地理解法律规定并预测自身行为的性质;另一方面是指公安机关在侦办治安案件时,对于案件的处理要明确,无论最终案件结果如何,均应当制作相应的法律文书加以明示,并在法律文书之中提供明确的法律依据。综上可见,处罚的明确性既包含立法方面的要求,又包含执法方面的要求,因此"明确性"本身不仅是静态的要求,还是从立法到司法一整套动态法律运行过程中的基本要求。不但在法律修订、法律解释的过程中应时刻注意明确性的要求,在治安案件查处的整个过程之中,也要时刻以明确性的要求展开工作。

4. 处罚的适正性[①]

处罚适正性,分解开来就是处罚的适当性与正当性。所谓处罚的适当性,是指《治安管理处罚法》所规定的违法行为范围要合理,要避免将不当罚的行为纳入管辖。法律处罚范围的合理性,关乎每个公民自由的边界,过罚法定原则既然要保障公民自由,那么就应当最大限度地减少对公民生活的干预程度,尽量排除不当罚的行为,最大程度地避免动用治安处罚来制裁国民。这就要求法律在立法层面要仔细调研考量,使公民自由最大化;同时公安机关在执法实践中要摒弃用处罚来处理社会问题的思维方式,尽量优先通过其他手段来化解矛盾,从而收获更加良好的处理效果。

所谓处罚的正当性,指的是违法行为要与其法益侵害性大体相当,从而使法律本身以及执法活动的整个过程具有道德意义上的正当性,如此治安案件查处的过程与结果才能被公民所认可,才能起到保障公民自由,化解社会矛盾之功能。这就要求公安机关查处治安案件的过程中,一方面,要排除不均衡的法律适用,做到违法行为定性与法益侵害程度大体相当;另一方面,在治安处罚的内容上,要排除含有不必要的精神、肉体痛苦的处罚方式的适用。

二、过罚相当原则

过罚相当原则,是指实施的治安处罚必须与违法行为的事实、性质、情节以及法益侵害程度相当,即行为人实施了哪种违法行为,就应予以法律设定的相应的处罚或处理;有多严重的违法行为,就应处以多严厉的处罚或处理。《治安管理处罚法》第 5 条第 1 款规定:"治安管理处罚必须以事实为依据,与违反治安管理行为的性质、情节以及社会危害程度相当。"[②]

遵守这一原则,公安机关必须正确使用法律赋予的自由酌定权。由于社会生活的多样性和变化性,法律不可能穷尽所有违法行为的样态并一一制定罚则,故只能通过规定违法行为的核心内容(即构成要件)对违法行为加以类型化处理,从而保持法律的稳定性与权威性。构成要件并非案件的全部事实内容,即便是同类案件的每个个案也并不相同,这就需要赋予公安机关一定的自由酌定权,在个案处理中因地制宜,避免机械生硬地查处治安案件。因此,要求公安机关一方面要全面地考察案情,充分考虑案件中各个影响因素的作用;另一方面,自由酌定权不能突破法律所授权的范围,更不能突破构成要件的规定,要坚决杜绝自由酌定权滥用的现象。

---

① 参见张明楷:《刑法学》(第五版),法律出版社 2016 年版,第 55 页。

② 本书认为,"社会危害程度"与法益侵害程度只有表述上的不同而无本质区别,均是指违法行为对法益的侵害程度。

三、尊重与保障人权原则

随着我国法治进程的日益推进，人权作为公民的一项基本权利已经被广泛提及，关于人权的内涵和保障人权的有效途径，也越来越受到社会各界的普遍关注。近年来，我国已经签署了《世界人权宣言》和《公民权利和政治权利国际公约》等多个国际人权条约。2004 年 3 月第十届全国人大第二次会议通过的宪法修正案，首次将“人权”概念写入宪法，明确规定“国家尊重和保障人权”。《治安管理处罚法》第 5 条规定，实施治安管理处罚，应当公开、公正，尊重和保障人权，保护公民的人格尊严。

公安行政执法与保障人权的关系十分密切，保障人权是公安行政执法的重要目标之一。公安行政管理部门代表国家行使执法权，通过打击违法行为，维护社会秩序，保护公民的人身和财产安全。公安机关及人民警察为了实现公安行政管理的目的，依据法律、法规对有关行政相对人实施直接影响其权利义务的行为。治安行政执法行为具有以下特点：治安行政执法具有主体特定性和单方意志性；治安行政执法措施具有特殊强制性；治安行政执法在内容上具有广泛性和复杂性。

在查处治安案件的过程中，治安案件的当事人应享有以下权利：

（一）对案件的知情权

知情权包含两方面的内容：一是指案件当事人有确认对自己进行治安处罚的执法人员是否具备法定资格的权利；二是指在案件的调查与处罚过程中，当事人有了解被处罚的违法事实、被处罚的理由和处罚的法定依据的权利。

知情权是当事人维护自己合法利益的基础。保障当事人的知情权，有利于当事人正确行使自身权利，充分收集案件证据，化解当事人与公安机关因信息不对称产生的矛盾。

（二）陈述、申辩和质证权

案件当事人对公安机关告知的违法事实、被处罚的理由和处罚的法定依据可以提出自己的看法，并且可以进行申辩，以澄清事实；公安机关应当充分听取当事人的陈述和申辩，为其行使权利提供保障。《行政处罚法》第 32 条规定：“当事人有权进行陈述和申辩。行政机关必须充分听取当事人的意见，对当事人提出的事实、理由和证据，应当进行复核；当事人提出的事实、理由或者证据成立的，行政机关应当采纳。行政机关不得因当事人申辩而加重处罚。”

治安案件查处过程中的质证活动，是指案件当事人及其代理人在公安机关主持下，对案件证据就其真实性、合法性、关联性以及证明力的有无、大小予以说明和质辩的活动。为了保障当事人质证权的实施，在治安案件的处罚涉及公民重大利益时，专门设置了听证程序以保障质证的充分性与公正性。《行政处罚法》第 42 条规定：“行政机关作出责令停产停业、吊销许可证或者执照、较大数额罚款等行政处罚决定之前，应当告知当事人有要求举行听证的权利；当事人要求听证的，行政机关应当组织听证。当事人不承担行政机关组织听证的费用。”《公安机关办理行政案件程序规定》第 123 条规定，较大数额罚款指对个人处以 2 000 元以上罚款，对单位处以 1 万元以上罚款，对违反边防出境入境管理法律、法规和规章的个人处以 6 000 元以上罚款。

（三）申请对办案人民警察的回避权

《公安机关办理行政案件程序规定》指出，在查处治安案件的过程中，如果案件的当事人及其法定代理人认为公安机关负责人、办案人民警察具有应当回避的情形而没有自行申请回避的，可以口头或书面的形式申请回避。

（四）申请法律救济的权利

治安案件当事人的合法权益由于公安机关行使权力不当而受到损害的，可以通过提起治安行政复议、治安行政诉讼和申请国家行政赔偿的途径获得救济，从而保障自身合法权利通过合法有效的途径得以主张。

（五）特殊当事人的权利

上述四项权利，是作为治安案件一般当事人所共同享有的。对于涉嫌违法的特殊群体，法律、法规及规章也作出了相应的规定。主要有：

1. 保障未成年人的合法权益。《行政处罚法》第 25 条规定："不满十四周岁的人有违法行为的，不予行政处罚，责令监护人加以管教；已满十四周岁不满十八周岁的人有违法行为的，从轻或者减轻行政处罚。"《治安管理处罚法》第 12 条规定："已满十四周岁不满十八周岁的人违反治安管理的，从轻或者减轻处罚；不满十四周岁的人违反治安管理的，不予处罚，但是应当责令其监护人严加管教。"这些规定充分考虑到了未成年人的身心发育程度，体现了立法对未成年人合法权益的保障。

2. 保障各民族使用本民族语言的权利。我国是一个统一的多民族国家，许多民族都有自己的语言文字。为此，《公安机关办理行政案件程序规定》第 7 条规定："办理行政案件，在少数民族聚居或者多民族共同居住的地区，应当使用当地通用的语言进行询问。对不通晓当地通用语言文字的当事人，应当为他们提供翻译。"这里的"使用"，不仅仅局限于办案人民警察在执法中的口头询问与讯问，也包括其他环节，如制作法律文书中也应有汉语与当地通用语言文字的对照翻译。

四、公开公正原则

（一）公开原则

公开原则是对公安机关查处治安案件坚持"公正原则"的保障性规定。这一原则要求公安机关依照法律规定与程序，将违法嫌疑人依法享有的权利、承担的义务及其实施的违法事实，公安机关对其实施的处罚、处理的理由等内容全部告知案件当事人，以便切实维护案件当事人的合法权益，同时保证社会公众对公安机关查处治安案件实施有效的执法监督。公开原则主要有以下三方面的内容：

1. 办案依据公开。查处治安案件的法律依据必须是已经公布并实施的法律法规。凡是要求社会公众必须遵守的行为规范，必须在其正式实施前公布于众。这样既能有利于社会成员守法自律，又能使受处罚、处理人员正确认识其受罚的正当性。

2. 查处过程公开。在查处治安案件过程中，公安机关依法使用的调查手段、措施除特别情形外，都应在公开的程序下通过口头或书面的形式进行；处理决定作出前后向案件当事人告知权利、义务，除法律规定不得公开的情形外，必须公开；需要召开听证会的，经当事人申请应当召开。

3. 处罚和处理结果公开。公安机关作出的处罚、处理决定，必须按照规定制作决定书，在决定书上明确当事人的违法事实、处罚依据与理由，处罚或处理的种类与幅度及申请法律救济的途径等相关内容，并在法定时限内依照法定形式将决定书送达案件当事人。

（二）公正原则

追求公正执法，是法治的基本要求；实现公正执法，是当代文明社会的标志。公正原则，既要求案件查处的实体公正，又要求案件程序公正。

1. 实体公正。公安机关要依法认定违法事实，用证据证明违法事实，严禁主观臆断，无证定案；要平等对待不同身份、民族、性别和不同信仰的涉案人员，严禁偏私办案、办人情案；要在合法的前提下，全面地对案件加以考察，要对案件的非构成要件要素加以适当关注，如违法情境、涉案人员的身心状况、社会影响大小等。实体公正是治安案件查处的重要目标，也关系着案件当事人的切身利益，必须在办案中严格加以贯彻。

2. 程序公正。查处治安案件的主体（执法机关或执法人员），要依法遵守法律、法规等规定的办案程序、步骤、规则行事，尤其是在时限、文书等硬性要求上必须一丝不苟，严格执行。程序的公正，既是案件能够得以正确查处的有力保障，也是增强案件当事人以及一般民众对案件合法性认同感的重要途径，限于社会发展水平以及法律明确性的要求，某些治安案件的查处结果并不能得到社会的普遍认同，通过正当、严格的程序所彰显出来的程序公正，能够极大增强一般民众对于实体结果的认同感，对于树立法律权威，化解社会矛盾具有重大意义。

五、及时原则

及时原则，也可以称为效率原则，它是现代行政管理的必然要求，即行政执法，效率为先。它是指行政执法者在行使职权时，以尽可能快的速度、尽可能少的成本投入，取得尽可能大的办事效益。及时原则与公正原则并不冲突，公正永远是公安机关查处治安案件的根本性目标，同时也是及时原则的根本性目标。一方面，公安机关追求效率不能以违背法律规定，尤其是法律程序为代价；另一方面，及时对治安案件加以处理，对保障案件当事人合法权益、减少损失也十分有利。因此，及时原则是对公正原则的有力补充而非对立。及时原则主要包括以下内容：

其一，办案主体要严格按照法定程序遵守办案时限。法律对公安机关查处治安案件的受案、调查、听证、作出及执行处罚和处理决定、进行法律救济等各个环节都作出了明确的步骤性规定，并均有“及时”而行的立法要求。有的明确了时间要求，如办理治安案件的时限、处罚决定书的送达时限等。

其二，复议或诉讼的请求内容不停止执行。治安案件的当事人因不服处罚或处理决定而提起行政复议或行政诉讼后，除法律特别规定的外，一切处罚或处理决定继续执行。这样就能够在保证及时恢复处罚、处理对象合法权利的前提下，不影响办案决定的不间断执行，从而提高公安行政效率，教育处罚、处理相对人。

六、教育与处罚相结合原则

教育与处罚，涵盖了治安处罚的两大基本目标。《治安管理处罚法》第 5 条规定：“办理治安案件应当坚持教育与处罚相结合的原则。”同时，《行政处罚法》第 5 条也规定：“实施行政处罚，纠正违法行为，应当坚持处罚与教育相结合，教育公民、法人或者其他组织自觉守法。”

治安处罚的作用，一方面是惩罚，即通过强制手段的实施，惩罚违法，恢复违法行为对法秩序的破坏，从而实现恢复社会秩序，化解社会矛盾的功能。对于违法行为的处罚，具有道德上的正当性，因此公民接受程度普遍较高。另一方面，处罚的教育属性，从法定的处罚措施诞生之日起也被反复地提及。古典的惩罚理论认为，教育的核心内容在于惩罚的外部效应即“威慑”，通过静态的法律规范与惩罚措施的具体执行，让公民对于自身行为的后果有明确清醒的认识，从而不愿或不敢去实施违法行为，最终起到教育公民、预防违法的作用；新派的惩罚理论则进一步发展了教育的内涵，即除威慑外，惩罚措施本身的设置以及惩罚措施的具体执行，应当也是教育、矫正违法行为人的手段，即通过惩罚手段的设定与实施，使违法行为人得到矫正，进而认识违法行为的危害，摒弃错误的观念，最终重新融入社会。就目前来讲，治安处罚的教育目标吸收了新派惩罚理论的研究成果，不仅注重处罚的威慑作用，同时也注重通过处罚措施的执行过程，矫正改造违法行为人，助其复归社会。具体来讲包括以下内容：

首先，在实施公安行政处罚的过程中，要教育多数，处罚少数，区别对待。教育也是处罚的目的之一，是实现教育违法行为人及警戒其他社会成员的一种必需的手段。教育与处罚相结合，处罚适度可以增强教育的有效性；教育与处罚应辩证统一，不能以罚代教，单纯为处罚而处罚，也不能片面强调教育而忽视处罚；对具体案件要具体分析，根据具体违法行为的情况进行处罚和教育。

其次，在查处治安案件的过程中，应严格谨慎使用强制措施，要尽量依法进行公安行政调解，防止民间矛盾激化。这是因为违反公治安管理的行为毕竟不同于刑事犯罪行为，它的危害性相对较轻，单纯为了处罚而处罚无助于行为人认识与改正错误；而且许多违反治安管理的行为人是由于法律意识淡薄以及不良习性导致了公安违法行为的发生，其主观恶意不大，有教育的基础。

七、有利于化解矛盾原则

《治安管理处罚法》第 6 条规定：“各级人民政府应当加强社会治安综合治理，采取有效措施，化解社会矛盾，增进社会和谐，维护社会稳定。”治安案件不同于刑事案件，大量的治安案件并非是源于穷凶极恶，更多的是国民之间社会矛盾处理不当导致的，因此与刑事案件相比较，治安案件更注重案件的社会效果与当事人的满意程度。正确处理治安案件，平息社会矛盾，能够有效降低因矛盾激化导致刑事案件发生的概率，实现治安案件查处的社会价值。同时，从公安工作的角度来讲，“维稳”一直是公安机关的工作重心，“稳定压倒一切”一直是公安机关孜孜以求的目标，这就要求公安机关在处理治安案件时，既要充分发挥自身的作用，也要依靠其他相关部门单位，综合运用多种手段处理案件，协调好、化解好矛盾，要在工作中因地制宜、因时制宜，在法律框架内灵活使用自由酌定权，合理合法地对治安案件加以处置。

［自测自评］

【思考练习题】

1. 简述查处治安案件的特点。

2. 简述过罚法定原则的基本内容。

3. 结合《治安管理处罚法》的基本原则，论述公安机关在处置信访活动中的违反治安管理行为时必须注意的几个问题。

第二章　违反治安管理的行为

第一节　违反治安管理行为概述

一、违反治安管理行为的定义

违反治安管理的行为，一般从形式、实质两个角度来加以定义。从形式角度来讲，违反治安管理的行为是指实施了违反治安管理法律规范的行为。具体来讲，就是实施了符合《治安管理处罚法》等法律法规中明确规定的构成要件的行为。这种行为既不是违反其他行政管理法律规范的行为，也不是犯罪行为。

从实质角度来讲，违反治安管理的行为，指的是侵害治安管理法规所保护法益的行为。依照《治安管理处罚法》第 2 条之规定，我国《治安管理处罚法》保护的法益大致有公共秩序、公共安全、社会管理以及公民的人身权利、财产权利等几大类别。

之所以要从实质角度对违反治安管理的行为加以把握，首先是实质的角度抓住了违反治安管理行为的本质。从形式角度定义违反治安管理的行为，优势在于明确法律的管辖范围，使合法行为与违法行为的界限一目了然；但是形式角度定义在法律逻辑上难免陷入循环论证的尴尬境地。而实质角度的定义，一方面明确违反治安管理的行为是因为该行为侵犯了法益，从事实上解释清楚了对违反治安管理行为进行否定性评价的根源；另一方面，也捋顺了法律的逻辑。其次，从实质的角度定义违反治安管理的行为，是正确适用《治安管理处罚法》的现实需要。根据《治安管理处罚法》的规定，对违反治安管理的行为的处理存在减轻处罚、不予处罚、从重处罚等情况。仅从“违法”的角度是无法对上述几种适用情况加以合理解释的，因而必须从实质的角度，从对法益的侵害程度来加以分析。同种违法行为，对法益侵害严重的，应当从重处罚；反之应当减轻或不予处罚。

二、违反治安管理行为的特征

一般来讲，违反治安管理的行为具有以下几个特点：

（一）构成要件符合法律规定

违反治安管理的行为必须具备法律规定的全部要件方可成立。构成要件包含了违法行为的全部要素，是区分相邻违法行为以及相衔接的犯罪行为的根本标准。违反治安管理行为的构成要件符合法律规定，一方面是其成立的标准，同时也是其处罚的根本依据，在治安案件查处过程中处于核心地位。

（二）违反了治安管理法律规范

违反治安管理的行为必须是违反了治安管理法律规范的行为。在我国庞大的法律体系中，有若干法律门类，分别对不同领域的法律关系予以规范。违反治安管理行为，则是违反治安法律规范的行为类型，这是违反治安管理行为的法律特征，也是与其他行政违法行为在规范上的区别。

（三）应当受到治安管理法律规范的处罚

比较轻微的具有法益侵害性的行为，并不一定都会受到治安行政处罚。只有违法行为人的行为达到了应当予以治安行政处罚的程度，才能构成违反治安管理行为。

第二节 违反治安管理行为的构成要件

一、违反治安管理行为的客体

（一）违反治安管理行为客体的定义

违反治安管理行为的客体，是指由国家治安管理法律规范所保护的，被违反治安管理行为所侵害的法益。从严格意义上来说，一切违反治安管理行为，都是对我国社会治安秩序的侵害，而每一个具体的违反治安管理行为必然要侵害到构成社会治安秩序的某一法益，被称为直接客体。例如：谎报险情行为，侵犯的是社会公共秩序；非法携带枪支、弹药行为，侵犯的是公共安全秩序；殴打他人行为，侵犯的是公民的人身权利；偷窃行为，侵犯的是公私财产权利；赌博行为，侵犯的是社会管理秩序。

随着社会生活的丰富，国民对于安全的需求日益增长，尤其是涉及公共安全领域的法益，一旦遭到侵害，足以使不特定或者多数人的生命、健康和财产安全陷入危险，国家及国民将遭受极大的损失，因此有必要对此类法益加以特殊保护。面对这种现实需要，《治安管理处罚法》管辖的范围出现了一定程度的扩张，除了把对法益直接造成侵害的行为纳入管辖外，对那些未造成实质性侵害但对法益构成实质威胁的行为也纳入管辖，以加强对特殊法益的保护。例如违法存储毒害性物品的行为，“违法存储”本身不会对公共安全造成任何实质的损害，只有发生毒害物品泄露等情况时才会损害公共安全。之所以把违法存储毒害性物品的行为纳入管辖，就是“违法存储”本身对于公共安全构成了危险，出于充分保障公共安全的考虑必须加以禁止。

（二）违反治安管理行为客体与对象的区别

正确理解违反治安管理行为的客体，要与违反治安管理行为的对象加以明确区分。违反治安管理行为的对象，指的是违反治安管理行为直接作用并承担违法后果的具体人或物。违反治安管理行为的客体与对象是两个不同的概念：

1. 从本质上来讲，客体的本质是法益，而对象的本质是具体的人或物。例如，某甲盗窃某乙电动车一辆，供自己使用。此例中盗窃行为的客体是财产权利，而对象则是电动车本身。

2. 从地位上来讲，客体是构成违反治安管理行为的必需组成部分，而对象则不是。例如赌博行为并没有具体的行为对象，但有明确的客体，即国家对于公共管理的秩序。

3. 从功能上来讲，客体作为构成要件的一部分，发挥着确定违法行为性质（定性）以及区分不同种违法行为（区分）的功能；而对象往往在确定治安处罚的种类及处罚轻重的过程中发挥作用（定量）。

4. 从被侵害性上来讲，客体一定遭受违法行为侵害，否则违反治安管理的行为不会成立；而对象本身则不一定遭受侵害。如前述某甲盗窃某乙电动车的例子，乙的财产权利遭受了侵害，但是电动车本身则没有被损害。

二、违反治安管理行为的客观方面

（一）违反治安管理行为客观方面的定义

违反治安管理行为的客观方面，是指违反治安管理行为的客观外在事实特征，是构成违反治安管理行为的必备要件。首先，全面理解违反治安管理行为的客观方面，法定性是其基本特征，客观方面的内容必须由《治安管理处罚法》明确规定并严格依法加以认定。其次，客观方面的必备性，是其作为违法行为构成要件并发挥作用的必然要求，也是违法行为构成要件中的本体性要件，毕竟违法行为是对于法益的危害性行为，因此客观方面就成了其他要件所依附的本体性要件。最后，客观方面的事实性，表明其基本内容涵盖了成立违法行为的全部客观事实内容，比如危害行为、危害结果、违法行为的时间、地点、方法等。

（二）违反治安管理行为客观方面的功能

1. 明确违法行为与合法行为的界限。如果不具备违法的客观方面要件，那么违法行为中最核心的部分将不复存在，也就排除了行为的违法性。例如乞讨行为，只要不采用反复纠缠、强行讨要或者其他滋扰他人的方式进行，就不构成违反《治安管理处罚法》。

2. 明确不同违法行为的界限。在治安案件查处的过程中，很多违法行为的客体与主观方面是一致的，要明确违法的具体类型，就要借助于分析其客观方面要件的不同。

3. 正确分析违法的主观方面。客观方面是违法行为人在其主观支配之下实施的，因此，通过分析客观方面的内容，可以为主观方面的判断提供可靠的客观事实依据。

4. 正确适用治安处罚。即便是同类违法行为，基于危害行为的手段、方法的不同以及造成危害结果大小的不同，在具体适用治安处罚的强度方面应当有所区别，从而达到合理适用法律的效果。

（三）违反治安管理行为客观方面的内容

1. 危害行为

在《治安管理处罚法》的语境之中，危害行为指的是在人的意志支配之下实施的侵害法益的身体动静。危害行为在客观上必须表现为外化的可以被感知的身体动静，主观上必须在意志支配下实施，且最终能够被《治安管理处罚法》评价为对法益产生了侵害，只有满足了上述三点要求，危害行为才能够成立。危害行为一般表现为以下两种形式：

(1) 作为，指的是主体以身体活动实施的违反治安管理的危害行为，是危害行为的基本表现形式。作为的实施方式多种多样，既可以利用自身身体实施，又可以利用动物、自然力、物质性工具实施，还可以利用他人实施。

(2) 不作为，指的是主体具有特定的法律义务且具有履行能力但不履行的行为。在《治安管理处罚法》中，此类危害行为并不鲜见，例如拒不执行紧急状态决定、旅店工作人员违反规定的行为等。由此可见，“法律义务”不仅包括法律所明确的义务，还包括职务要求的义务。需要指出的是，不作为虽然经常表现为身体动静上的“消极”，但并不绝对，在某些不作为的危害行为中，行为人也会有积极的身体活动，例如旅店工作人员在对住宿旅客登记时，无论是不进行登记，还是给旅客登记虚假姓名，均构成违法。

2. 危害结果

“结果”一词，是指由一事物引起另一事物的现象。危害结果，从广义上来讲，是指危害行为造成的一切损害事实；从狭义上来讲，危害结果是指对直接客体的损害事实。狭义的危害结果是认定违法行为的主要依据之一，而广义的危害结果又是适用处罚时的重要参考。鉴于危害行为与危害结果之间的关系，危害结果具有客观性、因果性、侵害性、多样性等特点。根据治安案件查处的需要，危害结果一般可以做如下分类：

(1) 以是否是构成要件为标准，可以分为构成结果与非构成结果。构成结果作为构成要件的一部分，对违法行为的成立起着决定性作用；而非构成结果则影响着处罚的轻重。

(2) 以危害结果与危害行为因果关系上的划分，可分为直接结果与间接结果。危害行为与危害结果之间不存在其他现象作为中间媒介，直接作用于客体之上造成的损害事实为直接结果；而通过中间媒介作用于客体造成的损害事实，则是间接结果。区分直接结果与间接结果，澄清危害行为与其造成的众多损害事实之间的因果联系，是侦办治安案件中的重要组成部分，也是认定案件性质、区分案件责任的重要手段。

(3) 以危害结果的表现形态来划分，可以分为物质性结果与非物质性结果。物质性结果一般是有形的、可测量的；而非物质性结果，如名誉损害、心理影响等，往往是无形的、不易测量的。公安机关在侦办治安案件的过程中，对物质性结果与非物质性结果要同等关注，做到全面审查判断。

3. 其他客观方面要素

违法行为的时间、地点、方法（手段），同样是违法行为客观方面的重要组成部分。在法律明确将上述三个要素规定在构成要件中时，同样对该种违法行为是否成立起到决定性作用。例如《治安管理处罚法》第 50 条中拒不执行人民政府在紧急状态下依法发布的决定、命令的行为，时间就成为违法行为的构成要件；第 66 条中规定的在公共场所拉客招嫖的行为，地点就成为违法行为的构成要件；第 55 条中煽动、策划非法集会、游行、示威不听劝阻的行为，煽动、策划等行为的手段就成为构成违法行为的要件。

当然，并不是所有违法行为的时间、地点、方法等内容都属于构成要件，但是上述三个方面的要素在所有类型的违法行为中均客观存在。查处治安案件时，即便是同类案件，也会因为时间、地点、方法的不同产生不同的样态，因此在治安处罚的适用方面，要关注上述三个方面的内容，差异化地适用治安处罚。

三、违反治安管理行为的主体

在通常情况下，违反治安管理行为的主体，是指达到法定责任年龄、具有法定责任能力、实施了违反治安管理行为的自然人。在法律明文规定下，单位也可以成为某些违反治安管理行为的主体。

自然人作为违反治安管理主体的法定条件一般包含以下几个方面的内容：

1. 达到法定的责任年龄

违反治安管理行为人的责任年龄，是指由治安法律规范设定的实施违反治安管理行为的行为人应当承担法律责任必须达到的年龄。《治安管理处罚法》第 12 条规定：“已满十四周岁不满十八周岁的人违反治安管理的，从轻或者减轻处罚；不满十四周岁的人违反治安管理的，不予处罚，但是应当责令其监护人严加管教。”根据此项法律规定，对违反治安管理行为人的责任年龄，可以作如下的理解:(1) 负有完全治安违法责任的年龄段为已满18周岁的人。(2) 负有不完全(减轻)治安违法责任的年龄段为已满14周岁不满18周岁的人。(3) 完全不负(免除)治安违法责任的年龄段为不满14周岁的人。

2. 具有法定的责任能力

责任能力,是指违法行为人能够辨认并控制自己的行为,从而应当对自己所实施的违反治安管理行为承担法律责任的能力。一般情况下,违法行为人是否具有责任能力,主要取决于以下三个要素:

(1) 年龄要素。只有达到了法定责任年龄的人,才具有责任能力。

(2) 精神状态要素。行为人虽然达到了法定责任年龄,但由于实施侵害行为时的精神状态处于不能辨认或控制自己行为的情形之中,行为人被视为无责任能力。《治安管理处罚法》第13条规定:"精神病人在不能辨认或者不能控制自己行为的时候违反治安管理的,不予处罚,但是应当责令其监护人严加看管和治疗。间歇性的精神病人在精神正常的时候违反治安管理的,应当给予处罚。"

如何认定违反治安管理的行为人是否因患精神病而丧失了辨认或者控制自己行为的能力,从而不受处罚?《公安机关办理行政案件程序规定》第89条第3款规定:"对精神病的鉴定,由有精神病鉴定资格的鉴定机构进行。"鉴定内容有两项:一是行为人在实施违反治安管理的行为时,是否处于精神不正常的状态中;二是其精神状态的不正常,是否达到了不能辨认或者控制自己行为的严重程度。只有两项鉴定结论都与法律规定相一致,才能确定行为人丧失了责任能力,从而不予处罚。

(3) 特定的生理要素。行为人对自己行为的辨认、控制能力,除了受其年龄、精神状态影响外,还有可能受到某些生理缺陷因素的制约与影响。《治安管理处罚法》第14条规定:"盲人或者又聋又哑的人违反治安管理的,可以从轻、减轻或者不予处罚。"对此法律条款,应作如下理解:又聋又哑的人或者盲人必须是因生理缺陷原因(无法听到或看到)导致了违反治安管理行为的发生,才可以从轻、减轻或者不予处罚。

3. 醉酒人的责任能力

一般人在过量饮酒后,也很容易产生不能正常(或无法)辨认、控制自己行为的后果,但对这种后果的产生,醉酒人在饮酒之前是能够意识到的,同时在饮酒过程中也是完全可以控制过量饮酒行为的。也就是说,醉酒后果的产生与醉酒人主观上的放任甚至是故意有直接的因果联系,因此,《治安管理处罚法》第15条规定:"醉酒的人违反治安管理的,应当给予处罚。醉酒的人在醉酒状态中,对本人有危险或者对他人的人身、财产或者公共安全有威胁的,应当对其采取保护性措施约束至酒醒。"待醉酒的人醒酒后再依法对其违反治安管理行为予以处罚。

4. 主体的身份

身份,是指人的出身、地位和资格,是指人在一定的社会关系中的地位。在治安管理处罚法中,身份并非所有违法行为全部具有的构成要件,仅在法律明确规定时才能作为构成要件的一部分发挥作用。一般来讲,身份在如下两个方面发挥作用:

(1) 作为构成要件的身份。身份作为法律明确规定的构成要件,对于认定行为是否属于违法行为具有重要作用。例如,《治安管理处罚法》第56条规定:"旅馆业的工作人员对住宿的旅客不按规定登记姓名、身份证件种类和号码的,或者明知住宿的旅客将危险物质带入旅馆,不予制止的,处二百元以上五百元以下罚款。”其中“旅馆业的工作人员”即是本违法行为中主体的构成要件要素,不具有该身份的主体则无法构成违法。

(2) 作为处罚对象的身份。在《治安管理处罚法》中有关于单位违法的处罚规定。该法第 18 条规定:“单位违反治安管理的,对其直接负责的主管人员和其他直接责任人员依照本法的规定处罚。其他法律、行政法规对同一行为规定给予单位处罚的,依照其规定处罚。”并在第 54 条规定可以吊销公安机关发放的许可证。对单位实施《治安管理处罚法》第三章所规定的违反治安管理行为的,应当依法对其直接负责的主管人员和其他直接责任人员予以治安管理处罚;其他法律、行政法规对同一行为明确规定由公安机关给予单位警告、罚款、没收违法所得、没收非法财物等处罚,或者采取责令其限期停业整顿、停业整顿、取缔等强制措施的,应当依照其规定办理。对被依法吊销许可证的单位,应当同时依法收缴非法财物、追缴违法所得。

四、违反治安管理行为的主观方面

(一) 违反治安管理行为主观方面的定义

违反治安管理行为的主观方面,又称违反治安管理行为的主观要件,是指行为人对自己实施的侵害法益的行为及危害后果所持有的故意或者过失的心理态度。行为人主观具有的这种过错,是构成违反治安管理行为的必备要件。

(二) 违反治安管理行为主观方面的基本内容

1. 主观故意

主观故意,是指行为人明知自己的行为会发生侵害法益的后果,而希望或者放任这种结果发生的心理态度。违反治安管理行为的故意与刑事犯罪行为的故意一样,可分为直接故意和间接故意。直接故意,是指行为人明知自己的行为会发生侵害法益的后果,而希望或者追求这种结果发生的心理状态。间接故意,是指行为人明知自己的行为可能发生侵害法益的后果,而不加控制或者放任这种结果发生的心理态度。

2. 主观过失

主观过失,是指行为人应当预见自己的行为可能发生侵害法益的结果,因为疏忽大意而没有预见,或者已经预见而轻信能够避免,以至于发生这种结果的主观心理态度。违反治安管理行为的过失与刑事犯罪行为的过失一样,可分为两种:(1) 疏忽大意的过失,是指行为人应当预见到自己的行为可能发生侵害法益的结果,因为疏忽大意而没有预见,以至于发生这种结果的主观心理态度。(2) 过于自信的过失,是指行为人已经预见到自己的行为可能发生侵害法益的结果但轻信能够避免,以至于发生违法结果的主观心理态度。

第三节 违反治安管理行为的表现形式

《治安管理处罚法》第 16 条规定,有两种以上违反治安管理行为的,分别决定,合并执行;第 17 条规定,共同违反治安管理的,根据违反治安管理行为人在违反治安管理行为中所起的作用,分别处罚。这是对违反治安管理行为表现形式的规定。从我国法律规定来看,违反治安管理行为的表现形式可以分为两类:一是共同违反治安管理的行为;二是数种违反治安管理的行为。

一、共同违反治安管理的行为

（一）共同违反治安管理行为的含义与特征

共同违反治安管理行为，是指二人以上共同实施的违反治安管理的行为。

按照违反治安管理行为的构成要件（或称法律特征），共同违反治安管理行为应具有以下特征：(1) 二人以上的共同行为人中至少有两人具有责任能力。(2) 二人以上的共同行为人必须是共同实施了违反治安管理的行为。(3) 共同违反治安管理行为人必须具有相同的主观方面。

（二）对共同违反治安管理行为人的处罚

1. 处罚原则

依据《治安管理处罚法》及有关法律规定，对共同违反治安管理的行为人进行治安处罚。根据共同违反治安管理行为人在违反治安管理行为中所起的作用，分别处罚，即对共同行为人在实施处罚时，应区别责任，按照“过罚相当原则”，分别作出处罚决定，分别制作治安处罚决定书。

2. 特别规定

依据《治安管理处罚法》第 17 条第 2 款的规定，教唆、胁迫、诱骗他人违反治安管理的，按照其教唆、胁迫、诱骗的行为处罚。

二、数种违反治安管理的行为

数种违反治安管理行为与一种违反治安管理行为相对应，二者的区分标准是违法行为的构成要件数量，即违法行为人是出于一个故意或过失，实施了一种违反治安管理行为，还是出于数个故意或过失，实施了数种违反治安管理的行为。正确区分一种行为与数种行为，直接关系到治安处罚的公正性与准确性。

（一）典型数种违反治安管理行为

1. 含义

典型数种违反治安管理行为，是指违反治安管理行为主体出于两个以上的故意或者过失，并且实施了两种以上的违反治安管理行为。

2. 特征

(1) 行为主体的数量既可以是一个（自然人或单位），也可以是两个以上的共同违反治安管理的行为人。

(2) 一个或共同的违反治安管理行为人，实施的行为必须是侵犯了《治安管理处罚法》所保护的不同种法益。

(3) 必须实施了两种以上违反治安管理的行为，并且对实施的两种以上的违反治安管理行为是出于数个故意或者数个过失。

3. 处罚

按照《治安管理处罚法》第 16 条的规定，有两种以上违反治安管理行为的，分别决定，合并执行。

（二）不典型数种违反治安管理行为

1. 含义

所谓“不典型”数种违反治安管理行为，是指违反治安管理行为主体实施的违反治安管理行为，既不是典型的一种行为，也不是典型的数种行为，而在处罚上作为一种违反治安管理行为的特殊情形。

2. 种类

(1) 连续行为。行为人出于相同的故意或者过失,在一定时间内连续多次实施同一性质的违反治安管理的行为。

(2) 继续行为。行为人出于一个故意或者过失,实施了一种违反治安管理的行为,但其行为及其行为所导致的不法状态一直处于持续状态之中。

(3) 竞合行为。竞合行为可以分为想象竞合与法条竞合(又称法规竞合、法律竞合、规范竞合)。想象竞合是指行为人出于一个故意或过失,实施一种违反治安管理行为,同时触犯两个以上治安管理法律、法规条文的违法行为数形态。法条竞合是指行为人出于一个故意或过失,实施一种违反治安管理行为,但同时触犯了数个治安管理法律、法规的条文,并且数个条文之间在违反治安管理行为构成要件的内涵或者外延上存在着包容关系,最终只能按照其中的一个条文定性量罚而排斥其他条文适用的情形。

(4) 牵连行为。牵连行为是指行为人出于一个故意或过失,要达到一个目的,但却实施了两个以上的违反治安管理的行为(其方法行为或结果行为又触犯了其他违反治安管理的行为)的情形。其特征是:行为人实施了数个违反治安管理行为;数个违反治安管理行为之间必须具有牵连关系;数个行为必须触犯不同的治安管理法律、法规条文。

(5) 吸收行为。吸收行为是指行为人出于不同的故意或过失,实施了数种违反治安管理行为,由于数个行为之间又具有吸收关系,从而导致其中一个行为吸收了其他行为的情形。其特征是:行为人实施了数种违反治安管理行为;行为人出于不同的故意或过失;数种违法行为之间具有吸收关系。

3. 处罚原则

(1) 对连续行为、继续行为应当按照一种违反治安管理行为论处,但要从重处罚。

(2) 对竞合行为、牵连行为、吸收行为,应当从一重行为(危害严重)处罚。

[自测自评]

【思考练习题】

1. 违法主体的身份在公安机关查处治安案件中的作用是什么?

2. 简述共同违反治安管理行为及处罚原则。

3. 某甲(男,18 岁,高中学生)、某乙(男、15 岁,初中生)、某丙(男,12 岁,小学生),三人经常结伙进行小偷小摸活动。某日夜里,某乙和某丙在某甲的教唆下,先后窜入一拆迁工地和某居民小区,共窃得手推车一辆和废旧铁管子、暖气片及小区居民楼前下水井盖一个。变卖后,获赃款 300 余元,被三人瓜分。小区居民楼前下水井盖被窃当夜,一丁姓居民骑自行车误陷井口,摔成轻微伤,自行车亦摔坏。

试析:依照《治安管理处罚条例》,对甲、乙、丙三人原则上应如何处罚?

第三章　治安案件中的行政强制措施

第一节　治安行政强制措施的概念、特征、使用原则及分类

一、治安行政强制措施的概念

治安行政强制措施，是指公安机关及其人民警察在实施治安管理或查处治安案件过程中，为实现法定目的，依法对公民、法人或其他组织的人身、财物或者行为予以强制性约束或处置的具体行政行为。

二、治安行政强制措施的特征

（一）实施的法定性

治安行政强制措施的种类、适用条件与程序、实施主体等必须由法律予以明文规定，任何执法部门没有权力创设强制措施，否则，即为违法行为。

（二）实施的强制性

顾名思义，治安行政强制措施对于被实施人具有强制力，被实施人有配合执行的义务，否则公安机关有权依法强制实施并使其承担相应的法律后果。

（三）实施目的的多元性

公安机关使用治安行政强制措施是为实现法定目的，这里的“法定目的”不在于惩罚相对人，而是为了预防、制止或者控制正在发生或者可能发生的违法行为或危险状态，或者是为了收集、保全证据，以保证治安案件查处工作的顺利进行。

（四）实施后果的可救济性

治安行政强制措施是公安机关为实现特定的法定目的，针对特定的公安行政相对人或特定的物，针对特定的情形和事项所作出的一种具体行政行为，依据《行政复议法》《行政诉讼法》的规定，相对人对具体行政行为不服可以申请复议或者提起行政诉讼。

三、治安行政强制措施的使用原则

（一）法定原则

治安行政强制措施是一种重要的国家行政权力，它的适用与实施直接关系适用对象的人身和财产权益。因此，治安行政强制措施种类的设定及实施主体、使用程序及适用情形必须依法确定。

（二）说服教育与强制相结合的原则

由于治安行政违法行为的法益侵害性较轻（与刑事犯罪相比），因此，查办治安案件过程中所

使用的手段措施尽量采用非强制的说服教育方法。能够用说服教育方法解决问题的,一般不采用强制措施;必须采用强制措施的,则要注意措施的强制程度。

(三)保护当事人合法权益的原则

有些种类的治安行政强制措施,对人身自由、财产使用权益的干涉程度比较严重。因此,在使用治安行政强制措施过程中,应当赋予被强制人陈述、申辩、申请听证等项权利,以保证强制对象的合法权益不受侵犯。

(四)行政复议和行政诉讼不影响执行的原则

作为具体行政行为的治安行政强制措施,可以引发行政复议或行政诉讼程序。但是,为了兼顾公安行政执法行为的合法性与效率性,《行政复议法》《行政诉讼法》均规定了具体行政行为一经作出,一般不因相对人申请行政复议或者提起行政诉讼而停止执行。但同时,《行政复议法》第 21 条、《行政诉讼法》第 56 条也对复议或诉讼期间停止执行行政强制行为的"例外情形"作了明文规定。

四、治安行政强制措施的分类

治安行政强制措施可以根据不同的标准划分为不同的种类。以下是根据适用目的和适用对象不同进行的分类:

(一)以适用目的为标准

根据适用目的的不同,可以分为制止(即时)性的治安强制措施、调查性的治安强制措施、处理性的治安强制措施和教育性的治安强制措施四种类型。

1. 制止(即时)性的治安强制措施。它是指为了避免侵害法益行为的发生,公安机关依照法定职权,即时采取紧急措施,暂时性限制违法行为人的财产或者人身自由的具体行政行为。一般情况下,使用制止性的治安强制措施无须履行一定的程序和法律手续,只要法定情形出现即可采用。如当场盘查、约束醒酒、保护性约束等。

2. 调查性的治安强制措施。它是指公安机关在查处违法案件的过程中,为了调查取证,而依法对行为人的财产或者人身自由进行暂时性限制的具体行政行为。如强制传唤、留置、先行登记保存、扣押、检测、检查性病、拘留审查、监视居住、限制活动范围等。

3. 处理性的治安强制措施。它是指公安机关对违反治安管理行为或者轻微犯罪行为调查完毕后,为限制某种不法状态的延续,而依法决定对违法犯罪行为人采用的强制性限制其人身自由以及进行相应矫治措施的具体行政行为,包括强制医疗、强制治疗、强制戒毒、强行遣回原地。

4. 教育性的治安强制措施。它是指公安机关对违反治安管理行为或者轻微犯罪行为调查完毕后,为教育、挽救或者改造违法犯罪行为人,而依法决定限制行为人的人身自由的具体行政行为,如收容教养。

(二)以适用对象为标准

根据适用对象不同,可以分为对人身的治安强制措施、对财物的治安强制措施、对行为的治安强制措施以及非限制人身自由的约束性强制措施四种类型。

1. 对人身的治安强制措施。这种强制措施,主要是针对行为人的人身自由进行直接强制或者限制,以实现处罚程序继续进行和保障行政管理职能实现的目的。如强行带离现场、保护性约束、继续盘问等。

2. 对财物的治安强制措施。这种强制措施,主要是指行为人实施违反治安管理的行为时非法使用或者获得一定的财物,为更好保障治安管理职能的实现,针对行为人非法获得或者所有的财物采用的强制措施。如先行登记保存证据、抽样取证、扣押证据等。

3. 对行为的治安强制措施。主要是指限制行为资格,如现场管制、限期改正等。

4. 非限制人身自由的约束性强制措施。主要是指针对人身权利使用的,带有管制或者约束性质的强制措施,但是,又不是针对其人身自由权利的限制,如责令管教、责令严加看管和治疗、责令(停止)改正、责令具结悔过等。

第二节 限制人身自由的治安行政强制措施

一、继续盘问

该强制措施是指公安机关的人民警察为了维护社会治安秩序,对有违法犯罪嫌疑的人员当场盘问、检查后,发现盘查对象具有法定情形,而将其带至公安机关进行继续盘问。

(一) 法律依据及适用对象

1.《人民警察法》第 9 条规定:"为维护社会治安秩序,公安机关的人民警察对有违法犯罪嫌疑的人员,经出示相应证件,可以当场盘问、检查;经盘问、检查,有下列情形之一的,可以将其带至公安机关,经该公安机关批准,对其继续盘问:(一) 被指控有犯罪行为的;(二) 有现场作案嫌疑的;(三) 有作案嫌疑身份不明的;(四) 携带的物品有可能是赃物的……"

由于该法对适用情形的规定较为宽泛,在 2004 年公安部制定的《公安机关适用继续盘问规定》第 8 条中,将适用继续盘问的具体情形规定为:(1) 被害人、证人控告或者指认其有犯罪行为的;(2) 有正在实施违反治安管理或者犯罪行为嫌疑的;(3) 有违反治安管理或者犯罪嫌疑且身份不明的;(4) 携带的物品可能是违反治安管理或者犯罪的赃物的。

2. 为了谨慎使用继续盘问,《公安机关适用继续盘问规定》第 9 条特别强调:"对具有下列情形之一的人员,不得适用继续盘问:(一) 有违反治安管理或者犯罪嫌疑,但未经当场盘问、检查的;(二) 经过当场盘问、检查,已经排除违反治安管理和犯罪嫌疑的;(三) 涉嫌违反治安管理行为的法定最高处罚为警告、罚款或者其他非限制人身自由的行政处罚的;(四) 从其住处、工作地点抓获以及其他应当依法直接适用传唤或者拘传的;(五) 已经到公安机关投案自首的;(六) 明知其所涉案件已经作为治安案件受理或者已经立为刑事案件的;(七) 不属于公安机关管辖的案件或者事件当事人的;(八) 患有精神病、急性传染病或者其他严重疾病的;(九) 其他不符合本规定第八条所列条件的。"

3.《公安机关适用继续盘问规定》第 10 条关于适用对象的"特别限制性"规定:"对符合本规定第八条所列条件,同时具有下列情形之一的人员,可以适用继续盘问,但必须在带至公安机关之时起的四小时以内盘问完毕,且不得送入候问室:(一) 怀孕或者正在哺乳自己不满一周岁婴儿的妇女;(二) 不满十六周岁的未成年人;(三) 已满七十周岁的老年人。对前款规定的人员在晚上九点至次日早上七点之间释放的,应当通知其家属或者监护人领回;对身份不明或者没有家属和监护人而无法通知的,应当护送至其住地。"

4.《人民警察法》第 9 条未对外国人、无国籍人以及港澳台居民是否可以适用继续盘问作特别规定，意即对外国人、无国籍人以及港澳台居民可以适用继续盘问。但按照有关国际公约的规定，对享有外交特权和豁免权的外国人，不得适用继续盘问，只能通过外交途径解决。对符合适用继续盘问条件的外国人、无国籍人以及港澳台居民适用继续盘问时，应当贯彻慎用原则，尽量依法采取传唤、刑事拘留等法律手段。

（二）继续盘问的适用程序

1. 继续盘问的时限。《公安机关适用继续盘问规定》第 11 条第 1 款规定：继续盘问的时限一般为 12 小时；对在 12 小时以内确实难以证实或者排除其违法犯罪嫌疑的，可以延长至 24 小时；对不讲真实姓名、住址、身份，且在 24 小时以内仍不能证实或者排除其违法犯罪嫌疑的，可以延长至 48 小时。

2. 继续盘问的审批。《公安机关适用继续盘问规定》在审批权限上做了具体规定：适用继续盘问 12 小时的，由公安派出所负责人审批；适用继续盘问 24 小时的，由县、市、旗公安局或者城市公安分局的值班负责人（正副局长、正副政委等）审批；适用继续盘问 48 小时的，由县、市、旗公安局或者城市公安分局的主管负责人（分管派出所工作的局领导成员）审批。

3. 继续盘问的执行。

(1) 公安派出所的人民警察对符合继续盘问条件的人员，可以立即带回公安机关，并立即制作《当场盘问、检查笔录》，并填写《继续盘问审批表》报公安派出所负责人审批决定继续盘问 12 小时。公安派出所负责人批准的，应当将《继续盘问审批表》复印、传真或者通过计算机网络报所属县、市、旗公安局或者城市公安分局主管公安派出所工作的部门备案。填写《继续盘问通知书》，送达被盘问人，并立即通知其家属或者单位。因身份不明或没有家属而无法通知的，应当在通知书上注明，并由被盘问人签名或捺指印。

(2) 批准后应当立即结合当场盘问、检查的情况继续对其进行盘问，并制作《继续盘问笔录》，载明被盘问人被带至公安机关的具体时间，经其核对后签名或捺指印，拒绝的在笔录上应注明。

(3) 设置候问室等候继续盘问。《公安机关适用继续盘问规定》第四章对候问室做了具体规定，县级公安局（城市分局），经报请市（设区）以上公安机关批准，可以在符合条件的公安派出所设置候问室。候问室的设置条件为：确有维护社会治安所需；警力配置能够保证在使用候问室时的警察人力所需。县级以上公安机关及其内设机构不得设置候问室。

(4) 确保被盘问人的无独立生活能力家属的人身安全。《公安机关适用继续盘问规定》第 15 条规定："被盘问人的家属为老年人、残疾人、精神病人、不满十六周岁的未成年人或者其他没有独立生活能力的人，因公安机关实施继续盘问而使被盘问人的家属无人照顾的，公安机关应当通知其亲友予以照顾或者采取其他适当办法妥善安排，并将安排情况及时告知被盘问人。"这里的"其他适当办法"，包括交给被盘问人的邻居或者所在的居委会、村委会照顾，交由本辖区内的社会福利机构托管，交由派出所民警照顾等。

4. 继续盘问的备案制度。《公安机关适用继续盘问规定》第 36 条规定，发生被盘问人重伤、逃跑、自杀、自伤等事故以及继续盘问超过批准时限的，公安派出所必须立即将有关情况报告县、市、旗公安局或者城市公安分局警务督察部门和主管公安派出所工作的部门，并做好详细记录。县、市、旗公安局或者城市公安分局警务督察部门应当在接到报告后立即进行现场督察。

(三) 继续盘问应当注意的问题

1. 不能将继续盘问作为办理治安、刑事案件的必经程序。对已经立为治安案件或者刑事案件的,或者明知其姓名、身份住址、工作单位的嫌疑人员,公安机关可以直接采取传唤等强制措施。

2. 未设置候问室的公安派出所也可以依法进行继续盘问。未设置候问室的公安派出所,也可以依照《人民警察法》和《公安机关适用继续盘问规定》使用继续盘问,在继续盘问间隙期间,可以将被盘问人送入就近的公安派出所的候问室,也可以由警察在询问室、办公室看管。但是,不得送入看守所、拘役所、治安拘留所、强制隔离戒毒所、收容教育所或者其他监管场所关押。

二、强制传唤

强制传唤,是指公安机关在查处治安案件时,对无正当理由不接受传唤或者逃避传唤的违反治安管理的违法嫌疑人使用强制方法将其带到公安机关或者指定地点接受询问的一种限制人身自由的行政强制措施。

(一) 适用对象及法律依据

强制传唤的适用对象为无正当理由不接受传唤或者逃避传唤的违反治安管理的违法嫌疑人。《治安管理处罚法》第 82 条规定,对无正当理由不接受传唤或者逃避传唤的人,公安机关可以强制传唤。需要注意的是:口头传唤或传唤证传唤,是使用强制传唤的法定前提条件;违法嫌疑人无正当理由不接受传唤或者逃避传唤是使用强制传唤的必要条件。

(二) 强制传唤的正确实施

1. 审批。使用强制传唤应当经公安派出所负责人或者县级以上公安机关负责人批准。

2. 执行。根据《公安机关办理行政案件程序规定》第 67 条的规定,强制传唤时,可以依法使用手铐、警绳等约束性警械。

3. 需要注意的问题:(1) 强制的方法应以能将被传唤人传唤到指定地点为限。(2) 强制传唤后,应当及时进行询问查证。《公安机关办理行政案件程序规定》第 69 条指出:“对被传唤的违法嫌疑人,公安机关应当及时询问查证,询问查证的时间不得超过八小时;案情复杂,违法行为依法可能适用行政拘留处罚的,询问查证的时间不得超过二十四小时。不得以连续传唤的形式变相拘禁违法嫌疑人。”

三、约束醒酒

约束醒酒,是指公安机关的人民警察为了保障醉酒的人自身以及他人的人身、财产安全,在其醉酒期间依法采取的限制其人身自由的一种强制措施。

(一) 法律依据及适用条件

1. 法律依据。《治安管理处罚法》第 15 条规定:“醉酒的人违反治安管理的,应当给予处罚。醉酒的人在醉酒状态中,对本人有危险或者对他人的人身、财产或者公共安全有威胁的,应当对其采取保护性措施约束至酒醒。”

2. 适用条件:行为主体必须是醉酒的人。行为的危害程度必须是对本人有危险或者对他人的人身、财产或者公共安全有威胁。

(二) 约束醒酒的正确实施

1. 根据《公安机关办理行政案件程序规定》,公安机关对处于醉酒状态的有危害性的醉酒人进行约束,可以选用以下两种方式:一是直接约束,即执法民警直接采取保护性措施,将其约束至酒醒;二是直接通知醉酒人所在单位或者家属将其领回看管。

2. 待醉酒人醒酒后,公安机关对醉酒人在醉酒状态下实施的违反治安管理的行为给予处罚。

3. 需要注意的问题:约束的对象必须是有危害性的醉酒人;约束时以不伤害醉酒人为原则,可以采用约束带或警绳等约束性警械,但不要使用手铐、脚镣等;约束时不得伤害醉酒人和侮辱醉酒人的人格尊严;约束场所选在卫生、通风的地方;约束过程中注意监护,一旦酒醒,立即解除约束;如果发现醉酒人身体有异常反应(突发病)时,必须及时送往医院抢救。

四、对精神病人的保护性约束

对精神病人的保护性约束,是指公安机关的人民警察对严重危害公共安全或者他人人身安全的精神病人,采取的限制其人身自由的行政强制措施。

(一) 适用对象以及法律依据

《人民警察法》第 14 条规定:"公安机关的人民警察对严重危害公共安全或者他人人身安全的精神病人,可以采取保护性约束措施。需要送往指定的单位、场所加以监护的,应当报请县级以上人民政府公安机关批准,并及时通知其监护人。"

(二) 对精神病人的保护性约束的正确实施

1. 关于对正在实施严重危害公共安全或者他人人身安全行为的精神病人实行保护性约束措施的审批权限,目前没有明确的法律规定。执法实践中,由于这种情形的紧迫性,现场的执法民警负责人就应当立即采取措施,将精神病人带到公安机关,但应当有情况记录并报告科、所、队长一级领导。

2. 执法民警可用约束带或警绳将精神病人暂时约束到公安机关,约束时,以不伤害被约束人为原则。

五、强行带离现场和立即拘留

(一) 强行带离现场

强行带离现场,是指公安机关的人民警察在履行治安管理和制止犯罪职责时,将严重危害社会治安秩序或者威胁公共安全的人,强行带离违法犯罪或者突发事件现场进行审查的行政强制措施。

1. 适用对象及法律依据

(1) 非法举行或者参加集会、游行、示威,拒不服从人民警察解散的命令,甚至在人民警察强行驱散时仍不离开现场的人。根据《集会游行示威法》第 27 条的规定,进行集会游行示威,"有前款所列情形之一,不听制止的,人民警察现场负责人有权命令解散;拒不解散的,人民警察现场负责人有权依照国家有关规定决定采取必要手段强行驱散,并对拒不服从的人员强行带离现场或者立即予以拘留"。

(2) 参加集会、游行、示威的人,越过人民警察依法设置的临时警戒线,或者进入法律规定不得举行集会、游行、示威的特定场所周边一定范围或者其他涉嫌违法犯罪的人。《集会游行示威法》第 22 条规定:"集会、游行、示威在国家机关、军事机关、广播电台、电视台、外国驻华使馆领馆等单位所在地举行或者经过的，主管机关为了维持秩序，可以在附近设置临时警戒线，未经人民警察许可，不得逾越。”第23条规定：“在下列场所周边距离十米至三百米内，不得举行集会、游行、示威，经国务院或者省、自治区、直辖市的人民政府批准的除外：(一) 全国人民代表大会常务委员会、国务院、中央军事委员会、最高人民法院、最高人民检察院的所在地；(二) 国宾下榻处；(三) 重要军事设施；(四) 航空港、火车站和港口……”第27条规定：“……参加集会、游行、示威的人员越过依照本法第二十二条规定设置的临时警戒线、进入本法第二十三条所列不得举行集会、游行、示威的特定场所周边一定范围或者有其他违法犯罪行为的，人民警察可以将其强行带离现场或者立即予以拘留。”

(3) 在其他严重危害治安秩序的突发事件中，拒不服从人民警察解散的命令，并对抗强行驱散的人。所谓其他严重危害社会治安秩序的突发事件，是指聚众性的、较大规模的、严重危害社会稳定和治安秩序，必须采取紧急处置措施才能平息事态、恢复正常社会秩序的事件。

(4) 其他严重危害社会治安秩序或者威胁公共安全的人。主要是指参加在公园、风景游览区等公共场所举办的民间传统活动、体育比赛等的人员违反法律规定，影响群众正常工作、生活的，影响交通的情形等。《人民警察法》第8条规定：“公安机关的人民警察对严重危害社会治安秩序或者威胁公共安全的人员，可以强行带离现场、依法予以拘留或者采取法律规定的其他措施。”《戒严法》第26条规定，在戒严地区有规定的聚众情形之一、阻止无效的，戒严执勤人员根据有关规定，可以使用警械强行制止或者驱散，并将其组织者和拒不服从的人员强行带离现场或者立即予以拘留。

2. 强行带离现场的正确实施

(1) 审批与执行。对违法行为人强行带离现场的，由现场指挥(负责人)人员审批；没有负责人时，由警衔高的人员决定；强行带离现场的人不必送往特定的场所羁押，可以在公安机关的办公室进行讯问。但讯问必须是在违法行为人被强行带离现场后的24小时内进行。不需要追究法律责任的，可以责令具结悔过后释放。需要追究法律责任的除外。

(2) 适用强行带离现场需要注意的问题。首先，注意贯彻教育与强制相结合的原则。在实施这一强制措施前，应当先发出警告、命令解散，甚至强行驱散，使多数普通参加者自动离开现场。其次，应当遵守“教育多数，强制少数”的原则。

(二) 立即拘留

立即拘留，也称当场拘留，是指公安机关的人民警察在依法履行治安管理和制止犯罪职责时，对严重危害社会治安秩序或者威胁公共安全的人，根据客观需要，无须使用拘留证就在违法犯罪或者突发事件现场决定并执行拘留，并带回公安机关进行审查的强制措施。

立即予以拘留的适用对象和执行程序等均与强行带离现场相同。

六、强行遣回原地

强行遣回原地，是指公安机关通过强制手段，将违反《集会游行示威法》的规定，在居住地以外的城市发动、组织当地公民集会、游行、示威的人，遣回原居住地的行政强制措施。

(一) 适用对象及法律依据

《集会游行示威法》第33条规定：“公民在本人居住地以外的城市发动、组织当地公民的集会、游行、示威的，公安机关有权予以拘留或者强行遣回原地。”由此可见，强行遣回原地的适用对象是在本人居住地以外的城市发动、组织当地公民的集会、游行、示威的人员。

对“居住地”的理解，《集会游行示威法实施条例》规定：居住地，是指公民常住户口所在地或者向暂住地户口登记机关办理了暂住登记并持续居住半年以上的地方。

此外，适用对象必须是在本人居住地以外的城市发动、组织集会、游行、示威的人员。

（二）强行遣回原地的正确实施

1. 审批。《集会游行示威法实施条例》第26条规定：依照《集会游行示威法》第33条的规定予以拘留的，公安机关应当在24小时内进行讯问；需要强行遣回原地的，由行为地的主管公安机关制作《强行遣送决定书》，并派人民警察执行。

2. 执行。强行遣送时，必须有两名以上的公安民警执行，并将相关证据材料带齐，将被遣送人送回其居住地，连同《强行遣送决定书》交给被遣送人居住地公安机关，由居住地的公安机关依法处理。

七、对外国人的人身行政强制措施

（一）拘留审查

拘留审查，是指公安机关对非法入境、非法居留的外国人需进一步查清问题时，依法采取的暂时剥夺其人身自由，以便进一步审查的一种行政强制措施。

1. 适用对象及法律依据

《中华人民共和国公民出境入境管理法》（以下简称《出入境管理法》）第60条规定：“外国人有本法第五十九条第一款规定情形之一的，经当场盘问或者继续盘问后仍不能排除嫌疑，需要作进一步调查的，可以拘留审查。”可见，拘留审查的适用对象为有非法入境、协助他人非法出境入境、非法居留、非法就业等嫌疑的外国人；适用条件是该外国人有重大嫌疑且主要违法事实尚未查清，不采取拘留审查措施难以查清违法事实或者不利于对其违法活动进行控制的外国人。

2. 拘留审查的正确实施

(1) 审批。拘留审查由县级以上公安机关作出决定，不得超过30日；案情复杂的，经上一级地方人民政府公安机关或者出入境边防检查机关批准可以延长至60日。对国籍、身份不明的外国人，拘留审查期限自查清其国籍、身份之日起计算。

(2) 执行。拘留审查的地点必须在拘留所执行，可以单设拘所；作出拘留审查决定后的48小时内要将案件情况逐级报告省级公安机关；省级公安机关在7日内将该外国人及案件的情况通知给该外国人所属国家的驻华使领馆，并通报同级人民政府的外事部门，本人不要求的，必须由其本人提出书面请求；外国人在被拘留审查期间死亡的，决定或者批准的公安机关应逐级上报。非法入境、非法居留的外国人享有外交特权和豁免权的，不得适用拘留审查，而应当将其身份、证件及违法行为等基本情况详细记录，保存相关证据，并尽快将有关情况逐级上报省级公安机关，由省级公安机关与外事部门处理。

（二）限制活动范围

限制活动范围，是指公安机关对非法入境、非法居留的外国人，依法要求其接受审查，未经公安机关批准，不得离开限定的区域的强制措施。

1. 适用对象及法律依据

《出入境管理法》第61条规定：“外国人有下列情形之一的，不适用拘留审查，可以限制其活动范围。”可见，作为行政强制措施的限制活动范围，其适用对象与拘留审查的对象相同。但是其适用条件是不宜适用拘留审查的外国人，具体有以下几种情况：(1) 患有严重疾病的；(2) 怀孕或者哺乳自己不满 1 周岁婴儿的；(3) 未满 16 周岁或者已满 70 周岁的；(4) 不宜适用拘留审查的其他情形。

2. 限制活动范围的正确实施

(1) 审批。限制活动范围由县级以上公安机关作出决定，但决定前县级公安机关应报上一级公安机关批准。

(2) 期限。因限制活动范围属于替代拘留审查实施的强制措施，故其适用的期限范围与拘留审查类似，最长不得超过 60 日。对国籍不明而无法遣送出境的，限制活动范围期限自查清其国籍、身份之日起计算。

3. 限制活动范围的执行

限制活动范围由作出决定的公安机关执行；公安机关在决定作出后，应当在 48 小时内将案件情况逐级报告省级公安机关；省级公安机关应当在 7 日内将案件的整体情况通知该外国人所属国驻华使领馆，并通报同级人民政府外事部门。被监视居住本人要求不通知所属国驻华使领馆的，必须由其本人提出书面申请，可以不通知。

(三) 遣送出境

遣送出境，是指公安机关依法对不宜继续留在我国境内的外国人将其强制送出我国国境的行政强制措施。

1. 适用对象及法律依据

《出入境管理法》第 62 条规定：外国人有下列情形之一的，可以遣送出境：(1) 被处限期出境，未在规定期限内离境的；(2) 有不准入境情形的；(3) 非法居留、非法就业的；(4) 违反本法或者其他法律、行政法规需要遣送出境的。

2. 遣送出境的正确实施

(1) 审批决定。遣送出境由县级以上地方人民政府公安机关或者出入境边防检查机关实施。

(2) 执行程序。对外国人依法作出遣送出境的，由当地县级公安机关凭《遣送出境决定书》执行。

(3) 通报程序。作出遣送决定的公安机关应当在决定后的 48 小时内，将案件情况逐级报告省级公安机关；有关省级公安机关应当立即将外国人的相关资料报公安部备案，并通报同级人民政府的外事部门。

八、吸毒检测和酒精度检测

(一) 吸毒检测

吸毒检测是运用科学技术手段对涉嫌吸毒的人员进行生物医学检测，为公安机关认定吸毒行为提供科学依据的活动，是一种强制性调查措施。

1. 适用对象及法律依据

公安部《吸毒检测程序规定》第 2 条第 2 款规定：“吸毒检测的对象，包括涉嫌吸毒的人员，被决定执行强制隔离戒毒的人员，被公安机关责令接受社区戒毒和社区康复的人员，以及戒毒康复场所内的戒毒康复人员。”

2. 吸毒检测内容

吸毒检测内容是人体毒品成分,即通过科学方法和仪器检测人的身体内部是否含有毒品成分,来确定该人是否“吸毒”以及吸毒是否“成瘾”。这种调查活动,对于被检测对象来说是强制性的。

3. 吸毒检测方式

吸毒检测分为现场检测、实验室检测、实验室复检。现场检测由县级以上公安机关或者其派出机构进行。实验室检测由县级以上公安机关指定的取得检验鉴定机构资格的实验室或者有资质的医疗机构进行。实验室复检由县级以上公安机关指定的取得检验鉴定机构资格的实验室进行。实验室检测和实验室复检不得由同一检测机构进行。

4. 吸毒检测的正确实施

检测样本为采集的被检测人员的尿液、血液、唾液或者毛发等生物样本。被检测人员拒绝接受检测的,经县级以上公安机关或者其派出机构负责人批准,可以对其进行强制检测。公安机关采集、送检、检测样本,应当由两名以上工作人员进行;采集女性被检测人尿液检测样本,应当由女性工作人员进行。采集的检测样本经现场检测结果为阳性的,应当分别保存在A、B两个样本专用器材中并编号,由采集人和被采集人共同签字封存,采用检材适宜的条件予以保存,保存期不得少于6个月。现场检测、实验室检测、实验室复检具体操作应当遵守公安部颁布的《吸毒检测程序规定》。

(二)酒精度检测

酒精度检测,是指交通民警对有酒后驾驶机动车辆嫌疑的人进行体内酒精度检测的一种调查活动。这也是一种强制性执法活动,不以被检测人是否同意为前提。

1. 适用对象及法律依据

《公安机关办理行政案件程序规定》第95条规定:“对有酒后驾驶机动车嫌疑的人,应当对其进行呼气酒精测试,对具有下列情形之一的,应当立即提取血样,检验血液酒精含量……”根据本条规定,可以进行酒精度检测的只能是交通民警。被检测对象应当是有酒后驾驶机动车辆嫌疑的人。

2. 酒精度检测的正确实施

对有酒后驾驶机动车辆嫌疑的人进行体内酒精度检测的决定权在执法的交通民警。在日常工作中,有的驾驶人员对自己酒后驾驶机动车的行为不予承认,目的是逃避处罚。为保证交通执法上的不枉不纵,充分体现过罚相当原则,法律赋予了交通民警可以通过酒精检测仪器对有酒后驾驶机动车辆嫌疑的人血液中的酒精成分及含量进行检测,以正确认定嫌疑人是否有违反法律规定酒后驾车的行为发生。

九、检查

治安案件中的“检查”,是指办案人民警察在调查取证工作中,为了收集违法行为的证据,依法对违法嫌疑人及其随身携带物品或者可能隐藏违法嫌疑人及证据的场所进行检查的一种调查活动,也是一种治安行政强制措施。

(一)适用对象及法律依据

《治安管理处罚法》第87条规定:“公安机关对与违反治安管理行为有关的场所、物品、人身可以进行检查……”《公安机关办理行政案件程序规定》第 82 条规定，公安机关对与违法行为有关的场所、物品、人身可以进行检查。

（二）检查的正确实施

1. 对违法嫌疑人及其随身携带物品的检查

对违法嫌疑人进行检查时，应当尊重被检查人的人格，不得以有损人格尊严的方式进行检查。公安机关在对某一案件的调查过程中，有时为了确定违法嫌疑人的某些特征、收集违法行为证据或者生理状态，需要对违法嫌疑人进行检查。但公民人身权利是受法律保护的。《宪法》第 37 条明确规定，禁止非法搜查公民的身体。公民的人格权作为人身权的一部分，理应受法律的保护，任何人都不得以任何理由和方式侵犯公民的权利。违法嫌疑人的人格权同样受到保护。这里的“有损人格尊严”主要是指进行检查时所采取的方法手段损害了违法嫌疑人的人格权和名誉权。此外，检查妇女的身体，应当由女性工作人员进行；对卖淫、嫖娼人员进行性病检查，应当由医生进行。

对违法嫌疑人及其随身携带物品的检查，不必经审批程序，由办案人酌定。但是，应当注意避免对被检查物品造成不必要的损坏。

2. 对场所的检查

公安机关对与违法行为有关的场所、物品可以进行检查。检查时，人民警察不得少于两人，并应当出示工作证件和县级以上公安机关开具的检查证。对确有必要立即进行检查的，人民警察经出示工作证件，可以当场检查。

公安机关及其人民警察对机关、团体、企事业单位或者公共场所进行日常监督检查，依照有关法律、法规和规章执行，不适用前款规定。

检查公民住所必须持有县级以上公安机关开具的检查证。但是，有证据表明或者有群众报警公民住所内正在发生危害公共安全或者公民人身安全的案（事）件，或者违法存放危险物质，不立即检查可能对公共安全或者公民人身、财产安全造成重大危害的，人民警察经出示工作证件，可以立即检查。

十、收容教育

收容教育，是指对卖淫、嫖娼人员集中进行法律教育、组织参加生产劳动以及进行性病检查、治疗的行政强制措施。

（一）适用对象及法律依据

1991 年《全国人民代表大会常务委员会关于严禁卖淫嫖娼的决定》（以下简称《关于严禁卖淫嫖娼的决定》）第 4 条规定：“对卖淫、嫖娼的，可以由公安机关会同有关部门强制集中进行法律、道德教育和生产劳动，使之改掉恶习。期限为六个月至二年。具体办法由国务院规定。”

1993 年国务院制定颁布的《卖淫嫖娼人员收容教育办法》比较全面、系统地规定了收容教育的性质、对象、决定机关、期限、收容教育所的建立、管理、延期和解除、救济途径等。

（二）收容教育的正确实施

1. 收容教育的审批。根据《卖淫嫖娼人员收容教育办法》第 8 条的规定，对卖淫、嫖娼人员实行收容教育，由县级公安机关决定。

2. 收容教育的期限。《关于严禁卖淫嫖娼的决定》《卖淫嫖娼人员收容教育办法》均规定，收容教育的期限是6个月至2年。收容教育的日期自执行之日起计算。

被收容教育人员请假离所和所外就医的期限应当计算在收容教育期限内。但在离所期间违反有关规定的,离所期间不计算在收容教育期限内。

3. 收容教育的执行。对被收容教育人员进行入所检查,检查内容为:是否有“可以不适用”或“不得适用”收容教育的法定情形;送入收容教育所的人员身体是否有伤情;被收容教育人员是否有精神病。收教所要遵循“惩前毖后,治病救人”的原则,坚持“教育、感化、挽救”的方针,对被收容教育人员进行法律、道德、文化教育。

4. 使用收容教育行政强制措施需要注意的问题:

(1) 准确认清卖淫、嫖娼的主体。2003年9月24日公安部给山东省公安厅的答复,即公复字〔2003〕5号文件,对卖淫、嫖娼行为的界定是:“不特定的异性之间或同性之间以金钱、财物为媒介发生性关系的行为”。

(2) 收容教育与行政拘留、刑事拘留的折抵。如果行为人被刑事拘留的行为与被决定收容教育的行为系同一行为,其刑事拘留的期限应当折抵收容教育期限(一日折抵一日);行为人因同一行为被公安机关行政拘留后被决定收容教育的,行政拘留期限不应当折抵收容教育期限。

(3) 公安机关办理未成年人卖淫嫖娼案件,应当贯彻教育、感化、挽救的方针,从严控制决定收容教育。凡是可以由其家长或者监护人负责管教的,不予收容教育。

十一、强制治疗(性病)

这里的“强制治疗”,是指对卖淫、嫖娼人员经过性病检查,确认其患有《传染病防治法》中规定的性病,由公安机关、卫生部门联合予以强行治疗的行政强制措施。

(一) 适用对象及法律依据

《关于严禁卖淫嫖娼的决定》第4条第4款规定:“对卖淫、嫖娼的,一律强制进行性病检查。对患有性病的,进行强制治疗。”这是我国法律首次明确规定对卖淫、嫖娼人员一律实施强制检查、强制治疗。可见,强制治疗的适用对象必须同时具备以下两个条件:一是被强制治疗的人员必须是依法被认定为是卖淫、嫖娼的人员;二是被强制治疗的人员必须是依法经卫生部门检查后被确认为患有性病的人员。两个条件须同时具备,缺一不可。

(二) 强制治疗的正确实施

1. 对卖淫、嫖娼人员必须强制进行性病检查。对经合法程序认定的卖淫、嫖娼人员必须进行强制性性病检查,这是《关于严禁卖淫嫖娼的决定》明确规定的。需要注意的是,对未经法定程序确认的涉嫌卖淫、嫖娼人员不能进行性病检查。

2. 关于强制治疗的审批和执行程序,目前国家、行政法规和规章均没有明确的具体规定。1991年卫生部、公安部联合签发了《关于对卖淫嫖娼人员强制进行性病检查治疗有关问题的通知》(卫防发〔1991〕第24号文件),对卖淫、嫖娼人员进行强制性检查的责任分工作了规定。

(1) 公安部门主要负责对强制进行性病检查、治疗的卖淫、嫖娼人员的组织管理工作,卫生部门主要负责检查治疗监测工作。

(2) 对查获的卖淫、嫖娼人员,公安机关要及时通知卫生部门检查性病。卫生部门在接到通知后应当在3日内到羁押场所进行性病检查。被检查人员不足5人时,公安部门可以将被检查人员带到性病监测门诊检查,卫生部门应当做到随到随查。对未及时通知的或者接到通知超过规定时间未去检查或到门诊当日未查的,要追究单位负责人和直接责任人的责任,并给予经济、行政处罚。

(3) 对卖淫、嫖娼人员强制进行性病检查的费用,原则上由本人或者家属负担,可以从卖淫、嫖娼人员被扣押的财物中预留或者先行扣除;确实无力负担的,由公安、卫生部门提出意见,由当地财政部门解决。

(4) 对患有性病的卖淫、嫖娼人员必须进行强制治疗。公安机关的收容教育所组织隔离管理,卫生部门派出医疗队或指定性病防治单位定期到收容教育所进行治疗,直至治愈。

十二、强制医疗

强制医疗,是指公安机关依法对严重危害公共安全或者社会治安秩序的精神病人进行监护、治疗所采取的限制人身自由的行政强制措施。

(一) 适用对象及法律依据

《刑法》第 18 条规定,精神病人在不能辨认或者不能控制自己行为的时候造成危害后果,经法定程序鉴定确认的,不负刑事责任,但是应当责令他的家属或者监护人严加看管和医疗,必要时,由政府强制医疗。这是我国第一次从法律上确立了对精神病人的强制医疗制度,为实践中有效处理精神病人危害社会治安问题明确了法律依据。

如何理解"必要时",对此法律没有明文规定和解释。执法实践中,具有下列情形的,可认为是有必要:一是精神病人无家属或监护人看管的;二是精神病人的家属或监护人没有看管、医疗能力或者拒绝看管和医疗的;三是精神病人的家属或监护人的看管不足以防止其继续危害社会的。

现行法律对强制医疗的具体适用对象没有作出明确规定,在各地公安执法实践中,强制医疗的对象一般包括以下几类人:一是有杀人、放火、强奸、爆炸、投放危险物质行为的;二是严重扰乱党政军机关办公秩序和企事业单位生产、工作秩序的;三是影响社会安定,造成严重后果的。

(二) 强制医疗的正确实施

1. 必须经法定程序对行为人进行科学鉴定,以确认行为人是否患有精神病。所谓法定程序,是指根据《刑事诉讼法》及《公安机关办理行政案件程序规定》的要求,由有精神病鉴定资格的鉴定机构对被鉴定人进行是否患有精神病、患有何种精神病的科学鉴定。

2. 强制医疗的期限。精神病为慢性病,治疗周期长、易复发,各病例的差异也大。因此,法律没有对强制医疗的期限作规定,实践中应以临床治疗效果而定。

3. 强制医疗的执行程序。办案部门填写精神病人管制入院审批表,附鉴定结论书(复印件),报县级以上的公安机关批准,经安康医院审核后,凭安康医院签发的入院通知书,办理入院手续。对被强制医疗的精神病人要依法进行监护、治疗与管理。

4. 适用中应当注意的问题。没有经省级人民政府指定的医院作出的鉴定结论及上述适用情形的出现,不得随意作出强制医疗的决定。尤其需要指出的是,对流散在社会上的、未实施严重危害公共安全或者社会治安秩序的精神病人不得强制医疗。对正处于发病状态的严重危害公共安全及社会治安秩序的精神病人要采取保护性约束措施,一般情况下,可使用约束衣、约束带等约束其手脚以免伤害其身体或自伤。已被决定强制医疗的精神病人不得留置在看守所、治安拘留所等其他监管的场所。精神病人在强制医疗期间受到伤害或给他人造成损害的,如果安康医院有过错的,由安康医院承担赔偿责任。

十三、责令社区戒毒

责令社区戒毒是公安机关根据2008年6月1日实施的《禁毒法》的规定,责令吸食、注射毒品成瘾人员在家庭、社区组织以及政府有关部门和社会力量的监督、帮助下,固定生活地址、固定联系方式和工作场所,在一定期限内戒除毒瘾的一种戒毒方式。

(一) 适用对象及法律依据

《禁毒法》第33条规定:对吸毒成瘾人员,公安机关可以责令其接受社区戒毒,同时通知吸毒人员户籍所在地或者现居住地的城市街道办事处、乡镇人民政府。

责令社区戒毒的适用对象必须符合下列条件:(1) 行为人吸食、注射的必须是毒品。"毒品"的范围依据《刑法》第357条的规定。(2) 行为人吸食、注射毒品已成瘾。"成瘾"的认定办法必须遵守2011年1月30日公安部和卫生部联合颁布的《吸毒成瘾认定办法》。

(二) 责令社区戒毒的正确实施

1. 审批决定。国务院《戒毒条例》第13条规定:"对吸毒成瘾人员,县级、设区的市级人民政府公安机关可以责令其接受社区戒毒,并出具责令社区戒毒决定书,送达本人及其家属,通知本人户籍所在地或者现居住地乡(镇)人民政府、城市街道办事处。"

2. 责令社区戒毒期限。国务院《戒毒条例》第14条第2款规定:"社区戒毒的期限为3年,自报到之日起计算。"

(三) 社区康复

社区康复是被解除强制隔离戒毒的人员根据《禁毒法》的规定,在家庭、社区组织以及政府有关部门和社会力量的监督、帮助下,在相对固定的地址或者场所内恢复社会功能的康复方式。

《禁毒法》第48条第1款规定:"对于被解除强制隔离戒毒的人员,强制隔离戒毒的决定机关可以责令其接受不超过三年的社区康复。"

十四、强制隔离戒毒

强制隔离戒毒,是指公安机关对某些吸食、注射毒品成瘾的人员,在一定时期内对其进行药物治疗、心理治疗和法制教育、道德教育,使其戒除毒瘾的限制人身自由的行政强制措施。

(一) 适用对象及法律依据

《禁毒法》第38条规定:"吸毒成瘾人员有下列情形之一的,由县级以上人民政府公安机关作出强制隔离戒毒的决定:(一) 拒绝接受社区戒毒的;(二) 在社区戒毒期间吸食、注射毒品的;(三) 严重违反社区戒毒协议的;(四) 经社区戒毒、强制隔离戒毒后再次吸食、注射毒品的。对于吸毒成瘾严重,通过社区戒毒难以戒除毒瘾的人员,公安机关可以直接作出强制隔离戒毒的决定。吸毒成瘾人员自愿接受强制隔离戒毒的,经公安机关同意,可以进入强制隔离戒毒场所戒毒。"2011年国务院颁布的《戒毒条例》对强制隔离戒毒的具体实施管理等问题作出了具体性规定。

根据上述两个法律文件,强制隔离戒毒的适用对象必须符合下列条件:(1) 行为人吸食、注射的必须是毒品。"毒品"的范围依据《刑法》第357条的规定,即"毒品是指鸦片、海洛因、甲基苯丙胺(冰毒)、吗啡、大麻、可卡因以及国家规定管制的其他能够使人形成瘾癖的麻醉药品和精神药品[①]”。(2) 行为人吸食、注射毒品已成瘾。“成瘾”的认定办法必须遵守《吸毒成瘾认定办法》第 2 条规定,即:“本办法所称吸毒成瘾,是指吸毒人员因反复使用毒品而导致的慢性复发性脑病,表现为不顾不良后果、强迫性寻求及使用毒品的行为,同时伴有不同程度的个人健康及社会功能损害。”(3) 行为人必须具备《禁毒法》第 38 条所列的情形。

(二) 强制隔离戒毒的正确实施

1. 审批决定。《禁毒法》第 38 条规定,由县级以上人民政府公安机关作出强制隔离戒毒的决定。第 40 条规定:公安机关对吸毒成瘾人员决定予以强制隔离戒毒的,应当制作强制隔离戒毒决定书,在执行强制隔离戒毒前送达被决定人,并在送达后 24 小时以内通知被决定人的家属、所在单位和户籍所在地公安派出所;被决定人不讲真实姓名、住址,身份不明的,公安机关应当自查清其身份后通知。

2. 强制隔离戒毒期限。《禁毒法》第 47 条规定:“强制隔离戒毒的期限为二年。执行强制隔离戒毒一年后,经诊断评估,对于戒毒情况良好的戒毒人员,强制隔离戒毒场所可以提出提前解除强制隔离戒毒的意见,报强制隔离戒毒的决定机关批准。强制隔离戒毒期满前,经诊断评估,对于需要延长戒毒期限的戒毒人员,由强制隔离戒毒场所提出延长戒毒期限的意见,报强制隔离戒毒的决定机关批准。强制隔离戒毒的期限最长可以延长一年。”

3. 适用对象中的特殊情形。《禁毒法》第 39 条规定:“怀孕或者正在哺乳自己不满一周岁婴儿的妇女吸毒成瘾的,不适用强制隔离戒毒。不满十六周岁的未成年人吸毒成瘾的,可以不适用强制隔离戒毒。对依照前款规定不适用强制隔离戒毒的吸毒成瘾人员,依照本法规定进行社区戒毒,由负责社区戒毒工作的城市街道办事处、乡镇人民政府加强帮助、教育和监督,督促落实社区戒毒措施。”

第三节 对财物及行为的治安行政强制措施

一、紧急征用

紧急征用,是指公安机关在特殊情形下,为了解决紧急治安状况,而采用强制手段征集、调用非警用物资和装备的行政强制措施。

(一) 适用情形及法律依据

《传染病防治法》第 45 条规定:传染病暴发、流行时,县级以上地方人民政府有权在本行政区域内紧急调集人员或调用储备物资,临时征用房屋、交通工具以及相关设施、设备等。《戒严法》第 17 条规定:根据执行戒严任务的需要,戒严地区的县级以上人民政府可以临时征用国家机关、企业事业组织、社会团体以及公民个人的房屋、场所、设施、运输工具、工程机械等。《国防法》第 48 条规定:国家根据动员需要,可以依法征收、征用组织和个人的设备设施、交通工具和其他物资。

由上述法律规定可见,公安机关紧急征用公民财物的适用情形有:重大事件发生时,戒严时,

① 《麻醉药品及精神药品品种目录》(2013 版)中列明了 121 种麻醉药品和 149 种精神药品。

调查、侦查违法犯罪时。

(二) 紧急征用的正确实施

1. 紧急征用的决定。戒严时,紧急征用的决定权必须由执行戒严任务的人民警察的现场指挥员行使;调查、侦查违法犯罪时,执法的人民警察可以直接决定紧急征用;扑救火灾时,由火灾扑救现场的总指挥员决定。

2. 征用的范围是机关、团体、企业事业组织以及公民个人的房屋、场所、设施、运输工具、工程机械等。

3. 注意事项。实施征用应当开具征用单据;征用物在使用完毕或者戒严解除后应当及时归还,虽然无须公安机关支付征用费用,但因征用造成损坏的,由戒严地的县级以上人民政府按照国家有关规定给予相应补偿。

二、抽样取证

抽样取证,是指公安执法人员从成批的涉案物品中,采取随机的方式选取适量的样品进行化验、鉴定,以确定该批物品是否可以作为违法行为证据的一种行政强制措施。

(一) 适用情形及法律依据

《行政处罚法》第 37 条规定:行政机关在收集证据时,可以采取抽样取证的方法。在日常执法工作中,抽样取证大多是针对数量大或成批的物品而采用。

(二) 抽样取证的正确实施

抽样行为主体必须是公安执法人员,方式为随机进行。取样的数量为适当,即以能够认定本品的品质性质特征为限。抽样取证样品经检验,能够作为证据的,及时采取证据保全措施;不属于证据的,应及时返还。如果样品经检验有减少的,办案机关应当予以补偿。抽样取证时,应有物品的持有人(控制物品的人)或见证人在场,并在办案人民警察开具的《抽样取证证据清单》(一式两份)上签名。拒签的,办案人民警察在清单上注明。

三、先行登记保存

先行登记保存,是指公安执法机关为了查明案情,在证据可能灭失或者以后难以取得的情形下,经批准,对需要保全的物证进行登记造册,暂时先予以封存、固定,并责令当事人妥为保管,不得动用、转移、损毁或者隐藏,等待公安部门进一步调查和作出处理决定的一种行政强制措施。

(一) 适用情形及法律依据

《行政处罚法》第 37 条第 2 款规定:"行政机关在收集证据时,可以采取抽样取证的方法;在证据可能灭失或者以后难以取得的情况下,经行政机关负责人批准,可以先行登记保存,并应当在七日内及时作出处理决定,在此期间,当事人或者有关人员不得销毁或者转移证据。"《行政案件程序规定》对先行登记保存的适用情形和使用程序也作出了明确规定。

(二) 先行登记保存的正确实施

1. 明确使用前提。先行登记保存是在证据可能灭失或者以后难以取得的情况下使用。

2. 履行审批程序。经公安机关办案部门负责人批准,可以将证据先行登记保存。

3. 遵守法定期限。对先行登记保存的证据,应当在 7 日内作出处理决定。逾期不作出处理决定的，视为自动解除。

4. 履行相关手续。对证据进行登记保存时，应当会同证据的持有人或者见证人对证据的名称、数量、特征等进行登记，开具登记保存证据清单，必要时，应当对登记保存的证据进行拍照。先行登记保存证据清单由办案人民警察和证据持有人、见证人签名。证据持有人拒绝签名的，办案人民警察应当在登记保存证据清单上注明。登记保存证据清单一式两份，一份附卷，一份交当事人。

（三）先行登记保存的证据清单文书制作和先行登记保存证据清单

文书列明：案由、办案单位、证据持有人、性别、出生日期、现住址、工作单位、联系电话；根据《中华人民共和国行政处罚法》第 37 条第 2 款规定，决定自 × 年 × 月 × 日到 × 年 × 月 × 日对下列物品予以先行登记保存；保存地点；在保存期间内未经本机关批准，不得销毁或者转移证据。

四、扣押证据（物品、文件）

扣押证据，是指公安机关在查处治安案件过程中，对先行登记保存不足以防止当事人销毁或者转移的证据，将涉案物品、文件的持有权暂时转移到办案部门的一种行政强制措施。

（一）适用情形及法律依据

《行政处罚法》没有规定行政机关可以扣押证据，只规定了先行登记保存证据。先行登记保存证据，仅适用于“证据可能灭失或者以后难以取得的情况”，在先行登记保存期间的证据处于当事人或其他人控制中，不能保证证据没有“被销毁或者转移”的危险性。同时，先行登记保存证据的时间仅有 7 天，期限较短。考虑到公安机关查处治安案件的实际，《治安管理处罚法》第 89 条规定，与治安案件有关的需要作为证据的物品，可以扣押。由此可见，扣押证据的适用情形为：

1. 扣押对象必须是与案件有关的、需要作为证据的物品。常见的扣押对象包括：(1) 淫秽物品，武器、弹药、管制刀具，易燃、易爆、剧毒、放射性物品；(2) 海洛因、鸦片、吗啡、大麻等毒品和制毒原料或者配剂、管制药品；(3) 危害国家安全的传单、标语、信件和其他宣传品；(4) 秘密文件、图表资料；(5) 珍贵文物、珍贵动物及其制品、珍稀植物及其制品；(6) 犯罪工具；(7) 赃款、赃物；(8) 明显与收入不符、来路不正的现金、物品、存折、有价证券、珠宝等；(9) 记有可疑人名、地址的通讯录以及其他可疑物品。

2. 与案件无关的物品不得扣押。对已经扣押的物品，经查明与案件无关的，应当立即解除扣押。

3. 对被侵害人或者善意第三人合法占有的财产，不得扣押。

（二）扣押物品的正确实施

《公安机关办理行政案件程序规定》指出，扣押物品应严格遵守以下程序：

1. 告知。公安机关人民警察扣押物品时，应当告知物品持有人扣押物品的理由。扣押物品、文件时，人民警察不得少于两人，并应当向被扣押人出示人民警察工作证件。

2. 履行相关手续。办案人民警察应当会同被扣押物品、文件的持有人查点清楚，当场开列扣押清单，一式两份，写明被扣押物品或者文件的名称、规格、数量、特征，由办案人民警察和被扣押物品、文件的持有人或者见证人签名后，一份交给被扣押物品、文件的持有人，一份附卷备查。

3. 报告备案。公安机关人民警察扣押物品，应当在扣押后的 12 小时内向所属办案部门报告；

办案部门负责人认为不宜扣押的,应当立即解除扣押。

4. 妥善保管。对于扣押的物品,应当妥善保管,不得挪用、调换或者损毁。对容易腐烂变质及其他不易保管的物品,经公安机关负责人批准,在拍照或者录像后变卖或者拍卖,变卖或者拍卖的价款暂予保存,待结案后按有关规定处理。

5. 遵守期限。对扣押的物品,公安机关应当在30日内作出处理决定,法律另有规定的除外。逾期不作出处理决定的,公安机关应当退还被扣押人。

6. 谨慎处理。(1) 对不宜入卷的物证,应当拍照入卷,原物在结案后按照有关规定处理;(2) 对属于被侵害人或者善意第三人合法财物的,应当在登记、拍照或者录像、估价后及时返还,并在案卷中注明返还的理由,将原物照片、清单和被侵害人领取手续存卷备查;(3) 对可以作为证据使用的录音带、录像带、电子数据存储介质,在扣押时应当予以检查,记明案由、对象、内容以及录取和复制的时间、地点等,并妥为保管。

五、现场管制

现场管制,是指在突发事件或者突发事故现场周围的一定空间范围内,公安机关强制限制人员及车辆通行、活动的行政强制措施。

(一) 适用情形及法律依据

《人民警察法》第17条规定,县级以上人民政府公安机关,经上级公安机关和同级人民政府批准,对严重危害社会治安秩序的突发事件,可以根据情况实行现场管制。在公安执法实践中,现场管制措施常常适用以下情形:(1) 发生了严重暴力犯罪事件,如暴力抢劫、劫持人质、绑架、劫机、爆炸、凶杀等;(2) 发生了规模较大的治安事件,包括非法集会、游行、示威,群众上访闹事,群众性械斗,球迷闹事,聚众故意阻塞交通,骚乱等;(3) 发生了突发性灾害事故,包括突发的自然灾害、人为灾害事故等。

(二) 现场管制的正确实施

县级以上公安机关可以根据情况决定并负责实施现场管制。但县级公安机关在作出现场管制决定时,应该报请上级公安机关和同级人民政府批准。

六、交通管制

交通管制,是指在发生重大事故、紧急事件或举行大型群体活动时,公安机关依照法律规定对有关交通沿线或区域实行强制管制的措施。

(一) 适用情形及法律依据

《人民警察法》第15条规定,县级以上人民政府公安机关,为预防和制止严重危害社会治安秩序的行为,可以在一定的区域和时间,限制人员、车辆的通行或者停留,必要时可以实行交通管制。在公安执法实践中,交通管制措施常常适用于以下情形:发生重大灾害事故时;发生紧急治安事件时;大型群体活动发生危害社会秩序的行为时;为制止严重侵害法益的行为,必须进行交通管制时;在国内外重要领导人参加活动的区域,需要保障重要领导人的安全时。

(二) 交通管制的正确实施

1. 依据决定实施。重大灾害事故、重大事件发生或重大活动举办时,实施交通管制的决定权在县级公安机关;公安消防机构在统一组织和指挥火灾的现场扑救时,火场总指挥有权决定交通管制。

2. 明确管制内容。限制人员和车辆进出管制区域;限制车辆在管制区域停留;对进出管制区域人员的证件、车辆、物品进行检查;对违反管制的人员和车辆可以采取教育措施、强制措施或者进行处罚。

［自测自评］

【思考练习题】

1. 2006年6月2日,某县派出所接到群众举报:"长江西街的一社区活动室有一群人用麻将牌进行赌博活动,输赢价码是每次人民币5元(当场给付)"。接到报警电话后,办案民警即刻出警,但到达该社区活动室时,遭到活动室负责人的阻拦,要求公安民警出示相关手续。随经办案人员再三解释说明,活动室负责人就是不放行。在此情况下,办案民警破门而入,发现四张麻将桌上有散落的麻将牌和少量的人民币。办案民警将现场的21人传唤至公安派出所,经询问得知,群众举报的情况基本属实。活动室的负责人按"圈"收"场地费"(每圈2元),日违法收入平均在50元上下。

请问:

(1) 办案民警对社区活动室里的涉案物品如何处理?如何开具法律文书?

(2) 对活动室的负责人应如何处罚?

(3) 对涉案人员如何分类处罚,体现"过""罚"相当原则?

2. 某学校初二学生王某,15岁,父母双亡,与奶奶相依为命。2016年3月5日,公安机关将涉嫌盗窃的王某传唤至派出所讯问,他承认曾分别于2015年9月1日、2016年1月15日在学校盗窃自行车两辆,并将自行车存放在奶奶家,当天公安机关到其奶奶家起赃,经检查房屋各处,最终从地下室里找到了两辆自行车,退还失主。3月6日,公安机关在查明事实的基础上,决定对王某作出行政拘留5日的行政处罚,当日送往行政拘留所执行。

请问:

(1) 本案在程序上存在哪些问题?

(2) 王某于2015年9月1日偷窃一辆自行车的行为是否应当追究?为什么?

(3) 公安机关到王某家中查找自行车时应该履行何种手续?

(4) 对提取的两辆自行车应当履行何种手续?

第四章　治安管理处罚的种类与适用

第一节　治安管理处罚的种类

治安管理处罚，是指公安机关根据《治安管理处罚法》规定，强制剥夺违反治安管理行为人的人身自由、名誉、财产或者其他权利的行政处罚。根据我国《治安管理处罚法》第10条的规定，治安管理处罚的种类包括警告、罚款、行政拘留、吊销公安机关发放的许可证4种。该条同时规定，对违反治安管理的外国人，可以附加适用限期出境或者驱逐出境。

一、警告

（一）警告的含义

警告是指公安机关对违反治安管理行为人以书面方式作出谴责和告诫，指出其行为违法，教育行为人不得再犯的一种治安管理处罚。

警告是治安管理处罚体系中最轻的一种，属于申诫罚，主要适用于违反治安管理情节轻微的人。警告处罚的特点在于它并不剥夺行为人的实体权利，而是通过对违反治安管理行为人实施精神上或者名誉、信誉等方面的惩戒，教育违法行为人，促使其认识错误，提醒其警惕和检点自己的行为，防止和避免再次违法。

（二）警告的适用

根据《治安管理处罚法》的规定，能够单独适用警告处罚的违反治安管理行为约占处罚总项的8%。因此，警告处罚的适用并不普遍，一般适用于初次、偶尔违反治安管理的，或者违反治安管理情节轻微、危害程度不大的行为。在通常情况下，警告应当单独适用，但是，对于各种侵犯公民财物的行为和卖淫、嫖娼以及介绍或者容留卖淫、嫖娼的行为，警告可以与罚款、没收合并适用。

警告应以书面形式作出，并向本人宣布和送达。公安机关对违反治安管理行为适用警告处罚时，应当制作处罚决定书。

（三）警告处罚与批评教育、警告处分的区别

警告处罚是公安机关代表国家对违反治安管理行为作出的处罚，对违反治安管理行为的危害性进行谴责，并告诫行为者及时改正违法行为，不再重犯。批评教育一般是指出其行为的错误之处，并令其改正，属于道德谴责的范畴。警告处罚尽管具有批评教育的性质，但不是一般的批评教育。警告处罚是依法实施的处罚方法，具有法律强制性，被处罚者须承担受警告处罚引起的法律后果，如果不服可以依法提起行政复议或者行政诉讼。

警告处罚也不同于警告处分。警告处分是指机关、团体、企事业单位依法对违反行政纪律和内部规章制度的当事人给予的行政处分，两者的实施主体、适用客体以及制裁依据都是截然不同的。

二、罚款

(一) 罚款的含义

罚款是指公安机关责令违反治安管理行为人在一定期限内,向国家缴纳一定数额金钱的治安管理处罚。罚款是一种财产罚,通过给予违法行为人经济上的制裁,迫使其受到财产上的损失,从而达到惩戒并教育违法行为人不得再犯的目的。罚款既适用于公民,也适用于法人或者其他组织。罚款是治安管理处罚中适用最灵活、最广泛的一种处罚方法,基本上对各种违反治安管理行为都可以适用罚款处罚。

(二) 罚款的适用

罚款处罚是行政处罚中最常见的一种处罚形式,各国和地区行政处罚法的典型标志就是将罚款处罚设定为行政处罚的核心,这也是其与刑罚的主要区别。根据《治安管理处罚法》的规定,能够单独适用罚款的占处罚总项的 25%,此外还有大量的罚款处罚与行政拘留并处。

根据《治安管理处罚法》及其他有关治安管理的行政法律、法规,针对不同的违反治安管理行为,规定了不同的罚款幅度。对自然人的罚款幅度,一般是在 500 元以下。但是对一些法益侵害性较大的违反治安管理行为,《治安管理处罚法》规定了较高的处罚幅度。例如:卖淫、嫖娼的,处 10 日以上 15 日以下拘留,可以并处 5 000 元以下罚款;引诱、容留、介绍他人卖淫的,处 10 日以上 15 日以下拘留,可以并处 5 000 元以下罚款。在有关治安管理的法律、法规中,对法人或者其他组织罚款的幅度因不同的违反治安管理行为而有很大的区别,一般规定的数额较高,最高可达违法所得 5 倍的罚款。

罚款的决定机关为县级以上公安机关。公安派出所只能作出 500 元以下的罚款决定;执勤的人民警察在适用简易程序时,如果被处罚人没有异议,可以作出 200 元以下的罚款决定。

(三) 罚款与罚金的区别

罚款与罚金不同:一是两者性质不同,罚款是行政处罚,罚金是刑事处罚,是刑罚中的附加刑。二是两者适用的对象不同,罚款适用于违反治安管理行为,罚金适用于犯罪行为。三是两者处罚的依据不同,罚款是依据治安管理的有关法律法规,罚金是依据刑法的规定。四是,两者实施的主体和适用的程序不同,罚款由公安机关依照行政处罚程序进行,罚金则由人民法院依照刑事诉讼程序进行。

三、行政拘留

(一) 行政拘留的含义和适用对象

行政拘留又称治安拘留,是在一定期限内剥夺违反治安管理行为人的人身自由的处罚方法。行政拘留是治安管理处罚中最严厉的处罚方法,属于人身罚、自由罚。《治安管理处罚法》中能够单独适用行政拘留的占处罚总项的 66%[①]。有些处罚条款尽管是并处或可以并处罚款,但都以行政拘留为基础,与罚款设定情况相比,行政拘留是治安管理处罚的主要形式。

行政拘留适用于违反治安管理情节严重的自然人,不适用于法人或者其他组织。根据《治安管理处罚法》,以下几种人员应当给予行政拘留处罚但不执行行政拘留处罚:已满 14 周岁不满 16 周岁的;已满 16 周岁不满 18 周岁,初次违反治安管理的;70 周岁以上的;怀孕或者哺乳自己

---

① 李春华 . 治安管理处罚法通论 . 中国人民公安大学出版社,2009 :70.

不满1周岁婴儿的。此外,公安机关对县级以上人大代表决定拘留的,应在执行前向同级人大常委会报告备案。

(二)行政拘留的适用

行政拘留可以由县、市公安局、公安分局决定执行,派出所及其他任何机关都无权决定对违法行为人的行政拘留处罚。一般来讲,针对单独的违反治安管理的行为,拘留的时间不超过15日;当有两种以上违反治安管理行为存在,且须合并执行行政拘留处罚的,最长执行时间不超过20日。

(三)行政拘留与刑事拘留、拘役的区别

行政拘留和刑事拘留不同。首先,两者的性质不同,行政拘留是行政处罚,而刑事拘留是刑事强制措施。刑事拘留是为了防止行为人逃避侦查、审判或者继续犯罪,不是任何意义上的处罚。其次,两者的适用对象不同,行政拘留适用于违反治安管理情节较为严重的违法行为人,刑事拘留适用于罪该逮捕的现行犯或者重大嫌疑犯。再次,两者的关押场所不同,被行政拘留的人应关押在拘留所,而被刑事拘留的人应关押在看守所。最后,两者的适用依据、适用目的也不同。

行政拘留和拘役不同。拘役是一种刑罚,适用于犯罪分子的刑事处罚,由人民法院判决,期限为1个月以上6个月以下,数行为并罚不超过1年。

四、吊销公安机关发放的许可证

(一)吊销公安机关发放的许可证的含义

吊销即收回并取消。吊销公安机关发放的许可证,是指公安机关对从事公安机关特许从事的行业的人,因其严重违法行为而永久性地取消、收回其许可证,剥夺其许可资格的治安处罚。目前,公安机关有权吊销的许可证包括《特种行业许可证》《公共场所治安许可证》《安全许可证》《机动车驾驶证》《持枪证》《枪支制造、配售许可证》《养犬证》等。

(二)吊销公安机关发放的许可证的适用

《治安管理处罚法》第54条第3款对治安管理处罚中的吊销许可证处罚作出规定,即取得公安机关许可的经营者,违反国家有关管理规定,情节严重的,公安机关可以吊销许可证。

吊销公安机关发放的许可证处罚,应该由县以上或者相当于县级的公安机关治安管理部门书面作出。

五、限期出境与驱逐出境

(一)限期出境与驱逐出境的含义

限期出境与驱逐出境,二者均是对不具有中国国籍,但在中华人民共和国领域内违反《治安管理处罚法》的外国公民和无国籍公民驱逐到我国境外的一种治安处罚。在现行规定中,限期出境主要适用于非法入出境、非法居留或停留、违反居住管理、违反证件管理、非法旅行、非法就业,以及伪造、涂改、冒用、转让、买卖出入境证件等违法行为,情节严重的外国人,一般与罚款或行政拘留同时适用。驱逐出境是指公安机关依法强制外国人立即离开中国的一种处罚;在现行规定中仅适用于非法入出境且情节严重的外国人。驱逐出境较限期出境处罚更为严厉,应当根据外国人违反治安管理的情况选择限期出境或者驱逐出境。

(二)限期出境与驱逐出境的适用

根据《治安管理处罚法》第10条第2款“对违反治安管理的外国人,可以附加适用限期出境

或者驱逐出境”，限期出境、驱逐出境具有两个特点：首先，仅适用于违法的外国人或无国籍人。其次，一般是附加适用，无法单独适用。

对外国人需要依法适用限期出境、驱逐出境处罚的，由承办案件的公安机关逐级上报公安部或者公安部授权的省级人民政府公安机关决定，由承办案件的公安机关执行。对外国人依法决定行政拘留的，由承办案件的县级以上（含县级，下同）公安机关决定，不再报上一级公安机关批准。对外国人依法决定适用警告、罚款、行政拘留，并附加适用限期出境、驱逐出境处罚的，应当在警告、罚款、行政拘留执行完毕后，再执行限期出境、驱逐出境。

第二节　治安管理处罚的适用

治安案件因构成要件的不同，即便是同类案件也呈现出不同的情形。因此治安管理处罚的适用应当根据案件的具体情况，区分不同情形加以适用。

一、减轻或不予处罚的情形

（一）情节特别轻微的

所谓情节特别轻微，是指行为主体的主观方面恶性不大，客观上法益侵害性较小，违法手段、违法结果等客观方面要素亦比较轻微，因此总体而言，行为虽然违法，但是从过罚相适应的角度考虑，应当予以减轻甚至不予处罚。

（二）主动消除或者减轻违法后果，并取得被侵害人谅解的

此种情形的出现，一方面，从违法行为人的角度看，显示其对自身违法行为具有了明确的悔过意识，并通过自身的努力把违法行为所造成的危害降到了最低，这种心态值得鼓励并提倡；另一方面，从被害人一方来看，通过违法行为人的补救措施，把其遭受的损失降到了最低甚至完全弥补，因此由违法行为引发的法律矛盾状态得以缓解，被害人若能够谅解，则由违法行为造成的对法秩序的破坏也被恢复，因此法律应当对违法行为人与被害人这种积极主动的行为加以鼓励，故而对违法行为减轻或不予处罚。

（三）出于他人胁迫或者诱骗的

违法行为人在主观上处于被胁迫或是诱骗时，虽然不能排除其主观上具有相应的故意或过失的心理状态，但是胁迫或诱骗却是引起并促使其违法主观方面产生的直接原因，可以间接说明违法行为人本身并无违法之意，乃是在被强迫或是被迷惑的情况之下才实施了违法行为，因此其主观恶性较小，应当比照本身具备违法故意或过失的违法行为人加以减轻或不予处罚。

（四）主动投案，向公安机关如实陈述自己的违法行为的

主动投案，是指违法行为人在其违法行为未被公安机关发觉，或虽被发觉但在公安机关对其讯问、采取强制措施之前主动到公安机关如实交代其违法行为的行为。主动投案，一方面表现出违法行为人主观上具有一定的悔过意识，并表现出愿意承担法律责任的态度；另一方面，客观上也节约了公安机关办案的社会成本。因此，应当从处罚的层面对违法行为人主动投案的行为加以鼓励。

（五）有立功表现的

立功表现，参照《刑法》第 68 条的规定，违法行为人到案后，有如下几类情况时可以认定为立功表现：检举、揭发他人犯罪行为，包括共同犯罪案件中的犯罪分子揭发同案犯共同犯罪以外

的其他犯罪，经查证属实；提供侦破其他案件的重要线索，经查证属实；阻止他人犯罪活动；协助司法机关抓捕其他犯罪嫌疑人（包括同案犯）；具有其他有利于国家和社会的突出表现的，应当认定为有立功表现。

立功表现，既表现出违法行为人的悔过意识，客观上也提高了司法机关打击犯罪的效率，从而节约了司法成本，因此应当减轻处罚或不予处罚。

二、从重处罚的情形

（一）有较严重后果的

所谓比较严重的后果，应当做广义的理解，即由违法行为所引起的所有后果，包括直接后果与间接后果。较严重后果的出现，意味着违法行为对法益侵害的程度较深，相应的对被害人乃至整个社会造成的负面影响较大，因此应当从重处罚，以贯彻过罚相适应原则，同时也通过较重的治安处罚，使违法行为人深刻地认识其行为的危害，起到更好的威慑、教育作用。

（二）教唆、胁迫、诱骗他人违反治安管理的

上述三种行为，均使本身没有违法意思的其他主体产生违法的故意，进而实施违法行为，因此实施上述三种行为的主体，不仅客观上引起他人实施了违法行为，并且在主观上表现出对违法行为的违法性有更加明确清醒的认识，因此其主观方面的恶性更加强烈，故有必要对其从重处罚，以惩前毖后，达到治安处罚适用的目的。

（三）对报案人、控告人、举报人、证人打击报复的

对报案人、控告人、举报人、证人打击报复的行为本身，一方面，客观上对报案人、控告人、举报人、证人造成了一定的损失，损害了其合法权益；另一方面，实施打击报复的主体在主观上表现出对其先前违法行为不思悔改、不愿改过的心态，因此说明其主观恶性较大，结合其打击报复行为说明其具有较高的人身危险性，故有必要从重处罚。

（四）6个月内曾受过治安管理处罚的

此种情形可类比刑法中的累犯，之所以要从重处罚，就是因为行为人本身并未从治安管理处罚中吸取教训，认真反思并改正自身行为，反而继续实施违法行为，无论是出于故意还是过失，均可较为明确地反映出其具有较强的主观恶性。出于预防的需要考虑，对于此类人身危险性较高的违法行为人，有必要施以更严厉的处罚，从而真正有效地对其加以威慑。

［自测自评］

【思考练习题】

1. 试论教育与处罚原则在治安管理处罚中的具体体现。
2. 尝试比较治安管理处罚与刑罚之间的异同。

第二编　治安案件查处程序

第五章　治安案件查处程序的一般规定

第一节　治安案件的管辖

一、治安案件管辖的概念

治安案件的管辖，是指公安机关在办理治安案件过程中，对办案内容、办案地域和办案层级等方面进行的职权分工。

二、治安案件管辖的种类

（一）职能管辖

职能管辖，是指公安机关与其他行政机关（工商、文教、卫生、劳动监察等）以及公安机关内部不同的公安行政执法机构（交通管理部门、治安管理部门、网络信息安全监察部门和出入境管理部门等），依据各自的法定职责办理行政案件的权限分工。职能管辖，有外部职能管辖和内部职能管辖之分。

1. 外部职能管辖。公安机关与其他行政机关的案件管辖分工，通常被称为外部职能管辖分工。分工的具体法律依据是《宪法》《行政处罚法》《人民警察法》等各种法律、法规和部门规章。

2. 内部职能管辖。公安机关内部的案件管辖分工，可以被称为内部职能管辖分工。分工的具体法律依据是《治安管理处罚法》《道路交通安全法》《公安机关办理行政案件程序规定》等。

（二）级别管辖

级别管辖是指上下级公安机关之间在办理治安案件上的权限分工。由于治安案件种类庞多，情况复杂，立法和执法实践中确定级别管辖的标准是依据行政案件构成要素的特殊性，如违法嫌疑人的政治身份或社会地位，违法行为的社会危害度及造成的社会影响等。一般情况下，确定级别管辖，都是以各类行政执法机关执法办案直接依据的法律、法规及规章类文件为指导。

（三）地域管辖

地域管辖，是指同级公安机关之间在办理公安行政案件上的任务分工。《公安机关办理行政案件程序规定》第 10 条指出："行政案件由违法行为地的公安机关管辖。由违法行为人居住地公安机关管辖更为适宜的，可以由违法行为人居住地公安机关管辖，但是涉及卖淫、嫖娼、赌博、毒品的案件除外。"其中，违法行为地包括违法行为发生地和违法结果发生地。违法行为发生地，包括违法行为的实施地以及开始地、途经地、结束地等与违法行为有关的地点；违法行为有连续、持续或者继续状态的，违法行为连续、持续或者继续实施的地方都属于违法行为发生地。违法结果发生地，包括违法行为对象被侵害地、违法所得的实际取得地、藏匿地、转移地、使用地、销售地。居住地包括户籍所在地、经常居住地。经常居住地是指公民离开户籍所在地最后连续居住一年以上的地方，但在医院住院就医的除外。

移交违法行为人居住地公安机关管辖的行政案件，违法行为地公安机关在移交前应当及时收集证据，并配合违法行为人居住地公安机关开展调查取证工作。

针对或者利用网络实施的违法行为，用于实施违法行为的网站服务器所在地、网络接入地以及网站建立者或者管理者所在地，被侵害的网络及其运营者所在地，违法过程中违法行为人、被侵害人使用的网络及其运营者所在地，被侵害人被侵害时所在地，以及被侵害人财产遭受损失地公安机关均可以管辖。

行驶中的客车上发生的行政案件，由案发后客车最初停靠地公安机关管辖；必要时，始发地、途经地、到达地公安机关也可以管辖。

（四）特殊管辖

特殊管辖，是针对级别管辖、职能管辖和地域管辖中出现的某些特殊情形所规定的管辖制度。这一制度是对前三种管辖方式的补充和完善。特殊管辖的具体种类有：共同管辖、指定管辖、转移管辖和专门管辖。

1. 共同管辖，是指两个或两个以上的公安机关对同一违法行为都有管辖权时，确定具体由哪一公安机关管辖的制度。在执法实践中，时常发生若干违法人员在不同的地域进行一个违法行为，或违法行为发生地与违法结果发生地不在同一地域的情形，在办理案件中，都需要首先明确案件管辖。

《公安机关办理行政案件程序规定》第 14 条规定："几个公安机关都有权管辖的行政案件，由最初受理的公安机关管辖。必要时，可以由主要违法行为地公安机关管辖。"

2. 指定管辖，是指上级公安机关以决定的方式指定下一级公安机关对某一行政案件行使管辖权的制度。在办案实践中，往往发生两个以上的公安机关对某一行政案件的管辖问题产生争议（包括积极争议和消极争议）的情况。这时，就由争议双方或多方的共同上级公安机关确定管辖权的具体归属。

《公安机关办理行政案件程序规定》第 15 条规定："对管辖权发生争议的，报请共同的上级公安机关指定管辖。对于重大、复杂的案件，上级公安机关可以直接办理或者指定管辖。"

3. 转移管辖，是指根据上级公安机关的指定或者经上级公安机关的同意，将行政违法案件的管辖权由原来有管辖权的公安机关转移给原来无管辖权的公安机关的制度。转移管辖是在上下级公安机关之间进行的，是对级别管辖的必要调整。

《公安机关办理行政案件程序规定》第 15 条第 2、3、4 款规定："对于重大、复杂的案件，上级公安机关可以直接办理或者指定管辖。上级公安机关直接办理或者指定管辖的，应当书面通知被指定管辖的公安机关和其他有关的公安机关。原受理案件的公安机关自收到上级公安机关书面通知之日起不再行使管辖权，并立即将案卷材料移送被指定管辖的公安机关或者办理的上级公安机关，及时书面通知当事人。"

4. 专门管辖，是指行政违法案件依照业务特性由公安机关内的某一职能部门管辖的制度。在公安机关序列中，铁路、交通、民航、国有林区的森林公安机关和海关缉私机构的海关缉私警察实行的是双重领导、条块结合的体制，既接受上级公安机关的领导（公安业务），又接受同级铁路、交通、民航、国有林区、海关缉私部门的领导。

对此，《公安机关办理行政案件程序规定》第16条规定："铁路公安机关管辖列车上，火车站工作区域内，铁路系统的机关、厂、段、所、队等单位内发生的行政案件，以及在铁路线上放置障碍物或者损毁、移动铁路设施等可能影响铁路运输安全、盗窃铁路设施的行政案件。对倒卖、伪造、变造火车票案件，由最初受理的铁路或者地方公安机关管辖。必要时，可以移送主要违法行为发生地的铁路或者地方公安机关管辖。交通公安机关管辖港航管理机构管理的轮船上、港口、码头工作区域内和港航系统的机关、厂、所、队等单位内发生的行政案件。民航公安机关管辖民航管理机构管理的机场工作区域以及民航系统的机关、厂、所、队等单位内和民航飞机上发生的行政案件。国有林区的森林公安机关管辖林区内发生的行政案件。海关缉私机构管辖阻碍海关缉私警察依法执行职务的治安案件。"

第二节　治安案件的回避制度

一、治安案件回避的概念与意义

治安案件的回避，是指办理治安案件的公安机关负责人或者承办案件的人民警察，遇有法律规定的情形，可能影响案件得到公正查处时，主动或被动退出该案件办理的法律制度。

治安案件适用回避制度，其重要的法律意义在于确保法律程序的公正性，使各类治安案件得到合法、公正、及时的查处。程序公正是人们在设计解决权益冲突制度时的首选法律价值，程序公正首先要求的就是程序的操纵者与程序的结果应当没有任何利害关系。否则，程序的操纵者可能会利用自己在程序中的优势地位，促使程序的结果向有利于操纵者方向发展。同时，如果执法程序的主持人与程序结果有利害关系，则人们不会以公正的心态去认同该执法程序的结果。

二、回避的法定情形

根据《治安管理处罚法》及《公安机关办理行政案件程序规定》的要求，公安机关负责人或者办案人民警察有下列情形之一的，应当自行提出回避申请，案件当事人及其法定代理人也有权要求他们回避：(1) 是本案当事人或者当事人的近亲属。所谓本案当事人，是指公安行政案件中的违法嫌疑人及被侵害人。所谓近亲属，是指与案件当事人有夫妻、父子或母子、同胞兄弟姐妹关系。(2) 本人或者其近亲属与本案有利害关系。所谓利害关系，是指公安机关负责人或办案人及其近亲属虽然不是案件的当事人，与本案件当事人也没有夫妻、父子或母子、同胞兄弟姐妹关系，但因其他原因，如不实行回避，对本案的查处，却会涉及其切身利益的。(3) 与本案当事人有其他关系，可能影响案件公正处理的。所谓其他关系，是指办案人民警察与案件虽然不具有上述两种关系，但是却有其他关系，即亲戚、朋友、同学等"血缘""业缘""地缘"关系。但是有这些关系，不是回避的必要条件，而是选择条件，即只有可能影响案件公正处理的时候，才应当回避。

三、回避的形式

根据《公安机关办理行政案件程序规定》的要求，治安案件回避要求提出的形式有：

（一）自行回避

自行回避，是指公安机关负责人、办案人民警察遇有法律规定的情形时，自行提出回避申请并说明回避理由。

（二）申请回避

申请回避，是指治安案件当事人及其法定代理人，发现办理本案的公安机关负责人或办案人民警察有法定回避的情形，向办理此案的公安机关提出申请，要求他们回避。案件当事人及其法定代理人的申请回避，是法律赋予的权利，公安机关办理治安案件时，应当首先向其告知这项权利。申请回避，既可以书面提出，也可以口头提出。但公安机关对口头申请必须记录在案。公安机关应当在收到申请之日起 2 日内作出决定并通知申请人。

（三）指令回避

指令回避，是指公安机关负责人、办案人民警察具有应当回避的情形，本人没有申请回避，当事人及其法定代理人也没有申请他们回避的，有权决定他们回避的公安机关可以指令其回避。另外，在治安案件调查过程中，鉴定人和翻译人员需要回避的，也适用上述规定。

四、回避决定的权限

（一）回避决定权限

办案人民警察的回避，由其所属的公安机关决定；公安机关负责人的回避，由上一级公安机关决定。鉴定人、翻译人员的回避，由指派或者聘请的公安机关决定。

（二）特别规定

由于治安案件的特殊性，为了及时查明案情，尽早获取证据，在公安机关作出回避决定前，办案人民警察不得停止对治安案件的调查。作出回避决定后，公安机关负责人、办案人民警察不得再参与该治安案件的调查和审核、审批工作。同时，被决定回避的公安机关负责人、办案人民警察、鉴定人和翻译人员，在回避决定作出以前所进行的与案件有关的活动是否有效，由作出回避决定的公安机关根据是否影响案件依法公正处理等情况决定。

第三节　治安案件查处的期间与送达

一、治安案件期间的概念、特征

（一）治安案件期间的概念

治安案件期间，是指在办理治安案件过程中，公安机关、案件当事人及其他参与人依法应当遵守的期限和日期。

（二）治安案件期间的特征

1. 从总体上看，期间对在办理治安案件过程中的公安机关、案件当事人及其他参与人具有普遍的约束力。在办理治安案件过程中，法律为不同的行为设定了与之相对应的期间规定。

2. 期间规定的基本内容是公安机关、案件当事人及其他参与人所进行的法定行为必须在法定的期限或日期内完成。

3. 期间所表示的是一定的时间界限。它既可能是对公安机关、案件当事人及其他参与人从事特定行为的具体日期要求,也可能是公安机关、案件当事人及其他参与人从事特定行为的持续时限的要求。

二、治安案件期间的种类和计算规则

(一) 治安案件期间的种类

根据法律设定,治安案件期间分为期限和期日。

期限是指法律规定的在办理治安案件中,公安机关、案件当事人及其他参与人各自进行特定的活动必须遵守的时间界限。如治安案件的办案期限、被处罚人的申请复议期限等。

期日是指法律规定的在办理治安案件中,公安机关、案件当事人及其他参与人共同进行特定的活动必须遵守的具体时间。例如,公安机关先行登记保存的期日为 7 日,违法嫌疑人或者被侵害人对鉴定有异议提出重新鉴定的期日为 3 日。

(二) 治安案件期间的计算规则

《公安机关办理行政案件程序规定》第 35 条规定:“期间以时、日、月、年计算,期间开始之时或者日不计算在内。法律文书送达的期间不包括路途上的时间。期间的最后一日是节假日的,以节假日后的第一日为期满日期,但违法行为人被限制人身自由的期间,应当至期满之日为止,不得因节假日而延长。”

三、治安案件法律文书的送达

治安案件法律文书送达至受送达人,标志着治安管理行政处罚或处理决定进入了执行程序。根据《公安机关办理行政案件程序规定》第 36 条的规定,完成公安行政案件法律文书的送达可依次采用以下方式:

(一) 直接送达

1. 当场交付

简易程序的当场交付。办案人民警察依照简易程序作出当场处罚决定的,应当将决定书当场交付被处罚人,并由被处罚人在备案的决定书上签名或者捺指印。被处罚人拒绝的,由办案人民警察在备案的决定书上注明。

普通程序的当场交付。除简易程序中的当场交付外,作出行政处罚决定和其他行政处理决定,应当在宣告后将决定书当场交付被处理人,并由被处理人在附卷的决定书上签名或者捺指印,即为送达;被处理人拒绝的,由办案人民警察在附卷的决定书上注明。

2. 直接交付送达

作出处罚、处理决定时,被处理人不在场的,公安机关应当在作出决定的 7 日内将决定书送达被处理人,治安管理处罚决定应当在 2 日内送达。受送达人不在的,可以交付其成年家属、所在单位的负责人员或者其居住地居(村)民委员会代收。

(二) 留置送达

受送达人本人或者代收人拒绝接收或者拒绝签名和捺指印的,送达人可以邀请其邻居或者其他见证人到场,说明情况,也可以对拒收情况进行录音录像,把文书留在受送达人处,在附卷的法律文书上注明拒绝的事由、送达日期,由送达人、见证人签名或者捺指印,即视为送达。使用留置送达,以受送达人当面拒绝接受法律文书为前提。

（三）委托送达

受送达人已经离开处罚处理地的，办案公安机关直接送达处罚决定书确有困难的，办案机关可以委托受送达人所在地的公安机关代为送达法律文书。使用委托送达时，委托公安机关应当将出具的委托函、需要送达的法律文书及送达回执一并交送至受委托的公安机关。受委托的公安机关收到法律文书后，应当立即交受送达人签收。

（四）邮寄送达

邮寄送达，是指公安机关通过挂号信或者邮件专递等形式，将法律文书寄送至受送达人的一种送达方式。邮寄送达，适用于受送达人不在受处罚、处理地，并且有明确的异地居住地址的情况。受送达人签收邮件的日期即为完成送达的日期。经受送达人同意，可以采用传真、互联网通信工具等能够确认其收悉的方式送达。

（五）公告送达

经采取上述送达方式仍无法送达的，可以公告送达。公告的范围和方式应当便于公民知晓，公告期限不得少于60日。公告送达通常采用登报刊、广播、张贴布告等形式。公告送达一般适用于受送达人下落不明，或者用规定的其他方法无法送达的情形。

第四节 治安案件的证据

一、治安案件证据概述

（一）治安案件证据的概念

治安案件证据，是指公安机关在办理治安案件过程中，由执法人员收集或由当事人、证人、鉴定人等提供的，能够证明治安案件真实情况的事实（材料）。

（二）证据的认证

认证是指执法人员通过对证据的证据能力和证明力进行审核，进而对事实真伪进行认定的活动。包括两个方面：

其一，单一证据是否具有证据能力，即证据资格的判断。证据能力，也称证据资格，是指证据材料能够成为证据所应当具备的条件。证据的证据能力包括三个方面：(1) 关联性。是指证据与案件待证事实之间有一定联系，证据应该能够证明案件事实是否存在。(2) 真实性。是指作为认定事实依据的证据，必须是经执法人员查证属实的证据。(3) 合法性。是指证据必须是依照法律的要求和法定程序所取得的事实材料，包括证据的形式应当符合法律的要求，证据的提供、收集和审查必须符合法定程序。

其二，证明力强弱（或称证据力）的判断。证据能力与证明力是一对联系非常密切的概念。证据能力解决的是证据的门槛问题，不具有证据能力的证据材料，根本不能作为证据提出，更不能作为定案的根据；证明力解决的是具有证据能力的证据对待证事实的证明程度强弱问题。因此可以说，所谓证据能力，是从形式方面观察其资格；证明力，是从实质方面考察其价值。由于证据能力解决的是证据资格问题，因此，证据能力主要由法律加以形式上的限制，执法人员不能自由判断。而证明力解决的是证据对待证事实的证明程度、证明强弱问题，带有极强的主观性，因此在证明力的认定上执法人员有很大的自由判断余地。

二、治安案件的证据种类

根据《公安机关办理行政案件程序规定》第 26 条的规定，治安案件的证据有七种：

（一）物证

物证，是指以自身的内在属性和外在特征来证明案件事实的物品和物质痕迹。物证具有客观性，与证人证言相比，物证的客观性更强。

（二）书证

书证，是指以其记载的文字、符号、图案等表达的内容来证明案件事实的书面材料或其他材料。书证的特征有二：一是以书面的形式存在；二是以记载的内容来证明案情。与其他类证据相比，书证的形式固定，稳定性好，客观性强。

（三）被侵害人陈述和其他证人证言

被侵害人陈述，是指直接受违法行为人侵害的人，就自己遭受侵害的事实和有关违法嫌疑人的情况，向办案机关所作的表述或描述。被侵害人陈述的特征有二：一是表述的内容必须是自己遭受违法行为侵害的事实；二是必须向办案部门作陈述。只有同时具备这两个特征的人为描述，才具有证据的效力。但是，由于被侵害人的被害性角色，他们的陈述往往有夸大事实的倾向性。

其他证人证言，是指除案件中的侵害人、被侵害人以外的人对自己所知道的案件情况所作的陈述。证人资格合法，是证人证言具有法定效力的前提。《公安机关办理行政案件程序规定》第 34 条规定，凡知道案件情况的人，都有作证的义务。生理上、精神上有缺陷或者年幼，不能辨别是非、不能正确表达的人，不能作为证人。由于证人的个体差异性，对同一案件事实的认知水平与评判能力有别。因此，应当注意对证人证言的印证工作。

（四）违法嫌疑人的陈述和申辩

违法嫌疑人的陈述和申辩，是指违法嫌疑人就自己所涉案件的情况，向公安机关和人民警察所作的供述、检举，以及否认自己有违法行为发生或行为情节轻微的辩解。由于违法嫌疑人的加害性角色，他们的陈述和申辩往往有避重就轻的倾向性。

（五）鉴定意见

鉴定意见，是指受公安机关指派或聘请，运用自己的专门知识和技能对案件中需要认定的专门性问题进行鉴定后所形成的书面结论性意见。

与其他证据种类相比，鉴定意见的特征是：一是业务方面的专门性，即鉴定意见解决的是凭一般经验无法判明的技术性或专门性问题，而不是解决合法性的问题；二是客观方面的科学性，即鉴定意见是具有专门知识和技能的人运用科学的理论、方法和手段进行鉴定后得出的意见，具有可信性。

（六）勘验、检查、辨认笔录及现场笔录

勘验、检查、辨认笔录及现场笔录，是指办案人民警察对与违法行为有关的场所、物品和人身进行勘验、检查、辨认所作的书面记载。它是办案人民警察对已发生的案件事实所作的亲自观察和认识。勘验、检查、辨认笔录大多以文字记载为主，也包括绘制的现场图、拍摄的现场照片、录音、录像等。

勘验、检查笔录及现场笔录的内容，既包括办案人民警察对已发案件的客观描述，又包括办案人民警察对现场的调查所得信息。它是固定其他证据的重要手段，是审查其他证据的重要依据。

（七）视听资料、电子数据

视听资料，是指以录音、录像的方法录制的音像或图像资料来证明案件真实情况的证明材料。

电子数据是指以电子形式存在的、用做证据使用能够证明案件真实情况的一切材料及其派生物。所谓电子形式，可将其概括为由介质、磁性物、光学设备、计算机内存或类似设备生成、发送、接收、存储的任一信息的存在形式。电子数据能否被采纳，关键还是在于技术上能够鉴别它是否经过修改。不解决认证的问题，电子证据的使用只能是纸上谈兵。

三、取证注意事项

在行政诉讼中，要求公安机关在办理治安案件程序中所形成的全部证据都应当移交给人民法院，不能提供证据或者证据有瑕疵的都将承担败诉的法律后果。因此，公安机关在办理每一个治安案件时都应力求规范，经得起司法审查。调查收集证据的过程中，必须注意以下事项：

第一，公安机关必须依照法定程序，收集能够证实违法嫌疑人是否违法、违法情节轻重的证据。严禁刑讯逼供和以威胁、欺骗等非法方法收集证据。采用刑讯逼供等非法方法收集的违法嫌疑人的陈述和申辩以及采用暴力、威胁等非法方法收集的被侵害人陈述、其他证人证言，不能作为定案的根据。收集物证、书证不符合法定程序，可能严重影响执法公正的，应当予以补正或者作出合理解释；不能补正或者作出合理解释的，不能作为定案的根据。

第二，公安机关向有关单位和个人收集、调取证据时，应当告知其必须如实提供证据，并告知其伪造、隐匿、毁灭证据，提供虚假证词应当承担的法律责任。需要向有关单位和个人调取证据的，经公安机关办案部门负责人批准，开具调取证据通知书，明确调取的证据和提供时限。被调取人应当在通知书上盖章或者签名，被调取人拒绝的，公安机关应当注明。必要时，公安机关应当采用录音、录像等方式固定证据内容及取证过程。需要向有关单位紧急调取证据的，公安机关可以在电话告知人民警察身份的同时，将调取证据通知书连同办案人民警察的人民警察证复印件通过传真、互联网通信工具等方式送达有关单位。

第三，收集调取的物证应当是原物。在原物不便搬运、不易保存或者依法应当由有关部门保管、处理或者依法应当返还时，可以拍摄或者制作足以反映原物外形或者内容的照片、录像。物证的照片、录像，经与原物核实无误或者经鉴定证明为真实的，可以作为证据使用。

第四，收集、调取的书证应当是原件。在取得原件确有困难时，可以使用副本或者复制件。书证的副本、复制件，经与原件核实无误或者经鉴定证明为真实的，可以作为证据使用。书证有更改或者更改迹象不能作出合理解释的，或者书证的副本、复制件不能反映书证原件及其内容的，不能作为证据使用。

第五，物证的照片、录像，书证的副本、复制件，视听资料的复制件，应当附有关制作过程及原件、原物存放处的文字说明，并由制作人和物品持有人或者持有单位有关人员签名。

第六，收集电子数据，能够扣押电子数据原始存储介质的，应当扣押。无法扣押原始存储介质的，可以提取电子数据。提取电子数据，应当制作笔录，并附电子数据清单，由办案人民警察、电子数据持有人签名。持有人无法或者拒绝签名的，应当在笔录中注明。由于客观原因无法或者不宜依照前述规定收集电子数据的，可以采取打印、拍照或者录像等方式固定相关证据，并附有关原因、过程等情况的文字说明，由办案人民警察、电子数据持有人签名。持有人无法或者拒绝签名的,应当注明情况。

第七,刑事案件转为行政案件办理的,刑事案件办理过程中收集的证据材料,可以作为行政案件的证据使用。

第八,公安机关及其人民警察在办理行政案件时,对涉及的国家秘密、商业秘密或者个人隐私,应当保密。

四、法律文书(调取证据通知书、调取证据清单)

(一)制作要求

调取证据通知书,是公安机关向有关单位或者个人调取与案件有关的证据时使用的文书。抬头部分横线处填写证据持有人的姓名或者单位名称。“下列证据”后面的横线处填写具体证据的名称。

调取证据清单,是公安机关使用调取证据通知书调取到证据后,给证据持有人开具的清单。

(二)文书式样

(此处印制公安机关名称)

调取证据通知书

×公(　　)调证字〔　　〕号

________________________:

根据《公安机关办理行政案件程序规定》第二十八条之规定,现调取与________________________一案有关的下列证据:____

____

____________,请于______年______月______日前提供我单位。

伪造证据、隐匿证据、毁灭证据或者无正当理由未在规定期限内提供证据的,依法承担相应法律责任。

公安机关(印)

年　月　日

本通知书已收到。

证据持有人

年　月　日

一式两份,一份交证据持有人,一份附卷。

调取证据清单

编号	名称	数量	特征	备注

持有人 年 月 日	保管人 年 月 日	办案民警 办案单位(印) 年 月 日

一式三份,一份交持有人,一份交保管人,一份附卷。

[自测自评]

【思考练习题】

1. 简述治安案件管辖的种类。
2. 什么是治安案件的回避制度?回避制度具有什么意义?
3. 简述治安案件法律文书送达的种类与适用情形。
4. 简述治安案件证据的种类。

第六章　治安案件查处的普通程序

第一节　治安案件的受理

一、治安案件的受理概述

治安案件的受理，是指公安机关对报案、控告、举报、群众扭送或者违法嫌疑人投案，以及其他行政主管部门、司法机关移送的案件，表示接受并按照治安案件进行调查处理的活动。

治安案件的受理，是查处治安案件的第一道程序，由各级公安机关和公安派出所负责。《治安管理处罚法》第 77 条规定，公安机关对报案、控告、举报或者违反治安管理行为人主动投案，以及其他行政主管部门、司法机关移送的违反治安管理案件，应当及时受理，并进行登记。

治安案件的主要来源有：(1) 群众申诉、检举、揭发和扭送；(2) 机关、团体、部队、学校、企事业单位的报告；(3) 各种违法犯罪人员的坦白、自首和相互之间的揭发、检举；(4) 其他行政主管部门、司法机关的移送；(5) 公安机关内部各单位工作中发现的问题和线索。

二、治安案件受理的要求

(一) 及时受理、进行登记

县级公安机关及其公安派出所、依法具有独立执法主体资格的公安机关业务部门以及出入境边防检查站对报案、控告、举报、群众扭送或者违法嫌疑人投案，以及其他国家机关移送的案件，应当及时受理并按照规定进行网上接报案登记。对重复报案、案件正在办理或者已经办结的，应当向报案人、控告人、举报人、扭送人、投案人作出解释，不再登记。

公安机关应当对报案、控告、举报、群众扭送或者违法嫌疑人投案分别作出下列处理，并将处理情况在接报案登记中注明：(1) 对属于本单位管辖范围内的案件，应当立即调查处理，制作受案登记表和受案回执，并将受案回执交报案人、控告人、举报人、扭送人；(2) 对属于公安机关职责范围，但不属于本单位管辖的，应当在二十四小时内移送有管辖权的单位处理，并告知报案人、控告人、举报人、扭送人、投案人；(3) 对不属于公安机关职责范围的事项，在接报案时能够当场判断的，应当立即口头告知报案人、控告人、举报人、扭送人、投案人向其他主管机关报案或者投案，报案人、控告人、举报人、扭送人、投案人对口头告知内容有异议或者不能当场判断的，应当书面告知，但因没有联系方式、身份不明等客观原因无法书面告知的除外。在日常执法执勤中发现的违法行为，适用前款规定。

(二) 紧急情况的先行处理

属于公安机关职责范围但不属于本单位管辖的案件，具有下列情形之一的，受理案件或者发现案件的公安机关及其人民警察应当依法先行采取必要的强制措施或者其他处置措施，再移送有管辖权的单位处理:违法嫌疑人正在实施危害行为的;正在实施违法行为或者违法后即时被发现的现行犯被扭送至公安机关的;在逃的违法嫌疑人已被抓获或者被发现的;有人员伤亡,需要立即采取救治措施的;其他应当采取紧急措施的情形。

行政案件移送管辖的,询问查证时间和扣押等措施的期限重新计算。

(三) 受案保密

报案人不愿意公开自己的姓名和报案行为的,公安机关应当在受案登记时注明,并为其保密。

(四) 接受证据

对报案人、控告人、举报人、扭送人、投案人提供的有关证据材料、物品等应当登记,出具接受证据清单,并妥善保管。必要时,应当拍照、录音、录像。移送案件时,应当将有关证据材料和物品一并移交。

(五) 刑行程序选择

对发现或者受理的案件暂时无法确定为刑事案件或者行政案件的,可以按照行政案件的程序办理。在办理过程中,认为涉嫌构成犯罪的,应当按照《公安机关办理刑事案件程序规定》办理。

三、法律文书

(一) 受案登记表、接受证据清单

1. 制作要求

受案登记表、接受证据清单,是公安机关接受案件时所使用的文书。接受证据清单作为受案登记表的附件,用于在受案时登记报案人、举报人、控告人、投案人、扭送人提交的证据。

“案件来源”栏由受案民警在相应的“□”中打勾选定。

“报案人”栏填写报案人、举报人、控告人、投案人、扭送人的姓名、性别、出生日期、身份证件种类及号码、工作单位、联系方式和现住址。报案人不愿公开自己的姓名和报案行为的,此栏可注明“匿名”,但应当写明联系方式。

“移送单位”栏填写移送案件的单位名称。

“简要案情或者报案记录”栏填写简要案情或者报案人报称的基本情况,可采用问答方式记录,主要包括发案时间、地点、简要过程、后果和现状,违法犯罪嫌疑人的姓名、性别、出生日期、现住址和工作单位等基本情况以及到案经过,有被害人(被侵害人)的,应当写明人身伤害、财物损失及数量、特征等情况。违法犯罪嫌疑人是单位的,应当填写单位名称、地址和法定代表人。该栏还应当注明是否接受了报案人、举报人、控告人、投案人、扭送人等提供的证据,接受证据的,应当在该栏中注明“接受证据情况见所附《接受证据清单》”,并按照要求制作《接受证据清单》。

“受案意见”是受案民警在初步判定案件性质、管辖权限以及应否追究法律责任等情况后提出的处理建议,由受案民警在相应的“□”内打勾选定。选择“其他”情形的,应当在随后的横线处注明具体情况。

“受案审批”栏由受案部门负责人签署审批意见,根据具体情况填写“同意”或者其他处理意见,并签名、注明日期。

2. 文书式样

受案登记表

(受案单位名称和印章)　　　　　　　　　　　　　　　×公(　　)受案字〔　　〕　号

<table>
<tr><td colspan="2">案件来源</td><td colspan="6">□110指令□工作中发现□报案□投案□移送□扭送□其他</td></tr>
<tr><td rowspan="4">报案人</td><td>姓名</td><td></td><td>性别</td><td></td><td>出生日期</td><td colspan="2"></td></tr>
<tr><td>身份证件种类</td><td></td><td colspan="2">证件号码</td><td colspan="3"></td></tr>
<tr><td>工作单位</td><td colspan="2"></td><td>联系方式</td><td colspan="3"></td></tr>
<tr><td>现住址</td><td colspan="6"></td></tr>
<tr><td colspan="2">移送单位</td><td></td><td>移送人</td><td></td><td>联系方式</td><td colspan="2"></td></tr>
<tr><td colspan="2">接报民警</td><td></td><td>接报时间</td><td>年　月　日
时　分</td><td>接报地点</td><td colspan="2"></td></tr>
<tr><td colspan="8">简要案情或者报案记录(发案时间、地点、简要过程、涉案人基本情况、受害情况等)以及是否接受证据:</td></tr>
<tr><td colspan="2">受案意见</td><td colspan="6">□属本单位管辖的行政案件,建议及时调查处理
□属本单位管辖的刑事案件,建议及时立案侦查
□不属于本单位管辖,建议移送＿＿＿＿＿＿＿＿处理
□不属于公安机关职责范围,不予调查处理并当场书面告知当事人
□其他＿＿＿＿＿＿＿＿
受案民警　　　　　　　　年　月　日</td></tr>
<tr><td colspan="2">受案审批</td><td colspan="6">

受案部门负责人　　　　　　　　年　月　日</td></tr>
</table>

一式两份,一份留存,一份附卷。

接受证据清单

编号	名称	数量	特征	备注

提交人 年 月 日	保管人 年 月 日	受案民警 受案单位(印) 年 月 日

一式三份,一份交提交人,一份交保管人,一份附卷。

(二)受案回执

1. 制作要求

受案回执,是公安机关受案后给报案人、控告人、举报人、扭送人的回执。属于其他单位移送案件的,受案单位应当在《移送案件通知书》等文书或者有关送达回执上签收,不必制作受案回执。

抬头部分横线处填写报案人、控告人、举报人、扭送人姓名或者单位名称。“可通过______查询案件进展情况”的横线处填写查询案件进展情况的方式,包括电话、网址等。“联系人、联系方式”后的横线处填写受案民警或者办案民警的姓名、电话或者其他联系方式。

2. 文书式样

<table>
<tr><td>

受案回执

________：

你(单位)于_____年____月____日报称的____

____

____一案我单位已受理

(受案登记表文号为 × 公(　　) 受案字〔　　〕　号)。

你(单位)可通过____

查询案件进展情况。

联系人、联系方式____。

受案单位(印)

年　月　日

报案人、控告人、

举报人、扭送人

年　月　日

</td></tr>
</table>

一式两份,一份交报案人、控告人、举报人、扭送人,一份附卷。

(三) 不予调查处理告知书

1. 制作要求

不予调查处理告知书,是公安机关告知报案人、控告人、举报人、扭送人、投案人依法不予调查处理时使用的文书。抬头横线处填写报案人、控告人、举报人、扭送人、投案人姓名。“向______报称的”的横线处填写受案单位名称。

2. 文书式样

(此处印制公安机关名称)

不予调查处理告知书

________________:

你于______年____月____日向____

报称的____一案,不属于公安机关管辖范围。公安机关依法不予调查处理,请向其他有关主管机关报案、投诉或投案。

特此告知。

公安机关(印)

年 月 日

报案人、控告人、举报人、

扭送人、投案人

年 月 日

一式两份,一份交报案人、控告人、举报人、扭送人、投案人,一份留存。

(四)移送案件通知书

1. 制作要求

移送案件通知书,是将不属于本单位管辖或者上级公安机关指定管辖的案件,移送给其他单位处理时使用的文书。抬头横线处填写被移送单位名称。

2. 文书式样

(此处印制公安机关名称)

移送案件通知书

× 公(　　)行移字〔　　〕　号

________________：

我单位于____年____月____日受理的________________________________一案(受案登记表文号________________________)。经审查,根据案件管辖分工,该案属于你单位管辖范围,根据《公安机关办理行政案件程序规定》第六十一条第一款第二项之规定,现移送你单位处理。

附:证据清单

移送单位(印)

年　月　日

接收人员

接收单位(印)

年　月　日

报案人、控告人、举报人、

扭送人、投案人

年　月　日

一式三份,一份交接收单位,一份交报案人、控告人、举报人、扭送人、投案人,一份附卷。

第二节　治安案件的调查

一、治安案件调查的一般规定

(一) 公安机关调查治安案件的原则

《公安机关办理行政案件程序规定》要求公安机关对治安案件进行调查时,应当合法、及时、客观、全面地收集、调取证据材料,并予以审查、核实。

(二) 需要调查的案件事实

公安机关只有在明确调查任务和通过调查要达到怎样的效果、可能得出怎样的结论,并根据结论进行案件定性和责任追究,调查和处理案件才不会偏离正确的方向。公安机关需要调查的案件事实包括:

1. 违法嫌疑人的基本情况。违法嫌疑人的基本情况包括姓名、性别、年龄、国籍、身份、工作单位、家庭住址、家庭情况以及是否具有责任能力和行为能力等。对其进行调查的目的是为后续可能需要进行的传唤、询问过程甚至责任追究做准备。

2. 违法行为是否存在。对违法行为是否存在的调查是整个调查和案件处理继续进行的前提。由于调查的目的是查清违法事实,使违法行为人受到应有的教育和惩罚,公民的合法权益得到应有的保障,所以为了保证调查事实的客观和准确,避免报案人尤其是被害人由于气愤和伤心等原因夸大案情,甚至产生臆想、推测等,或报案人对所报案情和材料并非亲眼所见,只是道听途说等情况,只有调查出违法行为确实存在,调查和对案件的处理才有继续下去的必要。

3. 违法行为是否为违法嫌疑人实施。对违法行为是否由违法嫌疑人所为进行调查,确认违法嫌疑人与违法行为之间存在因果关系,才能对违法嫌疑人进行处罚和责任追究。否则,如果违法行为不是违法嫌疑人所实施,不仅不应追究其责任,还说明违法嫌疑人并不是真正的违法者,应当解除嫌疑,避免其受到不应有的追究,对其合法权益给予应有的保障。

4. 实施违法行为的时间、地点、手段、后果以及其他情节。对实施违法行为的时间、地点、手段、后果及情节进行调查,可以用更清楚的事实说明违法行为的存在,同时,如果相对人不服公安机关对行政案件作出的处理,提起行政复议或行政诉讼,这样的调查结论也可以作为作出原具体行政行为的公安机关在复议或应诉时的举证依据。

5. 违法嫌疑人有无法定从重、从轻、减轻以及不予处理的情形。对于从重、从轻、减轻和免予处罚的情形,《行政处罚法》《治安管理处罚法》等都作出了明确规定,公安机关在根据调查结论进行判定时应予遵照。

6. 与案件有关的其他事实。其他事实是指在具体操作时,公安机关必须对查清案情和案件的定性有帮助或可能有帮助的相关事实进行调查。

(三) 调查的注意事项

1. 公安机关调查取证时,应当防止泄露工作秘密。

2. 公安机关进行询问、辨认、检查、勘验,实施行政强制措施等调查取证工作时,人民警察不得少于两人,并表明执法身份。接报案、受案登记、接受证据、信息采集、调解、送达文书等工作,可以由一名人民警察带领警务辅助人员进行,但应当全程录音录像。

3. 对查获或者到案的违法嫌疑人应当进行安全检查,发现违禁品或者管制器具、武器、易燃易爆等危险品以及与案件有关的需要作为证据的物品的,应当立即扣押;对违法嫌疑人随身携带的与案件无关的物品,应当按照有关规定予以登记、保管、退还。安全检查不需要开具检查证。

4. 违法嫌疑人在醉酒状态中,对本人有危险或者对他人的人身、财产或者公共安全有威胁的,可以对其采取保护性措施约束至酒醒,也可以通知其家属、亲友或者所属单位将其领回看管,必要时,应当送医院醒酒。对行为举止失控的醉酒人,可以使用约束带或者警绳等进行约束,但是不得使用手铐、脚镣等警械。

约束过程中，应当指定专人严加看护。确认醉酒人酒醒后，应当立即解除约束，并进行询问。约束时间不计算在询问查证时间内。

（四）调查过程中行政强制措施的使用

1. 行政强制措施的使用原则

(1) 法定原则。行政强制措施是一种重要的国家行政权力，它的适用与实施直接关系着适用对象的人身和财产权益。因此，行政强制措施种类的设定及实施主体、使用程序及适用情形必须依法确定。

(2) 说服教育与强制相结合的原则。由于行政违法行为的社会危害性较轻（与刑事犯罪相比），因此，查办公安行政案件过程所使用的手段措施尽量采用非强制的说服教育方法。能够用说服教育方法解决问题的，一般不采用强制手段；必须采用强制措施的，则要注意措施的“强制程度”。

(3) 保护当事人合法权益的原则。有些种类的行政强制措施对人身自由、财产使用权益的干涉程度比较严重，因此，在使用行政强制措施过程中，应当赋予被强制人陈述、申辩、申请听证等项权利，以保证强制对象的合法权益不受侵犯。

(4) 行政复议和行政诉讼不影响执行的原则。作为具体行政行为的行政强制措施，可以引发行政复议或行政诉讼程序。但是，为了兼顾公安行政执法行为的合法性与效率性。《行政复议法》《行政诉讼法》均规定了具体行政行为一经作出，一般不因相对人申请行政复议或者提起行政诉讼而停止执行。但同时，《行政复议法》第 21 条、《行政诉讼法》第 56 条也对复议或诉讼期间停止执行行政强制行为的“例外情形”作了明文规定。

2. 使用行政强制措施的一般规定

实施前须依法向公安机关负责人报告并经批准。通知当事人到场，当场告知当事人采取行政强制措施的理由、依据以及当事人依法享有的权利、救济途径。当事人不到场的，邀请见证人到场，并在现场笔录中注明。听取当事人的陈述和申辩。制作现场笔录，由当事人和办案人民警察签名或者盖章，当事人拒绝的，在笔录中注明。当事人不在场的，由见证人和办案人民警察在笔录上签名或者盖章。实施限制公民人身自由的行政强制措施的，应当当场告知当事人家属实施强制措施的公安机关、理由、地点和期限；无法当场告知的，应当在实施强制措施后立即通过电话、短信、传真等方式通知；身份不明、拒不提供家属联系方式或者因自然灾害等不可抗力导致无法通知的，可以不予通知。告知、通知家属情况或者无法通知家属的原因应当在询问笔录中注明。勘验、检查时实施行政强制措施的，制作检查笔录，不再制作现场笔录。

3. 紧急情况下行政强制措施的使用

情况紧急，当场实施行政强制措施的，办案人民警察应当在 24 小时内依法向其所属的公安机关负责人报告，并补办批准手续。当场实施限制公民人身自由的行政强制措施的，办案人民警察应当在返回单位后立即报告，并补办批准手续。公安机关负责人认为不应当采取行政强制措施的，应当立即解除。

二、传唤

传唤是治安案件调查程序中常用的环节，是指公安机关对违法嫌疑人或单位违反治安管理规定时直接负责的主管人员和其他直接责任人员，限令其在指定的时间到指定的地点接受询问的一项法律措施。传唤在本质上是公安机关针对特定的义务人依法采取的一种行政措施，其目的是为了查明案情，获取证据，便于及时、正确地处理治安案件。

（一）传唤的批准权限

传唤须经公安派出所、县级以上公安机关办案部门或者出入境边防检查机关负责人批准。

（二）传唤的形式

1. 书面传唤。书面传唤是公安机关使用传唤证通知违法嫌疑人到指定的地点，接受调查询问和案件处理的一项法律措施。使用传唤证传唤是传唤的主要形式，需经公安机关办案部门负责人批准。

2. 口头传唤。口头传唤是传唤的特殊形态，是指对现场发现的违法嫌疑人，人民警察经出示人民警察证，口头要求到指定的地点接受调查的一种传唤方式。口头传唤与书面传唤具有同样的法律效力。使用口头传唤的条件：(1) 只有现场发现的违法嫌疑人才能适用；(2) 办案人民警察要出示人民警察证，未出示人民警察证，被传唤人可以拒绝；(3) 口头传唤应当在询问笔录中注明。

3. 强制传唤。强制传唤是对无正当理由不接受传唤或者逃避口头传唤和书面传唤的违反治安管理、出境入境管理的嫌疑人以及法律规定可以强制传唤的其他违法行为人，采取的一种强制措施。目的是迫使违法嫌疑人按时到指定的地点接受调查询问，以保证治安案件得到及时处理。

根据《治安管理处罚法》第 82 条的规定，强制传唤只能在以下两种情况下使用：一是无正当理由拒不接受传唤的，如被传唤人无理取闹拒不前往或者态度粗暴坚持不到指定的地点。而被传唤人有正当理由，如生病、工作原因等，则不能适用强制传唤，可以采取一些变通措施。二是逃避传唤，即逃避口头传唤或书面传唤，拒绝前往指定的地点接受调查询问。强制传唤时，可以依法使用手铐、警绳等约束性警械。强制传唤必须由两名以上的人民警察执行。

（三）传唤时应注意的问题

1. 公安机关应当将传唤的原因和依据告知被传唤人，并通知其家属。

2. 使用传唤证传唤的，违法嫌疑人被传唤到案后和询问查证结束后，应当由其在传唤证上填写到案和离开时间并签名。拒绝填写或者签名的，办案人民警察应当在传唤证上注明。

3. 对被传唤的违法嫌疑人，应当及时询问查证，询问查证的时间不得超过 8 小时；案情复杂，违法行为依法可能适用行政拘留处罚的，询问查证的时间不得超过 24 小时。

4. 不得以连续传唤的形式变相拘禁违法嫌疑人。

5. 对于投案自首或者群众扭送的违法嫌疑人，公安机关应当立即进行询问查证，并在询问笔录中记明违法嫌疑人到案经过、到案和离开时间。

6. 对于投案自首或者群众扭送的违法嫌疑人，公安机关应当按规定通知其家属。

（四）法律文书（传唤证）

1. 制作要求

传唤证是公安机关传唤违法嫌疑人时使用的文书。抬头横线处填写被传唤人的姓名，以下相应填写传唤理由、指定时间和地点。法律依据由办案民警在相应的“□”中打勾选定。附卷的传唤证应当由被传唤人分别签名确认到达时间和离开时间。

2. 文书式样

（此处印制公安机关名称）

传　唤　证

×公（　　）行传字〔　　〕　号

________：

因你（单位）涉嫌________________________________，根据

□《中华人民共和国治安管理处罚法》第八十二条

□《中华人民共和国出境入境管理法》第五十九条第三款

□《公安机关办理行政案件程序规定》第六十七条

□ 其他________________________________

之规定，现传唤你于____年____月____日____时____分前到________________

________________________________接受询问。

无正当理由拒不接受传唤或者逃避传唤的，依法强制传唤。

公安机关（印）

年　月　日

被传唤人到达时间　　　　年　月　日　时　分

被传唤人

被传唤人离开时间　　　　年　月　日　时　分

被传唤人

一式两份，一份交被传唤人，一份附卷。

三、询问

询问是公安机关办案人民警察依照法定程序以言辞方式,就案件有关情况向违法嫌疑人、被侵害人或者证人进行调查了解的一种调查活动。

(一)询问地点的规定

询问违法嫌疑人,可以到违法嫌疑人住处或者单位进行,也可以将违法嫌疑人传唤到其所在市、县内的指定地点进行。传唤到公安机关的违法嫌疑人,应当在公安机关的办案场所进行询问。

询问被侵害人或者其他证人,可以在现场进行,也可以到其单位、学校、住所、其居住地居(村)民委员会或者其提出的地点进行。必要时,也可以书面、电话或者当场通知其到公安机关提供证言。

(二)询问时间的规定

对被传唤的违法嫌疑人,应当及时询问查证,询问查证的时间不得超过 8 小时;案情复杂,违法行为依法可能适用行政拘留处罚的,询问查证的时间不得超过 24 小时。

(三)违法嫌疑人询问期间的安全及休息饮食规定

询问查证期间应当保证违法嫌疑人的饮食和必要的休息时间,并在询问笔录中注明。在询问查证的间隙期间,可以将违法嫌疑人送入候问室,并按照候问室的管理规定执行。

(四)询问方式的规定

询问违法嫌疑人、被侵害人或者其他证人,应当个别进行。

首次询问违法嫌疑人时,应当问明违法嫌疑人的姓名、出生日期、户籍所在地、现住址、身份证件种类及号码,是否为各级人民代表大会代表,是否受过刑事处罚或者行政拘留、收容教育、强制隔离戒毒、社区戒毒、收容教养等情况。必要时,还应当问明其家庭主要成员、工作单位、文化程度、民族、身体状况等情况。

违法嫌疑人为外国人的,首次询问时还应当问明其国籍、出入境证件种类及号码、签证种类、入境时间、入境事由等情况。必要时,还应当问明其在华关系人等情况。

(五)告知义务

询问时,应当告知被询问人必须如实提供证据、证言和故意作伪证或者隐匿证据应负的法律责任,对与本案无关的问题有拒绝回答的权利。

(六)询问未成年人的规定

询问未成年人时,应当通知其父母或者其他监护人到场,其父母或者其他监护人不能到场的,也可以通知未成年人的其他成年亲属,所在学校、单位、居住地基层组织或者未成年人保护组织的代表到场,并将有关情况记录在案。确实无法通知或者通知后未到场的,应当在询问笔录中注明。

(七)询问聋哑人以及不通晓当地通用语言文字人的规定

询问聋哑人,应当有通晓手语的人提供帮助,并在询问笔录中注明被询问人的聋哑情况以及翻译人员的姓名、住址、工作单位和联系方式。

对不通晓当地通用的语言文字的被询问人,应当为其配备翻译人员,并在询问笔录中注明翻译人员的姓名、住址、工作单位和联系方式。

(八)法律文书(询问笔录)

1. 制作要求

询问笔录是办案民警询问违法犯罪嫌疑人、被害人(被侵害人)及证人,记载询问经过时所使用的文书。询问笔录应当全面、准确记录违法犯罪的经过和事实，着重记录违法犯罪的时间、地点、情节、后果及证据。有共同违法犯罪嫌疑人的，还应当记明共同违法犯罪嫌疑人的情况，以及各自在案件中所起的作用。

“第____次”的横线处填写中文数字，“第____页”“共____页”的横线处填写阿拉伯数字。

询问笔录末尾应当由被询问 / 讯问人写明“以上笔录我看过，与我说的相符”。笔录中记录被询问人回答的内容有改动的，应当由被询问人在改动处捺指印确认。

询问时，人民警察应当告知被询问人依法享有的权利和承担的义务。告知被询问人权利和义务可以采取制作权利义务告知书方式或者直接在询问笔录中以问答方式予以体现。

首次询问违法嫌疑人时，应当问明违法嫌疑人的姓名、出生日期、身份证件种类及号码、户籍所在地、现住址，是否为各级人民代表大会代表，是否受过刑事处罚或者行政拘留、收容教育、强制隔离戒毒、社区戒毒、收容教养等情况。必要时，还应当问明其家庭主要成员、工作单位、文化程度、民族、身体状况等情况。违法嫌疑人为外国人的，首次询问时还应当问明其国籍、出入境证件种类及号码、签证种类、入境时间、入境事由等情况。必要时，还应当问明其在华关系人等情况。

询问笔录中还应当根据《公安机关办理行政案件程序规定》相关规定注明告知家属等情况。

询问笔录应当交被询问人核对，对没有阅读能力的，应当向其宣读。记录有误或者遗漏的，应当允许被询问人更正或者补充，并要求其在修改处捺指印。被询问人确认笔录无误后，应当在询问笔录上逐页签名或者捺指印。拒绝签名和捺指印的，办案人民警察应当在询问笔录中注明。办案人民警察应当在询问笔录上签名，翻译人员应当在询问笔录的结尾处签名。

询问时，可以全程录音、录像，并保持录音、录像资料的完整性。

违法嫌疑人、被侵害人或者其他证人请求自行提供书面材料的，应当准许。必要时，办案人民警察也可以要求违法嫌疑人、被侵害人或者其他证人自行书写。违法嫌疑人、被侵害人或者其他证人应当在其提供的书面材料的结尾处签名或者捺指印。对打印的书面材料，违法嫌疑人、被侵害人或者其他证人应当逐页签名或者捺指印。办案人民警察收到书面材料后，应当在首页注明收到日期，并签名。

2. 文书式样

第____次

询 问 笔 录

时间____年____月____日____时____分至____年____月____日____时____分

地点____

询问 / 讯问人（签名）__________、__________工作单位________________________

记录人（签名）________________工作单位________________________________

被询问 / 讯问人__________性别__________年龄__________出生日期________________

身份证件种类及号码____□是□否人大代表

现住址____联系方式________________________________

户籍所在地____

(口头传唤/被扭送/自动投案的被询问人____月____日____时____分到达，____月____日____时____分离开，本人签名______________)。

问：____

答：____

四、勘验、检查

（一）勘验

1. 勘验的概念

勘验是指公安机关办案人员对与案件有关的场所进行实地勘测检验的活动。

勘验现场的任务是查明违法行为发生现场的情况，发现和收集证据，判断案件性质，确定调查方向和范围。勘验是获得有关案件的线索和信息的重要手段和了解案情的有效途径。勘验是根据办理行政案件的需要，发现和收集违法证据，以便分析研究案情，判断案件性质，确定处理的方向和范围，最终查明案件事实和违法嫌疑人。勘验质量的高低直接决定着案件调查的顺利进行和对违法嫌疑人行为的认定和处理，是案件调查的一个重要环节。对案发现场的勘验仍然必须贯彻对整个调查过程的要求，做到全面、及时、合法、客观、公正，不先入为主、主观臆断，以事实为根据，公正执法。

2. 勘验的程序规定

《公安机关办理行政案件程序规定》第 81 条第 2 款规定："现场勘验参照刑事案件现场勘验的有关规定执行。"

（二）检查

1. 检查的概念

检查是指公安机关及其人民警察在办理行政案件过程中，为了收集证据，对与违法行为有关的场所、物品、人身予以查证的一种调查手段。

检查所适用的对象是与违法行为有关的场所、物品、人身，目的是通过检查收集违法行为人实施违法行为的证据。对与违法行为有关的场所、物品、人身进行检查，收集违法行为的证据，是公安机关发现、制止、打击违法行为的重要措施之一，也是法律赋予公安机关依法对治安案件进行调查处理的必要手段。

2. 检查的程序规定

(1) 检查时，人民警察不得少于两人。人民警察两人以上共同实施检查，较之一人单独进行具有许多优点。第一，两人以上共同实施检查，通过分工配合，可以检查得更加全面、具体、细致，从而避免片面性和盲目性。第二，在检查过程中，民警之间可以互相监督和制约，防止和减少检查中的徇私枉法、不履行职责、包庇或者故意刁难等情况的发生。第三，如果民警一人单独进行检查，遇到被检查人不接受检查、阻碍检查等情况时不便于处理，事后也往往不能提供充足的证据证明被检查对象的违法情况。而若两人以上共同实施检查，则可以及时采取必要的强制措施，以保障检查的实施。检查发生争议时，民警的指证也更具证明力。第四，民警之间可以形成检查、防范和警戒的分工合作，防止袭警事件的发生，有利于保护民警的人身安全。

(2) 检查时应当出示人民警察证和县级以上公安机关开具的检查证。对确有必要立即进行检查的，人民警察经出示人民警察证，可以当场检查；但检查公民住所的，必须有证据表明或者有群众报警公民住所内正在发生危害公共安全或者公民人身安全的案（事）件，或者违法存放危险物质，不立即检查可能会对公共安全或者公民人身、财产安全造成重大危害。

(3) 对违法嫌疑人进行检查时，应当尊重被检查人的人格，不得以有损人格尊严的方式进行检查。对违法嫌疑人的检查,一定要注意方式方法,不可以有歧视性的语言,更不可以采用侮辱人格的方法。

(4) 检查妇女的身体应当由女性工作人员进行。对身体进行检查是为了确定被检查人员的某些特征或者生理状态。某些特征主要指被检查人的体表特征,如相貌、皮肤颜色、特殊痕迹、身体有无缺损等;生理状态主要指有无生理缺陷,如智力发育情况、生理机能是否完好等。对身体进行检查必须立足于尊重人权和保障人权,依法律要求进行。为了突出对妇女权利的尊重与保护,相关规定特别要求"检查妇女的身体,应当由女性工作人员进行"。而对其他人员身体的检查没有明确检查主体的规定。

(5) 依法对卖淫、嫖娼人员进行性病检查,应当由医生进行。对卖淫、嫖娼人员的性病检查,由于涉及个人隐私和专业医疗知识,所以必须由医生来进行。任何人员,包括人民警察,都不得对卖淫、嫖娼人员进行性病方面的检查,不可以对其生殖器进行任何性质的检查。这样的规定对保护公民合法权益以及防止不必要的误解,提高检查的实质效果和效率,保证检查活动的顺利进行具有重要作用。

(6) 检查场所或者物品时,应当注意避免对物品造成不必要的损坏。公安机关对场所和物品进行检查的目的是收集证据、获取场所、物品的特征和破坏情况等,所以在进行检查时要注意避免对场所和物品造成不必要的损害,这也是保障公共利益和物品所有人合法利益的客观要求。

(7) 检查场所时,应当有被检查人或者见证人在场。检查场所时,不仅人民警察不得少于两人,并应当出示人民警察证和县级以上人民政府公安机关开具的检查证明文件,而且还必须要有被检查人在场,如果找不到被检查人,就应该寻找其他的见证人在场。见证人之所以为见证人,就是因为他见证了人民警察进行检查的过程。这样可使检查获得的证据更加具有证明力。

(8) 检查情况应当制作检查笔录。检查笔录由检查人员、被检查人或见证人签名;被检查人不在场或者拒绝签名的,办案人民警察应当在检查笔录上注明。检查时的全程录音录像可以替代书面检查笔录,但应当对视听资料的关键内容和相应时间段等作文字说明。

(三) 提取或采集人体生物识别信息

对违法嫌疑人,可以依法提取或者采集肖像、指纹等人体生物识别信息;涉嫌酒后驾驶机动车、吸毒、从事恐怖活动等违法行为的,可以依照《道路交通安全法》《禁毒法》《反恐怖主义法》等规定提取或者采集血液、尿液、毛发、脱落细胞等生物样本。人身安全检查和当场检查时已经提取、采集的信息,不再重复提取、采集。

(四) 法律文书

1. 检查证

(1) 制作要求

检查证,是公安机关对与违法行为有关的场所、物品、人身进行检查时使用的凭证。检查证应当与人民警察证同时使用。

(2) 文书式样

(此处印制公安机关名称)

检　查　证

× 公(　　)检查字〔　　〕　号

根据

□《中华人民共和国行政处罚法》第三十六条和第三十七条第一款

□《中华人民共和国治安管理处罚法》第八十七条第一款

□ 其他____________________

之规定,兹派我局民警____________________

对____________________

依法进行检查。

公安机关(印)

年　月　日

被检查人或见证人

年　月　日　时　分

检查完毕后附卷

2. 勘验 / 检查笔录(辨认 / 现场笔录同下)

(1) 制作要求

____笔录,适用于勘验笔录、检查笔录、辨认笔录和现场笔录。该文书名称中的横线处填写“勘验”“检查”“辨认”或者“现场”字样。

“检查或者辨认对象”只适用于检查笔录和辨认笔录。制作检查笔录时,填写被检查人的姓名、性别、身份证件种类及号码或者被检查的物品、场所的名称;制作辨认笔录时,填写被辨认人的姓名、性别、身份证件种类及号码。

“当事人 / 辨认人基本情况”只适用于现场笔录、辨认笔录。

“见证人基本情况”只适用于制作检查笔录、现场笔录时被检查人或者当事人不在场的情形。被检查人或者当事人在场的,不需要见证人,“见证人基本情况”后面的横线处填写“无”,并由被检查人或者当事人、办案民警在笔录上签名;被检查人或者当事人不在场的,应当在“见证人基本情况”后面的横线处填写见证人的姓名、性别、身份证件种类及号码,并由见证人、办案民警在笔录末尾签名。

“事由和目的”后面的横线处根据具体情况填写。例如:勘验笔录中可填写“及时提取与案件有关的证据材料”,检查笔录中可填写“查找作案工具”,辨认笔录中可填写“辨认违法嫌疑人”,现场笔录中可填写“记录现场情况,固定证据”。

“过程和结果”对勘验笔录、检查笔录、辨认笔录和现场笔录都适用。制作勘验笔录时,写明现场概况及现场勘验情况,照相、录像的内容和数量,绘图的种类和数量;对现场勘验中发现和提取的物证,应当根据物证的不同特点,分别写明物品的名称、品质、重量、尺寸、体积、标识等。制作检查笔录时,写明是否当场检查,记录检查的过程以及发现的涉及案件事实的有关情况。制作辨认笔录时,写明辨认的组织实施过程以及辨认的结果。制作现场笔录时,写明现场概况、民警在现场开展工作的情况、现场人员情况;实施行政强制措施时制作现场笔录的,还应当记录民警告知当事人采取行政强制措施的理由、依据以及当事人依法享有的权利、救济途径,并听取其陈述和申辩的情况。

(2) 文书式样

(此处印制公安机关名称)

____________笔录

(本文书可用于制作勘验笔录、检查笔录、辨认笔录和现场笔录)

时间____年____月____日____时____分至____年____月____日____时____分

地点____

办案民警或者勘验、检查人姓名及工作单位______________________

检查或者辨认对象______________________________________

当事人/辨认人基本情况(姓名、性别、身份证件种类及号码)________________

____

见证人基本情况(姓名、性别、身份证件种类及号码)__________________

____

事由和目的____________________________________

过程和结果____________________________________

____

____

____

____

____

____

____

____

办案民警或者勘验、检查人　　　　　　　　　　年　月　日

当事人、辨认人或者见证人　　　　　　　　　　年　月　日

五、鉴定(包含检测)

(一) 鉴定的概念

鉴定是指公安机关指派或者聘请具有专门知识的人,就案件中的专门性技术问题进行鉴别、判断并作出结论的一种调查活动。

在案件调查过程中,公安机关对于专门性技术问题,依法指派或者聘请具有专门知识的人进行鉴定,可以对与案件有关的物品、文件、痕迹、人身等证据材料的真伪作出科学、公正的判断,从而有效地查明案件事实,正确认定案情,为查明案情提供有力的证据。

(二) 鉴定的种类

鉴定的种类主要有:验证某些证据的真伪,并鉴别某些物质的质地、成分、含量、性能、产地、用途等;确定伤残的程度和造成伤亡的原因等;对赃物和损坏物品价值的鉴定;鉴别某些涉案人员的精神状态是否正常、有无责任能力等;对淫秽物品的鉴定;对吸毒嫌疑人和酒后驾驶嫌疑人进行毒品成分和酒精度的检测等。

(三) 公安机关送检时的规定

需要聘请本公安机关以外的人进行鉴定的,应当经公安机关办案部门负责人批准后,制作鉴定聘请书。公安机关应当为鉴定提供必要的条件,及时送交有关检材和比对样本等原始材料,介绍与鉴定有关的情况,并且明确提出要求鉴定解决的问题。办案人民警察应当做好检材的保管和送检工作,并注明检材送检环节的责任人,确保检材在流转环节中的同一性和不被污染。禁止强迫或者暗示鉴定人作出某种鉴定意见。

(四) 人身伤害鉴定的规定

对人身伤害的鉴定由法医进行。卫生行政主管部门许可的医疗机构具有执业资格的医生出具的诊断证明,可以作为公安机关认定人身伤害程度的依据。人身伤害案件具有下列情形之一的,公安机关应当进行伤情鉴定:受伤程度较重,可能构成轻伤以上伤害程度的;被侵害人要求作伤情鉴定的;违法嫌疑人、被侵害人对伤害程度有争议的。对需要进行伤情鉴定的案件,被侵害人拒绝提供诊断证明或者拒绝进行伤情鉴定的,公安机关应当将有关情况记录在案,并可以根据已认定的事实作出处理决定。经公安机关通知,被侵害人无正当理由未在公安机关确定的时间内作伤情鉴定的,视为拒绝鉴定。

(五) 精神病鉴定的规定

对精神病的鉴定,由有精神病鉴定资格的鉴定机构进行。

(六) 电子数据鉴定的规定

对电子数据涉及的专门性问题难以确定的,由司法鉴定机构出具鉴定意见,或者由公安部指定的机构出具报告。

(七) 涉案物品价值鉴定的规定

涉案物品价值不明或者难以确定的,公安机关应当委托价格鉴证机构估价。根据当事人提供的购买发票等票据能够认定价值的涉案物品,或者价值明显不够刑事立案标准的涉案物品,公安机关可以不进行价格鉴证。

（八）涉嫌吸毒人员检测的规定

对涉嫌吸毒的人员，应当进行吸毒检测，被检测人员应当配合；对拒绝接受检测的，经县级以上公安机关或者其派出机构负责人批准，可以强制检测。采集女性被检测人检测样本，应当由女性工作人员进行。

对涉嫌服用国家管制的精神药品、麻醉药品驾驶机动车的人员（适用于公安交通行政案件），可以对其进行体内国家管制的精神药品、麻醉药品含量检验。

（九）涉嫌酒后驾驶人酒精度测试的规定（适用于公安交通行政案件）

对有酒后驾驶机动车嫌疑的人，应当对其进行呼气酒精测试。对具有下列情形之一的，应当立即提取血样，检验血液酒精含量：当事人对呼气酒精测试结果有异议的；当事人拒绝配合呼气酒精测试的；涉嫌醉酒驾驶机动车的；涉嫌饮酒后驾驶机动车发生交通事故的。当事人对呼气酒精测试结果无异议的，应当签字确认。事后提出异议的，不予采纳。

（十）鉴定意见审查与送达的规定

办案人民警察应当对鉴定意见进行审查。对经审查作为证据使用的鉴定意见，公安机关应当在收到鉴定意见之日起五日内将鉴定意见复印件送达违法嫌疑人和被侵害人。医疗机构出具的诊断证明作为公安机关认定人身伤害程度的依据的，应当将诊断证明结论书面告知违法嫌疑人和被侵害人。

（十一）重新鉴定的规定

违法嫌疑人或者被侵害人对鉴定意见有异议的，可以在收到鉴定意见复印件之日起 3 日内提出重新鉴定的申请，经县级以上公安机关批准后，进行重新鉴定。同一行政案件的同一事项重新鉴定以一次为限。当事人是否申请重新鉴定，不影响案件的正常办理。公安机关认为必要时，也可以直接决定重新鉴定。具有下列情形之一的，应当进行重新鉴定：鉴定程序违法或者违反相关专业技术要求，可能影响鉴定意见正确性的；鉴定机构、鉴定人不具备鉴定资质和条件的；鉴定意见明显依据不足的；鉴定人故意作虚假鉴定的；鉴定人应当回避而没有回避的；检材虚假或者被损坏的；其他应当重新鉴定的。重新鉴定，公安机关应当另行指派或者聘请鉴定人。

不符合上述规定情形的，经县级以上公安机关负责人批准，作出不准予重新鉴定的决定，并在作出决定之日起 3 日以内书面通知申请人。

（十二）鉴定费用的规定

鉴定费用由公安机关承担，但当事人自行鉴定的除外。

（十三）法律文书（鉴定聘请书）

1. 制作要求

鉴定聘请书，是公安机关聘请本公安机关以外的鉴定人时使用的文书。抬头部分横线处填写被聘请人的单位名称。“接收人”后由接收聘请书的人员签名，并加盖单位印章。

2. 文书式样

（此处印制公安机关名称）

鉴定聘请书

× 公（　　）鉴聘字〔　　〕　号

________________：

为了查明____一案，根据《公安机关办理行政案件程序规定》第七十二条之规定，特聘请你（单位）对____进行鉴定。请于____年____月____日前将书面鉴定意见送交我（分）局。

公安机关（印）

年　月　日

本聘请书已收到。

接收人

年　月　日

一式两份，一份交被聘请人，一份附卷。

六、辨认

（一）辨认的概念和意义

辨认是指为了查明案情，办案人民警察按照一定程序让违法嫌疑人、被侵害人或者其他证人对与违法行为有关的物品、场所或者违法嫌疑人进行识别并确定的活动。

辨认作为一种调查措施，其本质是一种认识活动，是辨认者依据其大脑中的印象判断是否感知过某事物的一个过程。一般来说，辨认的过程由感知、记忆搜集、辨识这三个阶段组成。从公安机关办理治安案件程序的角度看，这里的辨认包括两层含义：一是作为调查手段，能为查破案件提供线索，以发现违法嫌疑人或者识别确认与违法行为有关的物品、场所；二是作为处罚证据，依照法定程序获得的辨认笔录是公安行政案件证据种类之一。

根据《公安机关办理行政案件程序规定》的要求，辨认的组织者应该是两名以上办案人民警察，辨认主体为违法嫌疑人、被害人或者其他证人，辨认对象包括违法嫌疑人、物品、场所三种。

（二）辨认的相关规定

组织辨认前，应当向辨认人详细询问辨认对象的具体特征，并避免辨认人见到辨认对象。多名辨认人对同一辨认对象或者一名辨认人对多名辨认对象进行辨认时，应当个别进行。辨认时，应当将辨认对象混杂在特征相类似的其他对象中，不得给辨认人任何暗示。辨认违法嫌疑人时，被辨认的人数不得少于7人；对违法嫌疑人照片进行辨认的，不得少于10人的照片。辨认每一件物品时，混杂的同类物品不得少于5件。同一辨认人对与同一案件有关的辨认对象进行多组辨认的，不得重复使用陪衬照片或者陪衬人。辨认人不愿意暴露身份的，对违法嫌疑人的辨认可以在不暴露辨认人的情况下进行，公安机关及其人民警察应当为其保守秘密。辨认经过和结果，应当制作辨认笔录，由办案人民警察和辨认人签名或者捺指印。必要时，应当对辨认过程进行录音、录像。

（三）法律文书（辨认笔录）

实施辨认应当制作辨认笔录，辨认笔录的制作要求和文书式样详见本书中关于勘验/检查笔录的制作要求和文书式样的叙述。

七、证据保全

（一）扣押证据

1. 扣押证据的概念

扣押证据，是指公安机关在办理治安案件过程中，为防止嫌疑人销毁或者转移证据，而对涉案物品、文件等的持有权暂时转移到办案部门的一种证据保全方式和行政强制措施。

2. 适用情形

经公安机关负责人批准，可以依法扣押与治安案件有关的需要作为证据的物品。不得扣押的对象包括：与案件无关的物品；公民个人及其所扶养家属的生活必需品；被侵害人或者善意第三人合法占有的财产。

3. 扣押证据的期限

扣押期限为30日，情况复杂的，经县级以上公安机关负责人批准，可以延长30日；法律、行政法规另有规定的除外。延长扣押期限的，应当及时书面告知当事人，并说明理由。

对物品需要进行鉴定的，鉴定期间不计入扣押期间，但应当将鉴定的期间书面告知当事人。

（二）登记证据

对于公民个人及其所扶养家属的生活必需品和被侵害人或者善意第三人合法占有的财产，原则上不得扣押。但如需要作为证据使用的，应当予以登记，写明登记财物的名称、规格、数量、特征，并由占有人签名或者捺指印。必要时，可以进行拍照。但是，与案件有关必须鉴定的，可以依法扣押，结束后应当立即解除。

（三）查封

1. 查封的概念

查封，是指公安机关办理特定的行政案件时，对专门用于从事无证经营活动的场所、设施、物品，经公安机关负责人批准依法封存的一种证据保全方式和行政强制措施。

2. 适用情形

《公安机关办理行政案件程序规定》规定，公安机关办理擅自经营按照国家规定需要由公安机关许可的行业的，依照《娱乐场所管理条例》可以由公安机关采取取缔措施的，《反恐怖主义法》等法律、法规规定适用查封的公安行政案件时，可以对场所、设施、物品进行查封。

不得查封的情形包括：对与违法行为无关的场所、设施，公民个人及其扶养家属的生活必需品，不得查封；场所、设施、物品已被其他国家机关依法查封的，不得重复查封。

3. 查封的期限

查封期限为 30 日，情况复杂的，经县级以上公安机关负责人批准，可以延长 30 日；法律、行政法规另有规定的除外。延长查封期限的，应当及时书面告知当事人，并说明理由。

对物品需要进行鉴定的，鉴定期间不计入查封期间，但应当将鉴定的期间书面告知当事人。

（四）抽样取证

1. 抽样取证的概念

抽样取证，是指公安机关的办案人民警察从成批的涉案物品中，采取随机的方式选取适量的样品进行化验、鉴定，以确定该批物品是否可以作为违法行为证据的一种证据保全方式和行政强制措施。

2. 适用情形

公安机关在收集证据时，可以采取抽样取证的方法。在日常执法工作中，抽样取证大多是针对数量大或成批的物品而采用。

3. 抽样取证的实施规定

抽样取证应当采取随机的方式，抽取样品的数量以能够认定本品的品质特征为限；抽样取证时，应当对抽样取证的现场、被抽样物品及被抽取的样品进行拍照或者对抽样过程进行录像；对抽取的样品应当及时进行检验。经检验，能够作为证据使用的，应当依法扣押、先行登记保存或者登记；不属于证据的，应当及时返还样品。样品有减损的，应当予以补偿。

（五）先行登记保存证据

1. 先行登记保存证据的概念

先行登记保存证据，是指公安机关为了查明案情，在证据可能灭失或者以后难以取得的情形下，经批准，对需要保全的物证进行登记造册，暂时先予以封存、固定，并责令当事人妥为保管，不得动用、转移、损毁或者隐藏，等待公安部门进一步调查和作出处理决定的一种证据保全方式和行政强制措施。

2. 适用情形

《公安机关办理行政案件程序规定》规定，在证据可能灭失或者以后难以取得的情况下，经公安机关办案部门负责人批准，可以先行登记保存。先行登记保存期间，证据持有人及其他人员不得损毁或者转移证据。

3. 先行登记保存证据的期限

对先行登记保存的证据，应当在七日内作出处理决定。逾期不作出处理决定的，视为自动解除。

（六）冻结财产

1. 冻结财产的概念

冻结财产，是指公安机关为防止恐怖活动嫌疑人使用、转移、抽逃资金而对其存款、汇款、债券、股票、基金份额等财产采取的限制其流动的一种强制措施。

2. 适用情形及程序

公安机关对恐怖活动嫌疑人的存款、汇款、债券、股票、基金份额等财产采取冻结措施的，应当经县级以上公安机关负责人批准，向金融机构交付冻结通知书。

作出冻结决定的公安机关应当在 3 日内向恐怖活动嫌疑人交付冻结决定书。冻结决定书应当载明下列事项：恐怖活动嫌疑人的姓名或者名称、地址；冻结的理由、依据和期限；冻结的账号和数额；申请行政复议或者提起行政诉讼的途径和期限；公安机关的名称、印章和日期。

3. 冻结期限

自被冻结之日起 2 个月内，公安机关应当作出处理决定或者解除冻结；情况复杂的，经上一级公安机关负责人批准，可以延长 1 个月。延长冻结的决定应当及时书面告知恐怖活动嫌疑人，并说明理由。

（七）证据保全时的程序规定

1. 制作、交付证据保全决定书

实施扣押、查封、抽样取证、先行登记保存等证据保全措施时，应当会同当事人查点清楚，制作并当场交付证据保全决定书。证据保全决定书应当载明的事项：当事人的姓名或者名称、地址；抽样取证、先行登记保存、扣押、查封的理由、依据和期限；申请行政复议或者提起行政诉讼的途径和期限；作出决定的公安机关的名称、印章和日期。

证据保全决定书应当附清单，载明被采取证据保全措施的场所、设施、物品的名称、规格、数量、特征等，由办案人民警察和当事人签名后，一份交当事人，一份附卷。有见证人的，还应当由见证人签名。当事人或者见证人拒绝签名的，办案人民警察应当在证据保全清单上注明。

对可以作为证据使用的录音带、录像带，在扣押时应当予以检查，记明案由、内容以及录取和复制的时间、地点等，并妥为保管。对扣押的电子数据原始存储介质，应当封存，保证在不解除封存状态的情况下，无法增加、删除、修改电子数据，并在证据保全清单中记录封存状态。

2. 证据保全时的拍照和录像

必要时，应当对采取证据保全措施的证据进行拍照或者对采取证据保全的过程进行录像。

3. 及时作出解除证据保全决定的情形

有下列情形的，应当及时作出解除证据保全决定：当事人没有违法行为的；被采取证据保全的场所、设施、物品与违法行为无关的；已经作出处理决定，不再需要采取证据保全措施的；采取证据保全措施的期限已经届满的；其他不再需要采取证据保全措施的。解除证据保全措施的，应当立即退还财物，并由当事人签名确认。作出解除冻结决定的，应当及时通知金融机构。

4. 保全证据的移交

行政案件变更管辖时，与案件有关的财物及其孳息应当随案移交，并书面告知当事人。移交时，由接收人、移交人当面查点清楚，并在交接单据上共同签名。

（八）对涉案财物的管理

1. 对涉案财物管理的要求

对于依法扣押、扣留、查封、抽样取证、追缴、收缴的财物以及由公安机关负责保管的先行登记保存的财物，公安机关应当妥善保管，不得使用、挪用、调换或者损毁。造成损失的，应当承担赔偿责任。

县级以上公安机关应当指定一个内设部门作为涉案财物管理部门，负责对涉案财物实行统一管理，并设立或者指定专门保管场所，对涉案财物进行集中保管。涉案财物集中保管的范围，由地方公安机关根据本地区实际情况确定。

对价值较低、易于保管，或者需要作为证据继续使用，以及需要先行返还被侵害人的涉案财物，可以由办案部门设置专门的场所进行保管。办案部门应当指定不承担办案工作的民警负责本部门涉案财物的接收、保管、移交等管理工作；严禁由办案人员自行保管涉案财物。

对查封的场所、设施、财物，可以委托第三人保管，第三人不得损毁或者擅自转移、处置。因第三人的原因造成的损失，公安机关先行赔付后，有权向第三人追偿。

公安机关涉案财物管理部门和办案部门应当建立电子台账，对涉案财物逐一编号登记，载明案由、来源、保管状态、场所和去向。

2. 涉案财物保管费用的承担

涉案财物的保管费用由作出决定的公安机关承担。

3. 提取涉案财物后的移交时限

办案人民警察应当在依法提取涉案财物后的 24 小时内将财物移交涉案财物管理人员，并办理移交手续。对查封、冻结、先行登记保存的涉案财物，应当在采取措施后的 24 小时内，将法律文书复印件及涉案财物的情况送交涉案财物管理人员予以登记。在异地或者在偏远、交通不便地区提取涉案财物的，办案人民警察应当在返回单位后的 24 小时内移交。

对情况紧急，需要在提取涉案财物后的 24 小时内进行鉴定、辨认、检验、检查等工作的，经办案部门负责人批准，可以在完成上述工作后的 24 小时内移交。在提取涉案财物后的 24 小时内已将涉案财物处理完毕的，不再移交，但应当将处理涉案财物的相关手续附卷保存。

4. 对涉案财物的调用

因询问、鉴定、辨认、检验、检查等办案需要，经办案部门负责人批准，办案人民警察可以调用涉案财物，并及时归还。

5. 对特殊物品的管理方式

对容易腐烂变质及其他不易保管的物品、危险物品，经公安机关负责人批准，在拍照或者录像后依法变卖或者拍卖，变卖或者拍卖的价款暂予保存，待结案后按有关规定处理。对易燃、易爆、毒害性、放射性等危险物品应当存放在符合危险物品存放条件的专门场所。

对属于被侵害人或者善意第三人合法占有的财物，应当在登记、拍照或者录像、估价后及时返还，并在案卷中注明返还的理由，将原物照片、清单和领取手续存卷备查。对不宜入卷的物证，应当拍照入卷，原物在结案后按照有关规定处理。

有关违法行为查证属实后，对有证据证明权属明确且无争议的被侵害人合法财物及其孳息，凡返还不损害其他被侵害人或者利害关系人的利益，不影响案件正常办理的，应当在登记、拍照或者录像和估价后，及时发还被侵害人。办案人民警察应当在案卷材料中注明返还的理由，并将原物照片、清单和被侵害人的领取手续附卷。

(九)法律文书(证据保全决定书、证据保全清单)

1. 制作要求

证据保全决定书、证据保全清单,适用于抽样取证、先行登记保存、登记、查封、扣押、延长查封、延长扣押等证据保全措施,二者应配套使用。制作证据保全决定书时,证据保全的法律依据和方式由办案民警在相应的"□"和"○"中打勾选定。

2. 文书式样

(此处印制公安机关名称)

证据保全决定书

×公( )证保决字〔 〕 号

当事人(姓名及其身份证件种类、号码,或者单位名称及其法定代表人姓名,现住址及联系方式)________

____

因调查______________________________________一案,

□ 根据《______________________》第__条第__款第__项之规定,

○ 决定对证据保全清单中的物品进行扣押、扣留/延长扣押、扣留___日(自___年___月___日至___年___月___日)。

○ 决定对证据保全清单中的场所、设施、财物予以查封/延长查封___日(自___年___月___日至___年___月___日)。

○ 决定对证据保全清单中的文件、资料予以封存(自___年___月___日至___年___月___日)。

□ 根据《中华人民共和国行政处罚法》第三十七条第二款之规定,

○ 决定对证据保全清单中的物品予以先行登记保存___日(自___年___月___日至___年___月___日),保存地点为______________,在此期间,当事人或者有关人员不得销毁或者转移证据。

○ 决定对下列物品进行抽样取证。

□ 根据《中华人民共和国治安管理处罚法》第八十九条第一款之规定,决定对证据保全清单中的物品予以登记。

如不服本决定,可以在收到本决定书之日起六十日内向______________申请行政复议或者在六个月内依法向__________人民法院提起行政诉讼。

附:证据保全清单

公安机关(印)

年 月 日

当事人 年 月 日

一式两份,一份交当事人,一份附卷。

证据保全清单

编号	名称	数量	物品特征或者场所地址	备注

当事人或者见证人 年　月　日	保管人 年　月　日	办案民警 办案单位(印) 年　月　日

一式三份,一份交当事人,一份交保管人,一份附卷。

第三节 治安案件的告知与听证

《治安管理处罚法》第 94 条规定，公安机关作出治安管理处罚决定前，应当告知违反治安管理行为人作出治安管理处罚的事实、理由及依据，并告知违反治安管理行为人依法享有的权利。第 98 条规定，公安机关作出吊销许可证以及处 2 000 元以上罚款的治安管理处罚决定前，应当告知违反治安管理行为人有权要求举行听证；违反治安管理行为人要求听证的，公安机关应当及时依法举行听证。

一、处罚前的告知

（一）告知内容

公安机关在作出行政处罚决定前，应当告知违法嫌疑人拟作出行政处罚决定的事实、理由及依据，并告知违法嫌疑人依法享有陈述权和申辩权。适用一般程序作出行政处罚决定的，采用书面形式或者笔录形式告知。违法事实不能成立，作出不予行政处罚决定的，可以不履行此告知程序。

（二）听取陈述申辩

违反治安管理行为人有权陈述和申辩。公安机关必须充分听取违反治安管理行为人的意见，对违反治安管理行为人提出的事实、理由和证据，应当进行复核；违反治安管理行为人提出的事实、理由或者证据成立的，公安机关应当采纳。公安机关不得因违反治安管理行为人的陈述、申辩而加重处罚。

二、听证的告知

对适用听证程序的治安案件，办案部门在提出处罚意见后，应当告知违法嫌疑人拟作出的行政处罚和有要求举行听证的权利。这样规定，一方面，要求公安机关必须履行告知的义务；另一方面，赋予违反治安管理行为人在被治安管理处罚过程中享有被告知的权利。如果公安机关应当告知而没有告知，属于程序违法，可导致行政处罚决定不能成立。

三、听证的概念和意义

听证是指公安机关就法律规定的某些治安案件作出治安管理处罚决定前，依法由非本案人员主持，召开听证会，听取当事人对治安管理处罚决定的事实、事由、依据及结果的申辩、质证的一种法律程序。听证程序是普通程序中的一个选择性程序，而不是每个案件的必经程序，也不是独立的处罚程序。

听证程序赋予了当事人为自己辩护的权利，为当事人充分维护和保障自己的权益提供了程序条件。设置听证制度的主要意义在于：一方面，有利于保障公民基本权利，使得受处罚的一方有权为自己辩护；另一方面，有利于对行政权的行使加以控制，规范行政权的行使。

四、举行听证的条件

根据《治安管理处罚法》和《公安机关办理行政案件程序规定》,公安机关在作出下列行政处罚决定之前,应当告知违法嫌疑人有要求举行听证的权利:(1) 责令停产停业。(2) 吊销许可证。这里的“许可证”仅指公安机关颁发的许可证,而不包括其他行政机关颁发的许可证。(3) 较大数额罚款。这里“较大数额罚款”,是指对个人处 2 000 元以上罚款,对违反边防出入境管理法律、法规和规章的个人处 6 000 元以上罚款,对单位处 10 000 元以上罚款。对依据地方性法规或者地方政府规章作出的罚款处罚,适用听证的罚款数额按照地方规定执行。(4) 法律、法规和规章规定违法嫌疑人可以要求举行听证的其他情形。

五、听证的申请和受理

(一) 听证的申请

违法嫌疑人要求听证的,应当在公安机关告知后 3 日内提出申请,如在 3 日内不提出申请,则视为当事人放弃要求听证的权利,公安机关可依法作出处罚决定。

(二) 听证的受理

公安机关收到听证申请后,应当在 2 日内决定是否受理。认为听证申请人的要求不符合听证条件,决定不予受理的,应当制作《不予受理听证通知书》,告知听证申请人。逾期不通知听证申请人的,视为受理。

公安机关受理听证后,应当在举行听证的 7 日前将《举行听证通知书》送达听证申请人,并将举行听证的时间、地点通知其他听证参加人。

违法嫌疑人放弃听证或者撤回听证要求后,在处罚决定作出前,又提出听证要求的,只要在听证申请有效期限内,应当允许其要求。

六、听证程序

(一) 听证的举行

1. 听证由公安机关法制部门组织实施。公安机关内设业务部门依法以自己的名义作出行政处罚决定的,由该部门的非本案调查人员组织听证。除涉及国家秘密、商业秘密、个人隐私的行政案件外,听证公开举行。

2. 听证应当在公安机关收到听证申请之日起 10 日内举行。违法嫌疑人不能按期参加听证的,可以申请延期,是否准许,由听证主持人决定。

3. 两个以上违法嫌疑人分别对同一行政案件提出听证要求的,可以合并举行。同一行政案件中有两个以上违法嫌疑人,其中部分违法嫌疑人提出听证申请的,应当在听证举行后一并决定。

(二) 听证人员和听证参加人

1. 听证设听证主持人一名,负责组织听证;记录员一名,负责制作《听证笔录》。必要时,可以设听证员一至二名,协助听证主持人进行听证。听证主持人由公安机关负责人指定。本案调查人员不得担任听证主持人、听证员或者记录员。

2. 听证主持人在听证活动中行使下列职权:确定举行听证的时间、地点;决定听证是否公开举行；要求听证参加人到场参加听证，提供或者补充证据；决定听证的延期、中止或者终止；主持听证，并就案件的事实、理由、证据、程序、适用法律等组织质证和辩论；维持听证秩序，对违反听证纪律的行为予以制止；决定其他听证员、记录员的回避；依法享有的其他职权。

3. 听证参加人包括：当事人及其代理人；本案办案人员；证人、鉴定人、翻译人员；其他有关人员。

4. 当事人在听证活动中享有下列权利：申请回避；委托一至二人代理参加听证；进行陈述、申辩和质证；核对、补正《听证笔录》；依法享有的其他权利。

5. 与听证案件处理结果有直接利害关系的其他公民、法人或者其他组织，作为第三人申请参加听证的，应当允许。为查明案情，必要时，听证主持人也可以通知其参加听证。听证参加人应当按时到达指定的地点出席听证会，遵守听证纪律，如实回答听证人员的询问。

（三）听证过程

1. 听证开始时，听证主持人核对听证参加人；宣布案由；宣布听证员、记录员和翻译人员名单；告知当事人在听证中的权利和义务；询问当事人是否提出回避申请；对不公开听证的行政案件，宣布不公开听证的理由。

2. 听证开始后，首先由办案人员提出听证申请人违法的事实、证据和行政处罚意见及法律依据。办案人员提出证据时，应当向听证会出示。对证人证言、鉴定结论、勘验笔录和其他作为证据的文书，应当当场宣读。违法嫌疑人可以就办案人员提出的违法事实、证据和法律依据以及行政处罚意见进行陈述、申辩和质证，并可以提出新的证据。第三人可以陈述事实，提出新的证据。听证过程中，当事人及其代理人有权申请通知新的证人到会，调取新的证据。对上述申请，听证主持人应当当场作出是否同意的决定。听证申请人、第三人和办案人员可以围绕案件的事实、证据、程序、适用法律、处罚种类和幅度等问题进行辩论。辩论结束后，听证主持人应当听取听证申请人、第三人、办案人员各方最后陈述意见。

3. 听证过程中，遇有下列情形之一，听证主持人可以中止听证：需要通知新的证人到会、调取新的证据或者需要重新鉴定、勘验的；因当事人提出回避申请，致使听证不能继续进行的；其他需要中止听证的。中止听证的情形消除后，听证主持人应当及时恢复听证。

4. 听证过程中，遇有下列情形之一，应当终止听证：听证申请人撤回听证申请的；听证申请人及其代理人无正当理由拒不出席或者未经听证主持人许可中途退出听证的；听证申请人死亡或者作为听证申请人的法人或者其他组织被撤销、解散的；听证过程中，听证申请人或者其代理人扰乱听证秩序，不听劝阻，致使听证不能正常进行的；其他需要终止听证的。

5. 听证参加人和旁听人员应当遵守听证会场纪律。对违反听证会场纪律的，听证主持人应当警告制止；对不听制止，干扰听证正常进行的旁听人员，责令其退场。

（四）听证笔录

1. 记录员应当将举行听证的情况记入听证笔录。听证笔录应当载明下列内容：案由；举行听证的时间、地点和方式；听证人员的姓名、职务；听证参加人的姓名、单位或者住址；办案人员陈述的事实、证据和法律依据以及行政处罚意见；违法嫌疑人或者其代理人的陈述和申辩；第三人陈述的事实和理由；办案人员、违法嫌疑人或者其代理人、第三人质证、辩论的内容；证人陈述的事实；违法嫌疑人、第三人、办案人员的最后陈述意见；其他事项。

听证笔录应当交违法嫌疑人阅读或者向其宣读。听证笔录中的证人陈述部分，应当交证人阅读或者向其宣读。违法嫌疑人或者证人认为听证笔录有误的,可以请求补充或者改正。违法嫌疑人或者证人审核无误后签名或者捺指印。拒绝签名或者捺指印的,由记录员在听证笔录上注明情况。

听证笔录经听证主持人审阅后,由听证主持人、听证员和记录员签名。

2. 听证结束后,听证主持人应当写出听证报告书,连同听证笔录一并报送公安机关负责人。听证报告书应当包括下列内容:案由;听证人员和听证参加人的基本情况;举行听证的时间、地点和方式;听证会的基本情况;案件事实;处理意见和建议。

(五) 听证应注意的问题

公安机关不得因违法嫌疑人提出听证要求而加重处罚。听证主持人应当就行政案件的事实、证据、程序、适用法律等方面全面听取当事人的陈述和申辩。

七、法律文书

(一) 行政处罚告知笔录

1. 制作要求

行政处罚告知笔录,是公安机关适用一般程序作出行政处罚决定前履行告知义务时使用的文书。该文书分为处罚前告知和听证告知两部分。拟作出的行政处罚不需要听证的,不填写听证告知部分。

“被告知人”后面的横线处填写被告知人的姓名或者单位名称,“单位法定代表人”后面的横线处填写被告知单位的法定代表人姓名。

适用听证告知的,“拟对你(单位)作出________的行政处罚”的横线处填写属于听证范围的行政处罚的种类和幅度,如“责令停产停业”“罚款一万元”等。“向__________提出”的横线处填写受理听证申请的公安机关法制部门名称。

2. 文书式样

(此处印制公安机关名称)

行政处罚告知笔录

执行告知单位________________________________告知人________________________________

被告知人__________________________________单位法定代表人________________________

告知内容:

☐ 处罚前告知

根据《中华人民共和国行政处罚法》第三十一条之规定,现将拟作出行政处罚决定的事实、理由、依据告知如下:____

____

____

____

____

____

问:对上述告知事项,你(单位)是否提出陈述和申辩?(对被告知人的陈述和申辩可附页记录,被告知人提供书面陈述、申辩材料的,应当附上,并在本告知笔录中注明)

答:____

____

____

____

____

____

____

____

____

____

对你提出的陈述和申辩,公安机关将进行复核。

被告知人

年 月 日 时 分

□ 听证告知

公安机关拟对你(单位)作出______________________的行政处罚,根据《中华人民共和国行政处罚法》第四十二条之规定,你(单位)有权要求听证。如果要求听证,你(单位)应在被告知后三日内向____________________提出,逾期视为放弃听证。

问:对上述告知事项,你是否要求听证?

答:____

____

____

____

____

对要求听证的,公安机关将在二日内决定是否受理。符合听证条件的,公安机关将在十日内举行听证。对放弃听证的,公安机关将依法作出处理决定。

被告知人

年 月 日 时 分

(二)不予受理听证通知书

1. 制作要求

不予受理听证通知书,是公安机关决定不予受理听证时使用的文书。抬头横线处填写听证申请人的姓名或者单位名称。“经审查认为”后面的横线处填写公安机关不予受理听证的理由和依据。

2. 文书式样

（此处印制公安机关名称）

不予受理听证通知书

×公（　　）听不受字〔　　〕　号

________________：

你(单位)因________________________________一案，提出举行听证要求，本机关经审查认为：____。

根据《中华人民共和国行政处罚法》第四十二条之规定，决定不予受理。

特此通知。

公安机关(印)

年　月　日

申请人

年　月　日

一式两份，一份交申请人，一份附卷。

（三）举行听证通知书

1. 制作要求

举行听证通知书，是公安机关通知听证申请人及有关人员参加听证时使用的文书。抬头横线处填写被通知人的姓名或者单位名称，以下内容依次填写举行听证的时间、地点和案由。

2. 文书式样

（此处印制公安机关名称）

举行听证通知书

×公（　　）听通字〔　　〕　号

__________________：

本机关定于____年____月____日____时____分在______________________________就______________

______________________________一案举行听证会，请按时出席。听证申请人（代理人）无正当理由拒不出席的，终止听证。

特此通知。

公安机关（印）

年　月　日

被通知人

年　月　日

一式两份，一份交被通知人，一份附卷。

（四）听证笔录

1. 制作要求

听证笔录，是对听证过程和内容的记录。

“听证内容记录”前的“听证主持人”“听证员”“记录员”“本案办案人民警察”后面的横线处填写上述人员的姓名、工作单位及职务。

听证申请人是个人的，“听证申请人”后面的横线处填写听证申请人的姓名、性别、年龄、现住址和工作单位；听证申请人是单位的，在“听证申请人”后面的横线处填写单位名称和地址，并在“法定代表人”后面的横线处填写法定代表人的姓名、性别、年龄。听证申请人有委托代理人的,应当在"委托代理人"后面的横线处填写委托代理人的姓名、性别、年龄和工作单位。

"本案其他利害关系人"后面的横线处填写利害关系人的姓名、性别、年龄、现住址和工作单位,并注明是何种利害关系。利害关系人有代理人的,在"本案其他利害关系人的代理人"后面的横线处填写代理人的姓名、性别、年龄和工作单位。

2. 文书式样

(此处印制公安机关名称)

听 证 笔 录

案由______________________________

时间____年____月____日____时____分至____年____月____日____时____分

地点______________________举行方式______________________

听证主持人______________________听证员______________________

记录员______________________________

听证申请人______________________________

法定代表人______________________________

委托代理人______________________________

本案其他利害关系人______________________________

本案其他利害关系人的代理人______________________________

本案办案人民警察______________________________

听证内容记录(可加页)______________________________

____

____

____

____

____

____

____

____

____

听证申请人或者代理人______________________________

其他利害关系人或者代理人______________________________

证人______________________________

听证员______________________________

听证主持人______________________________

记录员______________________________年　月　日

第__页共__页

（五）听证报告书

1. 制作要求

听证报告书，是听证主持人在听证结束后，就听证情况以及该案的处理意见和建议向公安机关负责人报告时使用的文书。该文书相关项目的填写应当与听证笔录一致。

“听证会基本情况”后面的横线处填写听证会的基本情况，当事人和案件承办人的主要理由，听证员有不同意见的，也应当注明。“听证后认定的案件事实及处理意见和建议”后面的横线处填写听证会查明的案件主要事实、对该听证案件的具体处理意见和建议，包括建议采用原处理意见，或者提出新的处理意见等。

2. 文书式样

（此处印制公安机关名称）

听证报告书

案由______________________________

时间____年____月____日____时____分至____年____月____日____时____分

地点______________________________

举行方式______________________________

听证主持人______________________________

听证员______________________________

记录员______________________________

听证申请人______________________________

法定代表人______________________________

委托代理人______________________________

本案其他利害关系人______________________________

本案其他利害关系人的代理人______________________________

本案办案人民警察______________________________

听证会基本情况______________________________

____

____

____

____

听证后认定的案件事实及处理意见和建议______________________________

____

____

听证主持人

年　月　日

第__页共__页

第四节　治安案件的处罚决定

一、治安案件决定前的审查

《公安机关办理行政案件程序规定》第 170 条规定:“对行政案件进行审核、审批时,应当审查下列内容:(一) 违法嫌疑人的基本情况;(二) 案件事实是否清楚,证据是否确实充分;(三) 案件定性是否准确;(四) 适用法律、法规和规章是否正确;(五) 办案程序是否合法;(六) 拟作出的处理决定是否适当。”第 171 条规定:“法制员或者办案部门指定的人员、办案部门负责人、法制部门的人员可以作为行政案件审核人员。初次从事行政处罚决定审核的人员,应当通过国家统一法律职业资格考试取得法律职业资格。”为此,审核人员应就所调查的事实和收集的证据材料认真进行整理,并依法对案件是否需要处罚、是否需要从轻或从重处罚、需要予以何种处罚、处罚的幅度等进行认定,提出自己的处理意见报主管领导审查。公安机关负责人对案件审查的形式可以是听汇报,也可以是书面审查,其审查时间必须在作出公安行政处罚决定之前。

二、对案件当事人的处理决定

公安机关根据行政案件的不同情况分别作出如下处理决定:

(1) 确有违法行为,应当给予行政处罚的,根据其情节和危害后果的轻重,作出行政处罚决定;(2) 确有违法行为,但有依法不予行政处罚情形的,作出不予行政处罚决定;有违法所得和非法财物、违禁品、管制器具的,应当予以追缴或者收缴;(3) 违法事实不能成立的,作出不予行政处罚决定;(4) 对需要给予社区戒毒、强制隔离戒毒、收容教育、收容教养等处理的,依法作出决定;(5) 违法行为涉嫌构成犯罪的,转为刑事案件办理或者移送有权处理的主管机关、部门办理,无需撤销行政案件。公安机关已经作出行政处理决定的,应当附卷;(6) 发现违法行为人有其他违法行为的,在依法作出行政处理决定的同时,通知有关行政主管部门处理。

对已经依照第三项作出不予行政处罚决定的案件,又发现新的证据的,应当依法及时调查;违法行为能够认定的,依法重新作出处理决定,并撤销原不予行政处罚决定。

三、制作行政处罚决定书

根据《公安机关办理行政案件程序规定》第 175 条规定,作出行政处罚决定的,应当制作行政处罚决定书。决定书应当载明下列内容:被处罚人的姓名、性别、出生日期、身份证件种类及号码、户籍所在地、现住址、工作单位、违法经历以及被处罚单位的名称、地址和法定代表人;违法事实和证据以及从重、从轻、减轻等情节;处罚的种类、幅度和法律依据;处罚的执行方式和期限;对涉案财物的处理结果及对被处罚人的其他处理情况;对处罚决定不服,申请行政复议、提起行政诉讼的途径和期限;作出决定的公安机关的名称、印章和日期。

作出罚款处罚的,行政处罚决定书应当载明逾期不缴纳罚款依法加处罚款的标准和最高限额;对涉案财物作出处理的,行政处罚决定书应当附没收、收缴、追缴物品清单。

四、履行处罚后通知的义务

《公安机关办理行政案件程序规定》第 176 条规定:作出行政拘留处罚决定的,应当及时将处罚情况和执行场所或者依法不执行的情况通知被处罚人家属。

作出社区戒毒决定的，应当通知被决定人户籍所在地或者现居住地的城市街道办事处、乡镇人民政府。作出强制隔离戒毒、收容教育、收容教养决定的，应当在法定期限内通知被决定人的家属、所在单位、户籍所在地公安派出所。

被处理人拒不提供家属联系方式或者不讲真实姓名、住址，身份不明的，可以不予通知，但应当在附卷的决定书中注明。

五、治安案件处罚决定应注意的问题

（一）办案期限

公安机关办理治安案件的期限，自受理之日起不得超过 30 日；案情重大、复杂的，经上一级公安机关批准，可以延长 30 日。为了查明案情进行鉴定的期间，不计入办案期限。对因违反治安管理行为人不明或逃跑等客观原因造成案件在法定期限内无法作出行政处理决定的，公安机关应当继续进行调查取证，并向被侵害人说明情况，及时依法作出处理决定。

（二）处罚不讲真实姓名的违法嫌疑人

违法嫌疑人不讲真实姓名、住址，身份不明，但只要违法事实清楚，证据确实充分的，可以按其自报的姓名贴附照片作出处罚决定，并在相关法律文书中注明。

（三）无法履行告知的情形

对违法行为事实清楚，证据确实充分，因违法行为人逃跑等原因无法履行告知义务的，公安机关可以采取公告方式予以告知。自公告之日起 7 日内，违法嫌疑人未提出申辩的，可以依法作出行政处罚决定。

（四）决定书送达被侵害人

治安案件有被侵害人的，公安机关应当在作出不予行政处罚或者处罚决定之日起 2 日内将决定书复印件送达被侵害人。无法送达的，应当注明。

（五）对人大代表的处罚决定

对县级以上的各级人民代表大会代表予以行政拘留的，作出处罚决定前应当经该级人民代表大会主席团或者人民代表大会常务委员会许可。

对乡、民族乡、镇的人民代表大会代表予以行政拘留的，作出决定的公安机关应当立即报告乡、民族乡、镇的人民代表大会。

（六）“刑转行”处理

公安机关办理的刑事案件，尚不够刑事处罚，依法应当给予公安行政处理的，经县级以上公安机关负责人批准，依照《公安机关办理行政案件程序规定》第九章规定作出处理决定。

六、对涉案财物的处理

公安机关在作出行政处罚决定时，应当对涉案财物一并作出处理。具体的处理方式有：

（一）收缴

收缴是治安案件过程中，对用于实施违法行为的工具、设备或者涉案财物和违禁品（淫秽物品、毒品、反动、迷信、邪教印刷品）等依法采取强制手段予以“没收”的一种强制措施。

1. 收缴的适用范围

依据《公安机关办理行政案件程序规定》第194条的要求，公安机关在办理行政案件中查获的下列物品应当依法予以收缴：毒品、淫秽物品等违禁品；赌具和赌资；吸食、注射毒品的器具；伪造、变造的公文、证件、证明文件、票证、印章等；倒卖的车船票、文艺演出票、体育比赛入场券等有价票证；主要用于实施违法行为的本人所有的工具以及直接用于实施毒品违法行为的资金，这里的“工具”，除非有证据表明属于他人合法所有，可以直接认定为违法行为人本人所有，对明显无价值的，可以不作出收缴决定，但应当在证据保全文书中注明处理情况；其他法律、法规规定可以收缴的非法财物。

2. 收缴程序

收缴决定应依法作出。收缴由县级以上公安机关决定。但是，违禁品，吸食、注射毒品的器具以及非法财物价值在500元以下且当事人对财物价值无异议的，公安派出所可以收缴。

妥善处理收缴财物。公安机关对收缴的财物，经原决定机关负责人批准，按照下列规定分别处理：属于被侵害人或者善意第三人的合法财物，应当及时返还；没有被侵害人的，登记造册，按照规定上缴国库或者依法变卖或者拍卖后，将所得款项上缴国库；违禁品、没有价值的物品，或者价值轻微，无法变卖或者拍卖的物品，统一登记造册后予以销毁；对无法变卖或者拍卖的危险物品，由县级以上公安机关主管部门组织销毁或者交有关厂家回收。

（二）追缴

公安机关在办理治安案件时，如果经审查认定涉案财物属于违法所得，应当在决定对违法行为人给予行政处罚的同时，依法作出追缴决定。

1. 追缴的适用范围

追缴的范围是违法所得。这里的“违法所得”，是指由行为人实施违法行为所产生的经济效益（包括财物及财物产生的孳息）。

2. 追缴程序

追缴由县级以上公安机关决定。但是，追缴违法所得的财物应当退还被侵害人的，公安派出所可以追缴。对追缴财物的处理程序，同收缴程序。

3. 遵守法定时限退还原主财物

对应当退还原主或者当事人的财物，通知原主或者当事人在6个月内来领取；原主不明确的，应当采取公告方式告知原主认领。在通知原主、当事人或者公告后6个月内，无人认领的，按无主财物处理，登记后上缴国库，或者依法变卖或者拍卖后，将所得款项上缴国库。遇有特殊情况的，可酌情延期处理，延长期限最长不超过3个月。

多名违法行为人共同实施违法行为，违法所得或者非法财物无法分清所有人的，作为共同违法所得或者非法财物予以处理。

七、法律文书

（一）不予行政处罚决定书

1. 制作要求

不予行政处罚决定书，是公安机关依法作出不予行政处罚决定时使用的文书。

“现查明”后面的横线处填写违法事实不能成立，或者确有违法行为，但有依法不予行政处罚情形的具体情况。“根据”后面的横线处填写法律依据，包括收缴、追缴等其他行政处理的法律依据。

同时作出收缴、追缴决定的，应当在"对予以收缴""对________予以追缴"的横线处填写收缴、追缴财物的名称和数量，并附相应的收缴/追缴物品清单；没有收缴、追缴的，在该横线处填写"无"。

2. 文书式样

（此处印制公安机关名称）

不予行政处罚决定书

×公（ ）不罚决字〔 〕 号

违法行为人（姓名、性别、年龄、出生日期、身份证件种类及号码、户籍所在地、现住址、工作单位以及违法单位的名称、地址和法定代表人）____

____

____

现查明____

____，以上事实有________________________等证据证实。

根据________________________之规定，现决定不予行政处罚，并对__________予以收缴，对____________予以追缴。

如不服本决定，可以在收到本决定书之日起六十日内向________________________申请行政复议或者在三个月内依法向________________________人民法院提起行政诉讼。

☐ 附：收缴/追缴物品清单

公安机关（印）

年 月 日

不予行政处罚决定书已向我宣告并送达。

违法行为人

年 月 日

一式两份，一份交违法行为人，一份附卷。治安案件有被侵害人的，复印送达被侵害人。

（二）行政处罚决定书

1. 制作要求

行政处罚决定书，是公安机关按照行政处罚的一般程序对违法行为人予以行政处罚时使用的文书。各地公安机关可以根据实际需要选择使用制作式决定书或者填充式决定书。对外国人作出驱逐出境处罚的，应当制作驱逐出境决定书。制作式决定书和填充式决定书均适用于"一案多人”“一人多案”的情况，各地公安机关可以根据具体情况自行确定。

使用制作式决定书时，应当按照文书制作要求在正文中载明有关内容。其中，“对涉案财物的处理情况”包括没收、收缴、追缴以及相应的发还情况；“对被处罚人的其他处理情况”包括强制隔离戒毒和收容教育等强制措施。违法行为人同时被决定强制隔离戒毒或者收容教育的，制作式文书中应当写明强制隔离戒毒和收容教育的依据、期限和执行单位的名称和地点，可不再另行制作强制隔离戒毒或者收容教育决定书，但应当将该决定书按照要求送强制隔离戒毒所、收容教育所一份，将该决定书复印件送达被强制隔离戒毒人员家属、所在单位和户籍所在地公安派出所；“不服本决定的救济途径”应当写明申请行政复议或者提起行政诉讼的期限以及具体的行政复议机关、人民法院名称。

使用填充式决定书时，“根据”后面的横线处填写法律依据，包括作出的处罚和收缴、追缴等其他行政处理的法律依据；“现决定”后面的横线处填写决定内容，包括处罚的种类和幅度以及收缴、追缴以及取缔、限期改正等其他处理内容。对多个违法行为人的处罚不同的，应当同时写明每个违法行为人的姓名及处罚种类、幅度，对一人的多个违法行为应当分别写明处罚种类、幅度。“执行方式和期限”后面的横线处应当注明具体的方式和期限，包括合并执行、不予执行的情况。同时没收、收缴、追缴财物的，应当附有相应的清单，并在行政处罚决定书中注明清单的名称和数量。

附卷的决定书应当由被处罚人签名或者盖章，注明“行政处罚决定书已向我宣告并送达”，不再使用送达回执。拒绝签名、盖章的，由办案民警在文书上注明。

2. 文书式样

（此处印制公安机关名称）

行政处罚决定书

×公（　　）行罚决字〔　　〕　号

决定书正文载明以下内容：

1. 违法行为人的基本情况（姓名、性别、年龄、出生日期、身份证件种类及号码、户籍所在地、现住址、工作单位、违法经历以及被处罚单位的名称、地址和法定代表人）；

2. 违法事实和证据以及从重、从轻等情节（证人不愿意暴露姓名的，应当注意保密）；

3. 法律依据；

4. 处罚种类及幅度（包括对外国人适用或者附加适用限期出境）；

5. 执行方式及期限（包括当场训诫、当场收缴罚款、到指定银行缴纳罚款、送拘留所执行以及合并执行的情况，对罚款处罚，要注明逾期不缴纳罚款时加处罚款的标准和上限）；

6. 对涉案财物的处理情况及对被处罚人的其他处理情况；

7. 不服本决定的救济途径；

8. 附没收违法所得、非法财物清单及收缴/追缴物品清单。

公安机关名称、印章及决定日期

一式三份，被处罚人和执行单位各一份，一份附卷。治安案件有被侵害人的，复印送达被侵害人。

（此处印制公安机关名称）

行政处罚决定书

×公（　　）行罚决字〔　　〕　号

违法行为人（姓名、性别、年龄、出生日期、身份证件种类及号码、户籍所在地、现住址、工作单位、违法经历以及被处罚单位的名称、地址和法定代表人）____

____

现查明____

____，以上事实有____________________等证据证实。

根据____之规定，现决定____。

执行方式和期限____

____。

逾期不交纳罚款的，每日按罚款数额的百分之三加处罚款，加处罚款的数额不超过罚款本数。

如不服本决定，可以在收到本决定书之日起六十日内向____申请行政复议或者在三个月内依法向____________________人民法院提起行政诉讼。

附：____________清单共____份

公安机关（印）

年　月　日

行政处罚决定书已向我宣告并送达。

被处罚人

年　月　日

一式三份，被处罚人和执行单位各一份，一份附卷。治安案件有被侵害人的，复印送达被侵害人。

（三）收缴/追缴物品清单

1. 制作要求

收缴/追缴物品清单既可以与行政处罚决定书同时使用，也可以单独使用。同一案件既有收缴又有追缴的，应当分别制作清单。

"物品持有人"后面的横线处填写个人的姓名、性别、出生日期、身份证件种类及号码、现住址或者单位的名称、地址和法定代表人，有关内容在行政处罚决定书中已经体现的，只填写物品持有人的姓名或物品持有单位的名称。多人共同实施违法行为的，违法所得或者非法财物无法分清所有人的，"物品持有人"为所有的共同违法行为人。

2. 文书式样

（此处印制公安机关名称）

收缴/追缴物品清单

×公（　　）缴字〔　　〕　号

根据

□《中华人民共和国治安管理处罚法》第十一条第一款

□《中华人民共和国治安管理处罚法》第十一条第二款

□《公安机关办理行政案件程序规定》第一百六十八条第一款

□《公安机关办理行政案件程序规定》第一百六十八条第三款之规定，对物品持有人____的下列物品予以收缴/追缴。

如不服本决定，可以在收到本清单之日起六十日内向____申请行政复议或者在三个月内依法向____________________人民法院提起行政诉讼。

编号	名称	数量	特征	物品处理情况 （发还的，由接收人签名）

物品持有人、见证人 年　月　日	保管人 年　月　日	办案民警 公安机关（印） 年　月　日

一式三份，一份交物品持有人，一份交保管人，一份附卷。

(四) 强制隔离戒毒 / 延长强制隔离戒毒决定书

1. 制作要求

强制隔离戒毒 / 延长强制隔离戒毒决定书，是公安机关对吸毒成瘾人员决定强制隔离戒毒或者延长强制隔离戒毒时所使用的文书。作出强制隔离戒毒决定的，在“现查明”后面的横线处，根据《禁毒法》第 38 条填写违法事实情况。作出延长强制隔离戒毒决定的，“现查明”后面的横线处应当填写延长强制隔离戒毒的原因，即经诊断评估需要延长强制隔离戒毒的事实。

2. 文书式样

(此处印制公安机关名称)

强制隔离戒毒 / 延长强制隔离戒毒决定书

× 公(　　)强戒决字〔　　〕　号

违法行为人________性别______年龄______出生日期________________________

身份证件种类及号码__________________工作单位________________________

现住址________________________________户籍所在地________________________

现查明____

____

____，

以上事实有____

____等证据证实。

根据

□《中华人民共和国禁毒法》第三十八条第____款第____项、第四十七条第一款之规定，决定对违法行为人强制隔离戒毒二年(自____年____月____日至____年____月____日)。

□《中华人民共和国禁毒法》第四十七条第三款之规定，决定对违法行为人延长强制隔离戒毒________(自____年____月____日至____年____月____日)。

如不服本决定，可以在接到本决定书之日起六十日内向________________申请行政复议或者在三个月内依法向____________________人民法院提起行政诉讼。

强制隔离戒毒所名称及地址____

公安机关(印)

年　月　日

被强制隔离戒毒人

年　月　日

接收人员

接收单位(印)

年　月　日

一式三份，被强制隔离戒毒人、强制隔离戒毒所各一份，一份附卷。将决定书复印件送达被强制隔离戒毒人员家属、所在单位和户籍所在地公安派出所。

（五）提前解除强制隔离戒毒决定书

1. 制作要求

提前解除强制隔离戒毒决定书由原作出强制隔离戒毒决定的公安机关出具。该文书相关项目的填写应当与强制隔离戒毒/延长强制隔离戒毒决定书一致。

2. 文书式样

（此处印制公安机关名称）

提前解除强制隔离戒毒决定书

×公（　　）解强戒决字〔　　〕　号

被强制隔离戒毒人姓名＿＿＿＿＿＿＿＿性别＿＿＿＿＿年龄＿＿＿＿＿＿

出生日期＿＿＿＿＿＿＿＿＿＿＿＿身份证件种类及号码＿＿＿＿＿＿＿＿

工作单位＿＿＿＿＿＿＿＿＿＿＿＿＿现住址＿＿＿＿＿＿＿＿＿＿＿＿＿

户籍所在地＿＿＿＿＿＿＿＿＿＿＿＿＿＿＿＿＿＿＿＿＿＿＿＿＿＿＿＿

强制隔离戒毒决定书文号＿＿＿＿＿＿＿＿＿＿＿＿＿＿＿＿＿＿＿＿＿＿

强制隔离戒毒期限自＿＿年＿＿月＿＿日至＿＿年＿＿月＿＿日

经诊断评估，被强制隔离戒毒人员戒毒情况良好，根据《中华人民共和国禁毒法》第四十七条第二款之规定，决定提前解除强制隔离戒毒。

强制隔离戒毒所名称及地址＿＿＿＿＿＿＿＿＿＿＿＿＿＿＿＿＿＿＿＿＿

公安机关（印）

年　月　日

被强制隔离戒毒人

年　月　日

一式三份，被强制隔离戒毒人、强制隔离戒毒所各一份，一份附卷。将决定书复印件送达被强制隔离戒毒人员家属、所在单位和户籍所在地或者现居住地公安派出所。

（六）社区戒毒/社区康复决定书

1. 制作要求

社区戒毒/社区康复决定书，是公安机关责令吸毒成瘾人员接受社区戒毒或者责令被解除强制隔离戒毒人员接受社区康复时使用的文书。

2. 文书式样

（此处印制公安机关名称）

社区戒毒/社区康复决定书

×公（　　）社戒/社康决字〔　　〕　号

违法行为人________性别______年龄______出生日期____________

身份证件种类及号码______________________工作单位____________________

现住址________________________户籍所在地________________________

现查明____

____

____，

以上事实有____

____等证据证实。根据

□《中华人民共和国禁毒法》第三十三条之规定，决定责令违法行为人接受社区戒毒三年（自____年____月____日至____年____月____日）

□《中华人民共和国禁毒法》第四十八条之规定，决定责令违法行为人接受社区康复__年（自____年____月____日至____年__月____日）

自收到本决定书之日起十五日内持本决定书到社区戒毒/社区康复执行地报到，否则视为拒绝接受社区戒毒/社区康复。被责令接受社区戒毒/社区康复人员在社区戒毒/社区康复过程中应当根据公安机关的要求，定期接受检测。

如不服本决定，可以在接到本决定书之日起六十日内向____________________________

____申请行政复议或者在三个月内依法向________________人民法院提起行政诉讼。

执行地社区名称及地址____

公安机关（印）

年　月　日

社区戒毒/社区康复人

年　月　日

一式四份，社区戒毒/社区康复人及其家属、执行地乡（镇）人民政府或者城市街道办事处各一份，一份附卷。

（七）解除社区戒毒/社区康复通知书

1. 制作要求

解除社区戒毒/社区康复通知书由社区戒毒/社区康复执行地县级以上公安机关出具。该文书相关项目的填写应当与社区戒毒/社区康复决定书一致。

2. 文书式样

（此处印制公安机关名称）

解除社区戒毒/社区康复通知书

×公（　　）解社通字〔　　〕　号

社区戒毒/社区康复人＿＿＿＿＿＿性别＿＿＿＿年龄＿＿＿＿出生日期＿＿＿＿＿＿＿＿

身份证件种类及号码＿＿＿＿＿＿＿＿＿＿＿＿＿＿工作单位＿＿＿＿＿＿＿＿＿＿＿＿＿＿

户籍所在地＿＿＿＿＿＿＿＿＿＿＿＿＿＿＿＿＿＿＿＿＿＿＿＿＿＿＿＿＿＿＿＿＿＿＿＿

现住址＿＿＿＿＿＿＿＿＿＿＿＿＿＿＿＿＿＿＿＿＿＿＿＿＿＿＿＿＿＿＿＿＿＿＿＿＿＿

社区戒毒/社区康复决定书文号＿＿＿＿＿＿＿＿＿＿＿＿＿＿＿＿＿＿＿＿＿＿＿＿＿＿＿

社区戒毒/社区康复期限自＿＿年＿＿月＿＿日至＿＿年＿＿月＿＿日

因社区戒毒/社区康复执行期限届满，根据《戒毒条例》第二十三条/第四十条之规定，现予解除。

特此通知。

执行地公安机关（印）

年　月　日

社区戒毒/社区康复人

年　月　日

一式五份，社区戒毒/社区康复人及其家属、执行地乡（镇）人民政府或者城市街道办事处，原社区戒毒/社区康复的决定机关各一份，一份附卷。

(八)收容教育/延长收容教育决定书

1. 制作要求

收容教育/延长收容教育决定书,是对卖淫、嫖娼人员决定收容教育或者延长收容教育时所使用的文书。作出延长收容教育决定的,“现查明”后面的横线处填写延长收容教育的原因,即《卖淫嫖娼人员收容教育办法》第18条第1款规定的“拒绝接受教育或者不服从管理”,具体内容根据实际情况填写。

2. 文书式样

(此处印制公安机关名称)

收容教育/延长收容教育决定书

×公(　　)收教决字〔　　〕　号

违法行为人/被收容教育人__________性别________年龄__________

出生日期__________________身份证件种类及号码________________

现住址____

现查明____

____,

以上事实有____

____等证据证实。根据

□《全国人民代表大会常务委员会关于严禁卖淫嫖娼的决定》第四条第二款之规定,决定对违法行为人收容教育______(自___年___月___日至___年___月___日)。

□《卖淫嫖娼人员收容教育办法》第十八条第一款之规定,决定对被收容教育人延长收容教育______(自___年___月___日至___年___月___日)。

如不服本决定,可以在收到本决定书之日起六十日内向____________________

______________________申请行政复议。

收容教育所名称及地址________________________________

公安机关(印)

年　月　日

被收容教育人

年　月　日

一式三份,被收容教育人和收容教育所各一份,一份附卷。

（九）提前解除收容教育决定书

1. 制作要求

提前解除收容教育决定书由原决定收容教育的公安机关出具。该文书相关项目的填写应当与原收容教育决定书一致。

2. 文书式样

（此处印制公安机关名称）

提前解除收容教育决定书

×公（　　）解教决字〔　　〕　号

被收容教育人＿＿＿＿＿＿性别＿＿＿＿＿年龄＿＿＿＿出生日期＿＿＿＿＿＿＿

现住址＿＿＿＿＿＿＿＿＿＿＿＿＿＿＿＿＿＿＿＿＿＿＿＿＿＿＿＿＿＿＿＿＿

收容教育决定书文号＿＿＿＿＿＿＿＿＿＿＿＿＿＿＿＿＿＿＿＿＿＿＿＿＿＿＿

收容教育期限自＿＿年＿＿月＿＿日至＿＿年＿＿月＿＿日。

因

☐ 有悔改表现

☐ 有立功表现

☐ 其他＿＿＿＿＿＿＿＿＿＿＿＿＿＿

根据《卖淫嫖娼人员收容教育办法》第十七条之规定，决定提前解除收容教育。

公安机关（印）

年　月　日

被收容教育人

年　月　日

一式三份，被收容教育人和收容教育所各一份，一份附卷。

（十）解除收容教育证明书

1. 制作要求

解除收容教育证明书，是收容教育所对收容教育期满人员出具的解除收容教育证明。该文书相关项目的填写应当与原收容教育 / 延长收容教育决定书一致。

2. 文书式样

（此处印制公安机关名称）

解除收容教育证明书

× 公（　　）解教证字〔　　〕　号

被收容教育人__________性别__________年龄_______出生日期________________

现住址____

因____，被决定收容教育_____（自___年___月___日至___年___月___日）（决定书文号____________________）。在收容教育期间被依法提前解除或者延长收容教育至___年___月___日。

现期限届满，予以解除。

收容教育所（印）

年　月　日

被收容教育人

年　月　日

一式两份，一份交被收容教育人，一份附卷。

第五节　办 案 协 作

办理治安案件需要异地公安机关协作的,应当制作办案协作函件。负责协作的公安机关接到请求协作的函件后,应当办理。

一、异地调查

需要到异地执行传唤的,办案人民警察应当持传唤证、办案协作函件和人民警察证,与协作地公安机关联系,在协作地公安机关的协作下进行传唤。协作地公安机关应当协助将违法嫌疑人传唤到其所在市、县内的指定地点或者到其住处、单位进行询问。

需要异地办理检查、查询,查封、扣押或者冻结与案件有关的财物、文件的,应当持相关的法律文书、办案协作函件和人民警察证,与协作地公安机关联系,协作地公安机关应当协助执行。

在紧急情况下,可以将办案协作函件和相关的法律文书传真或者通过执法办案信息系统发送至协作地公安机关,协作地公安机关应当及时采取措施。办案地公安机关应当立即派员前往协作地办理。

二、远程询问与告知

需要进行远程视频询问、处罚前告知的,应当由协作地公安机关事先核实被询问、告知人的身份。办案地公安机关应当制作询问、告知笔录并传输至协作地公安机关。询问、告知笔录经被询问、告知人确认并逐页签名或者捺指印后,由协作地公安机关协作人员签名或者盖章,并将原件或者电子签名笔录提供给办案地公安机关。办案地公安机关负责询问、告知的人民警察应当在首页注明收到日期,并签名或者盖章。询问、告知过程应当全程录音录像。

三、委托调查

办案地公安机关可以委托异地公安机关代为询问、向有关单位和个人调取电子数据、接收自行书写材料、进行辨认、履行处罚前告知程序、送达法律文书等工作。

委托代为询问、辨认、处罚前告知的,办案地公安机关应当列出明确具体的询问、辨认、告知提纲,提供被辨认对象的照片和陪衬照片。

委托代为向有关单位和个人调取电子数据的,办案地公安机关应当将办案协作函件和相关法律文书传真或者通过执法办案信息系统发送至协作地公安机关,由协作地公安机关办案部门审核确认后办理。

四、法律责任的承担

协作地公安机关依照办案地公安机关的要求,依法履行办案协作职责所产生的法律责任,由办案地公安机关承担。

［自测自评］

【思考练习题】

1. 简述属于公安机关职责范围但不属于本单位管辖的案件,受理案件或者发现案件的公安机关应当依法先行采取必要的强制措施,再移送有管辖权单位处理的情形。

2. 面对处于醉酒状态、对本人有危险或者对他人的人身、财产或者公共安全有威胁的嫌疑人,民警可以采取哪些措施?

3. 民警实施强制传唤应当注意哪些事项?

4. 浅析扣押、登记、先行登记保存、收缴、追缴之间的区别。

5. 简述治安案件听证的适用条件及意义。

第七章 治安案件的调解程序

第一节 治安案件调解概述

一、治安调解的概念和特征

治安调解，是指公安机关依法对因民间纠纷引起的打架斗殴或毁损他人财物等情节轻微的违反治安管理行为及其损害后果，在自愿的基础上，采取说服教育的方法，促使当事人互谅互让，通过协商达成协议，解决纠纷、处理治安案件的方式。

我国的调解制度体系由司法调解、行政调解和民间调解共同组成。治安调解当属行政调解，因此界定治安调解要考虑调解和行政调解的一般属性。治安调解是公安行政调解中的一种。治安调解在自愿和方式等方面与其他调解具有共同性，除此之外主要具有如下特征：

1. 治安调解主体的特定性。治安调解是在公安机关的主持下进行的调解，主要是公安派出所和县级公安机关。其他调解的主持人或是人民法院，或是基层群众组织，或是公安机关以外的行政机关，或是仲裁组织。

2. 治安调解对象的多元性。治安调解的对象具有多元性，包括：特定的违反治安管理的行为，即对行为人是否追究违反治安管理责任问题的调解；特定违反治安管理行为造成的损害后果。其中，对行为的调解是核心，只有对行为调解成功了，即受害人不要求追究对方违反治安管理的法律责任，才能进行损害后果和纠纷的调解；对损害后果的调解是关键，损害后果如何解决事关受害人是否要追究行为人的责任和调解协议能否达成，即治安调解能否成功。对行为的调解和对损害后果的调解是治安调解的法定对象或内容，否则即违反公安机关的治安管理职责和权限，调解也不可能成功。民间纠纷的调解不是治安调解的对象和内容，民间纠纷一般属民事权益之争，解决民事权益纠纷不属于公安机关的法定职责。治安调解对象的多元性是其与其他调解区别的显著特点，其他调解的对象是民商事纠纷或劳动纠纷，而不涉及对违反行政法律规范行为法律责任的处理。

3. 治安调解的裁量性。公安机关具有办理治安案件是否进行调解的决定权，对于法定范围内的治安案件，公安机关既可进行调解也可进行治安处罚，是否调解由公安机关裁量，不受当事人意志的限制。其他调解的对象为平等主体间的权益纠纷，当事人请求调解的，具有法定职责的组织一般应进行调解，不得拒绝，至于调解能否成功则另当别论。

4. 治安调解效力的特殊性。治安调解属于诉讼外调解，因而治安调解的效力和法院调解效力不同；治安调解和人民调解、其他行政调解也不同，其效力具有特殊性，主要表现为：第一，经调解达成协议并履行的，公安机关不再处罚；第二，经调解未达成协议或者达成协议后不履行的，应对违反治安管理的行为人依法予以处罚；第三，当事人达成的协议不具有强制执行的效力，当事人双方或一方反悔不履行的，公安机关不能强制其履行调解协议。

二、治安调解的意义

（一）治安调解有利于减少社会不安定因素

民间纠纷如果得不到及时、妥善的解决，常常会引发新的纠纷，造成当事人投诉、上访，有时矛盾激化，也会导致刑事案件的发生，影响和谐稳定。做好纠纷调解工作，不仅可以调解处理好纠纷，有效减少案件的发生，而且能够防范一些民事行政案件转化成刑事案件和群体性事件，从而有效维护社会治安的稳定。

（二）治安调解有利于提高公民法律意识

当事人之间纠纷和矛盾的发生，往往由于一方或双方违反法律和道德规范。治安调解通过动之以情、晓之以理的说服教育，使得调解更加贴近群众，兼顾法理，从而使矛盾纠纷更容易实现化解。治安调解可以有效提高公民的法律意识和守法的自觉性，提升当事人的法律和道德水平，从根本上减少违法犯罪和违反社会公德的行为，从而减少矛盾纠纷的发生。

（三）治安调解有利于密切警民关系

在治安调解中，人民警察和当事人讲政策、讲法律，用自己的真挚、热情关心帮助当事人，不是作为执法者高高在上，而是以调解人的身份帮当事人解决矛盾和纠纷，这密切了人民警察和群众之间的关系，体现了为人民服务的宗旨，群众也会容易接受调解人的意见，进而使警民关系更加和谐。

三、治安调解的原则

根据《公安机关办理行政案件程序规定》，公安机关调解处理案件时，应当遵循合法、公正、自愿、及时的原则，注重教育和疏导，化解矛盾。

（一）合法原则

合法原则是指公安机关的人民警察在主持调解工作时，要以法律法规为依据，按照法律规定开展工作，要查明事实，分清责任，通过说服教育的方法，促使双方当事人在自愿的原则上达成调解协议，协议的内容要公正、合法，按照规定制作调解协议书，并敦促、监督协议内容的执行。调解合法是调解有效的前提条件，它包括程序合法和实体合法。其要求在调解纠纷的程序上，要尊重当事人的意愿，不得强行调解；在纠纷的依据上，要把国家法律、法规作为调解纠纷的主要依据；在调解纠纷的范围上，要符合国家法律和公安部的规定，不得超出法定的范围，更不能对民事纠纷、违反道德规范的行为甚至刑事案件进行调解；在纠纷经调解达成的协议上，内容必须符合我国法律和政策的规定，不得损害国家、集体利益和他人的合法权益。

（二）公正原则

人民警察在进行调解时要求，在主观上对纠纷各方当事人应公正对待、一视同仁，不能区别对待，更不能感情用事；在客观上要正确把握公正性标准，充分考虑到每一个可以调解的违反治安管理行为的具体情况，认真分析其原因、危害及纠纷各方当事人的态度等方面情况，以保证调解的质量。

（三）自愿原则

治安调解的基本前提——遵循自愿原则。自愿接受公安机关的调解，是治安调解制度存在的逻辑前提,也是区别于权威性行政活动的根本点。如果公安机关不能坚守该原则,就没有理解法律在应对民间纠纷解决之时设置治安调解机制的本意和目的。

调解全过程都受双方当事人意思自治的支配,是否以调解的方式解决治安案件、是否将调解进行到底、是否能够达成调解协议以及协议内容如何、是否履行调解协议等,完全取决于当事人双方的自愿,民警不得强制。只有本着自愿原则进行调解,才能真正缓和矛盾纠纷。治安调解为当事人尽可能自主地处分自己的权利(包括程序性权利和实体性权利)提供了一个权衡、选择和决断的平台,在各种信息充分披露和调解主持人的公正运作下,有利于当事人作出最优化的最终决定,具有意思自治、合意至上的价值取向。

(四) 及时原则

该原则是行政法的行政效能原则在治安调解中的体现。现代国家不仅应当是一个公权力受到制约的有限国家,也应当是有效、有能、有为的国家。行政效能是行政产出的能量、数量、质量与行政投入之间的综合比值关系,是行政效果、效率与效益的综合体现。治安调解应当及时进行,使当事人尽快达成协议,解决纠纷。治安调解不成应当在法定的办案期限内及时依法处罚,不得久拖不决。《公安机关办理行政案件程序规定》第 183 条明确规定:调解一般为一次。对一次调解不成,公安机关认为有必要或者当事人申请的,可以再次调解,并应当在第一次调解后的 7 个工作日内完成。为了尽快解决当事人的矛盾纠纷,公安机关应自觉提高办案效率和水平,杜绝治安调解久调不决的现象发生。

第二节　治安调解的适用范围与适用条件

一、治安调解的适用范围

治安调解的适用范围,是指其适用的案件或行为范围,即治安调解适用于哪些治安案件或哪些违反治安管理的行为。根据《公安机关办理行政案件程序规定》第 178 条的规定,对于因民间纠纷引起的殴打他人、故意伤害、侮辱、诽谤、诬告陷害、故意损毁财物、干扰他人正常生活、侵犯隐私、非法侵入住宅等违反治安管理行为,情节较轻,且具有下列情形之一的,可以调解处理:(1) 亲友、邻里、同事、在校学生之间因琐事发生纠纷引起的;(2) 行为人的侵害行为系由被侵害人事前的过错行为引起的;(3) 其他适用调解处理更易化解矛盾的。对不构成违反治安管理行为的民间纠纷,应当告知当事人向人民法院或者人民调解组织申请处理。第 179 条规定:具有下列情形之一的,不适用调解处理:(1) 雇凶伤害他人的;(2) 结伙斗殴或者其他寻衅滋事的;(3) 多次实施违反治安管理行为的;(4) 当事人明确表示不愿意调解处理的;(5) 当事人在治安调解过程中又针对对方实施违反治安管理行为的;(6) 调解过程中,违法嫌疑人逃跑的;(7) 其他不宜调解处理的。

治安调解适用范围的案件标准有二:起因为“民间纠纷”;表现形式是“情节较轻”。这两个标准的内涵与外延影响着治安调解适用的范围。

(一) 如何理解民间纠纷

民间纠纷是指具有某种特定关系的自然人之间发生的民事权益争议和在日常生活中发生的其他纠纷。认定民间纠纷须符合两个条件:一是纠纷双方之间存在某种特定关系,包括家庭成员和其他亲友关系、邻里关系、同学关系、同事关系、恋爱关系、朋友关系、特定空间关系和其他在工作、生活中具有交往的关系；二是纠纷的内容是民事权益争议和在日常生活中发生的其他纠纷，例如恋爱纠纷、失信行为导致的纠纷等。

（二）如何理解情节较轻

正确理解“情节较轻”应注意以下几点：第一，情节较轻是指违反治安管理行为情节较轻，属于已具有违反治安管理行为性质前提下的“情节较轻”。根据《治安管理处罚法》的规定，违反治安管理的行为有情节严重、情节较重和情节较轻之分，只有情节较轻的才可以调解处理。第二，情节较轻应综合认定。即从行为人的动机目的、行为的方式手段、行为的时空和形势环境、侵害对象、行为后果等多方面综合分析考察，在不违背立法精神和治安管理目的的前提下，由公安机关裁量酌定。

二、治安调解的适用条件

治安调解适用的条件是公安机关对治安案件进行调解处理必须具备的要件，缺此条件则不能进行治安调解。治安调解适用的条件不同于治安调解的适用范围，适用范围解决的是哪些案件可以进行治安调解，可以调解的违反治安管理行为是以应受治安处罚为前提条件，它仅是适用条件中的一个条件（最难识别、最重要的条件），因此不能将两者混淆。治安调解适用的条件有四个：一是当事人至少一方实施了因民间纠纷引起的殴打他人、故意伤害、侮辱、诽谤、诬告陷害、故意损毁财物、干扰他人正常生活、侵犯隐私、非法侵入住宅等违反治安管理行为；二是该违反治安管理的行为必须是应当受到治安管理处罚的行为；三是双方当事人有愿意调解处理的真实意思表示；四是公安机关认为可以调解处理。

第三节 治安调解的程序

治安调解程序分为两类：一是治安调解的普通程序，二是当场治安调解。

一、治安调解的普通程序

（一）治安调解普通程序的步骤

1. 受理。详细询问当事人的基本情况和行为发生的时间、地点、经过、原因、情节、结果等情况，并做好记录。

2. 传唤违反治安管理嫌疑人，并进行调查。参加调解的当事人，必须是因民间纠纷引起违反治安管理行为的当事人，包括违反治安管理的行为人和被侵害人。

调解应当以事实为根据，以法律为准绳。《公安机关办理行政案件程序规定》要求，公安机关调解处理案件，应当首先查明事实，收集证据。查明事实是正确进行调解处理的前提和基础，依法调解，分清双方当事人的责任，是解决纠纷的关键。因此，进行治安调解，首先必须查明事实真相，取得证据，分清是非，划清责任，在此基础上，依照《治安管理处罚法》的规定调解处理。

3. 调解教育。治安调解由公安机关的具体承办人员主持。调解的基础方法是说服教育，耐心并善于做双方当事人的思想工作，依法处理、疏导，明确是非，促使双方当事人自责、互谅互让，解纠息纷，协议言和，使纠纷得到妥善处理。调解的内容，主要是就违反治安管理行为所造成的被侵害人的人身、财产等权利损害以及应当如何赔偿等问题，在双方当事人之间进行斡旋。公安机关的调解并不是混淆是非、和稀泥，而是应当在确定事实、分清是非的基础上，通过对当事人进行批评、教育、宣传法律知识等方式，使有过错的一方深刻认识到自己行为的违法性和社会危害性之所在，认识到自己的行为给被侵害人造成的损害，使其反省并自觉承担赔偿责任，以自己的实际行动赔偿被侵害人的经济损失，抚慰其精神损失。同时，也通过做被侵害人的思想工作，使其接受违反治安管理行为人的真诚悔过，谅解其错误行为，给其一个悔改的机会，当然也包括在经济赔偿等方面，考虑到加害人的经济状况，适当减轻甚至免除其经济赔偿责任等。这种调解在性质上属于国家行政机关居间调解当事人之间的民事争议，化解当事人之间的矛盾，并不是对公安机关如何行使行政处罚权进行讨价还价。如果当事人之间就解决民事争议达成协议，公安机关的行政处罚权也没有必要再行使。

4. 达成协议并制作《治安调解协议书》。对达成协议的调解，应制作《治安调解协议书》。《治安调解协议书》应由当事人各方和调解主持人分别签名，一式三份，分别存于当事人各方，并由公安机关存档。公安机关作为国家行政机关的重要组成部分，它所进行的调解处理，是执行国家管理社会治安的职能措施之一，是依法行使国家权力的一种形式。因此，调解一经成立，就与决定具有同等的法律效力。

5. 达不成协议的处理。不能达成调解协议的案件，或者虽然经调解达成了协议，但是又因反悔等原因不履行调解协议的，应当依照《治安管理处罚法》的规定，对违反治安管理行为人予以处罚，并且告知当事人对民事赔偿等问题，可以向人民法院提起民事诉讼。达成协议后不履行，既包括当事人明确表示反悔，拒绝履行的情形，也包括当事人虽不表示拒绝履行，但是不采取实际行动履行协议确定的义务的情形。

（二）注意事项

1. 当事人中有未成年人的，调解时应当通知其父母或者其他监护人到场。但是，当事人为年满 16 周岁以上的未成年人，以自己的劳动收入为主要生活来源，本人同意不通知的，可以不通知。

2. 被侵害人委托其他人参加调解的，应当向公安机关提交委托书，并写明委托权限。违法嫌疑人不得委托他人参加调解。

3. 对因邻里纠纷引起的治安案件进行调解时，可以邀请当事人居住地的居（村）民委员会的人员或者双方当事人熟悉的人员参加帮助调解。

4. 调解一般为一次。对一次调解不成，公安机关认为有必要或者当事人申请的，可以再次调解，并应当在第一次调解后的 7 个工作日内完成。

5. 调解达成协议的，在公安机关主持下制作调解协议书，双方当事人应当在调解协议书上签名，并履行调解协议。

调解协议书应当包括调解机关名称、主持人、双方当事人和其他在场人员的基本情况，案件发生时间、地点、人员、起因、经过、情节、结果等情况、协议内容、履行期限和方式等内容。

对调解达成协议的，应当保存案件证据材料，与其他文书材料和调解协议书一并归入案卷。

6. 调解达成协议并履行的，公安机关不再处罚。对调解未达成协议或者达成协议后不履行的，应当对违反治安管理行为人依法予以处罚；对违法行为造成的损害赔偿纠纷，公安机关可以进行调解，调解不成的，应当告知当事人向人民法院提起民事诉讼。

7. 调解案件的办案期限从调解未达成协议或者调解达成协议不履行之日起开始计算。

二、当场治安调解

根据《公安机关办理行政案件程序规定》，公安机关对情节轻微，事实清楚，因果关系明确，不涉及医疗费用、物品损失或者双方当事人对医疗费用和物品损失的赔付无争议，符合治安调解条件，双方当事人同意当场调解并当场履行的治安案件，可以当场调解。

当场调解的基本步骤与适用一般程序调解的基本步骤大体一致，只是在操作方式上可以当场口头进行，如：口头询问，查明案件事实；口头告知当事人可以调解处理并询问当事人双方是否同意调解；口头教育、疏导、劝解；口头询问各自要求并进行协调；当场制作《现场治安调解协议书》；口头告知有关《现场治安调解协议书》效力的情况等。

当场调解达成协议的，应当制作《现场治安调解协议书》，一式三联，由双方当事人签名。当场治安调解结案的治安案件，可以不制作卷宗，但办案部门应当将《现场治安调解协议书》按编号装订存档。当事人基本情况、主要违法事实和协议内容在现场录音录像中明确记录的，不再制作调解协议书。

三、治安和解

根据《公安机关办理行政案件程序规定》，对符合治安调解范围的治安案件，当事人申请人民调解或者自行和解，达成协议并履行后，双方当事人书面申请并经公安机关认可的，公安机关不予治安管理处罚，但公安机关已依法作出处理决定的除外。

因此，治安和解的适用条件为：

1. 可以和解的治安案件范围与可以治安调解的治安案件范围相同。
2. 当事人之间申请人民调解或者自行和解，达成协议并履行了协议。
3. 双方当事人以书面的形式向公安机关提出和解的申请。
4. 必须经过公安机关的审查认可。公安机关在接到治安和解的申请后，应当进行案件审查，确认该案件符合治安和解的范围，同时审查当事人签署的协议是否存在违反法律法规的情形，并且已经履行了协议。通过公安机关的审查认可，公安机关对违反治安管理行为人不予处罚。否则，公安机关将继续办理案件，双方的和解无效。

治安和解仅限于公安机关对案件作出处理决定之前，对公安机关已经作出处理决定的案件，当事人的和解无效。

四、法律文书（治安调解协议书）

（一）制作要求

治安调解协议书，是调解机关调解治安案件时使用的文书。“调解机关”是指主持调解的公安机关或者依法具有独立执法主体资格的公安机关内设机构。

（二）文书式样

（此处印制公安机关名称）

治安调解协议书

×公（　　）调解字〔　　〕　号

主持人姓名________工作单位____________________

调解地点____________________________

当事人基本情况（姓名、性别、年龄、出生日期、身份证件种类及号码、工作单位、现住址）________

____

____

____

其他在场人员基本情况（姓名、性别、年龄、出生日期、身份证件种类及号码、工作单位、现住址）______

____

主要事实（包括案发时间、地点、人员、起因、经过、情节、结果等）：______________

____

____

____

____

经调解，双方自愿达成如下协议（包括协议内容、履行期限和方式等）：____________

____

____

____

____________________________________。

本协议自双方签字之时起生效。对已履行协议的，公安机关对违反治安管理行为人不再处罚。不履行协议的，公安机关依法对违反治安管理行为人予以处罚；当事人可以就民事争议依法向人民法院提起民事诉讼。

本协议书一式三份，双方当事人各执一份，调解机关留存一份。

主持人　　　　　　　　　　　　年　月　日

见证人　　　　　　　　　　　　年　月　日

当事人　　　　　　　　　　　　年　月　日

调解机关（印）

年　月　日

[自测自评]

【思考练习题】

1. 简述我国的调解制度。
2. 简述治安调解的重要意义。
3. 论述治安调解要遵循的原则。
4. 简述治安调解和治安和解的区别。

第八章　治安案件的简易程序和快速办理

第一节　简 易 程 序

一、简易程序的概念和特征

（一）简易程序的概念

简易程序也称当场处罚程序，是指在具备某些条件的情况下，可以由执法人员当场作出行政处罚决定的处罚程序，包括实施当场处罚的方式、步骤、顺序和时限等各个程序规定。当场处罚程序具有迅速及时、易于执行、程序简单的特点。

（二）简易程序的特征

1. 简易程序是一种独立的与普通程序并列的案件处理程序。普通程序一般都有受案、调查取证、做出决定等必经环节，对部分重大复杂、处罚较重的案件还规定了听证程序，而简易程序则比较简单，减少了许多步骤和手续，但它仍是一种完整的案件处理程序。

2. 简易程序针对的是特定的轻微治安违法行为。《行政处罚法》确定了以一般程序为主，在法定适用范围内才适用简易程序的原则。在治安管理处罚的程序适用中必须贯彻这一原则，只有对轻微的治安违法行为，给予的处罚比较轻微，符合法律规定的案件适用范围和处罚种类、幅度时，才适用简易程序。可以适用简易程序的案件，公安机关认为必要时可以适用普通程序处理，而一般的处罚，尤其是重大处罚不得适用简易程序。

3. 在简易程序中，治安管理处罚的决定者是办案的人民警察。在普通程序中，办案的人民警察只是案件的调查者，处罚决定必须由公安机关作出。而在简易程序中，执法人员则有权代表行政机关，在确认违法行为的基础上，根据有关法律、法规或规章作出处罚决定。

4. 简易程序的方式是当场处罚。执法人员在执行公务、实施行政管理、督查过程中，发现违法行为，符合适用简易程序的条件时，可以在查清事实的基础上当场对行为人予以处罚。

二、简易程序的意义

（一）简易程序的设置有利于提高治安案件的办理效率

治安管理中涉及的行政案件范围非常广，如果所有的案件都适用普通程序，则会花费大量的人力、物力、财力，且办案效率非常低下。简易程序由于简化了办案的程序，减少了环节，因此可以大大减少不必要的人力、物力和财力的消耗，提高办案效率。

（二）简易程序有利于当事人尽快解决争议

实践中有大量的治安案件情节简单、清楚，案件事实很容易查清，而且当事人对适用简易程序也无异议，如果适用普通程序可能给当事人带来不必要的麻烦。在这种情况下，适用简易程序，既符合办理治安案件的工作要求,也符合案件当事人的意愿。

(三)简易程序有利于保护当事人的合法利益

适用简易程序同样要求事实确凿,而且当事人对适用简易程序作出的处罚不服的,同样可以依法申请行政复议或者提起行政诉讼。

三、简易程序的适用条件

不是所有的治安案件都可以适用当场处罚程序,只有具备了一定条件的案件方可适用。

(一)违法事实确凿

违法事实确凿,是指人民警察当场发现或者掌握当事人实施违反治安管理处罚行为的主要情况,同时当事人对自己实施的行为没有异议或者人民警察有证据证明其违法事实的存在。

(二)处罚种类和幅度在法定范围之内

主要包括:对违反治安管理行为人或者道路交通违法行为人处200元以下罚款或者警告的;出入境边防检查机关对违反出境入境管理行为人处500元以下罚款或者警告的;对有其他违法行为的个人处50元以下罚款或者警告、对单位处1 000元以下罚款或者警告的;法律规定可以当场处罚的其他情形。

(三)执法主体是人民警察

当场处罚决定的执法主体必须是人民警察,不具有人民警察身份的其他任何人员都不得成为执法主体。根据《公安机关办理行政案件程序规定》的要求,适用简易程序处罚的,可由办案人民警察一人作出行政处罚决定。《公安机关办理行政案件程序规定》还要求,办案人民警察实施当场处罚时发现有违禁品的,可以当场收缴。

四、不得适用简易程序的案件

涉及卖淫、嫖娼、赌博、毒品的案件,不适用当场处罚。

公安机关适用简易程序的案件一般情节比较简单、影响较小、社会危害性不大,而对于涉及卖淫、嫖娼、赌博、毒品的案件一般案情比较复杂,调查取证也有一定的难度,且具有较大的社会危害性,国家法律也规定了较为严厉的处罚,对违法行为人的影响较大,需要按照普通程序慎重处理,不适用简易程序。

五、简易程序的实施步骤

当场处罚程序虽然是简易程序,但决不是执法人员可以随心所欲使用的程序,也应该遵循法定程序进行。当场处罚的具体步骤必须遵循以下规定:

1. 向违法行为人表明执法身份。表明执法身份的主要方式是出示执法身份证件。对不出示执法身份证件的,当事人有权拒绝处罚。

2. 收集证据。执法的人民警察应当尽可能地收集现场可以收集到的证据,其目的既可以现场向违法行为人出示以证明其违法行为的存在,也可以在日后可能发生的行政复议和行政诉讼等法律救济中使用。

3. 口头告知违法行为人拟作出行政处罚决定的事实、理由和依据,并告知违法行为人依法享有的陈述权和申辩权。由于当场处罚程序适用的违法情形一般都是当场被执法的人民警察发现或者被他人当场指认违法的，因案情简单，证据确凿，情节轻微，执法人员可当场实施处罚。在该种情况下，办案人民警察只需口头告知被处罚人拟作出行政处罚的事实、处罚理由及相符的法律依据即可。如当事人有异议，要尽可能利用取得的证据，必要时可适用普通程序。另外，办案人民警察还须告知当事人依法享有的各项权利，如陈述、申辩权等。

4. 充分听取违法行为人的陈述和申辩。违法行为人提出的事实、理由或者证据成立的，应当采纳。法律赋予了被处罚人陈述和申辩的权利，公安机关必须予以保障，应当充分听取违法行为人的陈述和申辩。违法行为人提出的事实、理由或者证据成立的，应当采纳。在查明违法事实的过程中，当事人提出的事实、理由和证据可能是查明事实、确定性质的重要因素，不能因其是被处罚的对象剥夺其陈述和申辩的权利，更不得因为当事人的陈述和申辩而加重处罚。

5. 填写当场处罚决定书并当场交付被处罚人。当场处罚决定书是具有预定格式、编有号码，载明被处罚人的违法行为、行政处罚依据、罚款数额、时间、地点以及行政机关名称，并由执法人员签名或者盖章的法律文书。执法人员应当按照要求准确填写，填好后当场将处罚决定书交付被处罚人，让被处罚人在当场处罚备案的决定书上签名或捺指印，并应告知被处罚人如不服，可以依法申请行政复议或者提起行政诉讼。

6. 当场收缴罚款的，同时填写罚款收据，交付被处罚人；未当场收缴罚款的，应当告知被处罚人在规定期限内到指定的银行缴纳罚款。其中，可以当场收缴罚款的情形应当满足《公安机关办理行政案件程序规定》第 214 条的规定，除此之外的都应告知被处罚人在规定期限内到指定的银行缴纳罚款。

7. 备案。人民警察当场作出行政处罚决定的，应当于作出决定后的 24 小时内将当场处罚决定书报所属公安机关备案，交通警察应当于作出决定后的 2 日内报所属公安机关交通管理部门备案。在旅客列车、民航飞机、水上作出行政处罚决定的，应当在返回后的 24 小时内报所属公安机关备案。这样规定，有利于公安机关及时掌握作出简易程序处罚的情况，为行政机关在行政复议或者行政诉讼中的答辩提供备忘材料；有利于监督、防止执法人员滥用简易程序。

六、法律文书（当场处罚决定书）

（一）制作要求

当场处罚决定书是公安机关进行当场处罚时使用的文书。该文书不适用于公安交通管理当场处罚。

违法行为人是个人的，应当填写其姓名、性别、年龄、出生日期、身份证件种类及号码、现住址；违法行为人是单位的，填写单位名称、法定代表人及单位地址。当场收缴物品的，在“附：收缴物品清单”前的“□”中打勾，并制作相应的收缴物品清单。交所属公安机关备案的当场处罚决定书应当由被处罚人签名或盖章。被处罚人拒绝签名、盖章的，由办案民警在文书上注明。

（二）文书式样

（此处印制公安机关名称）

当场处罚决定书

编号：

违法行为人姓名或者单位名称______

性别____年龄____出生日期______身份证件种类及号码______

法定代表人______

现住址或者单位地址______

现查明______

______，

以上事实有______

______等证据证实。

根据《______》第____条第____款第____项之规定，决定给予______的处罚。

执行方式：□当场训诫 □当场收缴罚款 □被处罚人持本决定书在十五日内到______银行缴纳罚款。逾期不缴纳的，每日按罚款数额的百分之三加处罚款，加处罚款的数额不超过罚款本数。

如不服本决定，可以在收到本决定书之日起六十日内向______申请行政复议或者在三个月内依法向______人民法院提起行政诉讼。

处罚地点______

办案人民警察______

□ 附：收缴物品清单

公安机关（印）

年 月 日

处罚前已口头告知违法行为人拟作出处罚的事实、理由和依据，并告知违法行为人依法享有陈述权和申辩权。

被处罚人

年 月 日

一式两份，一份交被处罚人，一份交所属公安机关备案。治安案件有被侵害人的，复印送达被侵害人。

第二节　快速办理

一、快速办理的概念

快速办理是指公安机关对不适用简易程序，但事实清楚，违法嫌疑人自愿认错认罚，且对违法事实和法律适用没有异议的行政案件，通过简化取证方式和审核审批手续等措施进行查处的程序。

快速办理有利于提高行政案件的办理效率，对节约办案成本、节约警力具有重要的作用。

二、快速办理的适用条件

不适用简易程序，但事实清楚，违法嫌疑人自愿认错认罚；嫌疑人对违法事实和法律适用没有异议。符合以上条件的，公安机关可以通过简化取证方式和审核审批手续等措施快速办理。

三、快速办理的禁用条件

违法嫌疑人系盲、聋、哑人，未成年人或者疑似精神病人的；依法应当适用听证程序的；可能作出 10 日以上行政拘留处罚的；其他不宜快速办理的。

四、快速办理的程序要求

快速办理行政案件前，公安机关应当书面告知违法嫌疑人快速办理的相关规定，征得其同意，并由其签名确认。

对符合快速办理条件的行政案件，违法嫌疑人在自行书写材料或者询问笔录中承认违法事实、认错认罚，并有视音频记录、电子数据、检查笔录等关键证据能够相互印证的，公安机关可以不再开展其他调查取证工作。

对适用快速办理的行政案件，可以由专兼职法制员或者办案部门负责人审核后，报公安机关负责人审批。

对快速办理的行政案件，公安机关可以根据不同案件类型，使用简明扼要的格式询问笔录，尽量减少需要文字记录的内容。被询问人自行书写材料的，办案单位可以提供样式供其参考。使用执法记录仪等设备对询问过程录音录像的，可以替代书面询问笔录，必要时，对视听资料的关键内容和相应时间段等作文字说明。

对快速办理的行政案件，公安机关可以根据违法行为人认错悔改、纠正违法行为、赔偿损失以及被侵害人谅解情况等情节，依法对违法行为人从轻、减轻处罚或者不予行政处罚。

对快速办理的行政案件，公安机关可以采用口头方式履行处罚前告知程序，由办案人民警察在案卷材料中注明告知情况，并由被告知人签名确认。

对快速办理的行政案件，公安机关应当在违法嫌疑人到案后 48 小时内作出处理决定。

公安机关快速办理行政案件时，发现不适宜快速办理的，转为普通案件办理。快速办理阶段依法收集的证据，可以作为定案的根据。

［自测自评］

【思考练习题】

1. 简述简易程序的适用条件和意义。
2. 简述快速办理程序的适用条件和意义。

第九章　治安案件处罚决定的执行程序

第一节　治安案件处罚决定执行概述

一、治安案件处罚决定执行的概念

治安案件处罚决定执行，是指公安机关依照法律规定，为实现已经发生法律效力的治安管理处罚决定所确定的内容而进行的行政活动。

二、治安案件处罚决定执行的意义

1. 治安案件处罚决定执行是办理治安案件的最终程序，通过执行，使治安管理处罚及有关处罚决定内容得以实现，使治安案件处罚决定的法律强制力得到体现。

2. 治安案件处罚决定执行是处罚决定的实现阶段，也是治安管理处罚的最后阶段，没有处罚决定的执行，处罚决定的内容不可能实施。因此，治安管理处罚的执行在治安管理处罚中占有十分重要的地位。

三、治安案件处罚决定执行的主体

治安案件处罚决定执行的主体是公安机关以及法律规定有权执行的其他组织。在实践中，执行人员是以公安机关的名义实施执行的。从法律规定来看，执行工作应由法律授予权力的人民警察进行。而在实践中，某些基层公安组织由于工作繁忙，就把《治安案件处罚决定书》，尤其是警告处罚之类的处罚决定书交付治安联防队员或治保人员，由他们送达当事人并实施执行，这是极不妥当的，是对执行主体错误认识的一种表现。

根据现行有关规定，治安案件处罚决定的执行主体可分为以下几种：

1. 县、市公安局，城区公安分局，铁道、交通、民航、林业系统县一级公安机关及其派出所，这些公安机关或派出所原则上对其本身作出的治安管理处罚及其他处罚决定均有权执行。

2. 收缴罚款的专门机构。《行政处罚法》第46条规定："作出罚款决定的行政机关应当与收缴罚款的机构分离。"受处罚人应在法定期限内"到指定的银行缴纳罚款"，这种收缴罚款的专门机构，当然也是某些治安管理处罚的执行主体之一。

四、治安案件处罚决定的执行对象

治安案件处罚决定的执行对象分为两种，即人和物，也就是被执行人和被执行财物。被执行人就是被处以治安管理处罚或采取其他法律措施的违反治安管理的行为人。执行的实质就是对被执行人的尊严或人身自由、财物的所有权等所作出的一定程度的限制和剥夺。

（一）被执行人的权利和法律责任

被执行人在治安案件处罚决定的执行中可以行使法律规定的有关权利。如有对案件事实进行申辩、辩解的权利；对行政处罚不服的，有依法申请行政复议或者提起行政诉讼的权利。但同时也必须履行义务。执行机关对被执行人的执行是依据治安案件的处罚决定实施的，处罚决定书具有法律强制力与法律保障作用，被执行人不仅要无条件接受，还应主动配合，使执行工作得以顺利进行。

（二）被执行财物的范围

处罚决定对当事人进行罚款、没收财产等，执行人员可依据《治安管理处罚决定书》，按照法定程序，对被执行的有关财物的所有权实施合法的剥夺。但实践中，应注意下列财物一般不能列入执行的范围：

1. 被执行人及其家属的生产工具及生活必需品。

2. 被执行人供养其家庭成员的生活必需费用。

所谓生产工具及生活必需品、生活必需费用，是指被执行人及其家属一旦失去即无法生产或生活，甚至对身心健康构成威胁的财物。如日常穿着的衣服、家中的粮食、厨具等，对于这样的日常生产、生活不可缺少的物品，一般不予执行。

3. 案外人的财物。没有参加执行程序，对执行标的的权利提出不同意见的人称为案外人，即执行案件以外的人。如经调查，被执行的财物确属案外人合法所有，则不予执行。

4. 法律规定或公安机关认为其他不应执行的财物。

五、治安案件处罚决定的执行依据

治安案件处罚决定的执行依据是已经发生法律效力的《治安管理处罚决定书》及其他相关的法律文书。执行人员在执行治安管理处罚时必须持有《治安管理处罚决定书》，否则被执行人有权拒绝接受，由此产生的后果由执行人员负责。

第二节　几种处罚的具体执行方法

一、警告的执行

警告是对被处罚人进行警戒、教育，责令其承认错误并保证改正违法行为的一种治安管理处罚。警告是公安机关依法对违反治安管理行为人作出的治安管理处罚，是一种单方面的意志表现，具有法律强制力并保障实施，不论被处罚人主观上是否愿意，都必须无条件接受生效的决定。警告处罚应制作《治安管理处罚决定书》，并立即向被处罚人宣布。宣布的同时，执行的人民警察应当讲清事实、说明道理，做到以理服人，使被处罚人真正受到教育。

二、罚款的执行

罚款是公安机关对违法行为人在经济上进行处罚的一种处罚方式。罚款有三种执行形式，即当场缴纳罚款的执行、法定期限内缴纳罚款的执行、逾期缴纳罚款的执行。

（一）当场缴纳罚款的执行

《公安机关办理行政案件程序规定》要求，公安机关作出的罚款决定有下列情形之一的，公安机关及其办案人民警察可以当场收缴罚款：(1) 对违反治安管理行为人处 50 元以下罚款和对违反交通管理的行人、乘车人和非机动车驾驶人处罚款，被处罚人没有异议的；(2) 对违反治安管理、交通管理以外的违法行为当场处以 20 元以下罚款的；(3) 在边远、水上、交通不便地区以及旅客列车上或者口岸，被处罚人向指定银行缴纳罚款确有困难，经被处罚人提出的；(4) 被处罚人在当地没有固定住所，不当场收缴事后难以执行的。

人民警察当场收缴罚款的，应当自收缴罚款之日起 2 日内，交至所属的公安机关。人民警察当场作出行政处罚决定并收缴罚款的，由于其执行公务是以其所属的公安机关的名义作出，相应行为的法律后果应由该公安机关承担，所以当场收缴的罚款应当如数上缴给其所属的公安机关，而不能由办案人民警察侵吞或截留。并且，应当自收缴罚款之日起 2 日内上缴。

在水上、旅客列车上当场收缴罚款的，应当自抵岸或者到站之日起 2 日内，交至所属的公安机关。这是对前种情形的补充，体现了立法上充分考虑到水上和旅客列车上执法的特点。办案人民警察在水上、旅客列车上执法，因为其所处的环境，可能几日后方才登岸或返回其所属的公安机关，如果也要求在 2 日内缴付，则可能导致办案人民警察为了上缴罚款，而无法履行水上或列车上的其他执法任务，同时还加大了执法成本，不符合行政效率原则。

（二）法定期限内缴纳罚款的执行

公安机关作出罚款决定，除依法当场收缴外，被处罚人应当自收到行政处罚决定书之日起 15 日内，到指定的银行缴纳罚款。

决定与收缴分离的制度，是根据国家法律、法规的规定，要求作出罚款决定的行政机关与收缴罚款机构分离，不得由同一个机构同时担当的制度。罚款与收缴分离制度是《行政处罚法》《治安管理处罚法》等法律规定的一项重要制度。根据这一制度，要求公安机关对违反治安管理行为人作出罚款决定后，除法律另有规定外，不得直接收缴罚款，而应由被处罚的人自行到指定的银行缴纳。通过这种方式，该制度将收缴罚款事务从作出行政处罚决定的公安机关中分离出来，即使公安机关作出罚款决定，也不能直接收缴罚款、截获罚款，此举可有效地防止公安机关滥用职权，或将罚款作为一种“创收”的手段而对处罚相对人滥罚款等情形。

（三）逾期缴纳罚款的执行

《公安机关办理行政案件程序规定》第 218 条规定，被处罚人未在规定的期限内缴纳罚款的，作出行政处罚决定的公安机关可以采取下列措施：

(1) 将依法查封、扣押的被处罚人的财物拍卖或者变卖抵缴罚款。拍卖或者变卖的价款超过罚款数额的，余额部分应当及时退还被处罚人。拍卖财物，由公安机关委托拍卖机构依法办理。(2) 不能采取第一项措施的，每日按罚款数额的 3% 加处罚款，加处罚款总额不得超出罚款数额。若依法加处罚款超过 30 日，经催告被处罚人仍不履行的，作出行政处罚决定的公安机关可以按照相关规定向所在地有管辖权的人民法院申请强制执行。

三、行政拘留的执行

（一）直接执行

《公安机关办理行政案件程序规定》第 220 条规定，对被决定行政拘留的人，由作出决定的公安机关送达拘留所执行。对抗拒执行的，可以使用约束性警械。对被决定行政拘留的人，在异地被抓获或者具有其他有必要在异地拘留所执行情形的，经异地拘留所主管公安机关批准，可以在异地执行。第221条规定，对同时被决定行政拘留和社区戒毒或者强制隔离戒毒的人员，应当先执行行政拘留，由拘留所给予必要的戒毒治疗，强制隔离戒毒期限连续计算。拘留所不具备戒毒治疗条件的，行政拘留决定机关可以直接将被行政拘留人送公安机关管理的强制隔离戒毒所代为执行行政拘留，强制隔离戒毒期限连续计算。

行政拘留处罚合并执行的，最长不超过20日。行政拘留处罚执行完毕前，发现违法行为人有其他违法行为，公安机关依法作出行政拘留决定的，与正在执行的行政拘留合并执行。

（二）暂缓执行

在公安行政处罚体系中，被处罚人有权申请行政拘留暂缓执行。行政拘留暂缓执行是公安机关的一种权力，也是被处罚人的一种权利，是无罪推定原则和人权保障原则在公安行政处罚制度中的运用。我国设立行政拘留暂缓执行制度是为了保证调查、行政复议、行政诉讼和有关决定执行的顺利进行，同时有利于保护当事人的合法权益，贯彻少押政策，提高执法的效益，减少羁押场所的负担，降低国家的执法成本。

1. 暂缓执行条件

(1) 被处罚人不服行政拘留处罚决定，申请行政复议或者提起行政诉讼的，可以向作出行政拘留决定的公安机关提出暂缓执行行政拘留的申请。口头提出申请的，公安机关人民警察应当予以记录，并由申请人签名或者捺指印。被行政拘留人在执行期间，提出暂缓执行申请的，拘留所应当立即将申请转交作出行政拘留决定的公安机关。公安机关应当在被申请人提出暂缓执行行政拘留申请之时起24小时内作出决定。

(2) 公安机关认为暂缓执行行政拘留不致发生社会危险，且被处罚人或者其近亲属提出符合条件的担保人，或者按每日行政拘留200元的标准交纳保证金的，应当作出暂缓执行行政拘留的决定。

被处罚人具有下列情形之一的，应当作出不暂缓执行行政拘留的决定，并告知申请人：被处罚人暂缓执行后可能逃跑的；被处罚人还有其他违法犯罪嫌疑，正在调查或者侦查的；公安机关认为不宜暂缓执行的其他情形。

2. 暂缓执行期间被处罚人应当遵守的规定

(1) 未经决定机关批准不得离开所居住的市、县；(2) 住址、工作单位和联系方式发生变动的，在24小时以内向决定机关报告；(3) 在行政复议和行政诉讼中不得干扰证人作证、伪造证据或者串供；(4) 不得逃避、拒绝或者阻碍处罚的执行。在暂缓执行行政拘留期间，公安机关不得妨碍被处罚人依法行使行政复议和行政诉讼权利。

3. 暂缓执行的保证方式

(1) 担保人

担保人应当符合的条件：第一，与本案无牵连；第二，享有政治权利，人身自由未受到限制或者剥夺；第三，在当地有常住户口和固定住所；第四，有能力履行担保义务。担保人的上述四个条件必须同时具备、缺一不可。为了保障行政拘留暂缓执行制度的贯彻，公安机关要认真依法审查担保人的条件。公安机关经过审查认为担保人符合条件的，由担保人出具保证书，并到公安机关将被担保人领回。

担保人应当履行的义务是:第一,保证被担保人遵守暂缓执行拘留期间的规定;第二,发现被担保人伪造证据、串供或者逃跑的,及时向公安机关报告。担保人不履行担保义务,致使被担保人逃避行政拘留处罚执行的,公安机关可以对担保人处以 3 000 元以下罚款,并对被担保人恢复执行行政拘留。担保人履行了担保义务,但被担保人仍逃避行政拘留处罚执行的,或者被处罚人逃跑后,担保人积极帮助公安机关抓获被处罚人的,可以从轻或者不予行政处罚。

暂缓执行行政拘留的担保人在暂缓执行行政拘留期间,不愿继续担保或者丧失担保条件的,行政拘留的决定机关应当责令被处罚人重新提出担保人或者交纳保证金。不提出担保人又不交纳保证金的,行政拘留的决定机关应当将被处罚人送拘留所执行。

(2) 保证金

保证金应当由银行代收。在银行非营业时间,公安机关可以先行收取,并在收到保证金后的 3 日内存入指定的银行账户。公安机关应当指定办案部门以外的财务等部门负责管理保证金。严禁截留、坐支、挪用或者以其他任何形式侵吞保证金。被决定行政拘留的人,同时被并处罚款的,所处罚款不因行政拘留暂缓执行而暂缓执行。

行政拘留处罚被撤销或者开始执行时,公安机关应当将保证金退还交纳人。被决定行政拘留的人逃避行政拘留处罚执行的,由决定行政拘留的公安机关作出没收或者部分没收保证金的决定,行政拘留的决定机关应当将被处罚人送拘留所执行。

被处罚人对公安机关没收保证金的决定不服的,可以依法申请行政复议或者提起行政诉讼。

四、其他处理决定的执行

(一) 吊销许可证或者执照处罚的执行

作出吊销公安机关发放的许可证或者执照处罚的,应当在被吊销的许可证或者执照上加盖吊销印章后收缴。被处罚人拒不缴销证件的,公安机关可以公告宣布作废。吊销许可证或者执照的机关不是发证机关的,作出决定的机关应当在处罚决定生效后及时通知发证机关。

(二) 取缔的执行

作出取缔决定的,可以采取在经营场所张贴公告等方式予以公告,责令被取缔者立即停止经营活动;有违法所得的,依法予以没收或者追缴。拒不停止经营活动的,公安机关可以依法没收或者收缴其专门用于从事非法经营活动的工具、设备。已经取得营业执照的,公安机关应当通知工商行政管理部门依法撤销其营业执照。

(三) 责令停产停业的执行

对拒不执行公安机关依法作出的责令停产停业决定的,公安机关可以依法强制执行或者申请人民法院强制执行。

(四) 强制隔离戒毒、收容教育、收容教养和社区戒毒的执行

对被决定强制隔离戒毒、收容教育、收容教养的人员,由作出决定的公安机关送强制隔离戒毒场所、收容教育场所、收容教养场所执行。

对被决定社区戒毒的人员,公安机关应当责令其到户籍所在地接受社区戒毒。在户籍所在地以外的现居住地有固定住所的,可以责令其在现居住地接受社区戒毒。

五、法律文书

(一) 暂缓执行行政拘留决定书

1. 制作要求

暂缓执行行政拘留决定书,是公安机关对被决定行政拘留的人决定暂缓执行行政拘留时使用的文书。暂缓执行行政拘留决定书由原作出行政拘留决定的公安机关作出。

2. 文书式样

（此处印制公安机关名称）

暂缓执行行政拘留决定书

× 公（　　）缓拘决字〔　　〕　号

经审查,根据《中华人民共和国治安管理处罚法》第一百零七条之规定,决定对被处罚人(姓名、性别、年龄、出生日期、身份证件种类及号码、现住址)____

____

____

暂缓执行行政拘留(原决定书文号____)。

在行政拘留处罚决定暂缓执行期间,被处罚人应当遵守下列规定:

(一)未经决定机关批准不得离开所居住的市、县;

(二)住址、工作单位和联系方式发生变动的,在二十四小时以内向决定机关报告;

(三)在行政复议和行政诉讼中不得干扰证人作证、伪造证据或者串供;

(四)不得逃避、拒绝或者阻碍处罚的执行。

公安机关(印)

年　月　日

被处罚人

年　　月　　日

一式三份,被处罚人和拘留所各一份,一份附卷。

（二）收取保证金通知书、收取保证金回执

1. 制作要求

收取保证金通知书、收取保证金回执，是公安机关通知银行收取被处罚人或者其近亲属交纳的保证金时使用的文书。收取保证金通知书抬头横线处填写收取保证金的银行名称。收取保证金回执由银行填写后退回公安机关附卷。

2. 文书式样

（此处印制公安机关名称）

收取保证金通知书

×公（　　）行收通字〔　　〕　号

________银行：

请协助收取________应交纳的保证金共________元（大写________）。

公安机关（印）

年　月　日

一式两份，一份由保证金交纳人交银行，一份附卷。

收取保证金回执

________公安（分）局：

根据你（分）局____公（　）行收通字〔　　〕____号通知书，我行已于____年____月____日收取________交来的保证金共________元（大写________）。

银行（印）

年　月　日

此文书由银行填写后退公安机关附卷。

（三）担保人保证书

1. 制作要求

担保人保证书由担保人、被担保人按要求填写、签名后附卷。

2. 文书式样

担保人保证书

担保人______________性别___出生日期____________________

工作单位______________________职业____________________

现住址________________________________联系电话______________

与被担保人关系____

我愿担任违法行为人（被担保人）________的担保人，保证履行以下义务：

（一）保证被担保人

1. 未经决定机关批准不得离开所居住的市、县；

2. 住址、工作单位和联系方式发生变动的，在二十四小时以内向决定机关报告；

3. 在行政复议和行政诉讼中不得干扰证人作证、伪造证据或者串供；

4. 不得逃避、拒绝或者阻碍处罚的执行。

（二）发现被担保人伪造证据、串供或者逃跑的，及时向公安机关报告。

本人知晓、理解并愿意承担担保人的义务和相应的法律责任。

此致

____________公安（分）局

被担保人　　　　　　　　　　　　担保人

年　月　日　　　　　　　　　　　年　月　日

此文书附卷。

（四）退还保证金通知书

1. 制作要求

退还保证金通知书，是公安机关通知银行将收取的保证金退还给交纳人时使用的文书。该文书相关项目的填写应当与收取保证金通知书一致。

2. 文书式样

(此处印制公安机关名称)

退还保证金通知书

× 公(　　)行退通字〔　　〕　号

__________银行：

我(分)局决定退还保证金交纳人______________________________

于____年____月____日交来的保证金______________________________元

(大写______________________________)。

特此通知，请予以办理。

公安机关(印)

年　月　日

一式两份，一份由当事人交银行，一份附卷。

(五) 没收保证金决定书

1. 制作要求

没收保证金决定书，是公安机关决定没收被暂缓执行行政拘留人保证金时使用的文书。

2. 文书式样

(此处印制公安机关名称)

没收保证金决定书

× 公(　　)行没决字〔　　〕　号

因被暂缓执行行政拘留人____逃避行政拘留处罚的执行，根据《中华人民共和国治安管理处罚法》第一百一十条之规定，决定没收保证金交纳人__________于___年___月___日交来的保证金________________________元(大写____________________)。

如不服本决定，可以在收到本决定书之日起六十日内向________________________申请行政复议或者在三个月内依法向__________人民法院提起行政诉讼。

公安机关(印)

年　月　日

保证金交纳人

年　月　日

一式两份，一份交保证金交纳人，一份附卷。

［自测自评］

【思考练习题】

1. 简述治安管理处罚执行的意义。
2. 简述可以当场收缴罚款的情形。
3. 简述暂缓执行行政拘留的条件。
4. 简述取缔的执行方式。

第十章　查处治安案件的救济程序

第一节　行政复议程序

一、申请行政复议的依据

（一）《行政复议法》的规定

《行政复议法》第 9 条规定：公民、法人或者其他组织认为具体行政行为侵犯其合法权益的，可以自知道该具体行政行为之日起 60 日内提出行政复议申请；但是法律规定的申请期限超过 60 日的除外。

（二）《治安管理处罚法》的规定

《治安管理处罚法》第 102 条规定，被处罚人对治安管理处罚决定不服的，可以依法申请行政复议或者提起行政诉讼。

（三）《公安机关办理行政案件程序规定》的规定

《公安机关办理行政案件程序规定》也作了如下规定：

第 14 条规定，对公安派出所依法作出的具体行政行为不服的，向设立该公安派出所的公安机关申请行政复议。

第 15 条规定，对法律、法规授权的公安机关内设机构或者派出机构超出法定授权范围作出的具体行政行为不服的，向该内设机构所属的公安机关或者设立该派出机构的公安机关申请行政复议。对没有法律、法规授权的公安机关的内设机构或者派出机构以自己的名义作出的具体行政行为不服的，向该内设机构所属的公安机关或者设立该派出机构的公安机关的上一级公安机关申请行政复议。

第 16 条规定，对经上级公安机关批准的具体行政行为不服的，向在对外发生法律效力的文书上加盖印章的公安机关的上一级公安机关申请行政复议。

二、行政复议的申请程序

（一）申请形式

1. 申请行政复议，可以书面申请，也可以口头申请。

2. 书面申请的，应当提交《行政复议申请书》，载明以下内容：

申请人及其代理人的姓名、性别、出生年月日、工作单位、住所、联系方式，法人或者其他组织的名称、地址、法定代表人或者主要负责人的姓名、职务、住所、联系方式；被申请人的名称、地址、法定代表人的姓名；行政复议请求；申请行政复议的事实和理由；申请行政复议的日期。《行政复议申请书》应当由申请人签名或者捺指印。

3. 口头申请的,公安行政复议机构应当当场记录申请人的基本情况、行政复议请求、申请行政复议的主要事实、理由和时间,经申请人核对或者向申请人宣读并确认无误后,由申请人签名或者捺指印。

(二) 申请时限

1. 申请人因不可抗力以外的其他正当理由耽误法定申请期限的,应当提交相应的证明材料,由公安行政复议机构认定。其他正当理由包括:申请人因严重疾病不能在法定申请期限内申请行政复议的;申请人为无行为能力人或者限制行为能力人,其法定代理人在法定申请期限内不能确定的;法人或者其他组织合并、分立或者终止,承受其权利的法人或者其他组织在法定申请期限内不能确定的;公安行政复议机构认定的其他耽误法定申请期限的正当理由。

2. 公安机关作出具体行政行为时,未告知公民、法人或者其他组织行政复议权或者申请行政复议期限的,申请行政复议期限从公民、法人或者其他组织知道或者应当知道行政复议权或者申请行政复议期限之日起计算。

3. 公安机关作出具体行政行为时,未制作或者未送达法律文书,公民、法人或者其他组织不服申请行政复议的,只要能够证明具体行政行为存在,公安行政复议机关应当受理。申请行政复议期限从证明具体行政行为存在之日起计算。

4. 下列时间可以认定为申请人知道具体行政行为的时间:

(1) 当场作出具体行政行为的,具体行政行为作出时间为知道的时间。

(2) 作出具体行政行为的法律文书直接送交受送达人的,受送达人签收的时间为知道的时间;送达时本人不在的,与其共同居住的有民事行为能力的亲属签收的时间为知道的时间;本人指定代收人的,代收人签收的时间为知道的时间;受送达人为法人或者其他组织的,其收发部门签收的时间为知道的时间。

(3) 受送达人拒绝接收作出具体行政行为的法律文书,有送达人、见证人在送达回证上签名或者盖章的,送达回证上签署的时间为知道的时间。

(4) 通过邮寄方式送达当事人的,当事人签收邮件的时间为知道的时间。

(5) 通过公告形式告知当事人的,公告规定的时间届满之日的次日为知道的时间。

(6) 法律、法规、规章和其他规范性文件未规定履行期限的,公安机关收到履行法定职责申请之日起 60 日的次日为申请人知道的时间;法律、法规、规章和其他规范性文件规定了履行期限的,期限届满之日的次日为知道的时间。

5. 公民、法人或者其他组织申请公安机关履行法定职责,法律、法规、规章和其他规范性文件未规定履行期限的,公安机关在接到申请之日起 60 日内不履行,公民、法人或者其他组织可以依法申请行政复议。法律、法规、规章和其他规范性文件规定了履行期限的,从其规定。

6. 申请人的合法权益正在受到侵犯或者处于其他紧急情况下请求公安机关履行法定职责,公安机关不履行的,申请人从即日起可以申请行政复议。

7. 申请人在被限制人身自由期间申请行政复议的,执行场所应当登记并在 3 日内将其《行政复议申请书》转交公安行政复议机关。转交行政复议申请的时间,不计入行政复议申请审查期限。

第二节 行政诉讼程序

一、提起行政诉讼的依据

《行政诉讼法》第2条规定,公民、法人或者其他组织认为行政机关和行政机关工作人员的行政行为侵犯其合法权益,有权依照本法向人民法院提起诉讼。

《治安管理处罚法》第102条规定,被处罚人对治安管理处罚决定不服的,可以依法申请行政复议或者提起行政诉讼。

二、行政诉讼的受案范围

人民法院受理公民、法人或者其他组织提起的下列诉讼:对行政拘留、暂扣或者吊销许可证和执照、责令停产停业、没收违法所得、没收非法财物、罚款、警告等行政处罚不服的;对限制人身自由或者对财产的查封、扣押、冻结等行政强制措施和行政强制执行不服的;申请行政许可,行政机关拒绝或者在法定期限内不予答复,或者对行政机关作出的有关行政许可的其他决定不服的;对行政机关作出的关于确认土地、矿藏、水流、森林、山岭、草原、荒地、滩涂、海域等自然资源的所有权或者使用权的决定不服的;对征收、征用决定及其补偿决定不服的;申请行政机关履行保护人身权、财产权等合法权益的法定职责,行政机关拒绝履行或者不予答复的;认为行政机关侵犯其经营自主权或者农村土地承包经营权、农村土地经营权的;认为行政机关滥用行政权力排除或者限制竞争的;认为行政机关违法集资、摊派费用或者违法要求履行其他义务的;认为行政机关没有依法支付抚恤金、最低生活保障待遇或者社会保险待遇的;认为行政机关不依法履行、未按照约定履行或者违法变更、解除政府特许经营协议、土地房屋征收补偿协议等协议的;认为行政机关侵犯其他人身权、财产权等合法权益的。除前款规定外,人民法院受理法律、法规规定可以提起诉讼的其他行政案件。

人民法院不受理公民、法人或者其他组织对下列事项提起的诉讼:国防、外交等国家行为;行政法规、规章或者行政机关制定、发布的具有普遍约束力的决定、命令;行政机关对行政机关工作人员的奖惩、任免等决定;法律规定由行政机关最终裁决的行政行为。

三、主要程序规定

依照法律提起诉讼的当事人包括公民、法人或者其他组织。有权提起诉讼的公民死亡的,其近亲属可以提起诉讼。有权提起诉讼的法人或者其他组织终止的,享受其权利的法人或者其他组织可以提起诉讼。

公民、法人或者其他组织直接向人民法院提起诉讼的,作出具体行政行为的行政机关是被告。经复议的案件,复议机关决定维持原具体行政行为的,作出原具体行政行为的行政机关是被告。复议机关改变原具体行政行为的,复议机关是被告。两个以上行政机关作出同一具体行政行为的,共同作出具体行政行为的行政机关是共同被告。由法律、法规授权的组织所作的具体行政行为的,该组织是被告。由行政机关委托的组织所作的具体行政行为的,委托的行政机关是被告。

行政机关被撤销的，继续行使其职权的行政机关是被告。

同提起诉讼的具体行政行为有利害关系的其他公民、法人或者其他组织，可以作为第三人申请参加诉讼，或者由人民法院通知参加诉讼。

对属于人民法院受案范围的行政案件，公民、法人或者其他组织可以先向上一级行政机关或者法律、法规规定的行政机关申请复议，对复议不服的，再向人民法院提起诉讼；也可以直接向人民法院提起诉讼。法律、法规规定应当先向行政机关申请复议，对复议不服再向人民法院提起诉讼的，依照法律、法规的规定。

申请人不服复议决定的，可以在收到复议决定书之日起15日内向人民法院提起诉讼。复议机关逾期不作决定的，申请人可以在复议期满之日起15日内向人民法院提起诉讼。法律另有规定的除外。

公民、法人或者其他组织直接向人民法院提起诉讼的，应当在知道作出具体行政行为之日起3个月内提出。法律另有规定的除外。

第三节　治安行政赔偿程序

治安行政赔偿，是指公安机关及其工作人员在查处治安案件活动中，有《国家赔偿法》规定的侵犯公民、法人和其他组织合法权益的情形，造成损害的，受害人有依照该法取得国家赔偿的权利，由公安机关依法承担赔偿责任的法律救济制度。

一、侵犯人身权利的行政赔偿

行政机关及其工作人员在行使行政职权时有下列侵犯人身权情形之一的，受害人有取得赔偿的权利：违法拘留或者违法采取限制公民人身自由的行政强制措施的；非法拘禁或者以其他方法非法剥夺公民人身自由的；以殴打、虐待等行为或者唆使、放纵他人以殴打、虐待等行为造成公民身体伤害或者死亡的；违法使用武器、警械造成公民身体伤害或者死亡的；造成公民身体伤害或者死亡的其他违法行为。

二、侵犯财产权利的行政赔偿

行政机关及其工作人员在行使行政职权时有下列侵犯财产权情形之一的，受害人有取得赔偿的权利：违法实施罚款、吊销许可证和执照、责令停产停业、没收财物等行政处罚的；违法对财产采取查封、扣押、冻结等行政强制措施的；违法征收、征用财产的；造成财产损害的其他违法行为。

三、不承担行政赔偿责任的情形

根据《国家赔偿法》规定，下列几种情形不承担行政赔偿责任：行政机关工作人员与行使职权无关的个人行为；因公民、法人和其他组织自己的行为致使损害发生的；法律规定的其他情形。

四、行政赔偿义务机关

行政机关及其工作人员行使行政职权侵犯公民、法人和其他组织的合法权益造成损害的，该行政机关为赔偿义务机关。两个以上行政机关共同行使行政职权时侵犯公民、法人和其他组织的合法权益造成损害的,共同行使行政职权的行政机关为共同赔偿义务机关。法律、法规授权的组织在行使授予的行政权力时侵犯公民、法人和其他组织的合法权益造成损害的,被授权的组织为赔偿义务机关。受行政机关委托的组织或者个人在行使受委托的行政权力时侵犯公民、法人和其他组织的合法权益造成损害的,委托的行政机关为赔偿义务机关。赔偿义务机关被撤销的,继续行使其职权的行政机关为赔偿义务机关;没有继续行使其职权的行政机关的,撤销该赔偿义务机关的行政机关为赔偿义务机关。

经复议机关复议的,最初造成侵权行为的行政机关为赔偿义务机关,但复议机关的复议决定加重损害的,复议机关对加重的部分履行赔偿义务。

【思考练习题】

1. 简述治安案件行政复议的受理范围。
2. 简述治安案件行政诉讼的受理范围。
3. 简述治安案件当事人有取得赔偿的权利的情形。

第十一章　涉外治安案件的查处程序

第一节　涉外治安案件概述

一、涉外治安案件的概念

涉外治安案件，是指外国人或无国籍人违反《治安管理处罚法》，实施了扰乱公共秩序、妨害公共安全、侵犯人身权利财产权利、妨害社会管理的行为，或违法行为与外国人有关，但情节轻微，不够刑事处罚，依照有关治安管理法律、法规应当给予治安管理处罚，而由公安机关受理查处的案件。

二、涉外治安案件的特点

（一）涉外治安案件的法律特征

1. 客体特征。涉外案件侵犯的客体是法律所保护的公共秩序、社会管理秩序、公共安全秩序、中外公民的人身权利、公私财产及相关权利。

2. 主体特征。涉外治安案件的主体是特殊主体，即只能是外国人或无国籍人，一般是达到我国法定年龄，具有责任能力的自然人。有时，案件中当事人一方或双方都是外国人。如果外国人的法人或自治团体实施了违反《治安管理处罚法》的行为，也可以成为案件的主体。在对法人实施处罚的同时，可处罚直接责任人员，如果是由主管人员指使的，可处罚主管人员。

3. 主观方面特征。主观方面必须是故意，并且一般具有一定的动机和目的。过失或误解不构成违法行为。

4. 客观方面特征。表现为行为主体实施了违反《治安管理处罚法》的违法行为，造成了一定的社会危害结果或具有一定的社会危害性，但情节轻微，尚不够刑事处罚。

（二）涉外治安案件的特点

社会影响强，涉及面广；影响国际关系和交往，涉及外交事务，情况复杂；查处程序特殊；查处措施的多样性；管辖的国际性。

第二节　涉外治安案件的查处原则

一、维护国家主权和利益原则

国家法律、法规是国家主权和利益的法律化、规范化的保证。每一个国家的法律、法规都极力维护国家的主权和利益,严格、公正的执法是一种最好的维权行为。在涉外治安案件的查处中,我们要通过严格、公正的执法行为,维护祖国的主权和利益。根据国际法和有关公约、惯例,外国人或无国籍人在中国境内,应受到中国法律、法规的制约,外国人在中国违法犯罪,应受到中国法律的处罚。进入我国境内的外国人必须严格遵守我国的法律规定,依法享有各种权利并应履行相应的义务,不得有任何违反中国法律的行为。在处理涉外治安案件时,既不能缩手缩脚、推诿责任或听之任之,又要防止对外国人滥施处罚的偏激倾向,要敢于处理、善于处理。因此,对违法的外国人严格执法是维护国家主权和利益的重要表现,也是最基本的原则。

二、尊重国际公约、国际惯例,寻求合理解决问题的外交途径

近年来,国际贸易繁荣,外国人来华工作、投资、旅游的人数大增,涉外治安案件也有所上升。涉外治安案件的查处状况,总的来说是好的,但也有一些由于处罚不当,招致事态扩大。为适应对外开放的需要,我们要尊重国际公约、国际惯例和外国人的民族习惯、生活方式,尽量寻求合理合法的外交途径解决问题。对享有外交特权和豁免权的外国人违反治安管理的案件,要通过外交途径处理。对不享有外交特权和豁免权的外国人违反治安管理的,由公安机关按照《治安管理处罚法》进行处罚。考虑到这类案件可能引起的反响,在处罚时应谨慎从事,做到事实清楚,证据确凿,适用法律适当。在某些特殊情况下,需要从轻处罚、免予处罚或从重处罚的,必须在我国法律允许的范围内,在处罚方式或处罚幅度上作适当考虑。要做到敢于处罚、善于处理,要尊重外国人的语言习惯和生活习惯。对外国人实行拘留处罚后,按《维也纳领事关系公约》和我国与一些国家签订的领事条约,应当通知有关国家驻华使领馆。设有外国驻华使领馆的地区,由省、自治区、直辖市公安厅、局直接通知,其他地区可报公安部治安局通知驻华使馆领事部,对被拘留的外国人和无国籍人应当单设拘舍,尊重其生活习惯。

三、以预防为主,做好宣传工作的原则

各地要向外国人和无国籍人及有关涉外部门广泛深入地宣传《治安管理处罚法》。各地公安机关治安部门,要与涉外的口岸、部门、行业紧密联系,针对来到当地的外国人和无国籍人宣传、介绍我国的有关法律、法规,让外国人了解中国的民情、社情和风俗习惯及法律规章,减少和预防外国人违反治安管理案件的发生。

要深入调查研究,通过各种有效的方式,掌握外国人的基本情况和行为动向,加强外籍人员的生活、工作范围的管理和外籍人员涉及区域的管理,预测、发现违法的苗头和动向,及时采取措施,预防或减少外国人违反治安管理案件的发生。

还要加强外国人入境法制知识宣传。

四、保障外国人在华合法权益原则

外国人在我国居留期间,在法律上与中国公民享有平等地位。我国依法保护中国公民的合法权益,同时也保护外国人的合法权益。在具体实践中,居留在中国的外国人,其生命财产受到无辜伤害和损失的,我国公安机关有责任及时查破案件,对违法者给予应有的法律制裁,收缴财产退还给受害人,切实保护在华外国人的合法权益。这也是我国公安机关在查处涉外治安案件中,坚持并执行的一项重要原则。

五、司法豁免原则

司法豁免权是法律管辖的一种例外，是国家实施属地管辖权的一种特权。它主要是指一国派出的外交代表或者具有特殊身份的外交人员和组织，免除驻在国的司法管辖。依照国际法和我国法律的有关规定，司法豁免权不仅适用于外交人员，而且还扩大适用于某些国家组织和国际组织。外交特权和豁免权的主要内容是：馆舍不得侵犯，人身、财产、住所不得侵犯，免除关税和海关查验，免受行政、刑事及民事管辖等。

在处理涉外治安案件中，应当查验外国人的身份证件，以区别是一般外国人还是享有外交特权与豁免权的外国人。根据我国法律规定，对享有外交特权与豁免权的外国人，需要追究违反治安管理责任的，必须通过外交途径处理，公安机关不能直接对其予以处罚。

第三节　涉外治安案件查处的程序

一、涉外治安案件的受理

（一）涉外治安案件受理的部门

对涉外治安案件的查处由治安部门归口管理，外国人管理部门配合。由于历史原因和条件限制，目前仍由外国人管理部门主管这些工作的地方，可以根据实际情况，逐步实行由治安部门主管。

（二）涉外治安案件受理的步骤

1. 接受报案。主管部门接到报案，要及时派人赶赴现场，尽快了解案情。主要了解的内容是：报案人的身份情况；报案人与案件的关系；案件发生的时间、地点、人物、起因经过、后果；外国人的国籍、姓名（中外文）和身份等。接受报案人员要详细询问案情，聘请翻译，做好询问笔录，笔录完成后需经报案人确认、签名。

2. 审查报案材料。首先，需要确认材料的真实性及与案件的关联性。主要从以下几个方面进行审查：报案人是否具有民事行为能力，防止精神病人和少儿谎报案情；材料是否客观、真实，防止当事人由于激动、气愤等因素夸大、编造、主观臆断案情而使材料有失客观性；所报材料是否与案情有直接的关系，能否作为受理的根据。其次，对收集材料的方法的合法性进行审查。

3. 确认事实。通过审查、分析报案材料所证明的事实或提供的线索，初步认定违反治安管理事实或嫌疑是否存在，即对违反治安管理行为的时间、地点、行为人、性质、后果进行初步认定。

4. 对治安案件受理过程中涉及的人和物的处理。

(1) 对有关人员的处理。对被害人、控告人、扭送人、检举人、证人等，经询问取证、登记身份和住址后，可请他们离去。对控告人、检举人要为其保密，采取妥善安全措施予以保护。

(2) 对相关物品的处理。对作案人、作案嫌疑人携带的违禁物品、作案工具、赃款、赃物等，应予以扣押，依法出具物品清单；对不明性质、用途的物品，不要随便拆卸，应请有关专家、技术人员鉴定处理。

（三）涉外治安案件的受理审批

对外国人违反治安管理的行为属于一般违法行为、情节轻微的，可由当地派出所或在现场的民警进行处理；给予处罚的，由县、市公安局、公安分局或者相当于县一级的公安机关决定；给予拘留处罚的，由地、市公安局审批，并报省、自治区、直辖市公安厅、局向公安部备案。对外国人违反交通规则的处罚，按照国务院批准的交通违章处罚规定处理。发生在铁路、航运、民航、林业系统单位内部以及车站、港口、码头、机场、林场、火车、轮船、飞机上的治安案件分别由铁路、航运、民航、林业公安机关批准受理。

二、涉外治安案件的调查、处理

（一）涉外治安案件证据的收集

1. 涉外治安案件证据收集的基本要求：符合法律规定；客观、全面、细致；有计划性和目的性；及时、主动。

2. 涉外治安案件的证据审查和运用：涉外治安案件证据的审查，即将收集到的证据材料进行分析、对比鉴别和筛选，确定它们与案件事实的客观联系，从而确定它们的证明作用；涉外治安案件的证据运用，即充分发挥证据在查破、审理案件中，以及诉讼中的作用，做到证明有力、证据确凿、忠于事实真相。

（二）涉外治安案件的告知、听取和听证

1. 告知。告知是公安机关在作出治安管理处罚决定之前，将作出治安管理处罚决定的事实、理由依据，以及当事人享有的权利，以书面方式通知当事人的法律活动。公安机关必须在作出治安管理处罚决定前告知，并聘请翻译，在外事部门人员的帮助下，让外国当事人切实了解告知的实质内容。告知当事人应当制作告知书，送达被告人时要做好告知笔录，请被告知人签字。

2. 听取。听取是指公安机关对当事人就其被告知的内容进行陈述和申辩所提出的事实、理由和证据，予以复核的法律活动。公安机关在处理涉外治安案件时，要充分听取外国当事人的意见，聘请翻译完全弄清其真实意思，对外国当事人就被告知的内容所提出的事实、理由或证据成立的，应当采纳，同时不得因当事人的申辩而加重处罚。

3. 听证。听证是指公安机关就法律规定的某些治安案件作出治安管理处罚决定前，依法由本案人员主持，召开听证会，听取当事人对治安管理处罚的事实、理由、依据及结果的申辩、质证的法律程序。听证实行公开和职能分离原则，当事人有权委托一至二人参加听证，有权申请回避，有权进行质证和申辩。听证过程应当制作听证笔录，涉外治安案件的听证会，要聘请翻译和外事部门或外国管理人员参加。

（三）涉外治安案件的处罚决定

1. 处罚决定的含义和条件。处罚决定是指公安机关对调查终结或当场发现的违反治安管理的事实，依法审查，确认其构成违反治安管理行为，并决定对行为人是否给予处罚和给予何种处罚的法律活动。处罚决定应具备以下条件：有调查清楚的违反治安管理的事实，能够认定构成违反治安管理的行为；依法能够对行为人作出处理处罚决定，违法行为人已查获并应当承担法律责任；作出处罚决定的办案机关或办案人员具有法律授权的决定权。

2. 涉外案件的处罚决定权限。涉外案件情节轻微的，可由当地派出所或现场民警进行处理；情节较为严重的，由县、市公安局、公安分局或者相当于一级的公安机关处罚决定；给予拘留处罚的，由地、市公安局审批，并报省、自治区、直辖市公安厅、局向公安部备案。处罚决定的定性要准确，要有法律依据。法律手续要完备，法律文书要合乎规范。被处罚的人不服，提出申诉的，上一

级公安机关要认真复核，对当事人向人民法院起诉的案件，要及时做好应诉的各项准备工作。《治安管理处罚法》第 10 条第 2 款规定："对违反治安管理的外国人，可以附加适用限期出境或者驱逐出境。"对外国人需要依法适用限期出境、驱逐出境处罚的，由承办案件的公安机关逐级上报公安部或者公安部授权的省级人民政府公安机关决定，由承办案件的公安机关执行。对外国人依法决定行政拘留的，由承办案件的县级以上（含县级，下同）公安机关决定，不再报上一级公安机关批准。对外国人依法决定警告、罚款、行政拘留，并附加适用限期出境、驱逐出境处罚的，应当在警告、罚款、行政拘留执行完毕后，再执行限期出境、驱逐出境。

3. 制作《行政处罚决定书》《行政处罚执行拘留通知书》。

（四）涉外治安案件外国当事人的探视与通信

根据《公安机关办理行政案件程序规定》规定，外国人在被行政拘留、拘留审查或者其他限制人身自由以及限制活动范围期间，其所属国家驻华外交、领事官员要求探视的，决定机关应当及时安排。该外国人拒绝其所属国家驻华外交、领事官员探视的，公安机关可以不予安排，但应当由其本人出具书面声明。

三、涉外治安案件的调解

涉外治安案件的调解，是指对于因民间纠纷引起的有外国人参与的打架斗殴或者损毁他人财物的违反治安管理行为，情节轻微的，可以不给予治安管理处罚，而采取在公安机关主持下，由双方当事人互相协商，并以书面形式达成解决争议的协议处理方法。

涉外治安案件调解的适用条件：一是经查明至少当事人一方有违反治安管理的行为；二是违法行为内容只能是打架斗殴或者损毁他人财物的行为；三是违法行为由民间纠纷引起；四是情节轻微；五是中外当事人各方同意调解处理。

第四节　查处涉外治安案件应注意的问题

一、及时妥善处理，防止事态扩大

1. 及时受理案件。主管部门接到报告，明确是涉外案件后，应立即搞清事实，分清责任，拿出初步的工作方案，并立即向上级有关部门汇报。涉外治安案件要引起各级部门的高度重视，一旦接到报案，要全力以赴地尽快、果断处置。

2. 防止事态扩大。所报案件是现行行为的，要立即出动警力赶赴现场平息、制止；对聚众斗殴等重大事件，领导要亲赴现场指挥，果断处置，必要时可将当事人和涉案人隔离，防止内串外联，扩大事态，造成不良影响。

二、全面、细致地依法收集证据，严格依法决定处罚

1. 全面、细致地依法收集证据。查处涉外治安案件尤其要注意取证。因涉及中外关系、民族关系，最好是能更多地收集与案件有直接关系的物证、书证、视听资料、现场照片和证人证言。证据间要互相佐证，直接证据与间接证据互相配合。取证工作要依法、合法进行，要准确公布，要经得起检验。

2. 严格依法决定处罚。对涉外治安案件当事人的处理要严格依法定程序、法律规定进行。在具体执行中,要依据有关的国际公约和有关的领事条约及国际惯例、外交规定。同时依照《治安管理处罚法》《行政处罚法》等有关法律、法规,严格依法办理。定性、决定、处罚要准确,要有法律依据,做到事实清楚,证据确凿,适用法律恰当。法律手续要完备,法律文书要合乎规范。

三、争取外事部门的协助,聘请翻译,避免语言、习惯上的误解

涉外治安案件发生后,公安机关在查处案件时,要争取外事部门的配合协助,聘请翻译,做好语言、习惯的沟通。查处工作一开始,办案民警就要通过翻译完全准确地告知外国当事人有关的权利和义务,认真听取并掌握他们的陈述、辩解和思想活动情况。需要按照外交途径解决时,一定要通过外交部门按正规途径解决。

四、慎重地处理涉外事件,注意新闻、消息的准确引导和发布

《公安部关于处理外国人违反治安管理案件若干问题的通知》第三点指出:对于外国人在一些单位内部的不属于违反治安管理而属于校规校纪等方面的问题,应当由所在单位自行解决,民警不要出面处理。该通知第一点指出:"考虑到这类案件可能引起的反响,在处理时应当谨慎从事。"公安机关介入的案件要做好平息和必要的保密工作。向新闻媒体发布要实事求是、防止和消除不实传闻的产生和传播,如果涉外案件引起流言蜚语的传播,要组织有关部门尽快澄清和解释。

五、加强人民警察处理涉外案件的能力

各级公安机关要加强对民警的教育,熟悉有关业务知识,注意总结处理外国人违反治安管理的案件的经验教训,不断提高政策水平和运用法律处理外国人违反治安管理案件的能力。

六、争取各部门的协调配合

鉴于涉外治安案件的复杂性、广泛性,涉及社会多个领域,除了少数案件由某个部门独立主管外,涉外治安案件的查处往往牵涉多个执法主体,这些主体在查处涉外治安案件的过程中,或者共同处置,或者逐一实施。公安机关的治安管理和出入境管理等有关部门都存在着交叉管辖、共同处置的问题。因此,必须注意分工协作、密切配合、互通情况、统一工作步骤,这样才能做到及时、准确、合法、公正地处理好各种类型的涉外治安案件。

【思考练习题】

1. 简述查处涉外治安案件应当遵循的原则。
2. 简述对外国人进行处罚处理的报告通知规定。

第三编　常发治安案件的查处

第十二章　扰乱公共秩序案件查处

第一节　扰乱单位秩序案件查处

一、法律规定

《治安管理处罚法》第 23 条规定:“有下列行为之一的,处警告或者二百元以下罚款;情节较重的,处五日以上十日以下拘留,可以并处五百元以下罚款。

（一）扰乱机关、团体、企业、事业单位秩序,致使工作、生产、营业、医疗、教学、科研不能正常进行,尚未造成严重损失的。

……”

二、扰乱单位秩序行为的概念和构成特征

扰乱单位秩序行为,按照《治安管理处罚法》第 23 条的规定,是指故意扰乱机关、团体、企业、事业单位秩序,致使工作、生产、营业、医疗、教学、科研不能正常进行,尚未造成严重损失的行为。

本行为必须具备以下四个方面的特征:

（一）客体特征

本行为侵犯的客体是单位秩序,即机关、团体、企业、事业单位的正常工作、生产、营业、医疗、教学、科研秩序。单位秩序是保证单位正常活动的基本条件,如果这种基本的办公和活动秩序得不到保障,那么其正常的工作、生产、营业、医疗、教学、科研活动就不可能开展、运行。本行为侵犯的对象是机关、团体、企业、事业单位,而不是针对这些单位的个人或者单位的设施、设备等。

（二）客观方面特征

1. 实施了扰乱单位秩序的行为。所谓扰乱单位秩序,是指造成单位秩序的混乱与单位成员心理的不安,具体表现为使单位秩序产生了无序、动乱、间断。扰乱的手段多种多样,可以是暴力性的,如强行进入单位场所内部,强占办公室,强行封锁单位大门等;也可以是非暴力性的,如在单位门前或者是院内大肆吵闹喧哗,谩骂、围攻工作人员。

2. 扰乱单位秩序必须是致使工作、生产、营业、医疗、教学、科研不能正常进行,尚未造成严重损失。这里的“不能正常进行”,是指正常的工作程序、计划安排、人员出入等单位日常工作不能持续性地运行而出现中断甚至完全瘫痪。严重损失,既包括有形物的严重损失,也包括无形的智力成果、商誉等方面的严重损失。对于这种损失的严重程度,可以从扰乱行为的手段、持续时间的长短、因无法工作而直接延误的工作事项的重要程度、损失是否可以弥补等方面把握。只要没有发生严重损失,就可以按照治安违法来认定;造成严重损失的,应该按照犯罪处理。

（三）主体特征

本行为主体为一般主体，即年满 14 周岁，具有辨认和控制能力的自然人都可以构成本行为的主体。

（四）主观方面特征

本行为的主观方面是故意，并且具有特定的目的。即明知自己的行为可能扰乱单位正常秩序，而希望或者放任这种行为的发生，该行为的动机一般是以此要挟，来满足自己某种不正当的要求。

三、扰乱单位秩序行为的认定

（一）本类行为违法与犯罪的界限

主要是注意本类行为是否造成严重损失，行为人只要实施了扰乱单位秩序的行为，就必然会对该单位的正常工作、生产、营业、医疗、教学、科研等活动造成一定的影响和损失，对于尚未造成严重损失的，一般按照《治安管理处罚法》规定的扰乱单位秩序行为处理。如果情节严重，符合《刑法》第 290 条规定情形的，应该认定为聚众扰乱社会秩序罪。

（二）本行为与其他相关违反治安管理行为的界限

1. 本行为与扰乱公共场所秩序行为的界限。扰乱公共场所秩序行为，是指扰乱车站、港口、码头、机场、商场、公园、展览馆或者其他公共场所秩序的行为。扰乱单位秩序行为与扰乱公共场所秩序行为之间的主要区别在于违法行为发生的场所不同，前者的对象为机关、团体、企业、事业单位，后者的对象是车站、港口、码头、机场、商场、公园、展览馆等公共场所。

2. 本行为与寻衅滋事行为的界限。寻衅滋事行为，是指结伙斗殴，追逐、拦截他人，强拿硬要或者是任意损毁、占用公私财物以及其他肆意挑衅行为。扰乱单位秩序行为在客观方面也可以表现为追逐、拦截他人或者损毁、占用单位财物的行为，主观方面都可能是在不正当动机的支配下实施违法行为，因此两者有一定的相似之处。但是两者又有明显的区别：一是在客观方面，扰乱单位秩序主要是在特定单位区域内实施扰乱行为，致使正常的单位秩序无法进行，尚未造成严重损失，而寻衅滋事行为则主要表现为对他人人身和财产的肆意挑衅；二是在主观上，两者区别的关键是动机不同，本行为的动机不限，只要实施扰乱行为致使工作、教学、科研等活动不能正常进行，尚未造成严重后果就可以构成，而寻衅滋事行为则具有寻求精神刺激、耍威风等不正当的流氓动机。

在实践中，一是要把握好扰乱单位秩序行为的认定，一般是造成了一定后果，但尚未造成严重后果，比如致使单位停产停业或造成重大经济损失等；二是要注意划清扰乱单位秩序行为与聚众扰乱社会秩序罪的界限。聚众扰乱社会秩序罪是指聚众扰乱社会秩序，情节严重，致使工作、生产、营业、医疗、教学、科研无法进行，造成严重损失的行为。二者的主要区别在于：首先，危害程度不同。扰乱单位秩序行为在客观方面造成单位工作不能正常进行，尚未造成“严重损失”；聚众扰乱社会罪在客观方面实施的扰乱行为必须达到“情节严重”的程度，致使单位工作、生产、营业、医疗、教学、科研无法进行，造成了严重损失。其次，行为主体不同。扰乱单位秩序行为的主体还包括所有从事扰乱行为的人；聚会扰乱社会秩序罪的主体是在扰乱社会秩序行为中组织、策划、指挥的首要分子和主动参加扰乱社会秩序活动并在其中起主要作用的积极参加者。

四、扰乱单位秩序行为的处罚

根据《治安管理处罚法》第 23 条的规定，对扰乱单位秩序行为，处警告或者 200 元以下罚款；情节较重的，处 5 日以上 10 日以下拘留，可以并处 500 元以下罚款。对该条规定的执行，要区分情节。

第一，对于一般的扰乱单位秩序行为，尚未造成严重损失，并且行为人扰乱单位秩序的动机主要是为了一些较为合理的问题，或者是行为人与该单位之间存在一些管理上的纠纷等，可以处警告，或者单处 200 元以下的罚款。

第二，一般来讲，有下列情形之一的，属于"情节较重"：以暴力、威胁等方法扰乱单位的；扰乱单位秩序，经执法人员劝阻拒不离开的；造成交通拥堵、人员受伤、财物损失等危害后果或者较大社会影响的；积极参与聚众扰乱单位的；持械扰乱单位的；其他情节较重的情形。

第二节　扰乱公共场所秩序案件查处

一、法律规定

《治安管理处罚法》第 23 条规定："有下列行为之一的，处警告或者二百元以下罚款；情节较重的，处五日以上十日以下拘留，可以并处五百元以下罚款：

……

（二）扰乱车站、港口、码头、机场、商场、公园、展览馆或者其他公共场所秩序的；……"

二、扰乱公共场所秩序行为的概念和构成特征

扰乱公共场所秩序行为，按照《治安管理处罚法》第 23 条第 1 款第 2 项的规定，是指扰乱车站、港口、码头、机场、商场、公园、展览馆或者其他公共场所秩序的行为。

本行为必须具备以下四个方面的特征：

（一）客体特征

本行为侵犯的客体是公共场所即车站、港口、码头、机场、商场、公园、展览馆或者其他公共场所的正常秩序。公共场所是公民聚集的场所，如果公共场所的正常秩序遭到破坏，不仅妨害公民在公共场所活动的正常进行，还会造成公共场所内人员的伤亡，或者给公民带来其他利益上的损害。本行为侵犯的对象是车站、港口、码头、机场、商场、公园、展览馆等公共场所。

（二）客观方面特征

1. 实施了扰乱公共场所秩序的行为。所谓扰乱公共场所秩序，主要是指不遵守公共场所的规定，或者不听从公共场所管理人员的指挥，使公共场所的秩序遭到破坏。公民虽然在公共场所与管理人员发生争执，但没有扰乱公共场所秩序，就不构成扰乱公共场所秩序的行为。该项行为的表现就是在公共场所故意违反公共准则，起哄闹事、打架斗殴、损毁财物、制造混乱、阻碍干扰维持秩序人员依法履行职务，非法游行或者静坐示威，造成交通阻塞等。

2. 扰乱秩序的行为是在公共场所实施的。这里的"公共场所"是指具有公共社会活动功能，供公民共同进行活动，公众聚集的场所。公共场所秩序是指保证公众顺利地出入、使用公共场所

而规定的公共行为准则。如果扰乱的不是“公共场所”的秩序，而是单位等的工作秩序，不构成本行为，应当依照治安管理处罚法的其他规定处罚；如果在公共场所实施，但主要是侵犯公民个人利益，而不是故意扰乱公共场所秩序，如在公共场所盗窃或者对人身进行伤害等，也不构成本行为，应当依照治安管理处罚法的其他规定处罚。

（三）主体特征

本行为主体为一般主体，即年满 14 周岁，具有辨认和控制能力的自然人都可以成为本行为的主体。

（四）主观方面特征

本行为的主观方面是故意，即明知自己的行为可能扰乱公共场所的正常秩序，而希望或者放任这种行为的发生。

三、扰乱公共场所秩序行为的认定

（一）本类行为违法与犯罪的界限

本违法行为与聚众扰乱公共场所秩序罪的主要区别在于：一是对参与人数的要求不同。本违法行为不要求参与人数众多，不要求达到聚众的程度。二是对违法情节的具体要求不同。情节轻微、影响不大、损失不大的，构成本违法行为，依法进行治安处罚；情节严重，影响程度大，损失严重，社会危害后果严重的，构成聚众扰乱公共场所秩序罪。三是主体不同。本违法行为人主要包括两类，即单个行为人和共同违法行为人；而聚众扰乱公共场所秩序罪主要针对首要分子。

（二）本行为与扰乱单位秩序行为的界限

两种违法行为在客观表现上具有相似性，都可能有谩骂、攻击、推搡、阻碍、毁坏等行为。两者的主要区别在于：一是违法行为的攻击对象不同。扰乱单位秩序行为攻击对象主要是机关、团体、企业、事业单位；扰乱公共场所秩序的行为攻击对象主要是车站、港口、码头、机场、商场、公园、展览馆或者其他公共场所。二是违法行为的侵害客体不同。扰乱单位秩序行为侵害的客体是特定范围内的社会秩序，是机关、团体、企业、事业单位的正常工作、生产、营业、医疗、教学、科研所需要的社会秩序；扰乱公共场所秩序行为侵害的客体是车站、港口、码头、机场、商场、公园、展览馆或者其他公共场所的正常工作、生产、营业、活动所需要的公共秩序。

（三）本行为与寻衅滋事罪的区别

寻衅滋事罪侵犯的客体属复杂客体，既可能是人身权利，也可能是财产权利，抑或是公共秩序。直接对象既可以是人，也可以是物。

本违法行为与寻衅滋事罪的主要区别在于：一是本违法行为的情节轻微，没有造成社会秩序严重混乱，不属于犯罪；二是两者主观动机、目的不同，寻衅滋事一般是出于寻求精神刺激的动机，而扰乱公共场所秩序行为一般是为了实现个人某种不合理的政治要求或者经济利益，或者为了达到报复、要挟、敲诈等目的。

四、扰乱公共场所秩序行为的处罚

对该条规定的执行，要区分情节。

第一，对于一般的扰乱公共场所秩序行为，情节轻微，尚未造成严重损失，可以处警告，或者单处200元以下的罚款。

第二,一般来讲,有下列情形之一的,属于“情节较重”:以暴力、威胁等方法扰乱公共场所秩序的;扰乱公共场所秩序,经执法人员劝阻拒不离开的;造成交通拥堵、人员受伤、财物损失等危害后果或者较大社会影响的;积极参与聚众扰乱公共场所秩序的;持械扰乱公共场所秩序的;其他情节较重的情形。

第三节　扰乱公共交通工具上的秩序案件查处

一、法律规定

《治安管理处罚法》第23条规定:“有下列行为之一的,处警告或者二百元以下罚款;情节较重的,处五日以上十日以下拘留,可以并处五百元以下罚款:……(三)扰乱公共汽车、电车、火车、船舶、航空器或者其他公共交通工具上的秩序的;……”

二、扰乱公共交通工具上的秩序行为的概念和构成特征

扰乱公共交通工具上的秩序行为,根据《治安管理处罚法》的规定,是指扰乱公共汽车、电车、火车、船舶、航空器或者其他公共交通工具上的秩序的行为。

本行为具有如下构成特征:

(一)客体特征

本行为侵犯的客体是公共交通运输的管理秩序。公共交通工具是公民工作、学习、生活最常使用的交通工具。保证公共交通工具上的秩序,保证公共交通工具的正常运行,对于保障公民正常的工作、学习和生活具有重大意义。扰乱公共交通工具上的秩序,不仅影响公共交通工具的正常运行,而且威胁公共交通工具和乘客的安全。本行为侵犯的对象是机动车、船舶、航空器以及其他交通工具。

(二)客观方面特征

1. 行为人的行为是在公共交通工具上实施的。公共交通工具,是指公众都可乘坐,为不特定人群服务的交通工具。行为人在非公共交通工具,如亲友轿车、私人游艇上实施类似行为的,不构成本行为。

2. 行为人的行为是在运营中的公共交通工具上实施的。这里的运营是指整个运输过程,不单指行驶过程,也包括火车、汽车停站,飞机待飞等。在正修理、闲置的公共交通工具上实施类似行为的不构成本行为。

3. 行为人的行为扰乱了公共交通工具上的秩序。公共交通工具上的秩序,主要是指为了保证公共交通工具安全行驶和有序运行而必须遵守的秩序。其中主要包括两方面:一是,公共交通工具管理部门明确规定应遵守的秩序,如乘坐公共交通工具禁止吸烟;二是,虽不是公共交通工具管理部门明确禁止的行为,但该行为的实施会影响公共交通工具上的秩序,如乘车不购票,拒绝乘务人员查票,不在站台候车,携带猫、狗等动物乘车,携带危险品乘车、在公共交通工具上打闹等。在实践中,扰乱公共交通工具上的秩序的行为,主要表现为不听工作人员劝阻,造成公共交通工具上的秩序混乱。虽然实施了违反规定的行为,经劝阻及时改正的,一般不会扰乱公共交

通工具上的秩序，也不应予以治安处罚。

（三）主体特征

本行为主体为一般主体，即年满14周岁，具有辨认和控制能力的自然人都可以成为本行为的主体。

（四）主观方面特征

本行为在主观方面表现为故意。

三、扰乱公共交通工具上的秩序行为的认定

（一）此类行为违法与犯罪的界限

本行为构成特征的关键是影响公共交通工具上的管理秩序，如果实施了本行为，一般按照《治安管理处罚法》处理。当前由于社会问题的复杂性，多次出现乘客拉扯公共交通工具驾驶员的情况。对于乘客影响公共交通工具驾驶人员的行为，是扰乱公共交通工具上的秩序行为，还是以危险方法危害公共安全罪，容易出现认定困难。如果公共交通工具处于运行状态，殴打驾驶人员会造成公共交通工具车毁人亡的危险，则应定性为以危险方法危害公共安全罪，对殴打驾驶人员的违法行为人进行刑事拘留。如果扰乱交通工具上的秩序的行为是聚众实施且情节严重，符合《刑法》第291条规定情形，应该认定为聚众扰乱交通秩序罪。

（二）本行为与妨碍交通工具正常行驶行为的界限

两者的主要区别在于：一是违法行为侵害的客体不同。本违法行为侵害的客体是公共交通工具上的秩序，是公共交通运输的管理秩序；妨碍交通工具正常行驶行为侵害的客体是公共交通工具正常行驶所需要的秩序，是交通工具管理运行秩序。二是违法行为侵害的具体对象不同。本违法行为主要是针对公共交通工具；妨碍交通工具正常行驶行为是针对交通工具，包括私人交通工具。三是违法行为表现形式不同。本违法行为主要表现为在公共交通工具上扰乱秩序行为，例如：不遵守有关公共交通工具管理制度，打闹、肆意喧哗，打乘客或司乘人员；不服从管理，干扰公共交通工具正常运行；在飞机上吸烟；在公共交通工具上携带易燃易爆违禁品。妨碍交通工具正常行驶行为表现为非法拦截或者强登、扒乘机动车、船舶、航空器以及其他交通工具。

四、扰乱公共交通工具上的秩序行为的处罚

对该条规定的执行，要区分情节。

第一，对于一般的扰乱公共交通工具上的秩序行为，情节轻微，尚未造成严重损失的，可以处警告，或者单处200元以下的罚款。

第二，一般来讲，有下列情形之一的，属于“情节较重”：在公共交通工具上无理取闹，严重影响公共交通工具运行秩序的；在非停靠站点强行下车，或者拉扯驾驶员、乘务员，致使公共交通工具减速或者停行的；造成交通拥堵、人员受伤、财物损失等危害后果或者较大社会影响的；积极参与聚众扰乱公共交通工具上的秩序的；积极参与聚众实施妨碍交通工具正常行驶行为的；其他情节较重的情形。

第四节　妨碍交通工具正常行驶案件查处

一、法律规定

《治安管理处罚法》第23条规定："有下列行为之一的，处警告或者二百元以下罚款；情节较重的，处五日以上十日以下拘留，可以并处五百元以下罚款：……（四）非法拦截或者强登、扒乘机动车、船舶、航空器以及其他交通工具，影响交通工具正常行驶的；……"

二、妨碍交通工具正常行驶行为的概念和构成特征

（一）客体特征

本行为侵犯的客体是交通工具管理运行秩序。交通工具管理运行秩序是交通工具正常行驶运行的重要保障，没有这种秩序的保障，交通工具在行驶中就会出现混乱、中断甚至引发交通事故。一般来说，只有合法的交通管理工作人员或者是交通管理执法机关工作人员才能根据交通实际需要疏导指挥或者是搭乘检查行驶中的交通工具。非法的拦截、强行登入或者扒乘会给交通工具本身带来危险，也是对交通正常秩序的侵犯和破坏。本行为侵犯的对象包括机动车、船舶、航空器以及其他交通工具，不限于公共交通工具，也包括单位、个人自用的交通工具。

（二）客观方面特征

本行为的客观方面是非法拦截、强登和扒乘交通工具。拦截，是指对行驶中的机动车、船舶、航空器以及其他交通工具进行阻拦，迫使行驶中的交通工具停止、绕行或者是倒行等。强登，是指未经交通工具驾驶人员许可，强行进入机动车、船舶、航空器。扒乘，是指趁驾驶人员不觉察攀扒交通工具。实施上述三种行为同时还要求影响该交通工具的正常行驶，所谓影响该交通工具的正常行驶，是指交通工具不能按照计划或者规定的正常行驶方式行进，或者导致交通工具被迫慢行、快行或者停止等不正常运行。

（三）主体特征

本行为主体为一般主体，即年满14周岁，具有辨认和控制能力的自然人都可以成为本行为的主体。

（四）主观方面特征

本行为在主观方面表现为故意。

三、妨碍交通工具正常行驶行为的认定

（一）此类行为违法与犯罪的界限

本行为构成特征的关键是影响交通工具的正常行驶，如果实施了本行为客观方面的拦截、强登、扒乘，只是影响交通工具的正常行驶，没有造成交通事故或者人身伤害或财产损失的，则构成本行为。如果发生了交通事故或者对交通安全造成严重后果的，则按照相关犯罪案件处理。

（二）本行为与以危险方法危害公共安全罪的界限

本违法行为属于治安违法行为，以危险方法危害公共安全行为属于犯罪，一般情况下较为容

易区别。特殊情况下,非法拦截或者强登、扒乘机动车、船舶、航空器以及其他交通工具可能会造成交通工具出现交通事故,影响公共安全。例如,为了拦截交通工具而在道路上设置障碍,可能造成交通工具倾覆,因此,准确识别两者的不同属性,对于准确定性具有重要意义。识别两者的核心在于非法拦截或者强登、扒乘机动车、船舶、航空器以及其他交通工具是否足以对公共安全产生危险,如果该违法行为对公共安全产生危险,或者已经造成不特定人的人身、财产损失,则构成以危险方法危害公共安全罪,应对其实施刑事拘留。如果仅仅是影响交通工具的正常行驶,不足以造成公共安全危险,则定性为妨碍交通工具正常行驶行为。

(三)本行为与其他相关违反治安管理行为的界限

1. 本行为与强行进入航空器驾驶舱行为的界限。非法拦截、强登、扒乘交通工具行为客观方面也包括强行登入航空器行为,这就与《治安管理处罚法》第 34 条规定的强行进入航空器驾驶舱行为有相似之处。两者的区别主要有两个方面:一是侵犯的客体不同。本行为侵犯的是交通工具管理运行秩序,而后者侵犯的客体则是公共安全,即不特定多数人的人身和财产安全。如果强登航空器行为仅仅是对正常的交通秩序的妨碍和破坏,而不会危及公共安全,则认定为本行为;如果强登行为已经或者可能对航空器的人身财产安全造成损害,则认定为强行进入航空器驾驶舱行为。二是侵犯的对象不完全相同。本行为侵犯对象包括机动车、船舶、航空器以及其他交通工具,而后者侵犯对象只能是航空器。

2. 本行为与偷开他人机动车、航空器、机动船舶行为的界限。《治安管理处罚法》第 64 条规定的偷开他人机动车、航空器、机动船舶行为与本行为也有相似之处,两者的区别主要表现为两个方面:第一,两者侵犯的客体不同,本行为主要侵犯交通管理秩序,后者侵犯的是机动车、航空器、机动船舶的管理秩序;第二,两者侵犯的对象不同,本行为的侵犯对象仅仅局限于行驶中的交通工具,而后者的侵犯对象则不限于行驶中的交通工具,尚未运行或者刚刚运行的交通工具,也可能是后者的侵犯对象。

四、妨碍交通工具正常行驶行为的处罚

对该条规定的执行,要区分情节。

第一,对于一般的妨碍交通工具正常行驶的行为,情节轻微,尚未造成严重损失的,可以处警告,或者单处 200 元以下的罚款。

第二,一般来讲,有下列情形之一的,属于“情节较重”:在交通工具上无理取闹,严重影响交通工具运行秩序的;在非停靠站点强行下车,或者拉扯驾驶员、乘务员,致使交通工具减速或者停行的;造成交通拥堵、人员受伤、财物损失等危害后果或者较大社会影响的;积极参与聚众扰乱交通工具上的秩序的;积极参与聚众实施妨碍交通工具正常行驶行为的;其他情节较重的情形。

第五节 破坏选举秩序案件查处

一、法律规定

《治安管理处罚法》第 23 条规定:“有下列行为之一的,处警告或者二百元以下罚款;情节较重的,处五日以上十日以下拘留,可以并处五百元以下罚款:……(五)破坏依法进行的选举秩

序的。”

二、破坏选举秩序行为的概念和构成特征

（一）客体特征

本行为侵犯的客体是依法进行的正常选举秩序。根据我国《宪法》的规定，除依照法律规定被剥夺政治权利的人外，公民依法享有选举权和被选举权。依法进行选举是公民行使选举权和被选举权的主要形式。破坏选举秩序的行为直接妨害选举的正常进行，是对公民政治权利和民主权利的侵害。

（二）客观方面特征

本行为的客观方面表现为行为人采用扰乱选举场所秩序、欺骗选民、威胁选民、贿买选民、伪造选举文件、虚报选举票数等手段，破坏选举或者妨碍选民、代表自由行使选举权和被选举权。其中“依法”进行的选举是指法律规定的选举活动，主要有依照《全国人民代表大会和地方各级人民代表大会选举法》选举人民代表的活动，依照《全国人民代表大会组织法》《国务院组织法》《地方各级人民代表大会和地方各级人民政府组织法》《人民法院组织法》和《人民检察院组织法》，选举或决定任命国家机关领导人员和公职人员的活动，根据《村民委员会组织法》《城市居民委员会组织法》选举村委会、居委会成员的活动，根据《工会法》选举工会代表和工会委员会成员的活动。以选举人民代表为例，选举包括选民登记、提出候选人、投票选举、补选、罢免等环节在内的整个选举活动过程，不包括单位、组织内部根据工作需要按照单位决定进行的选举。

（三）主体特征

本行为主体为一般主体，即年满 14 周岁，具有辨认和控制能力的自然人都可以成为本行为的主体。

（四）主观方面特征

本行为在主观方面表现为故意。

三、破坏选举秩序行为的认定

注意此类行为违法与犯罪的界限。《刑法》第 256 条规定：“在选举各级人民代表大会代表和国家机关领导人员时，以暴力、威胁、欺骗、贿赂、伪造选举文件、虚报选举票数等手段破坏选举或者妨害选民和代表自由行使选举权和被选举权，情节严重的，处三年以下有期徒刑、拘役或者剥夺政治权利。”根据该规定，破坏选举行为是否构成犯罪主要有以下界限：(1) 只有破坏各级人大代表和国家机关领导人员的选举才构成犯罪。对于破坏其他依法进行的选举的，依照《治安管理处罚法》处罚。(2) 破坏各级人大代表和国家机关领导人员的选举，情节严重的才构成犯罪。这里的“情节严重”主要是指致使选举不能进行、造成恶劣的政治影响、手段恶劣等。

四、破坏选举秩序行为的处罚

对该条规定的执行，要区分情节。

第一，对于一般的破坏选举秩序的行为，情节轻微，尚未造成严重损失的，可以处警告，或者单处 200 元以下的罚款。

第二，一般来讲，有下列情形之一的，属于“情节较重”：使用暴力、威胁等方法干扰他人选举

的;采取撕毁他人选票、毁坏票箱或者破坏其他选举设备等行为干扰选举秩序的;伪造选举文件的;积极参与聚众破坏选举秩序的;其他情节较重的情形。

第六节 聚众实施前五项行为案件查处

一、聚众实施前五项行为案件的认定

(一) 聚众扰乱单位秩序案件

聚众扰乱单位秩序案件,是指聚集 3 人以上扰乱机关、团体、企业、事业单位秩序,致使工作、生产、营业、医疗、教学、科研不能正常进行,尚未造成严重损失的案件。

(二) 聚众扰乱公共场所秩序案件

聚众扰乱公共场所秩序案件,是指聚集 3 人以上扰乱车站、港口、码头、机场、商场、公园、展览馆或者其他公共场所秩序的案件。

(三) 聚众扰乱公共交通工具上的秩序案件

聚众扰乱公共交通工具上的秩序案件,是指聚集 3 人以上扰乱公共汽车、电车、火车、船舶、航空器或者其他公共交通工具上的秩序的案件。

(四) 聚众妨碍交通工具正常行驶案件

聚众妨碍交通工具正常行驶案件,是指聚集 3 人以上非法拦截或者强登、扒乘机动车、船舶、航空器以及其他交通工具,影响交通工具正常行驶的案件。

(五) 聚众破坏选举秩序案件

聚众破坏选举秩序案件,是指聚集 3 人以上破坏依法进行的选举秩序案件。

二、聚众实施前五项行为案件的处罚

根据《治安管理处罚法》第 23 条第 2 款规定,聚众实施前款行为的,对首要分子处 10 日以上 15 日以下拘留,可以并处 1 000 元以下罚款。聚众实施前五项行为的,只处罚首要分子。所谓首要分子,一般是指在聚众违法犯罪中起组织、策划、指挥作用的违法犯罪嫌疑人。首要分子往往是聚众的纠集者和直接危害行为的实施者,集聚众行为与违法犯罪行为于一身。但是,也有的首要分子只是在幕后策划、操纵其他人实施聚众扰乱行为,并不一定在现场直接实施危害行为。对这类行为人,只要能够证明其在聚众犯罪中起组织、策划、指挥作用,就应该认定其为首要分子,并按照《治安管理处罚法》第 23 条第 2 款的规定对其进行处罚。

第七节 扰乱大型群众性活动秩序案件查处

一、法律规定

《治安管理处罚法》第 24 条规定:“有下列行为之一,扰乱文化、体育等大型群众性活动秩序的,处警告或者二百元以下罚款;情节严重的,处五日以上十日以下拘留,可以并处五百元以下罚款:

（一）强行进入场内的；

（二）违反规定，在场内燃放烟花爆竹或者其他物品的；

（三）展示侮辱性标语、条幅等物品的；

（四）围攻裁判员、运动员或者其他工作人员的；

（五）向场内投掷杂物，不听制止的；

（六）扰乱大型群众性活动秩序的其他行为。

因扰乱体育比赛秩序被处以拘留处罚的，可以同时责令其十二个月内不得进入体育场馆观看同类比赛；违反规定进入体育场馆的，强行带离现场。”

二、扰乱大型群众性活动秩序行为的构成特征

扰乱大型群众性活动秩序行为的主体均为一般主体，即年满 14 周岁，具有辨认和控制能力的自然人，在主观方面表现均为故意。此类行为的客体特征和客观方面特征介绍如下。

（一）强行进入大型活动场内的行为

1. 客体特征。本行为所侵犯的客体是大型活动正常管理秩序和公共秩序。大型活动秩序是大型群众活动顺利进行的基本保证，也是参与群众人身财产安全得以保障的前提。为保证大型活动参与者的安全，首先就要限定参与者的人数。如果参与者超过场地的容量，就会直接威胁每一个参与者的安全。在一般情况下，组织者都是以限量发售入场券的方式来限定人数的。强行进入场内，会使场内人数超过安全限额，不仅妨害大型群众性活动的管理秩序，而且严重威胁大型群众性活动参与者的人身安全。

2. 客观方面特征。本行为的客观方面表现为在举行大型群众性活动时，未经大型群众性活动组织者或者工作人员的同意，不听工作人员劝阻，强行进入活动场所的行为。通常有两种情形：一种是行为人没有门票（入场券），不听工作人员的制止，强行入场观看比赛或其他活动；另一种是行为人有门票（入场券），但不服从安全检查人员的检查，强行进入场内。根据国务院 2007 年 10 月 1 日实施的《大型群众性活动安全管理条例》第 2 条的规定，大型群众性活动，是指法人或者其他组织面向社会公众举办的每场次预计参加人数达到 1 000 人以上的体育比赛活动，演唱会、音乐会等文艺演出活动，展览、展销等活动，游园、灯会、庙会、花会、焰火晚会等活动，人才招聘会、现场开奖的彩票销售等活动。影剧院、音乐厅、公园、娱乐场所等在其日常业务范围内举办的活动不在此范围之内。

（二）违规在大型活动场内燃放物品的行为

1. 客体特征。本行为所侵犯的客体是大型活动正常管理秩序和公共秩序。举行大型群众性活动，保证参与者安全是最重要的问题。在这种活动场所，人员密集，较难疏散，必须做好防火和防止秩序混乱的工作。在这种人员密集的场所燃放烟花、爆竹或者其他物品，不仅会破坏活动的秩序，影响活动的正常进行，而且易引发火灾，引起现场秩序的混乱，具有较大的危险性。

2. 客观方面特征。本行为的客观方面表现为在举行大型群众性活动时，违反法律、法规或者有关部门规定，在大型活动场内燃放烟花爆竹或者其他物品的行为。其他物品，是指烟花爆竹以外任何可以燃烧的物品。

（三）在大型活动场内展示侮辱性物品的行为

1. 客体特征。本行为所侵犯的客体是大型活动正常管理秩序和公民的人身权利。在大型

群众性活动中,参与者是否文明、秩序是否良好、现场是否安全,对社会具有重大影响。在大型群众性活动中展示侮辱性标语、条幅或者其他物品,不仅不文明,还严重侵犯他人的人身权利,而且群众在活动中易发生争执,从而引发暴力、骚乱事件,继而破坏活动秩序,影响参与者的安全或损害国家的形象、国人的形象。

2. 客观方面特征。本行为的客观方面表现为在举行大型群众性活动时,展示侮辱性标语、条幅等物品的行为。侮辱性标语、条幅,主要是指辱骂他人,毁谤、贬低特定人员或者对象人格的文字。实践中,一般为大型文字,但文字书写的大小不影响行为的构成。侮辱性物品,是指标语、条幅以外其他带有辱骂、毁谤、贬低意义的物品,如漫画、实物等,只要该物品对于特定人员、对象构成侮辱,就可认定为侮辱性物品。

(四)围攻大型活动工作人员的行为

1. 客体特征。本行为所侵犯的客体是大型活动正常管理秩序和公共秩序。裁判员是体育比赛得以正常进行的"执法者",运动员是大型群众性体育活动的主要参与者,其他工作人员则是为活动服务、保证活动正常举行的组织者和执行者。围攻裁判员、运动员或者其他工作人员的行为不仅会妨碍比赛或者活动的正常举行,而且会造成现场混乱,引发危险,不仅是不文明的行为,也是违法行为。

2. 客观方面特征。本行为的客观方面表现为在举行大型群众性活动中,围攻裁判员、运动员或者其他工作人员的行为。主要表现为多人共同实施包围裁判员、运动员或者其他工作人员,在一定时间内不让其离开或者进行工作的行为。在实践中,围攻的同时,行为人多有谩骂裁判员、运动员或者其他工作人员,甚至施加暴力、投掷物品的行为。但只要行为人实施了对裁判员、运动员或者其他工作人员包围的行为就构成违反治安管理行为。

(五)向大型活动场内投掷杂物的行为

1. 客体特征。本行为侵犯的客体是大型活动正常管理秩序和公共秩序。大型群众性活动参与人员众多,活动热烈,人们常常群情激昂,以各种极端的方式来表达自己热爱、愤怒的情绪。在这种情况下有时会出现不利于活动正常进行的行为,向场内投掷杂物就是其中的一种。向场内投掷杂物不仅可能直接造成人员的伤害,而且会引起不同观点的活动参与者的争执和对峙,妨害活动的正常进行;在国际比赛中,还可能造成国际影响。本行为是十分不文明的行为,也是具有社会危害性的行为。

2. 客观方面特征。本行为的客观方面表现为在举行大型群众性活动时,违反法律、法规或者有关部门规定,向大型活动场内投掷杂物,经工作人员或者其他人的制止和教育,仍然不停止的行为。

(六)其他扰乱大型活动秩序的行为

1. 客体特征。本行为侵犯的客体是大型活动正常管理秩序和公共秩序。大型活动秩序是大型群众活动顺利进行的基本保证,也是参与群众人身财产安全得以保障的前提。因此,大型群众性活动的参加者应当遵守法律、法规以及管理规定,确保大型活动能够正常进行。如果出现扰乱行为,不仅正常的活动无法进行,还会造成不特定多数人的人身、财产的损失。因此,扰乱大型群众性活动管理秩序的危害性是很严重的。

2. 客观方面特征。本行为的客观方面表现为在举行大型群众性活动时,违反法律规定或者活动规则,实施了除强行入场、燃放物品、展示侮辱性物品、对工作人员进行围攻、投掷杂物以外的其他扰乱活动秩序的行为。本条实际上是一条兜底性条款。因为干扰活动正常进行的行为五花八门，立法也不可能一一列举。这种规定模式为我国很多立法所采用。

三、扰乱大型群众性活动秩序的行为的认定

在认定此类行为时，要注意违法与犯罪的区别。《刑法》第 291 条规定，聚众扰乱公共场所秩序，抗拒、阻碍国家治安管理工作人员依法执行职务，情节严重的，对首要分子，处 5 年以下有期徒刑、拘役或者管制。根据该规定，扰乱大型群众性活动秩序行为是否构成犯罪主要有以下界限：

1. 是否聚众实施扰乱大型群众性活动秩序的行为。只有聚众实施的，才可能构成犯罪，个人实施的扰乱大型群众性活动秩序的行为不构成犯罪，应当依照《治安管理处罚法》的规定处罚。

2. 扰乱大型群众性活动秩序行为是否扰乱了公共场所的秩序。只有扰乱公共场所秩序的，才可能构成犯罪。这里的“扰乱公共场所秩序”，主要是指造成公共场所秩序混乱，妨害公共场所举行的大型群众性活动正常举行。

3. 情节严重。这里的“情节严重”，主要是指手段恶劣、后果严重、造成重大不良影响等，如对管理人员、工作人员人身造成伤害，或者对场所设施造成严重破坏。

四、扰乱大型群众性活动秩序行为的处罚

对该条规定的执行，要注意把握两个问题：一是情节严重的情形。

强行进入大型活动场内的“情节严重”情形：采取暴力、威胁等方法强行进入活动场内的；造成人员受伤、财物损失、秩序混乱等危害后果或者较大社会影响的；其他情节严重的情形。

违规在大型活动场内燃放物品的“情节严重”情形：不听现场安保人员或者工作人员制止的；造成人员受伤、财物损失、秩序混乱等危害后果或者较大社会影响的；严重影响活动正常进行的；其他情节严重的情形。

在大型活动场内展示侮辱性物品的“情节严重”情形：不听现场安保人员或者工作人员制止的；在大型文化、体育等活动中展示侮辱国家、民族尊严的标语、条幅、画像、服装等物品的；造成人员受伤、财物损失、秩序混乱等危害后果或者较大社会影响的；引发运动员、观众及场内其他人员冲突的；严重影响活动正常进行的；其他情节严重的情形。

围攻大型活动工作人员的“情节严重”情形：不听现场安保人员或者工作人员制止的；造成人员受伤、财物损失、秩序混乱等危害后果或者较大社会影响的；引发运动员、观众及场内其他人员冲突的；严重影响活动正常进行的；其他情节严重的情形。

向大型活动场内投掷杂物的“情节严重”情形：造成人员受伤、财物损失、秩序混乱等危害后果或者较大社会影响的；引发运动员、观众及场内其他人员冲突的；严重影响活动正常进行的；其他情节严重的情形。

其他扰乱大型活动秩序的行为的“情节严重”情形：不听现场安保人员或者工作人员制止的；造成人员受伤、财物损失、秩序混乱等危害后果或者较大社会影响的；引发运动员、观众及场内其他人员之间冲突的；严重影响活动正常进行的。

二是对扰乱体育比赛秩序行为，可处以特别处罚措施。《治安管理处罚法》特别规定，因扰乱体育比赛秩序被处以拘留处罚的，可以同时责令其 12 个月内不得进入体育场馆观看同类比赛。“不得进入体育场馆观看同类比赛”，既包括同一体育场馆，也包括不同体育场馆；既包括同一种比赛，也包括同一类比赛。

第八节 虚构事实扰乱公共秩序案件查处

一、法律规定

《治安管理处罚法》第25条规定:“有下列行为之一的,处五日以上十日以下拘留,可以并处五百元以下罚款;情节较轻的,处五日以下拘留或者五百元以下罚款。第一种是虚构事实扰乱公共秩序行为:散布谣言,谎报险情、疫情、警情或者以其他方法故意扰乱公共秩序的;……”

二、虚构事实扰乱公共秩序行为的构成特征

(一)客体特征

本行为侵犯的客体是公共秩序。

(二)客观方面特征

本行为的客观方面表现为散布谣言,谎报险情、疫情、警情或者以其他方法故意扰乱公共秩序的行为。所谓散布谣言,是指捏造并散布没有事实根据的谎言用以迷惑不明真相的群众,扰乱社会公共秩序的行为。所谓谎报险情、疫情、警情,是指编造火灾、水灾、地质灾害以及其他危险情况或传染病传播的情况,以及编造违法犯罪行为发生或者明知是虚假的险情、疫情、警情,向有关部门报告的行为。如对道听途说信以为真或者由于认识判断上的失误但出于责任心向有关部门报错了险情、疫情、警情的,不能视为违反治安管理的行为。此外,该行为并不是以实现扰乱公共秩序的结果为构成要件,只要有这样的行为就应该受到处罚。

(三)主体特征

本行为主体为一般主体,即年满14周岁,具有辨认和控制能力的自然人都可以成为本行为的主体。

(四)主观方面特征

本行为在主观方面表现为故意,即行为人明知自己散布谣言,谎报险情、疫情、警情的行为会引起人们心理的恐慌和不安,导致社会秩序的混乱,而对此持希望或者放任态度。行为人的动机多样,有的是为了破坏社会的和谐与稳定而故意制造社会混乱,有的是意图造成混乱局面,以实施某种报复目的。

三、虚构事实扰乱公共秩序行为违法与犯罪的界限

依照《刑法》第291条之一的规定,如果散布谣言的行为属于编造爆炸威胁、生化威胁、放射威胁等恐怖信息,或者明知是编造的恐怖信息而故意传播,严重扰乱社会秩序的,可构成编造、故意传播虚假恐怖信息罪,如果编造虚假的险性、疫情、灾情、警情,在信息网络或其他媒体上传播,或者明知是虚假信息故意在信息网络或者其他媒体上传播,严重扰乱社会秩序的,则可构成编造、故意传播虚假信息罪。

四、虚构事实扰乱公共秩序行为的处罚

执行该条规定时注意下列情形属于“情节较轻”:影响范围较小,未造成危害后果的;虽然造

成轻微危害后果,但能及时采取措施,消除不良影响的;其他情节较轻的情形。

第九节 投放虚假危险物质扰乱公共秩序案件查处

一、法律规定

《治安管理处罚法》第25条规定:“第二种是投放虚假危险物质扰乱公共秩序行为:投放虚假的爆炸性、毒害性、放射性、腐蚀性物质或者传染病病原体等危险物质扰乱公共秩序的;……”

二、投放虚假危险物质扰乱公共秩序行为的构成特征

(一) 客体特征

本行为侵犯的客体是公共秩序。行为对象是虚假危险物质,即虚假的爆炸性、毒害性、放射性、腐蚀性物质或者传染病病原体等物质。虚假的危险物质,不发生真正危害公共安全的后果,即不危及人的生命健康和财产安全,但是具有扰乱社会公共秩序的性质,即能够引起人们的恐慌、害怕,导致社会混乱和人心不安。

(二) 客观方面特征

本行为的客观方面表现为投放虚假的爆炸性、毒害性、放射性、腐蚀性物质或者传染病病原体等危险物质的行为。所谓投放,一般是指在公共场所或者重要单位或者重要的建筑物放置虚假危险物质,或者是通过邮寄、传送等方式放置虚假的类似危险物品物质的行为。爆炸性物质,是指在摩擦、撞击、震动、高温或者其他因素的激发下,能产生激烈的化学反应,在瞬间产生大量的气体和热量并伴有光和声等效应,使周围空气压力急剧上升,发生爆炸的物品,如各种炸药、雷管、导火索、黑火药、民用信号弹和烟花爆竹等。毒害性物质,是指少量进入人体即能使肌体受到损害或者破坏其正常的生理机能,产生暂时或者永久性的病理状态,甚至导致肌体死亡的物质,包括化学性毒物、生物性毒物和微生物毒物,常见的有氰化钾、砷化氢、磷化氢、砒霜、信石、吗啡、升汞及各种剧毒农药等。放射性物质,是指能放射出射线的物质,具有这种特性的物质包括钴-60、铯-137、铀矿砂、硝酸钍等。腐蚀性物质,是指硫酸、盐酸等能够严重毁坏物品以及人身的物质。传染病病原体,是指能在人体或者动物体内生长、繁殖,通过空气、饮食、接触等方式传播,能对人体健康造成危害的传染病菌种和毒种。

(三) 主体特征

本行为主体为一般主体,即年满14周岁,具有辨认和控制能力的自然人都可以成为本行为的主体。

(四) 主观方面特征

本行为在主观方面表现为故意,即行为人明知自己投放虚假危险物质的行为会引起人们心理的恐慌和不安,导致一定的社会混乱,而对此持希望或者放任态度。行为人的动机多样,如需求刺激、泄愤报复、要挟满足不正当利益等。

三、投放虚假危险物质扰乱公共秩序行为的认定

(一) 此类行为违法与犯罪的界限

本行为与犯罪的界定主要是从两个方面来把握:一是主观上,本行为属于故意行为,如果行

为人没有意识到自己投放的物质会引起人们的恐慌或者害怕,则不构成本行为;二是从对象上看,本行为的对象是虚假的危险信息,如果行为人传播的是真实的危险信息,则不构成本行为。

(二) 本行为与其他相关违反治安管理行为的界限

1. 本行为与扬言以危险方法扰乱公共秩序行为的界限。扬言以危险方法扰乱公共秩序行为,是指向有关部门或者人员宣称将要以危险方法破坏公共场所秩序的行为。这与投放虚假危险物质然后向有关部门或者人员报告的行为有一定的相似之处。两者区别在于行为对象不同,本行为是投放虚假的爆炸性、毒害性、放射性、腐蚀性物质或者传染病病原体等危险物质,而扬言以危险方法扰乱公共秩序行为的行为对象则是除上述规定的虚假的危险物质之外的危险方法,如果扬言采用投放虚假危险物质方式扰乱公共秩序的,则构成本行为。

2. 本行为与威胁他人人身安全行为的界限。两者主要区别有两个方面:一是两个行为针对的对象不同,本行为针对的对象是不特定多数人,目的在于危害公共秩序,而威胁他人人身安全行为则有特定的行为对象;二是两者威胁方式不同,本行为只能是采用投放虚假的爆炸性、毒害性、放射性、腐蚀性物质或者传染病病原体等危险物质进行威胁,而后者则不限于虚假的危险物质,只要是采用足以使他人人身安全受到侵害的方式都可以构成威胁他人人身安全行为。

四、投放虚假危险物质扰乱公共秩序行为的处罚

根据《治安管理处罚法》第 25 条的规定,对投放虚假危险物质行为,处 5 日以上 10 日以下拘留,可以并处 500 元以下罚款;情节较轻的,处 5 日以下拘留或者 500 元以下罚款。

一般来讲,有下列情形之一的,属于“情节较轻”:

第一,影响范围较小,未造成危害后果的;

第二,虽然造成轻微危害后果,但能及时采取措施,消除不良影响的;

第三,其他情节较轻的情形。

第十节 扬言以危险方法扰乱公共秩序案件查处

一、法律规定

《治安管理处罚法》第 25 条规定:“有下列行为之一的,处五日以上十日以下拘留,可以并处五百元以下罚款;情节较轻的,处五日以下拘留或者五百元以下罚款:…… (三) 扬言实施放火、爆炸、投放危险物质扰乱公共秩序的。”

二、扬言以危险方法扰乱公共秩序行为的构成特征

(一) 客体特征

本行为侵犯的客体是公共秩序。

(二) 客观方面特征

本行为的客观方面表现为行为人扬言实施放火、爆炸、投放危险物质,扰乱了正常的公共秩序。放火,是指故意纵火焚烧公私财物。爆炸,是指故意引发爆炸物爆炸。危险物质,是指毒害性、放射性、腐蚀性和传染病病原体等物质。扬言实施,是指声称已经实施了上述行为而并未实施。

表达的方式既可以是口头的，也可以是采用寄递信函、发送电子邮件等书面形式。

（三）主体特征

本行为主体为一般主体，即年满 14 周岁，具有辨认和控制能力的自然人都可以成为本行为的主体。

（四）主观方面特征

本行为在主观方面表现为故意，即行为人明知自己扬言投放危险物质的行为会引起人们心理的恐慌和不安，导致一定的社会混乱，而对此持希望或者放任态度。行为人的动机多样，如需求刺激、泄愤报复、要挟满足不正当利益等。

三、扬言以危险方法扰乱公共秩序行为的认定

（一）此类行为违法与犯罪的界限

根据《刑法》第 291 条之一的规定，扬言实施放火、爆炸、投放危险物质扰乱公共秩序的行为，在符合“编造爆炸威胁、生化威胁、放射威胁等恐怖信息”“严重扰乱社会秩序”的要件时，可构成犯罪。对此，需要把握的主要界限是该行为是否严重扰乱了社会秩序。“严重扰乱社会秩序”，主要是指对社会秩序的扰乱达到了严重的程度。比如造成工厂停产、商场停业、学校停课、车站关闭，公众产生心理恐慌，感觉自身的安全处于恐怖威胁之中，无法进行正常的生活和工作等。

（二）本行为与投放虚假危险物质扰乱公共秩序行为的界限

投放虚假危险物质扰乱公共秩序行为与向有关部门或者人员宣称将要以危险方法破坏公共场所秩序的行为有一定的相似之处。两者区别在于行为对象不同，本行为是爆炸性、毒害性、放射性、腐蚀性物质或者传染病病原体等物质，而投放虚假危险物质扰乱公共秩序行为对象则是虚假的危险物质。

四、扬言以危险方法扰乱公共秩序行为的处罚

根据《治安管理处罚法》第 25 条的规定，对扬言以危险方法扰乱公共秩序的行为，处 5 日以上 10 日以下拘留，可以并处 500 元以下罚款；情节较轻的，处 5 日以下拘留或者 500 元以下罚款。

一般来讲，有下列情形之一的，属于“情节较轻”：

第一，影响范围较小，未造成危害后果的；

第二，虽然造成轻微危害后果，但能及时采取措施，消除不良影响的；

第三，其他情节较轻的情形。

第十一节　寻衅滋事案件查处

一、法律规定

《治安管理处罚法》第 26 条规定：“有下列行为之一的，处五日以上十日以下拘留，可以并处五百元以下罚款；情节较重的，处十日以上十五日以下拘留，可以并处一千元以下罚款：

（一）结伙斗殴的；

（二）追逐、拦截他人的；

（三）强拿硬要或者任意损毁、占用公私财物的；

（四）其他寻衅滋事行为。”

二、寻衅滋事行为的构成特征

（一）客体特征

本行为侵犯的客体是社会秩序，这里的社会秩序不限于公共场所秩序，也包括人们生活共同体的秩序。它是一个社会赖以存在并且依靠制定或者认可的法律制度、社会公共道德规则、风俗习惯来建立和维持的包括社会生产、经营、管理、生活等方面在内的有条理的正常的社会运行状态。寻衅滋事行为多发生在公共场所，常常给公民的人身、人格或者公私财产造成损害，但寻衅滋事行为一般侵犯的并不是特定的人身、人格或公私财产，而主要指向公共秩序，向整个社会挑战，蔑视社会主义核心价值。

（二）客观方面特征

本行为在客观方面主要体现为四种行为：

1. 结伙斗殴行为。所谓结伙斗殴，是指双方或者多方以暴力相互攻击的行为。双方或者多方进行结伙斗殴行为，要求以暴力相互攻击，如果行为人仅仅是用言语相互谩骂、威胁，不能认为是斗殴行为，也就不能认定为结伙斗殴。至于斗殴所采用的暴力方式，既可以是相互搏击，也可以是身体互不接触，既可以是以所持的凶器互相击打，也可以是一方或者多方用枪支相互射击，还包括一方逃离现场另一方追逐等。只要双方或者一方采用暴力方式进行殴斗，不论采用何种暴力方式都是结伙斗殴。

2. 追逐、拦截他人行为。所谓追逐、拦截他人，是指在寻求不正当的精神刺激等流氓动机的支配下，无故、无理追赶、拦阻、侮辱他人。这种性质的行为，一般都是在不正当的心理支配下，恃强凌弱，凭借自己身强力壮或者持对社会公德满不在乎的态度，无事生非骚扰他人。

3. 强拿硬要或者任意损毁、占用公私财物行为。所谓强拿硬要，一般是指在显示威风、寻求精神刺激等流氓动机以及蔑视公德的心态支配下，以蛮不讲理的流氓手段强行索要市场、商店或者他人财物。所谓任意损毁、占用公私财物，是指随心所欲毁坏或者占用公私财物，既包括任意损毁、占用机关、企业、事业单位、社会团体专用的物品，也包括社会公共设施。强拿硬要或者任意损毁、占用公私财物行为，也就是我们日常生活中所谓“村霸”“乡霸”“街霸”等情况。

4. 其他寻衅滋事行为。所谓其他寻衅滋事行为，是指上述三种行为之外的其他肆意挑衅行为，一般包括在公共场所无端起哄闹事造成混乱，或者在公共场所故意大吵大闹、恣意辱骂喧哗等。

（三）主体特征

本行为主体为一般主体，即年满 14 周岁，具有辨认和控制能力的自然人都可以成为本行为主体。

（四）主观方面特征

本行为在主观方面表现为故意，一般是在寻求精神刺激、发泄不满、耍威风、取乐等不正当动机的支配下实施，表明行为人主观上具有公然向社会公德挑战，向社会成员应共同遵守的社会秩序挑衅的故意。

三、寻衅滋事行为的认定

（一）此类行为违法与犯罪的界限

根据《治安管理处罚法》，寻衅滋事违法行为一般是指情节显著轻微，危害不大，但是又造成一定程度的公共秩序混乱，引起群众一定程度公愤的行为。如果寻衅滋事行为情节恶劣、情节严重或者造成社会秩序严重混乱后果的，则构成寻衅滋事罪。

（二）本行为与其他相关违反治安管理行为的界限

1. 本行为与结伙殴打他人行为、故意伤害行为的界限。此类行为方式之一是结伙斗殴或者追逐、拦截他人，这与《治安管理处罚法》第 43 条规定的殴打他人、结伙殴打、伤害他人有相似之处，都表现为对他人人身进行攻击。两类违反治安管理处罚行为的主要区别有两个：

一是在主观方面，本行为一般是在寻求精神刺激等不正当动机支配下实施的结伙斗殴、伤害行为；而结伙殴打他人行为、故意伤害行为则无此动机和目的。

二是在客观方面，寻衅滋事案件的行为人结伙斗殴的起因大都是为满足一些精神刺激或者是要威风等不正当动机的需要，往往没有明确的行为对象和行为目的，即是一种无事生非的“挑衅”心态；而结伙殴打他人、故意伤害行为一般从手段、对象、起因上看具有较明确的目的性和针对性。

2. 本行为与强行乞讨、哄抢、抢夺、故意损毁公私财物行为的界限。寻衅滋事案件第二、三种行为方式，即追逐、拦截他人，强拿硬要或者任意损毁、占用公私财物行为与《治安管理处罚法》规定的强行乞讨、哄抢、抢夺、故意损毁公私财物行为有一定的相似之处，两类案件的区别在于：本行为必须具有特定的不正当动机以及通过实施寻衅滋事行为要达到的目的，主要不是为了获取财物，而强行乞讨、哄抢、抢夺、故意损毁公私财物的目的则与此不同。

四、寻衅滋事行为的处罚

执行本条规定时，注意区分一般的寻衅滋事行为和情节严重的寻衅滋事行为两个处罚档次，主要把握两个方面：

第一，如何理解“可以并处”。在整个《治安管理处罚法》中，对罚款的规定有三种形式，即“处”“并处”“可以并处”。前两种形式的规定，应当理解为立法的命令性倾向，即必须单处或者是并处，否则就是违反本条规定。第三种形式的规定，立法倾向认为是要根据案件事实进行选择，可以适用也可以不适用。

第二，下列情形属于“情节较重”：纠集多人或者多次参加寻衅滋事的；持械寻衅滋事的；造成人员受伤、公共场所秩序混乱，或者造成较大社会影响的；追逐、拦截他人并有侮辱性语言、挑逗性动作或者以暴力相威胁的；驾驶机动车、非机动车、其他交通工具，或者持械追逐、拦截他人的；强拿硬要或者任意损毁、占用公私财物价值达到有关司法解释认定构成《刑法》第 293 条第 2 款第 3 项规定的“情节严重”标准的 50% 以上的；在公共场所、公共交通工具上实施寻衅滋事行为，造成较大社会影响的；利用信息网络教唆、煽动实施扰乱公共秩序违法活动的；编造虚假信息，或者明知是编造的虚假信息，在信息网络上散布，或者组织、指使人员在信息网络上散布，起哄闹事的；一次实施两种以上寻衅滋事行为的；其他情节较重的情形。

第十二节 从事邪教或者会道门活动案件查处

一、法律规定

《治安管理处罚法》第27条规定“有下列行为之一的，处十日以上十五日以下拘留，可以并处一千元以下罚款；情节较轻的，处五日以上十日以下拘留，可以并处五百元以下罚款：(一) 组织、教唆、胁迫、诱骗、煽动他人从事邪教、会道门活动或者利用邪教、会道门、迷信活动，扰乱社会秩序、损害他人身体健康的；……”

二、从事邪教或者会道门活动行为的构成特征

本行为主体为一般主体，即年满14周岁，具有辨认和控制能力的自然人都可以成为本行为主体。主观方面表现为故意。

(一) 组织、教唆、胁迫、诱骗、煽动从事邪教、会道门活动行为

1. 客体特征。本行为侵犯的客体为公共秩序。需要注意的是，虽然这类行为常伴随对他人的健康造成损害，但行为人实施这一行为，更主要的危害是破坏稳定和谐的社会关系，干扰正常的社会秩序。因此，其行为主要侵犯的是公共秩序，而非他人的人身权利。

2. 客观方面特征。本行为客观方面表现为行为人组织、教唆、胁迫、诱骗、煽动他人从事邪教、会道门活动，扰乱公共秩序。“邪教”是指冒用宗教的名义或者教旨而建立的不受国家法律承认和保护的组织。“会道门”是封建迷信活动组织的总称，如我国历史上曾出现的哥老会、一贯道、九宫道、先天道、后天道等组织。“邪教、会道门活动”，是指从事传播封建迷信思想、煽动反社会情绪、蛊惑人心、蒙骗群众、发展并控制会员、扰乱社会秩序的非法活动。此行为包括组织、教唆、胁迫、诱骗、煽动这五种形式。“组织”，是指在邪教或会道门的活动中起领导、策划、协调作用，比如为邪教、会道门活动制订计划、安排日程，在具体活动中进行部署、调动等。“教唆”，是指行为人通过劝说、引导、驱使等方式唆使他人参加邪教、会道门活动。“胁迫”，是指行为人通过暴力威胁或者精神威胁迫使他人参加邪教、会道门活动。“诱骗”，是指行为人通过以利相诱、隐瞒真相、欺骗蒙蔽等手段诱使他人参加邪教、会道门活动。“煽动”，是指行为人以语言、文字、图像等方式鼓动他人参加邪教、会道门活动。由于邪教、会道门的“教义”“门规”等本身就具有危害人类、危害社会的性质，因此，只要行为人有组织、教唆、胁迫、诱骗、煽动他人从事邪教、会道门活动的行为，即使还未造成任何后果，也属于违反治安管理的行为。

(二) 利用邪教、会道门、迷信活动危害社会行为

1. 客体特征。本行为侵犯的客体为公共秩序。

2. 客观方面特征。本行为客观方面表现为行为人从事了利用邪教、会道门、迷信活动迷惑蒙骗他人，扰乱社会秩序、损害他人身体健康的行为。比如利用邪教、会道门、迷信活动聚众围堵国家机关、企业、事业等单位尚未造成严重后果的；组织、煽动、欺骗其成员或者其他人不履行法定义务，情节轻微的；利用邪教、会道门、迷信活动制造、散布邪说，蛊惑其成员或者其他人实施绝食、自残、自虐等行为，或者阻止病人进行正常的治疗，蒙骗病人放弃进行正常的治疗，利用迷信、巫术等给他人治病，损害他人身体健康尚未造成死亡的。

三、从事邪教或者会道门活动行为与犯罪的界限

根据《治安管理处罚法》,从事邪教或者会道门活动行为一般是指情节显著轻微,危害不大,扰乱社会秩序、损害他人身体健康的行为。如果已演变成组织、利用会道门、邪教组织或者利用迷信破坏国家法律、行政法规实施的行为,或者组织、利用会道门、邪教组织或者利用迷信蒙骗他人,致人重伤、死亡的,则根据《刑法》第300条的规定构成组织、利用会道门、邪教组织、利用迷信破坏法律实施罪或组织、利用会道门、邪教组织、利用迷信致人重伤、死亡罪。

四、从事邪教或者会道门活动行为的处罚

下列情形属于“情节较轻”:危害后果较轻,并及时改正的;违法活动涉及数量或者数额未达到有关司法解释认定构成《刑法》第300条第1款规定的“情节较轻”标准10%的;其他情节较轻的情形。

第十三节　冒用宗教、气功名义危害社会案件查处

一、法律规定

《治安管理处罚法》第27条规定:“有下列行为之一的,处十日以上十五日以下拘留,可以并处一千元以下罚款;情节较轻的,处五日以上十日以下拘留,可以并处五百元以下罚款:……(二)冒用宗教、气功名义进行扰乱社会秩序、损害他人身体健康活动的。”

二、冒用宗教、气功名义危害社会行为的构成特征

(一)客体特征

本行为侵犯的客体为公共秩序。

(二)客观方面特征

本行为客观方面表现为以下两方面:

1. 行为人假借宗教或者气功的名义,以宗教或者气功为幌子,进行活动。该“宗教”活动不是合法、正当的宗教活动;该“气功”也不是真正健体强身的气功,而往往是封建迷信、邪教的外包装。

2. 行为人的行为扰乱社会秩序或者损害他人健康。比如以进行宗教活动或者集体练功为名,聚众扰乱社会秩序;冒充气功大师谎称包医百病,致使患者病情延误,健康受损。

(三)主体特征

本行为主体为一般主体,即年满14周岁,具有辨认和控制能力的自然人都可以成为本行为主体。

(四)主观方面特征

本行为在主观方面表现为故意。

三、冒用宗教、气功名义危害社会行为与犯罪的界限

根据《治安管理处罚法》,冒用宗教、气功名义危害社会的行为一般是指情节显著轻微,危害

不大,扰乱社会秩序、损害他人身体健康的行为。如果冒用宗教、气功名义危害社会的行为破坏了国家法律、行政法规实施,情节恶劣、情节严重或者致人重伤、死亡,则根据《刑法》第 300 条的规定构成组织、利用会道门、邪教组织、利用迷信破坏法律实施罪及组织、利用会道门、邪教组织、利用迷信致人重伤、死亡罪。

四、冒用宗教、气功名义危害社会行为的处罚

本行为的处罚与从事邪教或者会道门活动行为的处罚相同。

第十四节　妨害无线电管理案件查处

一、法律规定

《治安管理处罚法》第 28 条规定:"违反国家规定,故意干扰无线电业务正常进行的,或者对正常运行的无线电台(站)产生有害干扰,经有关主管部门指出后,拒不采取有效措施消除的,处五日以上十日以下拘留;情节严重的,处十日以上十五日以下拘留。"

二、妨害无线电管理行为的构成特征

本行为主体为一般主体,主观方面表现为故意。

(一) 故意干扰无线电业务正常进行行为

1. 客体特征。本行为侵犯的客体是国家的无线电管理制度和管理秩序。国家为了规范无线电管理秩序,保证各种无线电业务的正常进行,制定了相关的法律、法规和规章。国务院和中央军事委员会于 1993 年 9 月 11 日颁布了《无线电管理条例》。根据该条例第 2 条的规定,在中华人民共和国境内使用无线电频率,设置、使用无线电台(站),研制、生产、进口、销售和维修无线电发射设备、以及使用辐射无线电波的非无线电设备,应当遵守该条例。

2. 客观方面特征。本行为客观方面表现为行为人违反国家规定,故意干扰无线电业务正常进行。这里的"国家规定",是指国家有关无线电业务和无线电(台)站管理的有关法律、行政法规及相关规定,如《电信条例》《无线电管理条例》《广播电视管理条例》等。"故意干扰无线电业务正常进行",是指行为人采取放大功率电波、占用无线电频道等方式,故意影响国家批准的无线电通信等业务的正常进行。

(二) 拒不消除对无线电台(站)的有害干扰行为

1. 客体特征。本行为侵犯的客体是国家的无线电管理制度和管理秩序。

2. 客观方面特征。本行为客观方面表现为行为人对正常运行的无线电台(站)产生有害干扰,经有关主管部门指出后,拒不采取有效措施消除。在这种情况下,行为人的行为已具有一定的危害,即对正常运行的无线电台(站)产生了有害干扰。这种"有害干扰"主要指使国家批准的无线电台(站)的信息不能正常发送和接收。行为人对造成这种有害干扰可能不是故意的,但经有关主管部门指出后,拒不采取有效措施消除这一危害,则其行为在主观方面已转化为故意,就构成违反治安管理行为。一般发生的各类有害干扰无线电台(站)事件主要是由于非法使用无线电通信设备或使用违规产品造成的。

三、妨害无线电管理行为与犯罪的界限

根据《治安管理处罚法》，妨害无线电管理行为一般是情节显著轻微，危害不大的行为。如果妨害无线电管理行为造成一定的严重后果，则根据《刑法》第 288 条构成扰乱无线电通讯管理秩序罪。造成严重后果，主要指严重干扰无线电通讯秩序，给国家、集体和个人造成严重经济损失及造成其他严重后果的。

四、妨害无线电管理行为的处罚

下列情形属于"情节严重"：造成较重危害后果或者较大社会影响的；对事关国家安全、公共安全、国计民生的无线电业务、无线电台（站）进行干扰的；长时间故意干扰无线电业务正常进行，或者对正常运行的无线电台（站）产生有害干扰的；违法所得达到有关司法解释认定构成《刑法》第 288 条第 1 款规定的"情节严重"标准 50% 以上的；其他情节严重的情形。

第十五节　危害计算机信息系统案件查处

一、法律规定

《治安管理处罚法》第 29 条规定："有下列行为之一的，处五日以下拘留；情节较重的，处五日以上十日以下拘留：(一) 违反国家规定，侵入计算机信息系统，造成危害的；(二) 违反国家规定，对计算机信息系统功能进行删除、修改、增加、干扰，造成计算机信息系统不能正常运行的；(三) 违反国家规定，对计算机信息系统中存储、处理、传输的数据和应用程序进行删除、修改、增加的；(四) 故意制作、传播计算机病毒等破坏性程序，影响计算机信息系统正常运行的。"

二、危害计算机信息系统行为的构成特征

本行为主体为一般主体，在主观方面表现为故意。

(一) 非法侵入计算机信息系统行为

1. 客体特征。本行为侵犯的客体是国家对计算机信息系统的安全管理秩序。本行为侵犯对象是计算机信息系统。所谓计算机信息系统，是指由计算机及其配套的设备、设施相互(含网络)构成的，按照一定的应用目标和规则对信息进行采集、加工、存储、传输、检索等处理的计算机系统。

2. 客观方面特征。本行为的客观方面表现为违反国家规定，侵入他人所有或者管理的设置一定密码存储保护的计算机信息系统并造成危害的行为。违反国家规定，主要是指违反国务院发布的《计算机信息系统安全保护条例》、公安部发布的《计算机信息网络国际联网安全保护管理办法》以及国务院发布的《互联网上网服务营业场所管理条例》等规定。侵入，是指非法调取、访问计算机信息系统资源的行为，包括非法用户侵入信息系统，即无权访问特定信息系统的人非法侵入该信息系统，以及合法用户越权访问，即可以访问特定信息系统的用户，未经批准、授权或者未办手续超越权限访问该信息系统或者调取系统内部资源。

(二) 非法改变计算机信息系统功能行为

1. 客体特征。本行为侵犯的客体是国家对计算机信息系统的安全管理秩序。本行为的侵

犯对象是计算机信息系统。

2. 客观方面特征。本行为的客观方面表现为违反国家规定，破坏计算机信息系统，对计算机信息系统功能进行删除、修改、增加、干扰，造成计算机信息系统不能正常运行。“计算机信息系统功能”，是指在计算机中，按照一定的应用目标和规则对信息进行采集、加工、存储、传输、检索的能力。删除，是指将原有的计算机信息系统功能除去，使之不能正常运转。修改，是指对原有的计算机信息系统功能进行改变，使之不能正常运转。增加，是指在计算机信息系统里增加某种功能，致使原有的功能受到破坏，无法正常运转。干扰，是指用删除、修改、增加以外的其他方法，破坏原有的计算机信息系统功能，使之不能正常运行。其中不能正常运行，是指计算机信息系统失去原有功能，不能正常运行，或者不能按照原来设计的要求运行。

（三）非法改变计算机信息系统数据和应用程序行为

1. 客体特征。本行为侵犯的客体是国家对计算机信息系统的安全管理秩序。本行为的侵犯对象是计算机信息系统。

2. 客观方面特征。本行为的客观方面表现为违反国家规定，对计算机信息系统中的数据和应用程序进行删除、修改、增加。计算机信息系统中存储、处理、传输的数据，是指计算机信息系统中实际处理的一切文字、符号、声音、图像等内容有意义的组合。计算机应用程序，是用户使用数据库的一种方式，用户按数据库授予的子模式的逻辑结构，书写对数据进行操作和运算的程序。删除，是指将计算机信息系统中存储、处理或者传输的数据和应用程序的全部或者部分删去。修改，是对上述数据和应用程序进行改动。增加，是在计算机信息系统中增加新的数据和应用程序。

（四）故意制作、传播计算机破坏性程序行为

1. 客体特征。本行为侵犯的客体是国家对计算机信息系统的安全管理秩序。

2. 客观方面特征。本行为的客观方面表现为故意制作、传播计算机病毒等破坏性程序，影响计算机信息系统正常运行。所谓计算机病毒，根据 2011 年 1 月 8 日修订实施的《计算机信息系统安全保护条例》第 28 条的规定，是指编制或者在计算机程序中插入的破坏计算机功能或者毁坏数据，影响计算机使用，并能自我复制的一组计算机指令或者程序代码。破坏性程序，是指隐藏在可执行程序中或者数据文件中，在计算机内部运行的一种干扰程序。破坏性程序的典型是计算机病毒。故意制作，是指以破坏计算机正常程序为目的，通过计算机编制、设计针对计算机信息系统的破坏性程序的行为。故意传播，是指明知是计算机破坏程序，故意通过计算机信息系统（含网络），直接输入、输出破坏性程序，或者将已输入破坏性程序的软件或数据文件加以派送、散发或销售等行为。影响计算机信息系统正常运行，是指计算机病毒等破坏性程序发作后，导致原有的计算机信息系统和应用程序不能正常运行。

三、危害计算机信息系统行为与犯罪的界限

行为人只要实施了危害计算机信息系统的行为，就必然对计算机信息系统功能造成损害，因此，判断此类行为违法与犯罪的界限在于后果是否严重。所谓后果严重，主要是指国家重要计算机信息系统的功能受到破坏，如国家事务、国防建设等计算机信息系统功能遭到破坏，给国家、集体、组织或者个人造成重大经济损失，影响正常的工作和生活，造成恶劣社会影响。如果行为人危害计算机信息系统的行为造成了严重后果，则根据《刑法》第 286 条构成破坏计算机信息系

统罪。

四、危害计算机信息系统行为的处罚

非法侵入计算机信息系统的下列情形之属于“情节较重”:造成被侵入系统单位的商业秘密、公民个人信息泄露、数据丢失等较大危害的;侵入国家机关、涉密单位、防范恐怖袭击重点目标单位或者治安保卫重点单位的计算机信息系统,造成危害的;其他情节较重的情形。

非法改变计算机信息系统功能的下列情形属于“情节较重”:违法所得或者造成经济损失达到有关司法解释认定构成《刑法》第 286 条第 1 款规定的“后果严重”标准的 50% 以上的;破坏计算机信息系统功能,造成计算机信息系统主要软件或者硬件功能不能恢复的;虽未达到前两项规定之一的情形,但多次对计算机信息系统功能进行删除、修改、增加、干扰的;其他情节较重的情形。

非法改变计算机信息系统数据和应用程序的下列情形属于“情节较重”:对 5 台以上计算机信息系统中存储、处理、传输的数据和应用程序进行删除、修改、增加的;违法所得或者造成经济损失达到有关司法解释认定构成《刑法》第 286 条第 2 款规定的“后果严重”标准的 50% 以上的;虽未达到前两项规定之一的情形,但多次对数据和应用程序进行删除、修改、增加的;其他情节较重的情形。

故意制作、传播计算机破坏性程序影响运行的下列情形属于“情节较重”:故意制作、传播计算机病毒等破坏性程序,造成 5 台以上计算机信息系统受感染的;违法所得或者造成经济损失达到有关司法解释认定构成《刑法》第 286 条第 3 款规定的“后果严重”标准的 50% 以上的;虽未达到前两项规定之一的情形,但多次故意制作、传播计算机病毒的;其他情节较重的情形。

[自测自评]

【思考练习题】

1. 2016 年 3 月 17 日夜,罗某驾驶东风卡车正常行驶,通过某交叉路口时,发现申某驾驶摩托车闯红灯,遂紧急制动,申某驾车撞上东风卡车,经抢救无效死亡。经查,申某系酒后无证驾驶。3 月 20 日,某县公安局交警大队作出交通事故认定书,认定申某负全部责任。申某的妻子杨某不服,认为罗某将人撞死,应承担交通事故主要责任,多次到交警大队办公场所吵闹,严重影响办公秩序。3 月 22 日上午 8 时,杨某携子申某某(2002 年 4 月 1 日生)将申某的尸体抬至交警大队门口,要求交警大队重新作出交通事故认定,经出警民警教育劝阻,仍不同意将尸体抬走,致数十人围观。3 月 25 日,杨某找到罗某,要求其支付部分赔偿金,遭罗某拒绝。4 月 3 日,杨某与申某某再次到罗某家中吵闹,罗某之妻肖某见状,驱使自家的狗将申某某咬成轻微伤。申某某遂掏出随身携带的匕首,欲刺肖某,被罗某将匕首夺下。群众报警后,民警到现场依法处置。

请问:对杨某、申某某、肖某应如何定性和适用处罚?

2. 张某,男,23岁;吴某,男,24岁。张某与吴某都是无业青年,成天无所事事,到处闲逛。某天下午,张某与吴某在附近买西瓜,称好之后,以未带钱为由,将瓜强行拿走。吃完瓜,两人去市里各买了双皮鞋后来到市中心最大的商场门口,见人群熙熙攘攘,两人便想捉弄一下众人。他俩将装有皮鞋的黑色塑料袋扔到众人中间,大喊:"塑料袋里有炸弹!"其他人听到两人喊叫不知所措,也不知道真假,但都慌张躲避。张某和吴某的行为恰被巡逻民警看到,被当场抓获后,由于害怕,两人马上交待了不是炸弹。经检验袋里装的只是普通皮鞋,商场门口经历了短暂的骚乱后很快恢复了正常。

请问:张某和吴某的上述行为应当如何定性?应分别给予怎样的处理?

3. 2017年2月6日晚,重庆万州某地一网名为"勇儿呛你男神不"的小伙,不仅踩在警车上让人拍照,还在多个社交平台发出他与警车的合影照,并求转发,求点赞。2月7日,长江航运公安局万州分局万州派出所将发帖人冉某抓获。经查,冉某21岁,无业。他称当天与朋友聚餐后喝了很多酒,自己为了在朋友圈里长面子,要威风才演出了蹬上警车拍照并在社交平台发出照片求转发的闹剧。

请问:

(1) 对冉某的行为如何定性?

(2) 冉某的醉酒后闹事可否作为从轻、减轻处罚的理由?

第十三章　妨害公共安全案件查处

第一节　非法制造、买卖、储存、运输、邮寄、携带、使用、提供、处置危险物质案件查处

一、法律规定

《治安管理处罚法》第30条规定："违反国家规定,制造、买卖、储存、运输、邮寄、携带、使用、提供、处置爆炸性、毒害性、放射性、腐蚀性物质或者传染病病原体等危险物质的,处十日以上十五日以下拘留;情节较轻的,处五日以上十日以下拘留。"

二、非法制造、买卖、储存、运输、邮寄、携带、使用、提供、处置危险物质行为的构成特征

(一)客体特征

本行为侵犯的客体是复杂客体,既妨害了公共安全,即不特定多数人的生命、健康和重大公私财产的安全,又侵犯了国家有关爆炸性、毒害性、放射性、腐蚀性物质或者传染病病原体等危险物质的管理制度。

(二)客观方面特征

本行为的客观方面表现为违反国家规定,制造、买卖、储存、运输、邮寄、携带、使用、提供、处置危险物质的行为。本行为客观方面具有以下两个方面的特征:

1. 行为违反了国家规定。国家规定,是指与危险物质的制造、买卖、储存、运输、邮寄、携带、使用、提供、处置有关的法律和行政法规。主要包括《消防法》《危险化学品安全管理条例》《民用爆炸物品安全管理条例》《烟花爆竹安全管理条例》《固体废物污染环境防治法》《放射性物品运输安全管理条例》的具体规定。

2. 行为人实施了违反危险物质管理规定的行为。表现为两方面:一是未经批准,擅自制造、买卖、储存、运输、邮寄、携带、使用、提供、处置爆炸性、毒害性、放射性、腐蚀性物质或者传染病病原体等危险物质(以下简称"危险物质")的行为;二是虽经批准,具有制造、买卖、储存、运输、邮寄、携带、使用、提供、处置危险物质的资质,但在行为实施中违反国家规定的要求或者操作规程。

本行为属于选择性的处罚行为。行为人只要实施了非法制造、买卖、储存、运输、邮寄、携带、使用、提供、处置等行为中的任一种行为,即构成违反治安管理行为。非法制造,是指违反国家有关法律规定,以各种方法生产制造危险物质的行为。非法买卖,是指违反法律规定,私自购买或者出售危险物质的行为。有三种情况:一是没有经过国家有关部门的批准而擅自购买或销售;二是超出国家有关部门批准的种类而购买或销售;三是超出国家有关部门批准的数量购买或销售。

非法储存，是指明知是危险物质而私自存储，或者在储存中违反国家关于危险物质储存要求的行为。非法运输，是指违反法律规定，私自运输危险物质或者在运输中违反操作规程的行为。非法邮寄，是指违反法律规定，通过邮局邮寄危险物质的行为。非法携带，是指违反有关法律规定，随身携带危险物质进入公共场所、交通工具或者其他场所的行为。非法使用，是指行为人违反国家有关规定，擅自使用危险物质，或者在使用中违反使用危险物质操作规程的行为。非法提供，是指非法将危险物质提供给他人使用的行为。非法处置，是指违反国家规定，采用焚烧、拆卸、掩埋、排泄、丢弃等方式对危险物质进行处理。

（三）主体特征

本行为主体为一般主体，即年满 14 周岁，具有辨认和控制能力的自然人都可以成为本行为主体。

（四）主观方面特征

本行为在主观方面表现为故意，即明知是爆炸性、毒害性、放射性、腐蚀性物质或者传染病病原体等危险物质，而非法制造、买卖、运输、邮寄、储存、处置等。实施该行为的动机可能多种多样，有的是为了营利，有的为了其他目的。

三、非法制造、买卖、储存、运输、邮寄、携带、使用、提供、处置危险物质行为与犯罪的界限

1. 对于非法制造、买卖、运输、储存爆炸物的行为，原则上根据《刑法》第 125 条规定构成犯罪，只有情节显著轻微的才按违反治安管理行为处理。

2. 对于非法制造、买卖、运输、储存毒害性、放射性、传染病病原体等危险物质的行为，如果危及了不特定多数人的生命、健康，即危害公共安全的，根据《刑法》第 130 条规定应构成犯罪。

3. 对于非法携带爆炸性、易燃性、放射性、毒害性、腐蚀性危险物品的，如果该行为危及公共安全，情节严重的，根据《刑法》第 130 条规定构成犯罪。“情节严重”主要指携带手榴弹、爆炸装置，携带炸药、发射药、黑火药 500 克以上或者烟火药 1 000 克以上，雷管 20 枚以上或者导火索 20 米以上，以及携带其他危险物质对公共安全造成严重威胁的。

4. 对于非法处置危险物质行为违法和犯罪的界限，主要看该行为是否造成危害后果。如违反国家规定，致使公私财产遭受重大损失或者造成人身伤亡严重后果的，根据《刑法》第 338 条规定应构成犯罪。对于未造成危害后果，或者危害较小的，可予以治安管理处罚。

四、非法制造、买卖、储存、运输、邮寄、携带、使用、提供、处置危险物质行为的处罚

下列情形属于“情节较轻”：违反国家规定，制造、买卖、储存、运输、携带危险物质数量较少或者未达到有关刑事立案追诉标准 10% 的；违反国家规定，制造、买卖、储存、运输危险物质造成直接经济损失未达到有关刑事立案追诉标准 10% 的；违反国家规定，处置危险物质数量未达到有关司法解释认定构成刑法第三百三十八条规定的“严重污染环境”标准 10% 的；违反国家规定，处置危险物质违法所得或者致使公私财产损失未达到有关司法解释认定构成《刑法》第 338 条规定的“严重污染环境”标准 10% 的；其他情节较轻的情形。

第二节　危险物质被盗、被抢、丢失后不按规定报告案件查处

一、法律规定

《治安管理处罚法》第 31 条规定:“爆炸性、毒害性、放射性、腐蚀性物质或者传染病病原体等危险物质被盗、被抢或者丢失,未按规定报告的,处五日以下拘留;故意隐瞒不报的,处五日以上十日以下拘留。”

二、危险物质被盗、被抢、丢失后不按规定报告行为的构成特征

(一) 客体特征

本行为侵犯的客体是国家对爆炸性、毒害性、放射性、腐蚀性物质或者传染病病原体等危险物质的管理秩序和公共安全。危险物质的管理直接关系到人们的人身、财产安全,如果危险物质管理失控,就会给公共安全带来很大威胁甚至直接产生重大损失。我国对危险物质实行严格的管理制度,从生产许可、操作规程、储存运输、使用操作、最终处置等各个环节予以严格把关,防止流入社会被不法分子所利用,从而危及人民群众的生命健康和社会公共安全。因此,法律要求,一旦这些危险物质被盗、被抢、丢失,所有人或者管理人应该及时向有关主管机关报告,以便采取必要的防范和打击措施,防止可能的危害和损失。

(二) 客观方面特征

本行为的客观方面表现为危险物质被盗、被抢或者丢失,未按规定报告或者故意隐瞒不报的行为。根据《治安管理处罚法》第 31 条的规定,本行为在客观方面主要包含两个方面内容:一是行为人必须有危险物质被盗、被抢或者丢失的情况;二是行为人在危险物质被盗、被抢或者丢失时,未按照规定报告或者故意隐瞒不报。有两个问题要把握:

1. 被盗、被抢、丢失的含义。被盗,是指由于所有人或者管理人意志以外的原因,而被他人采用秘密窃取的方式取得危险物质的情形。被抢,是指对所有人或者管理人采用暴力威胁或者其他方式当场取得危险物质的活动。丢失,是指除被盗、被抢以外的所有人或者管理人对危险物质失去控制的情形。

2. 关于报告的对象问题,即应该向谁报告。法律规定应该按照规定报告,这里涉及两个问题:一是“规定”的含义。规定应该包括法律、法规、规章,也包括各级人民政府颁布的规范性文件、命令以及有关行业主管部门、行业协会、企事业单位自身制定的规章制度等。二是向哪个部门报告。根据上述各种规定,发生危险物质被盗、被抢或者丢失后,应该按照规定的方式、期限和程序向规定的部门进行报告。例如:根据《危险化学品安全管理条例》第 51 条的规定,剧毒化学物品被盗、被抢、丢失时,必须立即向当地公安部门报告。根据《民用爆炸物品安全管理条例》第 41 条的规定,民用爆炸物品被盗、被抢、丢失,必须及时报告所在地公安机关。

(三) 主体特征

本行为主体为特殊主体,即只能是爆炸性、毒害性、放射性、腐蚀性物质或者传染病病原体等危险物质的所有人、保管人或者管理人。

（四）主观方面特征

本行为在主观方面表现为故意，即明知所有的或者是管理的危险物质被盗、被抢或者丢失，而不按照规定向主管机关报告或者故意隐瞒不报。至于对可能产生或者已经产生的危害后果则是过失。

三、危险物质被盗、被抢、丢失后不按规定报告行为的认定

主要应该把握此类行为违法与犯罪的界限。按照《治安管理处罚法》的规定，本行为只要是在危险物质发生被盗、被抢或者丢失之后未按照规定报告或者隐瞒不报就构成违法，并不进一步要求必须发生严重的后果。如果被盗、被抢或者丢失的枪支产生严重后果的，仍然不报告或者采取措施防范的，应该按照刑法规定的相关犯罪论处。

第三节 非法携带枪支、弹药、管制器具案件查处

一、法律规定

《治安管理处罚法》第32条规定："非法携带枪支、弹药或者弩、匕首等国家规定的管制器具的，处五日以下拘留，可以并处五百元以下罚款；情节较轻的，处警告或者二百元以下罚款。"

二、非法携带枪支、弹药、管制器具行为的概念和特征

非法携带枪支、弹药、管制器具行为，是指违反国家规定，携带枪支、弹药或者弩、匕首等国家规定的管制器具的行为。

本行为具有如下构成特征：

（一）客体特征

本行为侵犯的客体是公共安全，即不特定多数人的生命、健康或者重大公私财产安全。枪支、弹药或者弩、匕首等国家规定的管制器具等危险物品一旦散失在民间，尤其是被犯罪分子利用，就会危及人民群众的生命、财产安全，所以，国家对这类物品的运输、储藏、持有、使用都作了严格规定。因而非法携带这些物品就是对公共安全的威胁。其行为对象是枪支、弹药或者弩、匕首等国家规定的管制器具。

（二）客观方面特征

本行为的客观方面表现为违反国家规定，携带枪支、弹药或者弩、匕首等国家规定的管制器具的行为。

根据《治安管理处罚法》第32条的规定，本行为在客观方面主要包含两个方面的含义：一是携带行为必须是非法。"非法"是指违反有关管制器具管理的法律、法规、规章及相关规范性文件的行为，比如，《枪支管理法》对可以佩带枪支的人员、配置枪支的单位以及枪支管理使用等已经有明确规定，违反这些规定即违法；公安部颁布的《对部分刀具实行管制的暂行规定》规定，特定人员必须佩带匕首的，应该经县以上公安机关批准，发给《匕首佩带证》。二是有携带管制器具的行为。所谓携带，一般是指随身持有、佩带、控制或者藏匿。携带可以是让他人看见的佩带，也可以是藏匿形式的持有，形式不一而足，只要是在行为人身上发现枪支、弹药或者弩、匕首等国家规

定的管制器具，且行为人没有合法持有资格的，就是非法携带。

特别要注意的是对有些少数民族传统或者习惯佩带刀具问题的定性问题。公安部《关于对少数民族人员佩带刀具乘坐火车如何处理问题的批复》规定，少数民族人员只能在民族自治地区佩带、销售和使用藏刀、腰刀、靴刀等民族刀具；在非民族自治地区，只要少数民族人员所携带的刀具属于管制刀具范围，公安机关就应当严格按照相应规定予以管理。少数民族人员违反《铁路法》和《铁路运输安全保护条例》携带管制刀具进入车站、乘坐火车的，由公安机关依法予以没收，但在少数民族自治地区携带具有特殊纪念意义或者比较珍贵的民族刀具进入车站的，可以由携带人交其亲友带回或者交由车站派出所暂时保存并出具相应手续，携带人返回时领回；对不服从管理，构成违反治安管理行为的，依法予以治安处罚；构成犯罪的，依法追究刑事责任。当然，凡公安工作中涉及此类有关少数民族的政策、法律规定，各级公安机关应当积极采取多种形式广泛宣传，特别是要加大在车站等人员稠密的公共场所及公共交通工具上的宣传力度。

（三）主体特征

本行为主体为一般主体，即年满 14 周岁，具有辨认和控制能力的自然人都可以成为本行为主体。

（四）主观方面特征

本行为在主观方面表现为故意，即明知自己没有资格佩带枪支、弹药或者弩、匕首等管制器具而持有。至于对是否使用以及是否会危及公共安全的主观认知，则可能是过失。但是这种心态不影响非法携带的故意。

三、非法携带枪支、弹药、管制器具行为的认定

（一）此类行为违法与犯罪的界限

本行为属于违反《治安管理处罚法》的一般性的行为，只要行为人没有法律根据携带国家管制器具即可构成，如果行为人携带国家管制器具进入公共场所或者交通工具的情节严重的，或者已经发生严重后果的，则按照刑法规定的犯罪论处。这里违法与犯罪的界限主要从三个方面来把握：一是从合法性上区分，本行为前提是非法，合法则不构成违法犯罪。二是从情节是否严重上区分，只是非法携带危及公共安全，情节不严重的，就构成本行为；如果情节严重，符合刑法规定的犯罪构成的则应该以犯罪论处。三是从行为对象上区分，非法携带不属于国家管制器具的其他物品或者是不可能对公共安全造成危害的假的、仿冒的物品的，则不能按照本行为论处。

（二）本行为与其他相关违反治安管理行为的界限

主要把握本行为与非法携带管制器具进入公共场所、公共交通工具行为的界限。两者在客体、主体、主观方面特征上都具有相似性，但是两者又有明显区别：本行为构成在客观方面不要求必须是进入公共场所或者是公共交通工具，只要发现行为人非法携带国家管制器具即可认定；而非法携带管制器具进入公共场所、公共交通工具行为除具备上述条件外，还必须要求已经进入公共场所或公共交通工具，危及公共安全。

四、非法携带枪支、弹药、管制器具行为的处罚

根据《治安管理处罚法》第 32 条的规定，非法携带枪支、弹药或者弩、匕首等管制器具的，处

5日以下拘留,可以并处500元以下罚款;情节较轻的,处警告或者200元以下罚款。

一般来讲,下列情形属于"情节较轻":非法携带弹药,经告知,主动交出的;以收藏、留念、赠送为目的,携带属于管制刀具的各类武术刀、工艺刀、礼品刀,未造成危害后果的;其他情节较轻的情形。

第四节 盗窃、损毁公共设施案件查处

一、法律规定

《治安管理处罚法》第33条规定有三种行为之一的,处十日以上十五日以下拘留。第一种是盗窃、损毁公共设施行为:盗窃、损毁油气管道设施、电力电信设施、广播电视设施、水利防汛工程设施或者水文监测、测量、气象测报、环境监测、地质监测、地震监测等公共设施的。

二、盗窃、损毁公共设施行为的构成特征

(一)客体特征

本行为侵犯的客体是公共安全,包括油气运输、公共通信、水文水利、气象环境、公共道路安全等领域的公共安全。行为对象是油气管道设施、电力电信设施、广播电视设施、水利防汛工程设施或者水文监测、测量、气象测报、环境监测、地质监测、地震监测、路面井盖、照明等公共设施。

(二)客观方面特征

本行为的客观方面表现为秘密窃取或者是故意损毁重要公共设施的行为。根据《治安管理处罚法》第33条的规定,本行为在客观方面要把握两个内容:

第一,实施手段的特定性,即只能是采用盗窃和故意损毁两种方式。所谓盗窃,是指行为人采用自以为秘密的、不为保管人或者所有人发现的方式取走公共设施的部分或者全部。盗窃方式,关键在于行为人自认为隐秘,即使事实上保管人或者其他人发现了行为人的行为,只要行为人自认为没有被发现就可以构成盗窃。所谓损毁,是指以捣毁、拆除、焚烧、污损、砸烂等方式使公共设施的功能全部或者部分丧失的行为。

第二,盗窃、损毁公共设施的范围特定性,即只能是法律规定的油气管道设施、电力电信设施、广播电视设施、水利防汛工程设施或者水文监测、测量、气象测报、环境监测、地质监测、地震监测等公共设施。比如,《电力设施保护条例》中规定的"电力设施",《电信条例》中规定的"电信设施",《广播电视设施保护条例》中规定的"广播电信设施",《防洪法》及相关法规规定的"水利防汛工程设施"等,并且足以造成或者已经造成不特定多数人的人身伤害和财产损失。除此之外的其他方面如果不可能危及公共安全的公共设施则不能成为本行为侵犯的对象。

(三)主体特征

本行为主体为一般主体,即年满14周岁,具有辨认和控制能力的自然人都可以成为本行为主体。

(四)主观方面特征

本行为在主观方面表现为故意,即明知是公共设施而秘密窃取或者人为损毁,以致造成公共设施的丢失或者功能丧失。

三、盗窃、损毁公共设施行为的认定

（一）此类行为违法与犯罪的界限

本行为违法与犯罪的界限主要是把握盗窃或者损毁公共设施是否严重危害公共安全。对于造成一般的损失或者损坏并且对公共安全危害不是很明显的，按本行为处理；对于窃取公共设施数额巨大，或者是损毁公共设施危害严重的，已经或者足以造成较为严重威胁的，应该按照刑法规定的危害公共安全犯罪论处。

（二）本行为与其他相关违反治安管理行为的界限

主要是把握本行为与盗窃行为、故意损毁公私财物行为的界限。本行为与盗窃行为、故意损毁公私财物行为在主体、行为方式上有一定相似之处，但是两者的区别也很明显。第一，两者侵犯的客体不同。本行为侵犯的客体是公共安全，而盗窃行为、故意损毁公私财物行为侵害的则是他人公私财物的所有权或者其中的某项权能。第二，两者的侵犯对象不尽相同。本行为的侵犯对象只能是法律规定的油气管道设施、电力电信设施、广播电视设施、水利防汛工程设施或者水文监测、测量、气象测报、环境监测、地质监测、地震监测、路面井盖、照明等公共设施，这些公共设施同不特定多数人的人身财产安全息息相关，而盗窃行为、故意损毁公私财物行为则不限于上述规定的公共设施，而且行为人侵犯的对象也不能危及公共安全。

第五节　破坏国（边）境管理秩序案件查处

一、法律规定

《治安管理处罚法》第 33 条规定的第二种是破坏国（边）管理秩序行为：移动、损毁国家边境的界碑、界桩以及其他边境标志、边境设施或者领土、领海标志设施的。第三种行为是非法进行影响国（边）界线走向的活动或者修建有碍国（边）境管理的设施。

二、破坏国（边）境管理秩序行为的构成特征

（一）移动、损毁边境、领土、领海标志设施行为

1. 客体特征。本行为侵犯的客体是国家边境管理秩序。具体而言，是指国家对边境界碑、界桩以及其他边境标志、边境设施或者领土、领海标志设施的管理秩序。

2. 客观方面特征。本行为的客观方面表现为移动、损毁国家边境的界碑、界桩以及其他边境标志、边境设施或者领土、领海标志设施的行为。本行为在客观方面要把握两个内容：

第一，行为的对象是国家边境的界碑、界桩以及其他边境标志、边境设施或者领土、领海标志设施。界碑是指在交界的地方树立的碑，界桩是指在交界的地方竖立的桩子，边境设施是指在边境交界的地方设置的与边境标志或者管理相关的设施。界碑、界桩、边境设施可以是永久性的，也可以是临时性的，但都必须具有标明边境、领土、领海疆界的功能。

第二，实施了移动、损毁国家边境标志或者设施的行为。移动是指改变原来的位置，即将国家边境的界碑、界桩以及其他边境标志、边境设施或者领土、领海标志设施，从一个地点挪到另一个地点。损毁是指损坏、毁坏，即通过毁坏等手段，使国家边境的界碑、界桩以及其他边境标志、

边境设施或者领土、领海标志设施失去原有的使用效能。

3. 主体特征。本行为主体为一般主体，即年满14周岁，具有辨认和控制能力的自然人都可以成为本行为主体。

4. 主观方面特征。本行为在主观方面表现为故意。

（二）非法进行影响国（边）界线走向活动行为

1. 客体特征。本行为侵犯的客体是国家边境管理秩序。具体而言，是指国家对有关国（边）界线走向的管理秩序。

2. 客观方面特征。本行为的客观方面表现为进行影响国（边）界线走向的行为。本行为在客观方面要把握两个内容：

第一，行为人实施的活动，必须是违反法律规定的。如在国（边）界线一侧的承包耕地上取土，在国（边）界线附近的保护区域内取土，造成周围地面的塌陷，影响了界线的走向。

第二，行为人实施了影响国（边）界线走向的行为。行为人实施这一行为是以积极作为的形式进行的，如在国（边）界线附近进行挖砂、采石、取土、采伐林木等活动。如果行为人虽然实施了相关行为，但不会影响国（边）界线走向，也不构成本行为。

3. 主体特征。本行为主体为一般主体，即年满14周岁，具有辨认和控制能力的自然人都可以成为本行为主体。

4. 主观方面特征。本行为在主观方面表现为故意。

（三）非法修建有碍国（边）境管理的设施行为

1. 客体特征。本行为侵犯的客体是国家边境管理秩序。具体而言，是指国家有关国（边）境设施的管理秩序。

2. 客观方面特征。本行为的客观方面表现为修建有碍国（边）境管理的设施的行为。本行为在客观方面要把握两个内容：

第一，行为人实施了修建有关设施的行为。行为人实施这一行为是以积极作为的形式进行的。修建设施可以表现为多种方式，如在国（边）界线的位置上建造房屋、开挖鱼塘，在界碑、界桩的地方搭建非法障碍设施等。

第二，修建的设施必须有碍国（边）境的管理。所谓"有碍国（边）境管理"，是指妨碍了国（边）境的管理秩序和要求。

3. 主体特征。本行为主体为一般主体，即年满14周岁，具有辨认和控制能力的自然人都可以成为本行为主体。

4. 主观方面特征。本行为在主观方面表现为故意。

三、破坏国（边）境管理秩序行为的认定

（一）移动、损毁边境、领土、领海标志设施行为违法与犯罪的界限

本行为罪与非罪的界限主要是把握以下两个方面：

1. 行为对象是否为界碑、界桩。《治安管理处罚法》规定的行为对象，除了界碑、界桩外，还有其他边境标志、边境设施或者领土、领海标志设施，对象涉及的范围比《刑法》规定的要宽。移动、损毁界碑、界桩或者永久性测量标志以外的边境设施、标志的行为，构成违反治安管理行为。所谓故意破坏，是指故意将国家边境的界碑、界桩砸毁、拆除、挖掉、盗走、移动或者改变其原样

等，从而使界碑、界桩失去原有的意义和作用的行为。

2. 破坏界碑、界桩就构成犯罪。按照公安部发布的《关于妨害国（边）境管理犯罪案件立案标准及有关问题的通知》的规定，“采取盗取、毁坏、拆除、掩埋、移动等手段破坏国家边境的界碑、界桩的，应当立案侦查”。因此，移动、损毁国家边境标志的界碑、界桩，只有情节显著轻微，不认为是犯罪的，才构成违反治安管理行为。在实践中，情节显著轻微主要是指主观恶性较小，如属于间接故意等。

如符合以上两方面，就构成《刑法》第 323 条破坏界碑、界桩、永久性测量标志罪。此外，除了国家边境的界碑、界桩以外，移动、损毁其他边境标志、边境设施或者领土、领海标志设施的行为，还可能构成《刑法》第 275 条规定的故意毁坏财物罪。

（二）非法进行影响国（边）界线走向活动或者修建有碍国（边）境管理设施行为违法与犯罪的界限

行为人实施的非法进行影响国（边）界线走向活动或者修建有碍国（边）境管理设施的行为，如果属于故意破坏界碑、界桩或者永久性测量标志，从而使其失去原有的意义和作用，依照《刑法》第 323 条规定应构成破坏界碑、界桩、永久性测量标志罪。如行为人受外国某种势力的指使，为了改变国（边）界线的走向，故意通过挖砂、采石、取土、采伐林木等活动，改变自然地貌，并导致国（边）界线走向发生改变的，则依照《刑法》关于危害国家安全罪的有关规定定罪处罚。

四、破坏国（边）境管理秩序行为的处罚

根据《治安管理处罚法》第 33 条的规定，移动、损毁国家边境的界碑、界桩以及其他边境标志、边境设施或者领土、领海标志设施的，非法进行影响国（边）界线走向的活动或者修建有碍国（边）境管理的设施的，处 10 日以上 15 日以下拘留。

第六节　妨害航空器飞行安全案件查处

一、法律规定

《治安管理处罚法》第 34 条规定：“盗窃、损坏、擅自移动使用中的航空设施，或者强行进入航空器驾驶舱的，处十日以上十五日以下拘留。在使用中的航空器上使用可能影响导航系统正常功能的器具、工具，不听劝阻的，处五日以下拘留或者五百元以下罚款。”

二、妨害航空器飞行安全行为的构成特征

（一）盗窃、损坏、擅自移动航空设施行为的构成特征

1. 客体特征。本行为侵犯的客体是航空器飞行秩序和旅客的人身、财产安全。航空器飞行秩序，是指国家有关保证航空器安全飞行的管理秩序，包括航空设施的管理秩序、航空器驾驶的管理秩序以及航空器乘坐的管理秩序等。

2. 客观方面特征。本行为的客观方面表现为行为人实施了盗窃、损坏、擅自移动使用中的航空设施的行为。

本行为在客观方面要把握以下两个方面：

第一,行为人实施的行为是以积极作为的形式进行的。盗窃,是指行为人以非法占有为目的,秘密窃取航空设施的行为;损坏,是指行为人出于故意的心理,实施能够导致有关航空设施失去或者部分失去使用功能的行为;擅自移动,是指行为人未经准许,将有关航空设施移走或者改变指示方向等的行为。航空设施,是指用于指示航空飞行,直接影响飞行安全的设施设备,包括飞行区设施(如跑道、升降带、跑道端安全地区、滑行道系统、机坪、目视助航系统设施、机场围界及巡场路、净空障碍物限制等),空中交通管理系统(如航管、通信、导航、气象等),以及其他与飞行安全有关的各类设施设备。

第二,行为的对象是使用中的航空设施。所谓使用中,是指行为人盗窃、损坏、擅自移动的航空设施,处于正在使用的状态,既包括正处于作业状态的航空设施,也包括处于等待作业状态的航空设施。没有使用的航空设施,如没有交付使用,还处于生产、销售状态,或者由于某种故障处于修理状态,都不属于"使用中"的航空设施,都不能成为本行为的对象。"使用中"含义的理解,可以参照《蒙特利尔公约》的规定。

3. 主体特征。本行为主体为一般主体,即年满 14 周岁,具有辨认和控制能力的自然人都可以成为本行为主体。

4. 主观方面特征。本行为在主观方面表现为故意。

(二)强行进入航空器驾驶舱行为的构成特征

1. 客体特征,与盗窃、损坏、擅自移动航空设施行为相同。

2. 客观方面特征。本行为的客观方面表现为行为人强行进入航空器驾驶舱的行为。本行为在客观方面要把握行为人是否实施了强行进入航空器驾驶舱的行为。航空器,主要是指民用航空器,指除用于执行军事、海关、警察飞行任务以外的航空器,如民航客机、运输机等。驾驶舱,是指专门用于操纵航空器飞行的特定区域。驾驶舱只允许机组人员进入,乘客等非机组人员不能进入。所谓强行进入,是指航空器上的非机组人员,不听劝阻,执意进入航空器驾驶舱的行为。如果行为人在进入驾驶舱时,经机组人员劝阻,自动放弃进入驾驶舱的,则不构成本行为。

3. 主体特征。本行为主体为一般主体,即年满 14 周岁,具有辨认和控制能力的自然人都可以成为本行为主体。

4. 主观方面特征。本行为在主观方面表现为故意。

(三)在航空器上非法使用器具、工具行为的构成特征

1. 客体特征。本行为所侵犯的客体是公共安全。航空器作为在空中运行的交通工具,一旦发生事故,将对不特定人的生命安全造成危险。

2. 客观方面特征。本行为的客观方面表现为行为人实施在使用中的航空器上使用可能影响导航系统正常功能的器具、工具,不听劝阻的行为。

本行为在客观方面要把握两个内容:

第一,行为人实施了使用可能影响导航系统正常功能的器具、工具的行为。所谓可能影响导航系统正常功能,是指可能会对航空器的导航系统的正常操作产生干扰的影响。器具、工具,主要是指与航空器正常飞行无关的主动发射无线电信号的便携式电子设备,包括移动电话(手机)、对讲机、遥控玩具、带遥控装置的电子设备、便携式计算机(笔记本电脑)、收音机、CD 播放机、电子游戏机、视频录放机等。所谓使用中的航空器,是指航空器正处于运营状态,如正在起飞过程中、正在爬升过程中、正在空中飞行过程中、正在下降过程中或者正在着陆过程中等。如果航空

器尚未投入使用,或者处于维修保养过程中,都不构成本行为。

第二,行为人在实施行为后不听劝阻。不听劝阻,就是指行为人在使用中的航空器上使用手机等可能影响导航系统正常功能的器具、工具时,经空乘人员劝说后,仍然执意使用。如果行为人一经劝说,立即停止使用手机等可能影响导航系统正常功能的器具、工具的,则不构成本行为。

3. 主体特征。本行为主体为一般主体,即年满 14 周岁,具有辨认和控制能力的自然人都可以成为本行为主体。

4. 主观方面特征。本行为在主观方面表现为故意。

三、妨害航空器飞行安全行为的认定

妨害航空器飞行安全的行为,是构成违反治安管理行为,还是构成犯罪,主要把握以下两方面:

1. 行为人实施的妨害航空器飞行安全的行为,是否已经达到了足以使航空器发生倾覆、毁坏危险的程度。倾覆是指航空器坠毁,毁坏是指航空器遭受人为破坏而不能正常运营。行为人实施妨害航空器飞行安全的行为,如果足以使航空器发生倾覆、毁坏危险的,就构成犯罪。至于是否造成严重后果,不影响犯罪的成立。如果没有造成足以使航空器发生倾覆、毁坏危险的,则构成违反治安管理行为。

2. 行为人在实施妨害航空器飞行安全行为的过程中,是否使用了暴力。所谓使用暴力,是指对飞行中航空器上的人员(如机组人员)进行殴打、使用凶器行凶等。如行为人在强行进入航空器驾驶舱时,或者不听劝阻使用可能影响导航系统正常功能的器具、工具时,使用了暴力,危及飞行安全,就构成犯罪。使用暴力是否造成严重后果,不影响犯罪的成立。如果没有使用暴力,就构成违反治安管理行为。

如行为符合以上两方面的任何一方面,则根据《刑法》第 116 条、第 117 条和第 123 条,分别构成破坏交通工具罪、破坏交通设施罪及暴力危及飞行安全罪。

四、妨害航空器飞行安全行为的处罚

根据《治安管理处罚法》第 34 条的规定,盗窃、损坏、擅自移动使用中的航空设施,或者强行进入航空器驾驶舱的,处 10 日以上 15 日以下拘留。在使用中的航空器上使用可能影响导航系统正常功能的器具、工具,不听劝阻的,处 5 日以下拘留或者 500 元以下罚款。

第七节　妨害铁路运行安全案件查处

一、法律规定

《治安管理处罚法》第 35 条规定:“有下列行为之一的,处五日以上十日以下拘留,可以并处五百元以下罚款;情节较轻的,处五日以下拘留或者五百元以下罚款:(一) 盗窃、损毁或者擅自移动铁路设施、设备、机车车辆配件或者安全标志的;(二) 在铁路线路上放置障碍物,或者故意向列车投掷物品的;(三) 在铁路线路、桥梁、涵洞处挖掘坑穴、采石取沙的;(四) 在铁路线路上私设道口或者平交过道的。”

二、妨害铁路运行安全行为的构成特征

此类行为侵犯的客体均是铁路运行安全和旅客的人身、财产安全。主体均为一般主体。主观方面表现均为故意。

(一) 盗窃、损毁、擅自移动铁路设施、设备、机车车辆配件、安全标志行为的客观方面特征

本行为的客观方面表现为行为人实施了盗窃、损毁或者擅自移动铁路设施、设备、机车车辆配件或者安全标志的行为。本行为在客观方面必须同时具有以下两方面的特征：

第一,行为的对象是铁路设施、设备、机车车辆配件或者安全标志。所谓铁路设施、设备,是指线路、桥涵、站场、电力系统、通信信号系统等组成铁路路网的固定设施、设备,如信号变压器、轨道变压器,以及铁路信号接线盒、信号机抗流变压器、钢轨扣件等。所谓机车,包括蒸汽机机车、内燃机机车、电力机机车等。所谓车辆配件,是指机车车轴、轮对、主变压器、电机座等零部件。所谓安全标志,是指用图形符号、文字,配之以特定颜色,向驾驶人员或者行人传递特定信息,用以引导、警告、管制交通的标志。

第二,行为人实施了盗窃、损毁或者擅自移动铁路设施、设备、机车车辆配件或者安全标志的行为。行为的具体表现形式是盗窃、损毁或者擅自移动。盗窃,是指行为人以非法占有为目的,秘密窃取铁路设施、设备、机车车辆配件或者安全标志的行为;损毁,是指行为人出于故意的心理,实施能够导致铁路设施、设备、机车车辆配件或者安全标志失去或者部分失去使用功能的行为;擅自移动,是指行为人未经准许,将铁路设施、设备、机车车辆配件或者安全标志从原来的位置,改换到其他的位置。

(二) 在铁路线路上放置障碍物行为的客观方面特征

本行为的客观方面表现为行为人实施了在铁路线路上放置障碍物的行为。本行为具有以下特征：

第一,行为人实施这一行为是以积极作为的形式进行的。所谓障碍物,是指一切能够影响火车正常行驶的有形物体,如石块、木棒、废旧汽车、建筑材料等,都可以成为障碍物。

第二,行为人放置障碍物的地方,必须是在使用中的铁路线路上。如果在铁路线路以外的地方放置障碍物,或者在已经停止使用的铁路线路上堆放物品,则不构成本行为。

(三) 故意向列车投掷物品行为的客观方面特征

本行为的客观方面表现为行为人实施了故意向列车投掷物品的行为。本行为具有以下特征：

第一,行为人实施这一行为是以积极作为的形式进行的。行为人投掷的物品多种多样,包括木板、砖瓦、石块、铁条、凳子、瓶子等。

第二,行为人向列车投掷物品。需要注意的是,向列车投掷的物品,不需要必须影响列车的正常行驶。行为人是向列车投掷物品,即行为人投掷物品的对象,必须是列车。向列车以外的其他地方或者其他铁路设施、设备投掷物品,则不构成本行为。同时,这里的列车,既包括正在行驶中的列车,也包括停靠在车站或者其他地方的列车,但向已经报废的火车投掷物品,不构成本行为。

(四) 在铁路线路、桥梁、涵洞处挖掘坑穴、采石取沙行为的客观方面特征

本行为的客观方面表现为行为人在铁路线路、桥梁、涵洞处挖掘坑穴、采石取沙的行为。本行为具有以下特征：

第一,行为人实施了挖掘坑穴、采石取沙的行为。挖掘坑穴,就是指用工具在铁路线路、桥梁、

涵洞处开掘出低于原平面的坑道、穴洞。采石取沙，就是将铁路线路、桥梁、涵洞处的石块或者沙子取走。

第二，行为人必须是在铁路线路、桥梁、涵洞处实施挖掘坑穴、采石取沙的行为。铁路线路、桥梁、涵洞处，按照铁路法的规定，是指铁路线路和铁路桥梁、涵洞两侧一定距离内。根据《铁路运输安全保护条例》的规定，铁路线路两侧应当设立铁路线路安全保护区。铁路线路安全保护区的范围，从铁路线路路堤坡脚、路堑坡顶或者铁路桥梁外侧起向外的距离分别为：城市市区，不少于 8 米；城市郊区居民居住区，不少于 10 米；村镇居民居住区，不少于 12 米；其他地区，不少于 15 米。铁路线路安全保护区的具体范围，由铁路管理机构提出方案，县级以上地方人民政府按照保障铁路运输安全和节约用地的原则划定。铁路运输企业应当在铁路线路安全保护区边界设立标桩，并根据需要设置围墙、栅栏等防护设施。在铁路线路安全保护区内，除必要的铁路施工、作业、抢险活动外，任何单位和个人不得实施取土、挖砂、挖沟等行为。任何单位和个人不得在铁路桥梁（含道路、铁路两用桥，下同）跨越的河道上下游各 1 000 米范围内围垦造田、抽取地下水、拦河筑坝、架设浮桥，以及修建其他影响或者危害铁路桥梁安全的设施。任何单位和个人不得在铁路桥梁跨越的河道上下游的下列范围内采沙：桥长 500 米以上的铁路桥梁，河道上游 500 米，下游 3 000 米；桥长 100 米以上 500 米以下的铁路桥梁，河道上游 500 米，下游 2 000 米；桥长 100 米以下的铁路桥梁，河道上游 500 米，下游 1 000 米。在铁路线路两侧路堤坡脚、路堑坡顶、铁路桥梁外侧起各 1 000 米范围内，以及在铁路隧道上方中心线两侧各 1 000 米范围内，禁止从事采矿、采石及爆破作业；如果修建道路、水利工程等公共工程，确需实施采石、爆破作业的，应当与铁路运输企业协商后，采取必要的安全防护措施。

（五）在铁路线路上私设道口或者平交过道行为的客观方面特征

本行为的客观方面表现为行为人擅自在铁路线路上私设道口或者平交过道的行为。本行为具有以下特征：

第一，行为人实施了在铁路线路上设置道口或者平交过道的行为。所谓铁路道口，是指铁路线路上铺面宽度等于或者大于 2.5 米并直接与道路贯通的平面交叉。所谓平交过道，是平交道口和人行过道的简称，平交道口是指铁路与城市道路平面交叉的道口；人行过道是指铁路上铺面宽度在 2.5 米以下（城市一般为 0.75 米至 1.5 米，乡村一般为 0.4 米至 1.2 米），与道路贯通的平面交叉。

第二，行为人必须是擅自设置道口或者平交过道。所谓擅自设置，即没有依照法律规定经过批准就自行实施设置的行为。《铁路运输安全保护条例》第 28 条规定，任何单位和个人不得擅自设置或者拓宽铁路道口、人行过道。设置或者拓宽铁路道口、人行过道，应当向铁路管理机构提出申请，并按如下程序审批；城市内设置或者拓宽铁路道口、人行过道，由铁路管理机构会同城市规划部门根据国家有关规定自收到申请之日起 30 日内共同作出批准或者不予批准的决定；城市外设置或者拓宽铁路道口、人行过道，由铁路管理机构会同当地人民政府根据国家有关规定自收到申请之日起 30 日内共同作出批准或者不予批准的决定。行为人私设道口或者平交过道，违反了铁路道口的管理规定。

三、妨害铁路运行安全行为的认定

（一）盗窃、损毁、擅自移动铁路设施、设备、机车车辆配件、安全标志行为的认定

本行为罪与非罪的界限主要是把握行为人实施的盗窃、损毁或者擅自移动铁路设施、设备、

机车车辆配件或者安全标志的行为,是否已经达到了足以使火车发生倾覆、毁坏危险的程度。倾覆是指火车出轨、颠覆;毁坏是指火车遭受人为破坏而不能行驶,危及公共安全的情形。行为人实施盗窃、损毁或者擅自移动铁路设施、设备、机车车辆配件或者安全标志的行为,如果没有达到足以使火车发生倾覆、毁坏危险的程度,则构成违反治安管理行为;如果达到足以使火车发生倾覆、毁坏危险的程度,则根据《刑法》第 116 条、《刑法》第 117 条构成破坏交通工具罪、破坏交通设施罪;是否造成严重后果,不影响犯罪的成立。此外,盗窃、损毁或者擅自移动铁路设施、设备、机车车辆配件或者安全标志的行为,还有可能构成盗窃罪或者故意毁坏财物罪。

(二) 在铁路线路上放置障碍物的认定

本行为罪与非罪的界限主要是把握行为人实施的在铁路线路上放置障碍物的行为,是否已经达到了足以使火车发生倾覆、毁坏危险的程度。如果没有达到足以使火车发生倾覆、毁坏危险的程度,则构成违反治安管理行为;如果达到足以使火车发生倾覆、毁坏危险的程度,则根据《刑法》第 116 条、《刑法》第 117 条构成破坏交通工具罪、破坏交通设施罪。

(三) 故意向列车投掷物品的认定

本行为罪与非罪的界限主要是把握行为是否达到足以使火车发生倾覆、毁坏危险的程度。如果没有达到足以使火车发生倾覆、毁坏危险的程度,则构成违反治安管理行为。例如,投掷石块、损毁列车运行传动装置等,使火车可能倾覆的,则构成《刑法》第 116 条规定的破坏交通工具罪。如其行为毁坏列车、造成人员伤亡等,则构成刑法规定的故意毁坏公私财物罪、故意伤害罪。

(四) 在铁路线路、桥梁、涵洞处挖掘坑穴、采石取沙的认定

本行为罪与非罪的界限主要是把握行为是否达到足以造成轨道、桥梁、隧道损坏的程度。如果没有达到足以造成轨道、桥梁、隧道损坏的程度,则构成违反治安管理行为;如果行为人实施该行为并且造成了轨道、桥梁、隧道的损坏,则根据《刑法》第 117 条构成破坏交通设施罪。

(五) 在铁路线路上私设道口或者平交过道的认定

本行为罪与非罪的界限主要是把握该行为是否影响列车安全通行,造成了严重后果。如果没有达到足以影响列车安全通行的程度,造成了严重后果,则构成违反治安管理行为。行为人实施在铁路线路上私设道口或者平交过道的行为,影响列车安全通行,造成了严重后果的,应当依照《刑法》第 119 条的规定构成过失损坏交通设施罪。

四、妨害铁路运行安全行为的处罚

盗窃、损毁或者擅自移动铁路设施、设备、机车车辆配件或者安全标志行为的"情节较轻"情形:及时采取补救措施,尚未造成危害后果的;盗窃、损毁设施、设备的价值较小,且不足以造成危害后果的;其他情节较轻的情形。

在铁路线路上放置障碍物行为的"情节较轻"情形:在火车到来前及时采取补救措施,危害后果没有发生的;不足以对行车安全和旅客人身安全造成影响的;其他情节较轻的情形。

故意向列车投掷物品行为的"情节较轻"情形:不足以对行车安全和旅客人身安全造成影响的;未造成机车车辆损坏、旅客人身伤害的;其他情节较轻的情形。

在铁路沿线非法挖掘坑穴、采石取沙行为的"情节较轻"情形:及时采取补救措施,尚未造成危害后果的;不足以影响铁路路基稳定或者危害铁路桥梁、涵洞安全的;其他情节较轻的

情形。

在铁路线路上私设道口或者平交过道的行为的“情节较轻”情形：及时采取补救措施，尚未造成危害后果的；不足以对行车安全造成影响的；其他情节较轻的情形。

第八节　妨害列车行车安全案件查处

一、法律规定

《治安管理处罚法》第 36 条规定：“擅自进入铁路防护网或者火车来临时在铁路线路上行走坐卧、抢越铁路，影响行车安全的，处警告或者二百元以下罚款。”

二、妨害列车行车安全行为的构成特征

本行为侵犯的客体是铁路运行安全和旅客的人身财产安全。主体为一般主体。主观方面表现为故意。

（一）擅自进入铁路防护网行为的客观方面特征

本行为的客观方面表现为行为人实施了擅自进入铁路防护网，影响行车安全的行为。本行为在客观方面必须同时具有以下三方面的特征：

第一，行为人实施了进入铁路防护网的行为。铁路防护网是指火车站、铁路线路附近用围墙、栅栏等设置的防护设施。《铁路安全管理条例》第 27 条规定，铁路线路两侧应当设立铁路线路安全保护区。铁路线路安全保护区的范围，从铁路线路路堤坡脚、路堑坡顶或者铁路桥梁（含铁路、道路两用桥，下同）外侧起向外的距离分别为：(1) 城市市区高速铁路为 10 米，其他铁路为 8 米；(2) 城市郊区居民居住区高速铁路为 12 米，其他铁路为 10 米；(3) 村镇居民居住区高速铁路为 15 米，其他铁路为 12 米；(4) 其他地区高速铁路为 20 米，其他铁路为 15 米。该条例第 28 条规定，设计开行时速 120 公里以上列车的铁路应当实行全封闭管理；铁路建设单位或者铁路运输企业应当按照国务院铁路行业监督管理部门的规定在铁路用地范围内设置封闭设施和警示标志。第 77 条第 8 项规定，禁止擅自进入铁路线路封闭区域或者在未设置行人通道的铁路桥梁、隧道通行。铁路运输企业应当在铁路线路安全保护区边界设立标桩，并根据需要设置围墙、栅栏等防护设施。行为人进入铁路防护网可以有不同的表现方式，如通过拆除栅栏的方式进入、翻越围墙的方式进入等。

第二，行为人擅自进入铁路防护网。设置铁路防护网的目的是防止无关人员进入防护网，以确保铁路运行安全和行人的安全。擅自进入，即未经允许，私自进入铁路防护网。如果属于符合规定要求或者经过允许进入铁路防护网，则不属于“擅自进入”。

第三，影响行车安全。所谓影响行车安全，是指行为人擅自进入铁路防护网，妨害了列车的安全行驶。没有影响行车安全的，不构成本行为。

（二）违法在铁路线上行走坐卧、抢越铁路行为的客观方面特征

本行为的客观方面表现为行为人实施了火车来临时在铁路线路上行走坐卧、抢越铁路，影响行车安全的行为。本行为在客观方面必须同时具有以下三方面的特征：

第一，行为人实施了在铁路线路上行走坐卧、抢越铁路的行为。这里的铁路线路，是指使用中的铁路线路，废弃不用的铁路线路不包括在内。行走，主要是指在铁路轨道上、靠近轨道两侧

步行;坐卧,主要是指坐在或者躺在铁路轨道上或者轨道两侧。抢越铁路,是指抢在列车通过前穿过铁路线路。

第二,行为人是在火车来临时实施在铁路线路上行走坐卧、抢越铁路的行为。所谓来临时,是指火车即将通过铁路线。行为人在火车没有来临或者经过之后,在铁路线路上行走坐卧或者穿越铁路,不构成本行为。

第三,影响行车安全。

三、妨害列车行车安全行为的认定

本行为罪与非罪的界限主要是把握行为人实施的擅自进入铁路防护网和火车来临时在铁路线路上行走坐卧、抢越铁路并影响行车安全的行为是否造成危害公共安全等后果。如果擅自进入铁路防护网和火车来临时在铁路线路上行走坐卧、抢越铁路的行为没有造成严重后果,则构成违反治安管理行为;如果造成列车紧急刹车、人员重大伤亡等严重后果的,则可能构成以危险方法危害公共安全罪。

第九节 擅自安装、使用电网,安装、使用电网不符合安全规定案件查处

一、法律规定

《治安管理处罚法》第 37 条规定,有三种行为之一的,处五日以下拘留或者五百元以下罚款;情节严重的,处五日以上十日以下拘留,可以并处五百元以下罚款。第一种行为是未经批准,安装、使用电网的,或者安装、使用电网不符合安全规定的。

二、擅自安装、使用电网,或者安装、使用电网不符合安全规定行为的构成特征

本行为所侵犯的客体是公共安全,即不特定多数人的生命、健康安全。未经主管部门批准私自使用电网,就有可能对不特定多数人造成人身伤害,有时造成的损害是行为人也无法预料和控制的,因此用电安全必须要按照规定使用,电网更是如此。本行为侵犯的对象是电网,即用于防护他人进入而在门窗或者入口墙头等部位设置的高压通电设施。本行为主体为一般主体。本行为在主观方面表现为故意,即明知安装使用的电网未经批准而擅自使用,足以危害公共安全或者已经危害公共安全。

(一) 擅自安装、使用电网行为

本行为的客观方面表现为未经批准,安装、使用电网的行为。根据 1983 年 9 月 23 日水利电力部、公安部《关于严禁在农村安装电网的通告》的规定,安装电网的主管部门是公安机关。根据上述规定,凡安装电网者,必须将安装地点、理由,并附有安装电网的四邻距离图,以及使用电压等级和采取的预防误触电措施等有关资料,向所在地县(市)公安局申报,经审查批准,方可安装。严禁社队企业、作坊安装电网护厂(场)防盗防窃。严禁私人安装电网圈拦房舍、园地、谷仓、畜圈、禽舍等。严禁用电网捕鱼、狩猎、捕鼠或灭害等。由此可见,擅自安装电网的行为方式,一般是指不具备或者是不允许安装使用的单位和个人私下擅自安装使用电网装置;既可以是安装

简易的高压通电设施,也可以是购置安装使用专业性通电设置。

(二) 安装、使用电网不符合安全规定行为

本行为的客观方面表现为安装、使用电网不符合国家或者行业的安全规定的行为。本行为在客观方面有以下特征:

第一,行为人依法取得了安装、使用电网的批准手续,即行为人经向所在地县(市)公安局申报,并经审查批准,依法取得了安装电网的资格。与未经批准安装、使用电网行为相比,安装、使用电网不符合安全规定的前提条件是已经取得批准。

第二,行为人安装、使用电网不符合安全规定。所谓不符合安全规定,是指行为人没有按照规定的安全条件、要求进行电网的安装、使用。如没有按照批准的地点安装电网,或者使用的电压不符合批准的要求,或者没有按照要求采取有效防护措施(如没有设置警示装置、保险设备)。根据有关规定,凡经批准安装电网者,所在地公安局、派出所要定期进行检查,安装者必须接受检查,不得拒绝。

三、擅自安装、使用电网,或者安装、使用电网不符合安全规定行为的认定

(一) 此类行为违法与犯罪的界限

认定此类行为违法与犯罪的界限关键在于,安装使用的电网是否足以危害公共安全。如果电网设置的部位与设施通电状况足以造成对不特定多数人的生命、健康的危害,情节严重的应该按照犯罪论处;对于只可能造成一般危害的,应该按照违反治安管理行为论处。

(二) 本行为与其他相关违反治安管理行为的界限

1. 本行为与故意伤害行为的界限。本行为对他人人身也可能造成一定伤害,特别是明知他人可能出入某地而设置电网,结果对他人造成伤害的,这与故意伤害行为有一定相似之处。但是两者的区别也是很明显的:一是在客体上,本行为主要是危害公共安全,即不特定多数人的人身财产安全,而后者只是对他人的健康权利造成损害;二是在客观方面,本行为的手段只能是通过安装使用电网对他人健康造成伤害,而故意伤害则不限于此手段。

2. 本行为的一行为与数行为竞合问题。如果行为人非法安装、使用电网已经对他人造成伤害,应该如何认定? 我们认为,应该按照想象竞合以重行为论处,即按故意伤害行为处理。

四、擅自安装、使用电网,安装、使用电网不符合安全规定行为的处罚

下列情形属于“情节严重”:在人畜活动较多的区域或者存储易燃易爆危险物品的场所附近安装、使用电网的;造成人员受伤或者财物损失等危害后果的;其他情节严重的情形。

第十节　违反道路施工安全规定及盗窃、损毁路面公共设施案件查处

一、法律规定

《治安管理处罚法》第 37 条规定的第二种行为是:在车辆、行人通行的地方施工,对沟井坎穴不设覆盖物、防围和警示标志的,或者故意损毁、移动覆盖物、防围和警示标志的;第三种行为

是:盗窃、损毁路面井盖、照明等公共设施的。

二、违反道路施工安全规定及盗窃、损毁路面公共设施行为的构成特征

(一) 道路施工不设置安全防护设施行为

1. 客体特征。本行为侵犯的客体是公共安全。近些年来,随着社会经济的发展,我国对于基础设施的投资越来越大,道路新建、改扩建也越来越多。在施工时,建设施工方必须采取相应的安全防范措施,如在车辆、行人通行的地方施工,要对沟井坎穴设覆盖物、防围和警示标志,以免车辆、行人发生危险。但在实践中,经常出现在车辆、行人通行的地方施工,对沟井坎穴不设覆盖物、防围和警示标志导致非机动车、行人跌落或者机动车损毁现象,这种行为严重危及不特定人的生命健康和财产安全,属于妨害公共安全的行为。

2. 客观方面特征。本行为的客观方面表现为在车辆、行人通行的地方施工,对沟井坎穴不设覆盖物、防围和警示标志的行为。这里的"覆盖物""防围",是指在道路施工中为了防止非机动车、行人跌落或者机动车损毁的发生,用于遮拦开凿挖掘的沟井坎穴所用的铁板、帆布、毡布、护栏、塑料布等。"警示标志",是指警示灯、旗帜、标志杆、警告牌等。

3. 主体特征。本行为主体为特殊主体,即施工单位、施工人员。

4. 主观方面特征。主观方面既包括故意,也包括过失。

(二) 故意损毁、移动道路施工安全防护设施行为

1. 客体特征。本行为所侵犯的客体是公共安全。

2. 客观方面特征。本行为的客观方面表现为在车辆、行人通行的地方施工现场,故意损毁、移动沟井坎穴上的覆盖物、防围和警示标志的行为。损毁,是指损坏、毁坏,即行为人通过故意毁坏的手段,使覆盖物、防围和警示标志失去原有的效能。移动,是指改换原来的位置,即将覆盖物、防围和警示标志,从这个地点挪到另一个地点,其结果也是使覆盖物、防围和警示标志失去原有的效能。行为人故意损毁、移动的覆盖物、防围和警示标志,应当是在车辆、行人通行的地方用于遮挡沟井坎穴的覆盖物、防围和警示标志,而不是在没有车辆、行人通行的地方的覆盖物、防围和警示标志。

3. 主体特征。本行为主体为一般主体。

4. 主观方面特征。本行为在主观方面表现为故意。

(三) 盗窃、损毁路面公共设施行为

1. 客体特征。本行为侵犯的客体是人民群众正常的生产、生活秩序和公共安全。

2. 客观方面特征。本行为的客观方面表现为盗窃、损毁路面井盖、照明等公共设施的行为。行为对象是路面井盖、照明等公共设施。所谓路面公共设施,是指包括路灯、自来水井盖、污水井盖、电信电缆井盖、邮筒、公用电话亭、垃圾筒、报刊栏等在内的,具有社会服务性质的各种路面公共设施。

3. 主体特征。本行为主体为一般主体。

4. 主观方面特征。本行为在主观方面表现为故意。

三、违反道路施工安全规定及盗窃、损毁路面公共设施行为的认定

(一) 违反道路施工安全规定行为的认定

主要应注意本行为与公共场所存在安全事故危险行为的区别。所谓公共场所存在安全事故

危险行为,是指旅馆、饭店、影剧院、娱乐场、运动场、展览馆或者其他供社会公众活动的场所的经营管理人员,违反安全规定,致使该场所有发生安全事故危险,经公安机关责令改正,拒不改正的行为。两者都是公共场所设施危害公共安全的行为,有一定的相似之处,但是两者的区别很大:首先,主体不同,本行为的主体是在车辆、行人通行的地方施工的人;而公共场所存在安全事故危险行为则是提供社会公众活动的场所经营管理人员,不包括施工过程中的施工管理人员。其次,行为对象不同,本行为对象是车辆、行人通行地方的沟、井、坎、穴及其覆盖物、防围和警示标志等;而公共场所存在安全事故危险行为对象则是旅馆、饭店、影剧院、娱乐场、运动场、展览馆或者其他供社会公众活动的场所本身。最后,两者的行为方式不同,本行为是对车辆、行人通行的地方的沟、井、坎、穴不设覆盖物、防围和警示标志的行为;而公共场所存在安全事故危险行为则是违反安全规定,致使该场所有发生安全事故危险,经公安机关责令改正,拒不改正的行为。

(二) 盗窃、损毁路面公共设施行为的认定

认定本行为违法与犯罪的界限关键在于,盗窃、损毁路面公共设施行为是否达到一定标准。如果盗窃路面井盖、照明等公共设施行为达到"数额较大"或者"多次盗窃"的标准,则构成盗窃罪。如果损毁路面井盖、照明等公共设施行为达到"数额较大"或者具有"其他严重情节"的标准,则构成故意毁坏公私财物罪。另外,盗窃、损毁路面井盖、照明等公共设施,如危害公共安全,也会构成危害公共安全方面的犯罪。

四、违反道路施工安全规定及盗窃、损毁路面公共设施行为的处罚

道路施工不设置安全防护设施行为的"情节严重"情形:造成人员受伤或者财物损失等危害后果的;多次实施,或者对多个沟井坎穴不设覆盖物、防围和警示标志;其他情节严重的情形。

故意损毁、移动道路施工安全防护设施行为的"情节严重"情形:造成人员受伤或者财物损失等危害后果的;损毁、移动多个设施、标志的;其他情节严重的情形。

盗窃、损毁路面公共设施行为的"情节严重"情形:造成人员受伤或者财物损失等危害后果的;盗窃、损毁多个设施的;其他情节严重的情形。

第十一节　违反规定举办大型活动案件查处

一、法律规定

《治安管理处罚法》第38条规定:"举办文化、体育等大型群众性活动,违反有关规定,有发生安全事故危险的,责令停止活动,立即疏散。对组织者处五日以上十日以下拘留,并处二百元以上五百元以下罚款;情节较轻的,处五日以下拘留或者五百元以下罚款。"

二、违反规定举办大型活动行为的构成特征

本违法行为的主体为一般主体,主观方面均表现为故意。

(一) 客体特征

本行为侵犯的客体是公共安全。大型活动的特点是:在一定的时间和有限的空间之内,人员众多、身份复杂、物资会聚;涉及单位部门多、影响大,敏感性强;易发生重大伤害事故。如果大型

活动发生了安全事故,必然造成重大人员伤亡和财产损失。为此,我国公安机关对举办群众性文化体育活动规定了严格的审批许可程序,这对于预防和减少事故的发生,确保人民群众人身财产安全具有重要意义。

根据《大型群众性活动安全管理条例》规定,大型群众性活动的预计参加人数在1 000人以上5 000人以下的,由活动所在地县级人民政府公安机关实施安全许可;预计参加人数在5 000人以上的,由活动所在地设区的市级人民政府公安机关或者直辖市人民政府公安机关实施安全许可;跨省、自治区、直辖市举办大型群众性活动的,由国务院公安部门实施安全许可。

(二)客观方面特征

本行为的客观方面表现为举办大型群众性活动,违反有关规定,有发生安全事故危险的行为。这里的"有关规定",既包括法律、行政法规、部门规章和地方政府规章,也包括国务院、省、地、县级人民政府的决定和命令。违反行为的表现,既包括举办大型活动未经许可的情形;又包括虽经许可,但承办者擅自变更活动的时间、地点、内容或者擅自扩大大型群众性活动的举办规模的情形,实践中把握的标准为是否"有发生安全事故危险"。不符合有关的安全规定等内容,如参加者大大超出场地人员的核定容量,没有迅速疏散人员的应急预案等存在严重安全隐患,不符合举办大型活动的安全要求,可能危及参加者人身财产安全等情况。群众性活动的组织者或举办单位及负责人,应在公安机关的协助和指导下,拟订安全方案,落实安全措施。《大型群众性活动安全管理条例》规定:大型群众性活动的承办者对其承办活动的安全负责,承办者的主要负责人为大型群众性活动的安全责任人。举办大型群众性活动,承办者应当制订大型群众性活动安全工作方案。各级公安机关要切实履行职责,加强群众性文化体育活动的安全许可、检查和安全保卫等方面的工作。对于已批准开展的活动,要在活动举行前对其安全保卫工作方案的落实情况进行实际检查,一旦发现各类不安全隐患要立即通知主办者整改,整改合格后方可举办;要按照"谁主办,谁负责"的原则,积极主动地与主办单位、场地所有单位及体育、文化等有关部门联系,密切配合,共同做好活动期间的各项安全保卫工作;对重大群众性活动,还应制订应急预案,确保一旦发生事故,能够快速处置、救助。

三、违反规定举办大型活动行为的认定

主要应注意本行为与公共场所经营管理人员违反安全规定行为的区别。所谓公共场所经营管理人员违反安全规定行为,是指旅馆、饭店、影剧院、娱乐场、运动场、展览馆或者其他供社会公众活动的场所的经营管理人员,违反安全规定,致使该场所有发生安全事故危险,经公安机关责令改正,拒不改正的行为。两者都是危害公共安全的行为,有一定的相似之处,但是两者的区别也很大:首先,主体不同,本行为主体为特殊主体,只能是大型活动的组织者,包括策划者、申办者、管理者等在大型活动中起主要决定作用的人员或者单位;而公共场所经营管理人员违反安全规定行为则是提供社会公众活动的场所的经营管理人员,不包括大型文化、体育活动的管理人员。其次,行为对象不同,本行为对象是大型活动内的相关安全设施;而公共场所经营管理人员违反安全规定行为则是旅馆、饭店、影剧院、娱乐场、运动场、展览馆或者其他供社会公众活动的场所本身。最后,两者的行为方式不同,本行为是大型群众性活动,违反有关规定,有发生安全事故危险而没有事先采取有效措施预防或者消除;而公共场所经营管理人员违反安全规定行为则是违反安全规定,致使该场所有发生安全事故危险,经公安机关责令改正,拒不改正。

四、违反规定举办大型活动行为的处罚

下列情形属于“情节较轻”：存在安全隐患，经公安机关指出及时采取措施消除的；发现安全隐患后，主动停止活动、积极组织疏散，未造成危害后果的；其他情节较轻的情形。

第十二节　公共场所经营管理人员违反安全规定案件查处

一、法律规定

《治安管理处罚法》第 39 条规定：“旅馆、饭店、影剧院、娱乐场、运动场、展览馆或者其他供社会公众活动的场所的经营管理人员，违反安全规定，致使该场所有发生安全事故危险，经公安机关责令改正，拒不改正的，处五日以下拘留。”

二、公共场所经营管理人员违反安全规定行为的构成特征

（一）客体特征

本行为侵犯的客体是社会公共安全，具体说是公共场所的安全和国家对公共场所安全的管理秩序。

（二）客观方面特征

本行为的客观方面表现为旅馆、饭店、影剧院、娱乐场、运动场、展览馆或者其他供社会公众活动的场所的经营管理人员，违反安全规定，致使该场所有发生安全事故的危险，经公安机关责令改正，拒不改正的行为。本行为客观方面的特征有以下三方面：

第一，行为人违反了有关安全的规定。为了保证公共场所的安全，国家对公共场所必须具备的条件和要求作了明确规定，公共场所的经营管理人员必须严格遵守和认真落实。例如，《消防法》规定，歌舞厅、影剧院、宾馆、饭店、商场、集贸市场等公众聚集的场所，在使用或者开业前，应当向当地公安消防机构申报，经消防安全检查合格后，方可使用或者开业；任何单位、个人不得损坏或者擅自挪用、拆除、停用消防设施、器材，不得埋压、圈占消火栓，不得占用防火间距，不得堵塞消防通道等。再如，《娱乐场所管理条例》规定，设立向公众开放的、消费者自娱自乐的营业性歌舞、游艺等场所的，其安全、消防设施等必须符合国家规定的标准；娱乐场所经营单位应当加强防火措施，保证消防设施的正常使用等。

第二，行为有发生安全事故的危险。所谓有发生安全事故的危险，是指存在发生人员伤亡、财产损失的可能。场所是指旅馆、饭店、影剧院、娱乐场、运动场、展览馆、商场、超市、歌舞厅、咖啡厅、公共浴池、酒吧、理发店、游泳池等场所。这些场所必须是供社会公众即不特定的众人聚集、活动的公共场所。该行为强调了违反国家有关安全规定，致使该场所有发生安全事故的危险，而未要求安全事故的实际发生。如果安全事故实际发生，则可能构成犯罪而不再是违反治安管理行为。

第三，公安机关责令改正，拒不改正的。公安机关对行为人违反国家有关安全规定并致使该场所有发生安全事故危险的，已经明确责令行为人予以改正，但其借种种理由拒不改正。公安机关责令改正，行为人立即改正的，则不构成本行为。

（三）主体特征

本行为主体为特殊主体，即只有旅馆、饭店、影剧院、娱乐场、运动场、展览馆或者其他供社会公众活动的场所的经营管理人员，才能构成违反治安管理行为。

（四）主观方面特征

本行为在主观方面表现为故意，即行为人违反安全规定致使该场所有发生安全事故的危险，经公安机关责令改正，拒不改正的。如果行为人经公安机关责令改正后立即改正的，不构成本行为。

三、公共场所经营管理人员违反安全规定行为的认定

本行为罪与非罪的界限主要是把握行为是否造成严重后果。造成严重后果，主要是指造成人员伤亡、财产损失等。如果旅馆、饭店、影剧院、娱乐场、运动场、展览馆或者其他供社会公众活动的场所的经营管理人员，违反消防管理，致使该场所有发生安全事故的危险，经消防监督机构通知采取改正措施却拒绝执行，造成严重后果的，则根据《刑法》第 139 条构成消防责任事故罪；如果未造成严重后果，则构成违反治安管理行为，应给予治安管理处罚。

［自测自评］

【思考练习题】

1. 2016 年 1 月 15 日下午，刘党国驾驶陕 D 号面包车在西安咸阳国际机场接人时，被机场临检的公安人员在其所驾驶的车上搜出警用电击器一把，随后临检的公安人员将刘党国及所查获的警用电击器一同移送给民航场区派出所。民航场区派出所对刘党国作出当场处罚决定书，罚款刘党国 200 元，并收缴了警用电击器。

请问：根据《治安管理处罚法》的规定，刘党国的行为属何种违反治安管理行为？请简要叙述理由。

2. 方某，某地养殖专业户。由于方某养鸡场内的鸡常在夜间被偷，直接经济损失达 5 000 余元。2006 年 6 月，方某请来本村电工汪某在鸡场周围设置了电网，每到傍晚便将电网通电，2007 年 4 月某日晚间，方某和汪某正在养鸡场内喝酒，忽然听到一声惨叫，方某连忙拉闸断电。二人出门查看，发现村民赵某被击倒，方某遂找来一辆农用车，将赵送往医院。因抢救及时，赵某短暂休克之后，即苏醒过来，后恢复正常。公安机关在向赵某调查取证时，赵某称去年五一曾在此偷过鸡，到市场上卖了 200 元钱，经查证属实。

请问：对涉案人员的行为、财物应如何认定、处理？

3. 2018 年 2 月 11 日，淳安县公安局城区派出所和淳安县公安消防大队对江美珠经营的座落于淳安县千岛湖镇龙门路 ×× 弄 ×× 号出租房进行消防检查，该出租房共 7 层半，其中 1 至 6 层共 31 间用于出租给他人居住，检查中发现该房存在消防安全隐患。同月 13 日，城区派出所

向江美珠发出责令限期改正通知书，责令其改正下列消防安全违法行为：封闭疏散通道、安全缺口；灭火器、疏散指示标志，应急照明未保持完好有效；四、五、六、七层缺少一部疏散楼梯；未按要求配置逃生用口罩、报警哨、手电筒、逃生绳等。3 月 13 日，派出所和消防大队民警对涉案出租房进行复查，发现江美珠已按其要求进行改正，但该房仍然存在消防安全隐患。同月 16 日，城区派出所以江美珠涉嫌违反治安管理决定受案，并对部分承租户进行了调查。17 日 9 时许，城区派出所对江美珠实施传唤询问，并向江美珠告知拟处罚的事实、理由和依据。根据《治安管理处罚法》的规定，对其决定行政拘留 3 日，并送淳安县拘留所执行。

请问：

(1) 江某的行为属何种违反治安管理行为？

(2) 公安机关的处罚是否正确？请简要说明理由。

(3) 若江某不服处罚可以选择哪些救济途径？

第十四章　侵犯人身权利、财产权利案件查处

第一节　组织、胁迫、诱骗进行恐怖、残忍表演案件查处

一、法律规定

《治安管理处罚法》第40条规定有三种行为之一的，处十日以上十五日以下拘留，并处五百元以上一千元以下罚款；情节较轻的，处五日以上十日以下拘留，并处二百元以上五百元以下罚款。第一种行为是：组织、胁迫、诱骗不满十六周岁的人或者残疾人进行恐怖、残忍表演的。

二、组织、胁迫、诱骗进行恐怖、残忍表演行为的构成特征

（一）客体特征

本行为所侵犯的客体是未满16周岁的人以及残疾人的身心健康和人身自由权利。行为对象是未满16周岁的人和残疾人。未满16周岁的人身心发育不成熟，易受胁迫和诱骗，因此，保护未满16周岁的人身心健康有着极其重要的意义。根据《残疾人保障法》之规定，“残疾人”是指在心理、生理、人体结构上，某种组织、功能丧失或者不正常，全部或者部分丧失以正常方式从事某种活动能力的人，包括视力残疾、听力残疾、言语残疾、肢体残疾、智力残疾、精神残疾、多重残疾和其他残疾的人。残疾人是一个困难群体，由于身体的残疾影响他们与外界的交往，残疾人在社会生活中常常处于某种不利地位，他们受教育程度低，就业机会少，对残疾人的保障同样关系到国家发展、社会稳定和生产力的进一步解放，因此是一个不容忽视的社会问题。为此，《残疾人保障法》规定，残疾人的公民权利和人格尊严受法律保护。禁止歧视、侮辱、侵害残疾人。

（二）客观方面特征

本行为的客观方面表现为组织、胁迫、诱骗不满16周岁的人或者残疾人进行恐怖、残忍表演行为。根据国务院颁布的《营业性演出管理条例》的规定，国家鼓励营业性文艺表演团体和个体演员深入群众，努力创作和表演思想性、艺术性统一，体现民族优秀文化传统，为广大群众所欢迎的优秀节目，但国家禁止举办表演方式恐怖、残忍，摧残演员健康的，或者利用人体缺陷或者以展示人体变异等招徕观众的演出活动。

具体来讲，本违法行为的特征表现为：

1. 行为人必须实施了组织、胁迫、诱骗的行为。所谓“组织”，是指行为人通过纠集、控制不满16周岁的人、残疾人或者以雇用、招募等手段让不满16周岁的人、残疾人表演恐怖、残忍节目的行为。“胁迫”，是指行为人以立即实施暴力或其他有损身心健康的行为，如冻饿、罚跪等相要挟，逼迫不满16周岁的人、残疾人按其要求表演恐怖、残忍节目的行为。“诱骗”，是指行为人利用不满16周岁的人年幼无知的弱点或亲属等其他人身依附关系，或者利用残疾人的自身弱点，

以许愿、诱惑、欺骗等手段使不满16周岁的人、残疾人按其要求表演恐怖、残忍节目的行为。

2. 组织、胁迫、诱骗不满16周岁的人或者残疾人进行的是恐怖、残忍表演。这里所说的“恐怖”表演，是指营造凶杀、暴力等恐怖气氛的表演项目，如碎尸万段、刀劈活人、大卸人体组织等。“残忍”表演，是指对人的身体进行残酷折磨，以营造残忍气氛的表演项目，如脚踩女孩、人吃活蛇、蛇钻七窍、油锤贯顶、钉板打石、汽车过人、铁钉刺鼻等。这些表演项目严重摧残了不满16周岁的人和残疾人的身心健康，影响了他们的正常发育。

（三）主体特征

本行为主体为一般主体，即年满14周岁，具有辨认和控制能力的自然人都可以成为本行为主体。

（四）主观方面特征

本行为在主观方面表现为故意，即明知是不满16周岁的未成年人或者残疾人而组织、胁迫、诱骗他们进行恐怖、残忍表演。

三、组织、胁迫、诱骗进行恐怖、残忍表演行为的认定

（一）恐怖、残忍表演与一般杂技表演的界限

实践中应当注意区分恐怖、残忍表演行为与一般杂技表演的界限。中国杂技源远流长，是我国传统文化的一部分，杂技表演虽然也有一些惊险、离奇的动作，但其是以科学、文明体现自身价值的。而恐怖、残忍表演以表现恐怖、暴力为内容，所追求的是感官刺激、恐怖气氛，并且这类表演大多缺乏必要的安全措施，极易发生危险，尤其是由不满16周岁的人或者残疾人表演这类节目，对其身心健康会带来极大伤害。

（二）本行为与其他相关违反治安管理行为的界限

1. 本行为与限制人身自由行为、侮辱行为的界限。本行为在客观上也往往表现为采用限制不满16周岁的人、残疾人自由或者侮辱不满16周岁的人、残疾人的手段达到组织、胁迫、诱骗其进行恐怖、残忍表演目的的行为，这就与限制人身自由行为、侮辱行为存在一定的相似之处。两者之间是一般与特殊的关系，如果行为人对不满16周岁的人、残疾人实施限制人身自由和侮辱行为是一种组织、胁迫、诱骗其进行恐怖、残忍表演的手段，则以本行为论处；如果行为单纯就是限制人身自由行为或者侮辱行为，则按照限制人身自由行为或者侮辱行为论处。

2. 本行为与猥亵智力残疾人、精神病人、未成年人行为的界限。猥亵智力残疾人、精神病人、未成年人行为，是指以暴力、胁迫或者其他方法猥亵智力残疾人、精神病人、未成年人的行为。两者之间在行为手段、行为对象方面有一定的相似之处，尤其是当行为人采用猥亵手段或者组织进行猥亵性表演时，如何界定两者的界限是一个难点问题。两者的主要区别在于两个方面：一是两者的行为对象不同，本行为的对象只包括不满16周岁的人和残疾人，而猥亵智力残疾人、精神病人、未成年人的行为对象则包括智力残疾人、精神病人、未成年人三类；二是两者的行为方式不同，本行为客观方面必须具备组织、胁迫、诱骗行为和进行恐怖、残忍表演行为两个方面的统一，而猥亵智力残疾人、精神病人、未成年人行为则只是单纯的猥亵行为。尽管猥亵行为包括暴力手段，但是不以暴力为前提。如果行为人采用猥亵手段进行恐怖、残忍表演或者组织、胁迫、诱骗未成年人、残疾人进行猥亵表演，则以猥亵智力残疾人、精神病人、未成年人行为论处。

四、组织、胁迫、诱骗进行恐怖、残忍表演行为的处罚

下列情形属于“情节较轻”:未使用暴力方法,且对他人身心健康影响较小的,但将相关表演视频在信息网络上散布的除外;经被侵害人要求或者他人劝阻及时停止,且后果轻微的;其他情节较轻的情形。

第二节 强迫劳动案件查处

一、法律规定

《治安管理处罚法》第40条规定的第二种行为是:“以暴力、威胁或者其他手段强迫他人劳动的。”

二、强迫劳动行为的构成特征

(一)客体特征

本行为侵犯的客体是复杂客体,既侵犯劳动者的人身自由,又侵犯国家劳动管理制度。劳动者作为我国公民的一个组成部分,其人身自由不受侵犯,已为《宪法》《劳动法》和相关法律所明确规定。所谓劳动管理制度,主要是指《劳动法》及其系列配套规章的规定。根据《劳动法》的规定,劳动者的合法权益受法律保护,任何人(包括用人单位)不得侵害。而以暴力、威胁或者其他手段迫使他人进行劳动则直接侵害劳动者的人身自由和违反国家劳动管理制度。

(二)客观方面特征

本行为的客观方面表现为以暴力、威胁或者其他手段迫使他人进行劳动的行为。这里包含两个必不可少的条件:一是手段的强迫性,即使用暴力、威胁或者其他手段;二是强迫劳动,即强制他人从事规定的劳动作业或者工作任务。强迫是实质,劳动是形式,两者共同构成本行为的客观特征。所谓“暴力”,是指行为人直接对受害人采取殴打、禁闭、伤害、捆绑等危害人身自由的方式,使受害人被迫参加行为人安排的劳动。所谓“威胁”,是指行为人对受害人采用恫吓、要挟、将要杀伤、加害亲属等方式,达到使受害人受到精神上的恐惧从而接受强制劳动之目的。所谓“其他手段”,是指除了上述暴力、威胁手段之外的使受害人无法抗拒的方法,如利用受害人的经济困难、急需用钱或者有求于行为人等。

(三)主体特征

本行为主体为一般主体,即年满14周岁,具有辨认和控制能力的自然人都可以成为本行为主体。实践中,一般都多表现为用人单位的负责人及其雇用的管理人员或者看管人员,即俗称的“打手”。

(四)主观方面特征

本行为在主观方面表现为故意,一般具有获利的目的。

三、强迫劳动行为的认定

(一)此类行为与犯罪的界限

认定本行为与犯罪的界限,主要把握两个方面:一是必须是暴力的手段行为与强制他人劳动

行为都具备,缺一则不能构成本行为;二是本行为属于情节犯,即要求行为的暴力手段和强制行为都必须是没有达到情节严重,如果情节严重,符合《刑法》规定的强迫劳动罪的构成要件,则应该按照犯罪论处。

(二)强迫劳动行为中发生数个违法行为的竞合问题

这是指行为人既强迫受害人劳动,又对行为人实施故意伤害和殴打行为的,应该如何处理的问题。根据我国《治安管理处罚法》的规定,应该数行为并罚。

四、强迫劳动行为的处罚

下列情形属于"情节较轻":经被侵害人要求或者他人劝阻及时停止,且后果轻微的;强迫他人劳动系以劳务抵偿合法债务,且劳动强度较低的;其他情节较轻的情形。

第三节 非法限制人身自由、非法侵入住宅、非法搜查身体案件查处

一、法律规定

《治安管理处罚法》第 40 条规定的第三种行为是:非法限制他人人身自由、非法侵入他人住宅或者非法搜查他人身体的。

二、非法限制人身自由、非法侵入住宅、非法搜查身体行为的构成特征

(一)非法限制人身自由行为

1. 客体特征。本行为侵犯的客体是公民的人身自由权利。

2. 客观方面特征。本行为的客观方面表现为剥夺他人人身自由或以其他手段限制他人人身自由的行为。本行为客观方面的特征包括以下两方面:

第一,行为人实施了限制他人人身自由的行为。行为人实施这一行为是以积极作为的形式进行的,消极不作为不能构成本行为。本行为表现为以暴力、威胁或者其他方法对他人人身自由加以限制。

第二,行为人实施限制他人人身自由的行为是非法的。在我国,实施逮捕、拘留等强制措施,有严格的法律规定,并须由专门机关按照法律规定的程序进行。按照《宪法》《刑事诉讼法》《监察法》等法律的规定,我国公民的人身自由不受侵犯。任何公民非经人民检察院批准或者决定或者人民法院决定,并由公安机关执行,不受逮捕;拘留只能由公安机关、人民检察院决定,并由公安机关执行。非经监察机关批准,不得对被调查对象采取留置措施。法定机关依照法定程序限制犯罪嫌疑人、违法嫌疑人人身自由的行为不构成违反治安管理行为。除此之外,任何机关、团体、企业、事业单位和个人不依照法律规定或者不依照法律规定的程序拘禁他人,都是非法的。需要注意的是,公民对正在实行犯罪或者犯罪后被及时发觉的、通缉在案的、越狱逃跑的、正在被追捕的人,有权立即扭送到司法机关。这种扭送行为,包括在途中实施的捆绑、扣留等行为,不是非法拘禁行为。

3. 主体特征。本行为主体为一般主体,即年满 14 周岁,具有辨认和控制能力的自然人都可

以成为本行为主体。

4. 主观方面特征。本行为在主观方面表现为故意。过失不能构成本行为。

（二）非法侵入住宅行为

1. 客体特征。本行为侵犯的客体是公民的人身自由权利。

2. 客观方面特征。本行为的客观方面表现为未经许可，强行进入他人住宅的行为。本行为客观方面的特征包括以下两方面：

第一，行为人实施了侵入他人住宅的行为。一般表现为积极作为，在有些情况下，不作为亦可构成本行为。所谓侵入他人住宅，是指未经住宅主人同意，强行闯入他人住宅，或者虽然进入他人住宅得到住宅主人同意，但经住宅主人要求其退出仍拒不退出的行为。强行闯入，是指采用强制性手段进入住宅，如通过撬门、翻墙等方法进入他人的住宅。所谓住宅，是指公民居住、生活的场所。住宅的具体范围，是单门独院的，以围墙为界；没有围墙或者是多层、高层的，以居室为界。如果行为人侵入的不是他人的住宅，而是办公场所，则不构成本行为。

第二，行为人实施侵入他人住宅的行为是非法的。如果事先征得住宅主人的同意，或者是司法工作人员为依法执行搜查、逮捕、拘留等任务，依照法定程序进入他人住宅的，则不属于非法侵入他人住宅。

3. 主体特征。本行为主体为一般主体，即年满 14 周岁，具有辨认和控制能力的自然人都可以成为本行为主体。

4. 主观方面特征。本行为在主观方面表现为故意，过失不能构成本行为。

（三）非法搜查身体行为

1. 客体特征。本行为侵犯的客体是公民的人身权。

2. 客观方面特征。本行为的客观方面表现为没有法律依据，强行对他人身体进行查验的行为。本行为客观方面的特征包括以下两方面：

第一，行为人实施了搜查他人身体的行为。行为人实施这一行为是以积极作为的形式进行的，所谓搜查，是指生活意义上的针对他人身体，主要是对被害人身着的衣服进行检查，即人们平时所说的搜身。如果不是搜查他人的身体，而是他人携带的背包等，则不构成本行为。

第二，行为人搜查他人身体的行为是非法的。所谓非法，指无权进行搜查的机关、团体、单位的工作人员或者个人，无法律依据的对他人的身体进行搜查；如果是有搜查权的国家机关工作人员，滥用职权，擅自决定非法对他人的身体进行搜查，或者搜查的程序和手续不符合法律规定的情形，应当依照相关法律规定予以行政处分，构成犯罪的依照刑法有关规定追究刑事责任。

3. 主体特征。本行为主体为一般主体，即年满 14 周岁，具有辨认和控制能力的自然人都可以成为本行为主体。

4. 主观方面特征。本行为在主观方面表现为故意，过失不能构成本行为。

三、非法限制人身自由、非法侵入住宅、非法搜查身体行为的认定

（一）非法限制人身自由行为的认定

认定本行为违法与犯罪的界限主要是看被害人失去人身自由的程度。如果非法限制他人人身自由，使被害人在一定程度上或者部分失去人身自由，则构成违反治安管理的行为；如

果是非法剥夺他人人身自由，使他人完全丧失人身自由，则构成《刑法》第238条规定的非法拘禁罪。

（二）非法侵入住宅、非法搜查身体行为的认定

关于非法侵入他人住宅或者非法搜查他人身体罪与非罪的界限，主要是看情节是否属于显著轻微。所谓情节显著轻微，主要是从主观恶性、行为手段以及损害后果方面综合认定对社会危害不大的。如果情节显著轻微，危害不大，则构成违反治安管理的行为；反之，则构成《刑法》第245条规定的非法搜查罪、非法侵入住宅罪。

四、非法限制人身自由、非法侵入住宅、非法搜查身体行为的处罚

一般来讲，非法限制人身自由，未使用殴打、捆绑、侮辱等恶劣手段，且未造成人身伤害或者其他较重危害后果，取得被侵害人谅解的，可以认定为非法限制他人人身自由违法的“情节较轻”；因债务纠纷、邻里纠纷侵入他人住宅，经劝阻及时退出，且未造成危害后果的，或是非法侵入他人住宅，自行退出，且未造成危害后果的，可以认定为非法侵入住宅违法的“情节较轻”；经被侵害人要求或者他人劝阻及时停止，且未造成人身伤害或者其他危害后果的，或未使用暴力或者未以暴力相威胁等情况，可以认定为非法搜查身体违法的“情节较轻”。

第四节　非法乞讨案件查处

一、法律规定

《治安管理处罚法》第41条规定：“胁迫、诱骗或者利用他人乞讨的，处十日以上十五日以下拘留，可以并处一千元以下罚款。反复纠缠、强行讨要或者以其他滋扰他人的方式乞讨的，处五日以下拘留或者警告。”

二、非法乞讨行为的构成特征

（一）胁迫、诱骗、利用他人乞讨行为

1. 客体特征。本行为侵犯的客体是被胁迫、诱骗或者利用的乞讨者的合法权益，以及社会公共秩序。

2. 客观方面特征。本行为的客观方面表现为胁迫、诱骗或者利用他人乞讨的行为。主要由以下两方面构成：

第一，行为人实施了让他人乞讨的行为。乞讨者进行乞讨，并不是出于乞讨者自己的意愿，而是行为人让其进行乞讨，即受行为人的指使而进行乞讨。

第二，行为人让他人乞讨的方式是采用胁迫、诱骗或者利用手段。所谓胁迫，是指行为人以实施殴打、罚跪、冻饿或者其他行为相要挟，迫使他人违背其真实意愿进行乞讨。所谓诱骗，是指行为人以诱惑、欺骗、许愿等方式，或者利用他人的弱点、人身依附关系等因素，诱导他人同意进行乞讨。所谓利用，主要是指行为人将他人乞讨作为自己谋利的方式等。

3. 主体特征。本行为主体为一般主体，即年满14周岁，具有辨认和控制能力的自然人都可以成为本行为主体。

4. 主观方面特征。本行为在主观方面表现为故意，即行为人明知胁迫、诱骗或者利用他人乞讨会损害乞讨人员的权益和扰乱社会秩序，仍然实施。行为人胁迫、诱骗或者利用他人乞讨的目的，往往是为自己谋取利益。

（二）以滋扰他人的方式乞讨的行为

1. 客体特征。本行为侵犯的客体是他人的人身自由权利。乞讨作为一种社会现象，在任何国家、任何社会都不同程度地存在。由于我国正处在经济快速发展阶段，存在贫富差别、城乡居民收入和生活水平的差距加大、进城务工农民增多等问题，使得一部分人在工作无着落、生活困难的情况下，选择了流浪乞讨的生存方式。也有一些人并非生活无着必须选择流浪乞讨的生活方式，而是想利用乞讨谋取非法利益。这严重损害了他人的合法权益，破坏了社会秩序。无论是从法治的基本原理还是现实的发展趋势来看，都应当以平常心态来对待乞讨者的个人选择，应将乞讨视为他们的自由和权利。但任何人在行使自己的权利时不得侵犯他人的权利，更不能侵害公共利益。当前，有一些乞讨者在行乞时对他人的权利构成威胁，有的以乞讨之名行骗人之术，有的在公共场所反复纠缠他人，有的强讨恶要，这些都侵犯了他人的权利和正常生活，对这种违反治安管理的行为，应当依法予以处罚。

2. 客观方面特征。本行为的客观方面表现为反复纠缠、强行讨要或者以其他滋扰他人的方式乞讨的行为。所谓乞讨，是指乞求施舍或者救济的行为。乞讨的方式可以多种多样，但是应该以施舍人或者救济人自愿为原则。违背他人的意志的行为，主要包括三种方式：(1) 反复纠缠，是指重复、不断地缠着他人进行乞讨的行为。具体表现为拽衣服、抱腿、不给钱就不松手等方式纠缠路人。(2) 强行讨要，是指以蛮不讲理的方式，向他人乞讨，致使他人不得不满足其乞讨要求的行为。(3) 以其他滋扰他人的方式乞讨，是指采用除反复纠缠、强行讨要以外的其他方式进行乞讨的行为，如尾随讨要等。

3. 主体特征。本行为主体为一般主体，即年满 14 周岁，具有辨认和控制能力的自然人都可以成为本行为主体。

4. 主观方面特征。本行为在主观方面表现为故意，即明知自己的乞讨行为是他人不自愿而采取强行或者滋扰手段实施，一般以获取财物为目的。

三、非法乞讨行为的认定

（一）胁迫、诱骗、利用他人乞讨行为的认定

认定本行为违法与犯罪的界限，在于行为人实施胁迫、诱骗或者利用他人乞讨的行为是否还有其他情节。如果在胁迫他人乞讨时，实施了故意伤害他人身体的行为，或者殴打他人致人重伤，就可能构成《刑法》第 234 条规定的故意伤害罪。

（二）以滋扰他人的方式乞讨行为的认定

1. 此类行为违法与犯罪的界限

认定本行为违法与犯罪的界限，关键是看两个方面：一是行为是否构成对他人人身权利的侵害，如果强行乞讨已经对他人人身自由权利或者生命健康权利造成危害，则按照犯罪论处。二是乞讨针对的财物数额大小，如果针对的数额较大，并且实施了反复纠缠、强行讨要或者以其他滋扰他人的方式乞讨就可以构成本行为；如果采用乞讨的手段，以骗取或者劫取财物为目的，构成犯罪的，应该以犯罪论处。

2. 本行为与其他相关违反治安管理行为的界限

⑴ 本行为与敲诈勒索行为的界限。所谓敲诈勒索行为，是指以非法占有为目的，采用威胁或者要挟的手段，迫使财物所有人或者保管人交出财物的行为。本行为与敲诈勒索行为在行为方式和取得财物的结果表现形式上有一定的相似之处，但是，两者又有明显的区别。第一，两者的行为对象不同。本行为针对的是不特定对象而实施纠缠讨要，而敲诈勒索行为则有明确的行为对象。第二，两者的行为方式不完全相同。本行为主要表现为反复纠缠、强行讨要或者以其他滋扰他人的方式乞讨三种形式，这些形式重在行为本身的危害性，而敲诈勒索行为则只能是采用威胁或者要挟的手段，迫使财物所有人或者保管人交出财物的形式，这种行为是手段行为与取财行为的有机统一。第三，两者威胁的内容不同。本行为采用的威胁方式，不以暴力或者伤害为要挟内容，而是使用纠缠、尾随、蛮不讲理、软磨硬泡等方式达到索取财物的目的，而敲诈勒索行为采用的威胁或者要挟的内容，则涉及多个方面，可以是以将要实施刺杀、伤害等暴力相威胁，也可以是揭发隐私、毁坏名誉等精神强制，还可以是毁坏财物等相要挟，只要是达到了使受害人精神恐惧的目的，都可以成为敲诈勒索行为的威胁方式。第四，两者取财时间不同。本行为实施强行乞讨与索取财物是同时进行的，即当场取财，而敲诈勒索行为威胁和要挟行为与取财行为不是同一时间，即事后取财。

⑵ 本行为与寻衅滋事行为的界限。本行为与寻衅滋事行为都有追逐、拦截他人的行为，或者采用强拿硬要方式索取财物行为，因而两者有某些相似之处。两者的主要区别在于两个方面：第一，两者行为的动机与目的不同。本行为的行为人主观上为了获取财物，动机多样，而寻衅滋事行为主观上并不一定为了取得某种物质利益，也不是为了个人的利益冲突，而是寻求刺激，填补精神空虚，或者发泄对社会的不满等。第二，两者的行为方式不尽相同。本行为主要表现为反复纠缠、强行讨要或者以其他滋扰他人的方式乞讨的行为，强行行为与乞讨行为两者必备，而寻衅滋事行为则表现为结伙斗殴、追逐、拦截他人、强拿硬要或者任意损毁、占用公私财物或者其他寻衅滋事行为。

第五节　威胁人身安全案件查处

一、法律规定

《治安管理处罚法》第 42 条规定有六种行为之一的，处五日以下拘留或者五百元以下罚款；情节较重的，处五日以上十日以下拘留，可以并处五百元以下罚款。第一种行为是：写恐吓信或者以其他方法威胁他人人身安全的。

二、威胁人身安全行为的构成特征

（一）客体特征

本行为侵犯的客体是他人的人身安全和公民正常的生活秩序。通过写恐吓信或者以其他方式威胁他人人身安全，给他人造成精神紧张，产生恐惧，造成不安定因素，扰乱人民群众进行正常的生活、工作以及社交活动，具有一定的社会危害性。

（二）客观方面特征

本行为的客观方面表现为写恐吓信或者以其他方法威胁他人人身安全的行为。具体由以下两方面构成：

1. 行为人实施了威胁他人人身安全的行为。行为人实施这一行为是以积极作为的形式进行的，不作为不能构成本行为。所谓威胁，是指以要采取暴力或揭发隐私等行为来恐吓他人。

2. 行为人实施威胁行为的方式是写恐吓信或者其他方法。所谓恐吓信，是指含有吓唬他人并使他人产生害怕后果内容的信件。写恐吓信，通常以要挟的话或者其他手段进行威胁、吓唬，以造成他人恐慌。在现实生活中，进行威胁的具体表现形式很多，除了恐吓信外，还有打恐吓电话、寄送恐怖图片、投掷恐怖物品、发送恐怖信息等，这些都属于进行威胁的其他方法。

（三）主体特征

本行为主体为一般主体，即年满 14 周岁，具有辨认和控制能力的自然人都可以成为本行为主体。

（四）主观方面特征

本行为在主观方面表现为故意。过失不能构成本行为。

三、威胁人身安全行为的认定

本行为违法与犯罪的界限，关键看写恐吓信或者以其他方式威胁他人人身安全的具体行为，是否具有其他情节。如果行为人为了敲诈钱财，实施写恐吓信或者以其他方式威胁他人人身安全，就可能构成《刑法》第 274 条规定的敲诈勒索罪。主要界限是：

1. 行为的目的。构成违反治安管理的行为，写恐吓信或者以其他方式威胁他人人身安全，不需要具备非法占有他人财物的目的；而敲诈勒索罪必须使用威胁或者要挟的方法勒索财物。

2. 数额的大小。为了勒索他人财物，实施写恐吓信或者以其他方式威胁他人人身安全的行为，以数额较大作为罪与非罪的界限。没有达到数额较大的，构成违反治安管理行为。

3. 行为表现方式。构成违反治安管理的行为，关键是威胁；构成犯罪的行为，关键是敲诈勒索，包括揭露隐私等不直接威胁人身安全的行为。

四、威胁人身安全行为的处罚

下列情形属于“情节较重”：给他人正常工作、生活、身心健康造成较大影响的；经劝阻仍不停止的；针对多人实施的；采取多种方式和手段威胁他人人身安全的；其他情节较重的情形。

第六节 侮辱、诽谤案件查处

一、法律规定

《治安管理处罚法》第 42 条规定的第二种行为是：公然侮辱他人或者捏造事实诽谤他人的。

二、侮辱、诽谤行为的构成特征

（一）客体特征

本行为所侵犯的客体是他人的人格尊严、名誉权。人格尊严是公民基本权利的重要组成部分。我国《宪法》第 38 条明确规定：“中华人民共和国公民的人格尊严不受侵犯。禁止用任何方法对公民进行侮辱、诽谤和诬告陷害。”

（二）客观方面特征

本行为的客观方面表现为公然侮辱他人或者捏造事实诽谤他人的行为。

1. 侮辱他人的行为，构成要件是：

第一，行为人实施了侮辱他人的行为。所谓侮辱，是指公然诋毁他人人格，破坏他人名誉的行为。侮辱的具体行为方式，包括强行扒光衣服等暴力侮辱，当众谩骂、挖苦、嘲讽等言语侮辱，张贴图画、散发传单等文字侮辱。

第二，行为人实施侮辱行为是公然进行的。所谓公然，是指当众或者采取使其他多人能够看到或者听到的方式，公开对他人进行侮辱。如果在私下里进行谩骂，其他人看不到或者听不到，不能构成本行为。

第三，行为人实施侮辱行为的对象是特定的他人。所谓他人，在这里是指特定的人，即侮辱他人的行为必须是明确地针对具体特定的人实施，如果是一般的谩骂，则不构成本行为。

2. 诽谤他人的行为，构成要件是：

第一，行为人实施了诽谤他人的行为。所谓诽谤，是指故意捏造事实，并进行散布，损害他人人格和名誉的行为。

第二，行为人必须捏造事实。所谓捏造事实，就是无中生有，凭空制造虚假事实。如果行为人散布的是客观存在的事实，而不是凭空编造的虚假事实，则不构成本行为。

第三，行为人必须要散布捏造的事实。所谓散布，就是在社会上进行公开扩散。散布的方式基本上有两种：一种是言语散布，即通过口头方式到处传播；另一种是文字散布，即用大字报、小字报、图画、报刊、图书、书信、网上传播等方法散布。行为人不但编造虚假的事实，而且还要将编造的虚假事实到处散布，才能构成本行为。如果只是在私下里谈论一些不实情况，则不能构成本行为。

第四，行为人实施诽谤行为的对象是特定的他人。所谓他人，是指特定的人，即诽谤是针对特定、具体的人。如果不是针对特定的人，则不构成本行为。

（三）主体特征

本行为主体为一般主体，即年满 14 周岁，具有辨认和控制能力的自然人都可以成为本行为主体。

（四）主观方面特征

本行为在主观方面表现为故意。过失不能构成本行为。

三、侮辱、诽谤行为的认定

本行为违法与犯罪的界限，关键在于公然侮辱他人或者捏造事实诽谤他人行为的情节是否严重。如果情节不严重，则构成违反治安管理行为；如果情节严重，则构成《刑法》第 246 条规定的侮辱罪和诽谤罪。情节严重，主要是看侮辱、诽谤他人的手段是否恶劣，是否造成了严重后果，或者是否造成了很坏的影响等。

四、侮辱、诽谤行为的处罚

下列情形属于“情节较重”：使用恶劣手段、方式的；给他人正常工作、生活、身心健康、名誉造成较大影响的;经劝阻仍不停止的;利用信息网络公然侮辱、诽谤、诬告陷害他人的;针对多人实施的;其他情节较重的情形。

第七节 诬告陷害案件查处

一、法律规定

《治安管理处罚法》第 42 条规定的第三种行为是:“捏造事实诬告陷害他人,企图使他人受到刑事追究或者受到治安管理处罚的。”

二、诬告陷害行为的构成特征

(一)客体特征

本行为侵犯的客体是他人的合法权益和国家执法机关的正常工作秩序。

(二)客观方面特征

本行为的客观方面表现为捏造事实诬告陷害他人,企图使他人受到刑事追究或者受到治安管理处罚的行为。本行为的客观方面特征有:

1. 行为人实施了捏造事实的行为。所谓捏造事实,就是无中生有,编造虚假的事实。如果行为人举报的是客观存在的事实,则不构成本行为。

2. 行为人实施了诬告陷害的行为。所谓诬告陷害,是指通过捏造事实,作虚假告发,意图陷害他人,使他人受法律追究的行为。行为人不但捏造了事实,而且还将捏造的事实向执法机关告发。如果只是编造虚假事实,没有向执法机关告发,则不构成本行为。错告或者检举不实的,也不构成本行为。

3. 行为人实施捏造事实诬告陷害行为的动机是使他人受到刑事追究或者受到治安管理处罚。

4. 行为人实施捏造事实诬告陷害行为的对象是他人。所谓他人,是指特定的人,即捏造事实诬告陷害是针对特定、具体的人。如果不是针对特定的对象,则不构成本行为。

(三)主体特征

本行为主体为一般主体,即年满 14 周岁,具有辨认和控制能力的自然人都可以成为本行为主体。

(四)主观方面特征

本行为在主观方面表现为故意。过失不能构成本行为。

三、诬告陷害行为的认定

本行为违法与犯罪的界限,关键在于公然侮辱他人或者捏造事实诽谤他人行为的情节是否严重。如果情节不严重,则构成违反治安管理行为;如果情节严重,则构成《刑法》第 246 条规定的侮辱罪和诽谤罪。情节是否严重,主要是看侮辱、诽谤他人的手段是否恶劣,是否造成了严重后果,是否造成了很坏的影响等。

第八节　威胁、侮辱、殴打或者打击报复证人及其近亲属案件查处

一、法律规定

《治安管理处罚法》第42条规定的第四种行为是:"对证人及其近亲属进行威胁、侮辱、殴打或者打击报复的。"

二、威胁、侮辱、殴打或者打击报复证人及其近亲属行为的构成特征

(一) 客体特征

本行为侵犯的客体是证人及其近亲属的人身权利等合法权益及正常的诉讼秩序。行为侵犯的对象是特定的,即知道案件事实情况的证人以及证人的近亲属。

(二) 客观方面特征

本行为的客观方面表现为对证人及其近亲属进行威胁、侮辱、殴打或者打击报复的行为。证人,是指知道案件情况,有作证义务的人。威胁,是指以将要实施损害人身安全、毁坏财物、损毁名誉等行为进行恐吓、要挟,使人产生恐惧,不敢作证。侮辱,是指以暴力行为或者恶毒、下流的语言等方式诋毁他人的人格,破坏他人的名誉。殴打,是指采用拳打脚踢等方式打人。打击报复,是指采用辞退、降职、扣发工资或奖金、调离原岗位等方式侵害证人及其近亲属权益的行为。

(三) 主体特征

本行为主体为一般主体,即年满14周岁,具有辨认和控制能力的自然人都可以成为本行为主体。

(四) 主观方面特征

本行为在主观方面表现为故意。

三、威胁、侮辱、殴打或者打击报复证人及其近亲属行为的认定

本行为违法与犯罪的界限,主要有两个方面:

第一,是否具有阻止证人作证的目的。以暴力、威胁、贿买等方法阻止证人作证的,应当追究刑事责任;并未阻止证人作证,只是通过侮辱、殴打对证人发泄不满的,应当予以治安处罚。

第二,情节是否显著轻微。根据刑法规定,只要实施了暴力、威胁、贿买等方法阻止证人作证或者打击报复证人的行为,即可构成妨害作证罪或者打击报复证人罪。但行为人主观恶意不强,行为的手段和具体方式方法不恶劣,造成的社会危害性不严重,属于情节显著轻微的,可作为违反治安管理的行为予以处罚。

四、威胁、侮辱、殴打或者打击报复证人及其近亲属行为的处罚

下列情形属于"情节较重":使用恶劣手段、方式的;给他人正常工作、生活、身心健康、名誉造成较大影响的;造成人身伤害的;针对多人实施的;其他情节较重的情形。

第九节 发送信息干扰他人正常生活案件查处

一、法律规定

《治安管理处罚法》第 42 条规定的第五种行为是:“多次发送淫秽、侮辱、恐吓或者其他信息,干扰他人正常生活的。”

二、发送信息干扰他人正常生活行为的构成特征

(一)客体特征

本行为侵犯的客体是他人的生活安宁权。所谓安宁权,是指他人正常的生活不受干扰、打乱、骚扰的权利,这是公民的一项基本人格权利。行为对象是干扰信息,即他人不愿意接收的淫秽、侮辱、恐吓或者其他信息。随着通信技术的不断发展,人们可以通过信件、电话、手机和网络等多种途径加强联系,增进友谊。但是,实际生活中有些人利用先进的通信工具,发送一些淫秽、侮辱、恐吓或者其他信息,干扰了他人的正常生活,对这种行为应当予以严厉打击。

(二)客观方面特征

本行为的客观方面表现为多次发送淫秽、侮辱、恐吓或者其他信息,干扰他人正常生活的行为。根据《治安管理处罚法》第 42 条的规定,本行为在客观方面应具备如下特征。

1. 实施发送干扰信息的行为。发送干扰信息,就是在被发送人不知道或者不愿意的情况下,利用网络、电话、手机等通信工具多次发送淫秽、侮辱、恐吓或者其他信息给被发送人。干扰信息一般表现为不健康、不文明的信息,这些信息往往是多渠道,多次发送,防不胜防,被迫接收。这里的“淫秽”信息,是指具体描绘性行为或者露骨宣扬色情的淫秽性信息;“侮辱”信息,是指诋毁他人人格,破坏他人名誉的信息;“恐吓”信息,是指威胁或要挟他人,使他人精神受到恐吓的信息;“其他信息”,既包括违法信息,如虚假广告、虚假中奖、倒卖违禁品信息等,也包括合法信息,如商品、服务广告等。

2. 干扰信息已经干扰了他人的正常生活。所谓干扰他人正常生活,是指发送的淫秽、侮辱、恐吓或者其他信息已经影响了被发送人正常的安宁生活和人际交往,给被发送人身心和精神带来压力和不便。换句话说,行为人发送的上述内容信息足以影响他人的正常工作和生活。通常表现为:行为人反复、经常发送淫秽、侮辱、恐吓等信息或其行为遭到斥责、拒绝后仍然不停地发送,或者在夜间他人入睡以后发送等情形。

3. 行为人必须是通过信件、电话、网络等途径多次发送淫秽、侮辱、恐吓或者其他信息。主要表现为:通过给他人邮寄信件、打电话,给他人发送手机短信,向他人电子邮箱发送邮件等。并且,必须是多次发送淫秽、侮辱、恐吓或者其他信息,只发送一次两次的则不属于违反治安管理行为,这里的“多次”一般是指三次以上。

(三)主体特征

本行为主体为一般主体,即年满 14 周岁,具有辨认和控制能力的自然人都可以成为本行为主体。

(四)主观方面特征

本行为在主观方面表现为故意,即明知发送的淫秽、侮辱、恐吓或者其他信息会给他人正常

生活造成干扰，而希望或者放任这种结果的发生。

三、发送信息干扰他人正常生活行为的认定

（一）此类行为违法与否的界限

认定本行为是否违反《治安管理处罚法》的规定，关键是要把握两个方面：一是发送干扰信息的次数，必须是多次或者是反复实施发送行为；二是发送的信息是否达到了干扰他人正常生活的结果，如果双方比较熟悉，或者只是相互之间的玩笑，则不能认定为本行为。

（二）本行为与其他相关违反治安管理行为的界限

主要把握本行为与传播淫秽信息行为的界限。《治安管理处罚法》第68条规定的传播淫秽信息行为，是指利用计算机信息网络、电话以及其他通信工具传播淫秽信息的行为。这种利用通信工具传播淫秽信息的行为方式与本行为有一定的相似之处。但是两者也有很大的区别：一是两者侵犯的客体不同，本行为侵犯的是他人的生活安宁权，而传播淫秽信息行为则侵犯的是社会管理秩序；二是行为对象不同，本行为对象是淫秽、侮辱、恐吓或者其他信息，一般具有不健康、不文明的特点，而传播淫秽信息行为对象则只是淫秽信息；三是客观方面不尽相同，本行为是多次发送干扰信息，并干扰他人正常生活，且发送对象比较固定，而传播淫秽信息行为则是利用一定的通信工具传播淫秽信息的行为，具有传播性质，且传播对象不特定。

四、发送信息干扰他人正常生活行为的处罚

下列情形属于“情节较重”：给他人正常工作、生活、身心健康、名誉造成较大影响的；向多人发送的；经被侵害人制止仍不停止的；其他情节较重的情形。

第十节　侵犯隐私案件查处

一、法律规定

《治安管理处罚法》第42条规定的第六种行为是：偷窥、偷拍、窃听、散布他人隐私的。

二、侵犯隐私行为的构成特征

（一）客体特征

本行为侵犯的客体是他人的隐私权利。隐私权，也称个人生活秘密权，是指公民个人享有的隐私不被公开、不为他人知悉的权利。隐私权是我国宪法和法律规定并保障的基本权利，是公民的基本人格权。本行为侵犯的对象是隐私。所谓“隐私”，是指不愿意让他人知道的，属于个人的生活秘密，如两性关系、生育能力、个人财产、生活信息与经历等。一旦公开，将会给当事人的生活、工作带来心理压力。

（二）客观方面特征

本行为的客观方面表现为偷窥、偷拍、窃听、散布他人隐私的行为。这里的“偷窥”他人隐私，是指对他人的隐私活动进行偷看的行为；“偷拍”他人隐私，是指对他人的隐私进行秘密摄录的行为；“窃听”他人隐私，是指对他人的谈话或者通话等进行偷听或者秘密录音的行为；“散布”他人

隐私,是指以文字、语言或者其他手段将他人的隐私在社会或一定范围内加以传播的行为,包括口头散布,或者通过媒体、信函、短信、网络等书面方式散布。

这里有必要注意公众人物的隐私权问题。公众人物一般是在行业或者特定社会领域具有一定知名度或者权威性的人员,他们的成功经验或者行为活动往往会成为民众关注的焦点。因而,他们经常面临隐私被偷窥、偷拍、窃听、散布的问题。对公众人物的隐私保护跟一般公民的保护应该有所区别,关键是要看侵害的具体方式以及内容,不能一概而论,法律对公众人物的隐私有着更高的要求和更宽泛的保护内容。

(三) 主体特征

本行为主体为一般主体,即年满 14 周岁,具有辨认和控制能力的自然人都可以成为本行为主体。

(四) 主观方面特征

本行为在主观方面表现为故意,即明知道是他人的隐私而偷窥、偷拍、窃听、散布,以满足行为人的不正当目的或者谋取非法利益。

三、侵犯隐私行为的认定

注意此类行为违法与犯罪的界限。除非法律许可,特定国家工作人员依据法律规定与法律程序知悉他人的隐私外,任何人都不得侵犯他人的隐私权,非法获取他人的隐私,否则就是违法。情节严重,构成犯罪的,应该依照刑法规定的犯罪论处。

四、侵犯隐私行为的处罚

下列情形属于“情节较重”:给他人正常工作、生活、身心健康、名誉造成较大影响的;利用信息网络散布他人隐私的;多次侵犯他人隐私或者侵犯多人隐私的;其他情节较重的情形。

第十一节 殴打他人、故意伤害案件查处

一、法律规定

《治安管理处罚法》第 43 条规定:“殴打他人的,或者故意伤害他人身体的,处五日以上十日以下拘留,并处二百元以上五百元以下罚款;情节较轻的,处五日以下拘留或者五百元以下罚款。有下列情形之一的,处十日以上十五日以下拘留,并处五百元以上一千元以下罚款:(一) 结伙殴打、伤害他人的;(二) 殴打、伤害残疾人、孕妇、不满十四周岁的人或者六十周岁以上的人的;(三) 多次殴打、伤害他人或者一次殴打、伤害多人的。”

二、殴打他人或者故意伤害行为的构成特征

(一) 客体特征

本行为侵犯的客体是他人的身体健康权。所谓“身体健康权”,是指自然人以保持其肢体、器官和其他组织的完整性为内容的人身。本行为侵害的是他人的身体,如果故意殴打自己的身体,不属于本行为。

（二）客观方面特征

本行为的客观方面表现为行为人实施了殴打他人或者故意伤害他人身体的行为。所谓“殴打他人”，是指行为人公然对他人的人身进行攻击，这是一种比较典型的以强凌弱，或以大欺小行为。起因不同，有的因一些小事或口角引起，有的纯粹是毫无道理的逞强耍威风，稍有一点看不顺眼就大打出手。其行为方式主要是采用拳打脚踢，一般只是造成他人身体皮肉暂时的疼痛，被打的人并不一定会受伤。“故意伤害他人身体”，是指非法损害他人身体健康的行为。伤害他人的形式是多种多样的，包括用石头、棍棒打人、驱使动物咬人、用针扎人、开水烫人等。这种伤害行为已经给他人的身体造成了轻微伤害，但尚不够刑事处罚的程度。

（三）主体特征

本行为主体为一般主体，即年满 14 周岁，具有辨认和控制能力的自然人都可以成为本行为主体。

（四）主观方面特征

本行为在主观方面表现为故意，即行为人明知自己的行为会造成伤害他人身体健康的结果而希望或放任这种结果的发生。在一般情况下，行为人事先对于自己的伤害行为能给被侵害人造成何种程度的伤害，不一定有明确的认识和追求，但无论造成何种程度的结果都在其主观意识之内。

三、殴打他人或者故意伤害行为的认定

（一）此类行为违法与犯罪的界限

1. 认定本行为违反《治安管理处罚法》的界限。《治安管理处罚法》专门规定了殴打他人行为，即只要实施了对他人身体的打击行为，不管出于什么目的，不管是否造成伤害后果，都应该以本行为论处，这就区别于必须要求进行伤害鉴定才能对殴打行为予以处罚的伤害行为。

2. 认定本行为与故意伤害罪的界限。关键是伤害后果是否达到轻伤害以上鉴定标准，没有达到刑法规定的轻伤标准的，以本行为论处，达到刑法规定的轻伤害标准的，以刑法规定的故意伤害罪论处。

（二）本行为与其他相关违反治安管理行为的界限

这里主要应该注意本行为与通过殴打或者伤害手段实施寻衅滋事、强迫劳动、非法限制人身自由、猥亵他人等行为的界限。本行为与以殴打或者伤害行为为手段实施《治安管理处罚法》规定的其他侵犯人身权利、财产权利行为之间属于一般规定与特殊规定关系，本行为是一般规定，其他行为属于特殊规定，按照特别优于一般的原则处理。

四、殴打他人或者故意伤害行为的处罚

下列情形属于“情节较轻”：被侵害方有过错，且伤害后果较轻的；亲友、邻里或者同事之间因琐事发生纠纷，双方均有过错，且伤害后果较轻的；已满 14 周岁未成年在校学生初次殴打他人、故意伤害他人身体，悔过态度较好且伤害后果较轻的；因民间纠纷引发且行为人主动赔偿合理费用，伤害后果较轻的；其他情节较轻的情形。

第十二节 猥亵和在公共场所故意裸露身体案件查处

一、法律规定

《治安管理处罚法》第44条规定:“猥亵他人的,或者在公共场所故意裸露身体,情节恶劣的,处五日以上十日以下拘留;猥亵智力残疾人、精神病人、不满十四周岁的人或者有其他严重情节的,处十日以上十五日以下拘留。”

二、猥亵和在公共场所故意裸露身体行为的构成特征

(一)猥亵行为

1. 客体特征。本行为所侵犯的客体是复杂客体,主要客体是他人的人格尊严和身心健康,次要客体是良好的社会风尚。

2. 客观方面特征。本行为的客观方面表现为实施猥亵他人的行为。所谓猥亵,是指行为人为满足、发泄、刺激性欲而利用自己或者他人的身体或者其他工具,直接接触他人的身体,明显带有性行为色彩但又不属于直接奸淫和性交的行为,如强行搂抱、亲吻、抠摸他人肉体等行为。这里的猥亵不以暴力强制手段为必要,只要实施了除性交之外的淫秽行为即可构成本行为。

3. 主体特征。本行为主体为一般主体,即年满14周岁,具有辨认和控制能力的自然人都可以成为本行为主体。实践中多为男性,但是,《治安管理处罚法》也没有排除女性实施本行为的情况,因此,女性也可以成为本行为的主体。

4. 主观方面特征。本行为在主观方面表现为故意,一般出于流氓动机,为了满足性欲和下流的精神刺激,但是也不排除行为人出于报复等其他动机。

(二)在公共场所故意裸露身体行为

1. 客体特征。本行为所侵犯的客体是复杂客体,主要客体是他人人身权利中正常生活的权利,次要客体是良好的社会风尚。

2. 客观方面特征。本行为的客观方面表现为在公共场所故意裸露身体,情节恶劣的行为,应当具备三个要件:一是实施该行为的地点是公共场所。公共场所,主要是指公众均可抵达并进行公开活动的场所,包括商店、公共交通工具、影剧院、体育场馆、街道等。二是故意裸露身体。裸露身体,是指赤裸全身、下身或者暴露阴私部位,或者女性赤裸上身等情形。三是情节恶劣。情节恶劣,是指该行为引起围观,群众意见很大,造成恶劣的社会影响等。

3. 主体特征。本行为主体为一般主体,即年满14周岁,具有辨认和控制能力的自然人都可以成为本行为主体。实践中多为男性,但是,《治安管理处罚法》也没有排除女性实施本行为的情况,因此,女性也可以成为本行为的主体。

4. 主观方面特征。本行为在主观方面表现为故意。

三、猥亵和在公共场所故意裸露身体行为的认定

(一)猥亵行为的认定

认定本行为违法与否的关键是猥亵行为的定性。违反《治安管理处罚法》的猥亵行为,应当

限定为没有暴力手段的行为；如果通过强制手段实施猥亵他人，构成犯罪的，应当以《刑法》规定的犯罪论处。

（二）在公共场所故意裸露身体行为的认定

对实施这种行为的，应当给予治安管理处罚。但是，如果以在公共场所裸露身体为手段，实施聚众扰乱公共场所秩序行为，社会危害性较大，则要受到刑事处罚。如根据《刑法》第 291 条的规定，聚众扰乱车站、码头、民用航空站、商场、公园、影剧院、展览会、运动场或者其他公共场所秩序，聚众堵塞交通或者破坏交通秩序，抗拒、阻碍国家治安管理工作人员依法执行职务，情节严重的，首要分子构成聚众扰乱公共场所秩序、交通秩序罪。

四、猥亵和在公共场所故意裸露身体行为的处罚

考虑到智力残疾人、精神病人、不满 14 周岁的人对社会各方面的认知能力较弱，尤其是对性的认识能力很欠缺，为了保护他们的身心健康，更加有力地打击侵犯他们人身权利的违反治安管理行为，对于猥亵智力残疾人、精神病人、不满 14 周岁的人，法律作了较为严厉的处罚规定。“智力残疾人”，是指智力明显低于一般人水平，并显示出适应行为障碍，包括在智力发育期间由于各种原因导致的智力低下和智力发育成熟以后由于各种原因引起的智力损伤或老年期智力明显衰退的人。“精神病人”，是指神经活动失调，不能辨认或者控制自己行为的人，包括完全丧失辨认或者控制自己行为的精神病人、间歇性精神病人和尚未完全丧失辨认或者控制自己行为的精神病人。“其他严重情节”包括猥亵孕妇，或者在众人面前猥亵他人，或者猥亵行为给他人精神上造成伤害，或者猥亵行为在社会上造成恶劣影响等。

除猥亵智力残疾人、精神病人、不满 14 周岁的人之外，“有其他严重情节”一般是指下列情形：

第一，在公共场所猥亵他人的；

第二，猥亵多人的；

第三，其他情节严重的情形。

在公共场所故意裸露身体行为的下列情形属于“情节恶劣”：造成现场秩序混乱等危害后果或者较大社会影响的；在有多名异性或者未成年人的公共场所故意裸露身体的；经制止拒不改正的；伴随挑逗性语言或者动作的；其他情节恶劣的情形。

第十三节　虐待和遗弃案件查处

一、法律规定

《治安管理处罚法》第 45 条规定：“有下列行为之一的，处五日以下拘留或者警告：

（一）虐待家庭成员，被虐待人要求处理的；

（二）遗弃没有独立生活能力的被扶养人的。”

二、虐待和遗弃行为的构成特征

（一）虐待行为

1. 客体特征。本行为侵犯的客体是家庭成员在家庭生活中的平等权利以及被虐待人的人

身权利,包括身心健康和人格尊严。

2. 客观方面特征。本行为的客观方面应当具备两个要件:第一,行为人实施了虐待家庭成员的行为。虐待家庭成员,是指经常摧残、折磨家庭成员身心健康,尚不构成犯罪的行为。虐待包括精神虐待和肉体虐待,其具体表现形式是多种多样的,如漫骂、诅咒、恐吓、威胁、殴打、捆绑、冻饿、有病不给医治、限制人身自由、强迫超体力劳动等。如果只是偶尔骂了两句,不构成虐待行为。第二,被虐待人要求处理。只有当被虐待人要求处理时,公安机关才对行为人予以处罚。被虐待人没有要求处理的,公安机关不予处罚。

3. 主体特征。本行为主体为特殊主体,即行为人与被虐待人是同一个家庭的成员,相互之间存在亲属关系或者扶养关系。

4. 主观方面特征。本行为在主观方面表现为故意。

(二) 遗弃行为

1. 客体特征。本行为所侵犯的客体是被扶养人享有的受扶养的权利。

2. 客观方面特征。本行为的客观方面应当具备两个要件:

第一,行为人实施了遗弃行为。遗弃行为,是指对年老、年幼、患病或者其他没有独立生活能力的被扶养人有扶养义务而拒绝履行该义务的行为。扶养义务是基于抚养与被抚养、扶养与被扶养以及赡养与被赡养三种家庭成员之间的权利义务关系而产生的,行为人对被扶养人有扶养义务是构成遗弃行为的前提。如果行为人对特定对象没有扶养义务,其行为则不构成遗弃行为。拒绝扶养,具体表现为对被扶养人不提供扶助,离开被扶养人或把被扶养人置于自己不能扶养的场所等。在行为内容上,拒绝扶养不但指不提供经济供养,还包括对生活不能自理者不给予必需的生活照料。

第二,遗弃对象是没有独立生活能力的被扶养人。没有独立生活能力,是指不具备或者丧失劳动能力,无生活来源而需要他人照顾等情况。既包括因年老、伤残、患病而丧失劳动能力,没有生活来源以及因年幼不具备劳动能力,因而没有生活来源的情况,也包括虽有生活来源(如养老金等),但因年老、伤残、患病而生活不能自理的情况。行为人对没有独立生活能力的被扶养人依法负有在经济、生活等方面供给、照顾、帮助,以维护其正常生活的义务。

3. 主体特征。本行为主体为特殊主体,即在家庭中对没有独立生活能力的家庭成员负有扶养义务的人,包括受害人的配偶、父母、子女或者兄弟姐妹等。

4. 主观方面特征。本行为在主观方面表现为故意。

三、虐待和遗弃行为的认定

(一) 虐待行为的认定

认定本行为违法与犯罪界限的关键,是看虐待家庭成员的行为情节是否恶劣。如果实施了虐待家庭成员的行为,情节不恶劣,则构成违反治安管理的行为;如果情节恶劣,则构成犯罪。所谓情节恶劣,具体是指虐待的动机卑鄙、手段凶残,虐待年老、年幼或者病残的家庭成员,或者长期虐待家庭成员屡教不改,等等。实施虐待行为致使被虐待人重伤或者死亡的,则按照《刑法》第 260 条的规定构成虐待罪。

(二) 遗弃行为的认定

认定本行为违法与犯罪界限的关键,是看遗弃没有独立生活能力的被扶养人的行为情节是否恶劣。所谓情节恶劣,主要是指由于遗弃造成被扶养人重伤、死亡等严重后果,或者有遗弃行为屡教不改,或者遗弃手段、情节特别恶劣,等等。如果情节恶劣,则按照《刑法》第261条的规定构成遗弃罪。

第十四节　强迫交易案件查处

一、法律规定

《治安管理处罚法》第46条规定:“强买强卖商品,强迫他人提供服务或者强迫他人接受服务的,处五日以上十日以下拘留,并处二百元以上五百元以下罚款;情节较轻的,处五日以下拘留或者五百元以下罚款。”

二、强迫交易行为的构成特征

(一) 客体特征

本行为侵犯的客体是复杂客体,主要侵害了强迫交易人的人身、财产权利,同时也侵犯了公平自由的市场交易秩序。

(二) 客观方面特征

本行为的客观方面表现为实行以暴力、威胁手段强买强卖商品,强迫他人提供服务或者强迫他人接受服务的行为。本行为在客观方面主要有两个内容:

第一,本行为是以实施暴力、威胁为手段。这里的暴力应当从形式与程度两个方面界定:从暴力的形式上看,其是对他人人身实行殴打、捆绑等人身强制手段;从暴力程度上看,其对人身的伤害程度以轻微伤为限,即包括一般殴打强制人身行为、致人轻微伤行为。这里的威胁主要是指对他人实行恐吓、要挟等精神强制手段,如以伤害他人、毁坏财物相威胁,使得他人产生恐惧以致不敢不接受行为人的条件。

第二,强迫交易的客观表现形式主要有两种:(1) 强买强卖商品。这是指行为人在没有与对方交易人协商一致的情况下强行购买商品或者强行要求他人购买自己的商品并支付价金的行为,通常是低价购进、高价卖出。(2) 强迫他人提供服务或者强迫他人接受服务。这是指行为人在没有与对方交易人协商一致的情况下,要求他人提供某种服务或者强迫对方接受服务,包括经营范围内的服务和超出其经营范围的服务。

(三) 主体特征

本行为主体为一般主体,即年满14周岁,具有辨认和控制能力的自然人都可以成为本行为主体。

(四) 主观方面特征

本行为在主观方面表现为故意,即行为人明知对方不愿意买卖商品或者提供、接受服务而故意实施强制交易的行为。本行为一般是为了谋取非法经济利益,但是目的如何不影响对本行为的认定。

三、强迫交易行为的认定

(一) 此类行为违法与犯罪的界限

认定本行为违法与一般交易纠纷的界限关键在于非法强制手段与交易之间是否具有因果关

系，如果采用非法强制手段的目的不是迫使他人交易或者只是交易冲突而没有采用非法强制手段，则不能认定为强制交易行为，而属于一般的交易纠纷问题。

认定本行为违法与犯罪的界限，主要是把握情节严重。所谓情节严重，主要表现为：经常性地实施强迫交易，因为强迫交易受过行政处罚又实施该行为，强迫交易谋取非法利益数额较大或者使用的暴力手段严重、影响恶劣或者造成严重后果的情况等。如果情节不严重，则按照《治安管理处罚法》的规定处理。

（二）本行为与其他相关违反治安管理行为的界限

主要注意本行为与强迫劳动行为的界限。两者都有以暴力手段迫使他人提供劳动或者服务的表现形式，都侵犯了他人的人身自由权利，因而两行为有一些相似之处。但是两行为之间有明显区别：第一，两者侵犯的直接客体不同，本行为直接侵犯的是公平自由的市场交易秩序，而强迫劳动行为主要侵犯的是他人的人身自由权利；第二，两者强迫的内容不同，本行为强迫的是买卖商品、提供服务或者接受服务，具有一定的交易形式性，而强迫劳动行为则单纯的是强迫他人从事体力劳动，虽然也包括提供服务，但是不具有交易的对价性特征。

四、强迫交易行为的处罚

下列情形属于“情节较轻”：强迫交易造成直接经济损失未达到有关刑事立案追诉标准10%的[①]；强迫交易数额或者违法所得未达到有关刑事立案追诉标准10%的；强迫他人购买伪劣商品数额或者违法所得未达到有关刑事立案追诉标准10%的；事后主动返还财物或者支付有关费用，取得被侵害人谅解的；其他情节较轻的情形。

第十五节 破坏民族团结案件查处

一、法律规定

《治安管理处罚法》第47条规定：“煽动民族仇恨、民族歧视，或者在出版物、计算机信息网络中刊载民族歧视、侮辱内容的，处十日以上十五日以下拘留，可以并处一千元以下罚款。”

二、破坏民族团结行为的构成特征

本行为侵犯的客体是各民族平等、团结、互助的关系和合法权利及少数民族公民的人身权利、民主权利。

（一）煽动民族仇恨、民族歧视行为

本行为的客观方面表现为实施了煽动民族仇恨、民族歧视的行为。煽动，是指以激起民族之间的仇恨、歧视为目的，公然以语言、文字、图像等方式诱惑、鼓动或号召群众的行为。民族仇恨，

① 最高人民检察院、公安部《关于公安机关管辖的刑事案件立案追诉标准的规定（一）》第28条规定：“以暴力、威胁手段强买强卖商品、强迫他人提供服务或者强迫他人接受服务，涉嫌下列情形之一的，应予立案追诉：（一）造成被害人轻微伤或者其他严重后果的；（二）造成直接经济损失二千元以上的；（三）强迫交易三次以上或者强迫三人以上交易的；（四）强迫交易数额一万元以上，或者违法所得数额二千元以上的；（五）强迫他人购买伪劣商品数额五千元以上，或者违法所得数额一千元以上的；（六）其他情节严重的情形。”

是指基于民族的来源、历史、风俗习惯等的不同而产生的民族间的相互敌对、仇视的状况。民族歧视，是指基于民族的来源、历史、风俗习惯等的不同而产生的民族间的相互排斥、限制、损害民族平等地位的状况。

1. 主体特征。本行为主体为一般主体，即年满 14 周岁，具有辨认和控制能力的自然人都可以成为本行为主体。

2. 主观方面特征。本行为在主观方面表现为故意，行为人明知自己的行为会在不同民族之间制造民族仇恨、民族歧视，破坏我国民族之间的平等、团结、互助的关系而积极追求实施这种行为。

（二）刊载民族歧视、侮辱内容行为

本行为的客观方面表现为在出版物、计算机信息网络中刊载民族歧视、侮辱内容的行为。出版物，主要是指报纸、期刊、图书、音像制品和电子出版物等。计算机信息网络，主要包括专用网和互联网。刊载，是指在出版物或计算机网络中全文刊登、转载、摘要或者连载等。歧视、侮辱其他民族的内容，是指在出版物、计算机网络中含有的对其他民族进行贬低、污蔑、嘲讽、辱骂等歧视、侮辱的语言、文字、图像等内容。

1. 主体特征。本行为主体为一般主体，即年满 14 周岁，具有辨认和控制能力的自然人都可以成为本行为主体。

2. 主观方面特征。本行为在主观方面表现为故意，行为人明知在出版物、计算机信息网络中刊载民族歧视、侮辱内容会发生危害社会的后果，而故意实施这种行为。

三、破坏民族团结行为的认定

（一）煽动民族仇恨、民族歧视行为的认定

认定本行为违法与犯罪界限的关键，主要在于情节是否严重。所谓情节严重，主要是指煽动手段恶劣。例如：使用侮辱、造谣等手段；行为人向多人或多次进行煽动；行为造成的后果很严重、社会影响很恶劣等。如果煽动手段特别恶劣，且长期进行，引起民族纠纷、冲突或者民族地区骚乱，后果特别严重或者社会影响特别恶劣等，则根据《刑法》第 249 条的规定构成煽动民族仇恨、民族歧视罪。

（二）刊载民族歧视、侮辱内容行为的认定

认定本行为违法与犯罪界限的关键，主要有两点。一是情节是否恶劣。所谓情节恶劣，主要是指刊载的内容歪曲历史或者是制造谣言的，内容污秽恶毒的，以及多次刊载等。二是后果是否严重。所谓后果严重，主要是造成恶劣的政治影响，引起民族骚乱、纠纷等。在出版物、计算机信息网络中刊载民族歧视、侮辱内容，情节恶劣、造成严重后果的，按照《刑法》第 250 条的规定构成出版歧视、侮辱少数民族作品罪。

第十六节　冒领、隐匿、毁弃、私自开拆、非法检查他人邮件案件查处

一、法律规定

《治安管理处罚法》第 48 条规定：“冒领、隐匿、毁弃、私自开拆或者非法检查他人邮件的，处五日以下拘留或者五百元以下罚款。”

二、冒领、隐匿、毁弃、私自开拆、非法检查他人邮件行为的构成特征

（一）客体特征

本行为侵犯的客体是公民的通信自由和通信秘密权利。

（二）客观方面特征

本行为的客观方面表现为行为人实施了冒领、隐匿、毁弃、私自开拆或者非法检查他人邮件的行为。冒领，是指假冒他人名义领取他人邮件的行为；隐匿，是指将他人邮件隐藏起来，不交给收件人的行为；毁弃，是指将他人的邮件予以撕毁、焚毁、丢弃等行为；非法开拆，是指违反法律规定未经投寄人或者收件人同意，私自开拆他人邮件的行为；非法检查，是指违反法律规定，擅自检查他人邮件的行为。如果行为人误将他人的邮件当做自己的邮件拿走、开拆，或者因疏忽大意丢失他人邮件等，则不属于违反治安管理行为。该行为不以对他人造成实际损害后果为要件。

（三）主体特征

本行为主体为一般主体，即年满 14 周岁，具有辨认和控制能力的自然人都可以成为本行为主体。

（四）主观方面特征

本行为在主观方面表现为故意。行为人出于何种动机，不影响该行为的构成。如果是过失引起的，不构成该行为。

三、冒领、隐匿、毁弃、私自开拆、非法检查他人邮件行为的认定

认定隐匿、毁弃、私自开拆他人邮件行为是否构成犯罪，主要看以下两方面：

1. 如果隐匿、毁弃、私自开拆他人邮件行为情节严重，则根据《刑法》第 252 条认定为侵犯通信自由罪。所谓情节严重，主要是指多次、经常隐匿、毁弃、非法开拆他人信件，或者隐匿、毁弃、非法开拆他人信件数量较多，或者造成严重后果，等等。如果情节不严重，则构成违反治安管理行为。

2. 如果邮政工作人员利用职务的便利，私自开拆或者隐匿、毁弃邮件、电报，则根据《刑法》第 253 条认定为私自开拆、隐匿、毁弃邮件、电报罪。所谓邮政工作人员，是指邮政部门的营业员、分拣员、投递员、押运员以及其他从事邮政工作的人员。

第十七节 侵犯财产案件查处

一、法律规定

《治安管理处罚法》第 49 条规定："盗窃、诈骗、哄抢、抢夺、敲诈勒索或者故意损毁公私财物的，处五日以上十日以下拘留，可以并处五百元以下罚款；情节较重的，处十日以上十五日以下拘留，可以并处一千元以下罚款。"

二、侵犯财产行为的构成特征

（一）客体特征

本行为侵犯的客体是公私财产的所有权。

(二) 客观方面特征

侵犯财产行为主要表现为：

1. 盗窃行为。盗窃，是指以非法占有为目的，秘密窃取公私财物的行为。所谓秘密窃取，是指行为人采用不易被财物所有人、保管人或者其他人发觉的方法将公私财物据为己有的行为，如溜门撬锁、跳墙挖洞、潜入他人室内窃取财物、在公共场所掏包割兜等。

2. 诈骗行为。诈骗，是指以非法占有为目的，采用虚构事实或者隐瞒真相的欺骗方法，使他人信以为真，使他人交付财物的行为。其中，虚构事实，就是捏造不存在的事实骗取他人信任的行为；隐瞒真相，就是对他人掩盖客观事实，使他人对事实产生错误认识，从而信以为真的行为。常见的诈骗手段包括：假冒身份，诈骗财物；以帮助看管、提拿东西为名，骗取财物；以恋爱、结婚、介绍工作等名义相诱惑，骗走财物，等等。

3. 哄抢行为。哄抢，是指明知是他人财产，出于非法占有的目的，采取哄闹或者其他手段，多人一哄而上，乘混乱抢取公私财物的行为。实施哄抢行为的行为人人数至少在三人以上，多则上百人、上千人。哄抢行为具有公然性，行为人并不刻意掩饰、隐瞒其哄抢行为，而是公开实施，造成他人无法阻止、无力阻止而乱拿乱抢的状态，如趁人群拥挤、车辆堵塞、秩序混乱、自然灾害之际进行哄抢。

4. 抢夺行为。抢夺，是指以非法占有为目的，趁人不备，公然夺取公私财物的行为。

5. 敲诈勒索行为。敲诈勒索，是指以非法占有为目的，采用威胁或者要挟的方法，索要公私财物的行为。

6. 故意毁损公私财物行为。故意毁损公私财物，是指故意毁灭或者损坏公私财物使其丧失原使用价值或价值的行为。但是如果行为人故意毁损的财物是法律保护的特殊对象，如交通设施、交通工具、天然气管道、易燃易爆设备、安全生产设施、设备等，则属于危害公共安全的行为。

(三) 主体特征

本行为主体为一般主体，即年满 14 周岁，具有辨认和控制能力的自然人都可以成为本行为主体。

(四) 主观方面特征

本行为在主观方面表现为故意，并以非法占有为目的。

三、侵犯财产行为的认定

1. 盗窃行为的认定。实施盗窃行为罪与非罪的界限主要在于盗窃的财物是否数额较大或者行为人是否多次盗窃。对于盗窃数额较大，根据最高人民法院、最高人民检察院、公安部联合规定的盗窃罪数额认定标准，个人盗窃公私财物“数额较大”，以 500 元至 2 000 元为起点。各省、自治区、直辖市高级人民法院、检察院、公安厅(局)，可以根据本地区经济发展状况，并考虑社会治安状况，在上述数额幅度内，共同研究确定本地区执行的盗窃罪“数额较大”的具体数额标准，并分别报最高人民法院、最高人民检察院、公安部备案。对于多次盗窃，根据最高人民法院 1998 年 3 月 17 日实施的《关于审理盗窃案件具体应用法律若干问题的解释》的规定，对于一年内入户盗窃或者在公共场所扒窃三次以上的，应当认定为“多次盗窃”。如果实施盗窃的行为数额较大或者多次盗窃，应当按照《刑法》第 264 条规定认定为盗窃罪。否则，构成违反治安管理行为。

2. 诈骗行为的认定。实施诈骗行为罪与非罪的界限主要在于诈骗的财物是否数额较大。

根据2011年4月8日实施的最高人民法院、最高人民检察院《关于办理诈骗刑事案件具体应用法律若干问题的解释》的规定,诈骗公私财物价值3 000元至1万元以上,属于数额较大。如果实施诈骗的行为数额较大,应当按照《刑法》第266条规定认定为诈骗罪。否则,构成违反治安管理行为。

3. 抢夺公私财物行为的认定。实施抢夺行为罪与非罪的界限主要在于抢夺的财物是否数额较大。数额较大的具体标准,最高人民法院《关于审理抢夺刑事案件具体应用法律若干问题的解释》规定为价值人民币500元至2 000元以上。如果实施抢夺公私财物的行为数额较大,应当按照《刑法》第267条规定认定为抢夺公私财物罪。携带凶器抢夺的,依照《刑法》第263条的规定定罪处罚。否则,构成违反治安管理行为。

4. 聚众哄抢行为的认定。实施哄抢行为罪与非罪的界限主要有以下三点:一是聚众哄抢。聚众,是指纠集多人,具有组织、指挥众人哄抢的性质。二是数额较大或者有其他严重情节。数额较大、其他严重情节根据司法机关的具体规定认定。三是犯罪主体是聚众哄抢的首要分子和其他积极参加的人。首要分子,是指在聚众哄抢中起组织、策划、指挥作用的人;积极参加的人,是指主动参与哄抢,在哄抢中起主要作用以及哄抢财物较多的人。如果行为满足以上条件,则根据《刑法》第268条规定认定为聚众哄抢罪。对于其他参与哄抢的人,可依照《治安管理处罚法》的规定予以治安管理处罚。

5. 敲诈勒索行为的认定。实施敲诈勒索行为罪与非罪的界限主要在于敲诈勒索的财物是否数额较大,或者有其他严重情节。根据《最高人民法院关于敲诈勒索罪数额认定标准问题的规定》,敲诈勒索公私财物数额较大,以1 000元至3 000元为起点;数额巨大,以1万元至3万元为起点。各省、自治区、直辖市高级人民法院可以根据本地区实际情况,在上述数额幅度内,研究确定本地区执行的敲诈勒索罪数额较大、数额巨大的具体数额标准,并报最高人民法院备案。这里规定的其他严重情节,主要是指:敲诈勒索罪的累犯或者惯犯;共同犯罪的首要分子;敲诈勒索公私财物数额巨大的;冒充国家工作人员敲诈勒索的;敲诈手段特别恶劣的或者造成严重后果等。如果实施敲诈勒索的行为数额较大、巨大或者有其他严重情节的,应当按照《刑法》第274条规定认定为敲诈勒索罪。否则,构成违反治安管理行为。

6. 故意毁坏财物行为的认定。实施故意毁坏财物行为罪与非罪的界限主要在于故意毁坏的财物是否数额较大或者有其他严重情节。数额较大、有其他严重情节的具体标准根据司法机关的规定执行。如果实施故意毁坏财物的行为数额较大或者有其他严重情节,应当按照《刑法》第275条规定认定为故意毁坏财物罪,否则构成违反治安管理行为。

四、侵犯财产行为的处罚

下列情形可以认定盗窃违法行为的"情节较重":盗窃财物价值达到有关司法解释认定构成《刑法》第264条规定的"数额较大"标准的50%以上的;盗窃防灾、救灾、救济等特定财物的;在医院盗窃病人或者其亲友财物的;采用破坏性手段盗窃的;组织、控制未成年人、残疾人、孕妇或者哺乳期妇女盗窃的;其他情节较重的情形。

下列情形属于诈骗违法行为的"情节较重":诈骗财物价值达到有关司法解释认定构成《刑法》第266条规定的"数额较大"标准的50%以上的;诈骗防灾、救灾、救济等特定财物的;在公共场所或者公共交通工具上设局行骗的;以开展慈善活动名义实施诈骗的;其他情节较重的情形。

下列情形可以认定哄抢违法行为的“情节较重”：哄抢防灾、救灾、救济、军用等特定财物的；在自然灾害、交通事故等现场趁机哄抢，不听劝阻的；造成人员受伤或者财物损失较大的；其他情节较重的情形。

下列情形可以认定抢夺违法行为的“情节较重”：抢夺财物价值达到有关司法解释认定构成《刑法》第267条规定的“数额较大”标准的50%以上的；抢夺防灾、救灾、救济等特定财物的；造成人员受伤或者财物损坏的；抢夺多人财物的；驾驶机动车、非机动车或者其他交通工具实施抢夺的；其他情节较重的情形。

下列情形可以认定敲诈勒索违法行为的“情节较重”：敲诈勒索数额达到有关司法解释认定构成《刑法》第274条规定的“数额较大”标准的50%以上的；利用或者冒充国家机关工作人员、军人、新闻工作者等特殊身份敲诈勒索的；敲诈勒索多人的；其他情节较重的情形。

下列情形可以认定故意损毁财物的“情节较重”：故意损毁财物价值达到有关刑事立案追诉标准50%以上的；故意损毁防灾、救灾、救济等特定财物的；故意损毁财物，对被侵害人生产、生活影响较大的；损毁多人财物的；其他情节较重的情形。

［自测自评］

【思考练习题】

1. 沈利(45岁)与杨宏(43岁)系同村村民，两家耕地相连。某日，二人因田间用水引发纠纷，在撕扯中沈利将杨宏推倒在田里，并跪在杨宏的背上，用拳头猛击其头部，被村民拉开(后经鉴定杨为轻微伤)。村干部现场主持调解，询问杨宏的意见时，沈利大吵大闹，并抓杨宏的衣领吵闹，调解未成。杨宏以沈利“殴打他人”为由，向当地派出所报警。第二天，派出所民警携带传唤证到地头找沈利，沈利拒绝传唤，并将传唤证撕碎扔在地上。

请问：分析本案中沈利是否构成违法行为？

2. 2018年2月19日19时16分，村民齐芳电话报警称自己与老伴被儿子打伤，要求公安机关处理。经查，当日16时许，齐芳之子韩少光酒后因结婚办婚礼的问题与父母发生争吵，双方争执不下，韩绍光借着酒劲拿起桌上的玻璃水杯掷向其父韩生，导致韩生头部出血，齐芳上前阻拦，又被其拳打脚踢若干下。

请问：

(1) 韩少光的行为构成何种治安违法？

(2) 如果构成违法，影响本案处罚适用的重要因素有哪些？

第十五章　妨害社会管理案件查处

第一节　拒不执行紧急状态下的决定、命令，阻碍执行职务，阻碍特种车辆通行和冲闯警戒带、警戒区案件查处

一、法律规定

《治安管理处罚法》第 50 条规定："有下列行为之一的，处警告或者二百元以下罚款；情节严重的，处五日以上十日以下拘留，可以并处五百元以下罚款：(一) 拒不执行人民政府在紧急状态情况下依法发布的决定、命令的；(二) 阻碍国家机关工作人员依法执行职务的；(三) 阻碍执行紧急任务的消防车、救护车、工程抢险车、警车等车辆通行的；(四) 强行冲闯公安机关设置的警戒带、警戒区的。阻碍人民警察依法执行职务的，从重处罚。"

二、拒不执行紧急状态下的决定、命令，阻碍执行职务，阻碍特种车辆通行和冲闯警戒带、警戒区行为构成特征

(一) 拒不执行紧急状态下的决定、命令行为

1. 客体特征。本行为侵犯的客体是人民政府的社会管理秩序。

2. 客观方面特征。本行为的客观方面表现为拒不执行人民政府在紧急状态情况下依法发布的决定、命令的行为。它必须具备以下三个特征：一是在紧急状态下实施这一行为。二是实施了拒不执行人民政府在紧急状态下发布的决定、命令的行为。拒不执行，是指抵制、拒绝执行人民政府的决定、命令。三是行为人有能力执行而拒不执行。

3. 主体特征。本行为主体为一般主体，即年满 14 周岁，具有辨认和控制能力的自然人都可以成为本行为主体。

4. 主观方面特征。本行为在主观方面表现为故意，即明知是人民政府在紧急状态情况下依法发布的决定、命令而仍然抗拒执行。

(二) 阻碍执行职务行为

1. 客体特征。本行为侵犯的客体是社会秩序。这里的社会秩序是通过国家工作人员的管理所形成的社会正常活动秩序。如果对国家工作人员依法开展的正常管理活动进行阻挠，则必然会破坏特定范围的社会秩序，给公共秩序管理带来危害。

2. 客观方面特征。本行为的客观方面表现为实施阻碍国家机关工作人员依法执行职务的行为，具备以下三个特征：第一，实施了阻碍行为。这里规定的"阻碍"，是指行为人以各种方法和手段实施的阻挠、妨碍行为。第二，阻碍的行为对象必须是国家机关工作人员。所谓"国家机关工作人员"，是指中央及地方各级权力机关、党政机关、司法机关和军事机关的工作人员，以及

依照法律、法规规定在行使国家行政管理职权的组织中从事公务的人员，或者在受国家机关委托代表国家机关行使职权的组织中从事公务的人员，或者虽未列入国家机关人员编制但在国家机关中从事公务的人员等。如果行为人阻碍的对象是非国家机关工作人员，则不属于该项所规定要予以治安管理处罚的行为。第三，必须是依法执行职务的行为。这里规定的“依法执行职务”，是指国家机关工作人员依照法律、法规规定所进行的职务行为。如果阻碍的不是国家机关工作人员的职务活动，或者不是依法进行的职务活动，都不是该项所规定的行为。

应当强调的是，《治安管理处罚法》对阻碍国家机关工作人员依法执行职务的行为方式没有作出限定，即不要求以暴力、威胁方法为必要，这也是该项规定与《刑法》第277条妨害公务罪的规定的主要区别。《刑法》第277条规定的妨害公务罪要求行为人阻碍国家机关工作人员依法执行职务的行为方式，必须是以暴力、威胁的方法进行。其中，“暴力”是指对国家机关工作人员的身体实行攻击或者强制，如捆绑、殴打、伤害等；“威胁”是指以杀害、伤害、毁坏财产、损坏名誉等手段恫吓，迫使国家机关工作人员放弃执行职务。

另外，《治安管理处罚法》此条专款规定了阻碍人民警察依法执行职务的行为。这种行为原本属于阻碍国家工作人员依法执行职务行为的一种，但是出于对人民警察执行职务的特殊保护而进行了专门规定。这主要是考虑到人民警察肩负着维护国家安全、维护社会治安秩序、保护公民的人身和财产安全的职责，是法律的执行者，其依法执行职务的行为必须受到法律的保护，以维护法律的权威和尊严，保障社会安定。因此，该款对阻碍人民警察依法执行职务的行为，规定从重处罚。适用这一款的规定有两个条件：一是行为人阻碍的对象必须是人民警察。阻碍其他执行机关的工作人员执行职务的行为，适用其他相应条款的规定。二是人民警察必须是在依法执行职务。如果人民警察的行为违反了法律的规定，或者其行为根本就不是执行职务的活动，则不受该款的保护。

3. 主体特征。本行为主体为一般主体，即年满14周岁，具有辨认和控制能力的自然人都可以成为本行为主体。

4. 主观方面特征。本行为在主观方面表现为故意，即明知是国家机关工作人员在依法执行职务而有意实施阻碍行为。

（三）阻碍特种车辆通行行为

1. 客体特征。本行为侵犯的客体是消防车、救护车、工程抢险车、警车等特种车辆执行紧急任务时的优先通行权。

2. 客观方面特征。本行为的客观方面表现为阻碍执行紧急任务的消防车、救护车、工程抢险车、警车等车辆通行的行为。它必须具备以下两个特征：第一，实施了阻碍消防车、救护车、工程抢险车、警车等车辆通行的行为。所谓阻碍，是指行为人实施的阻挠、妨碍车辆通行的行为。第二，行为是在消防车、救护车、工程抢险车、警车等车辆执行紧急任务时实施的。如果阻碍的是没有执行紧急任务的特种车辆，不构成违法行为。

3. 主体特征。本行为主体为一般主体，即年满14周岁，具有辨认和控制能力的自然人都可以成为本行为主体。

4. 主观方面特征。本行为在主观方面表现为故意，即行为人明知阻碍执行紧急任务的消防车、救护车、工程抢险车、警车等车辆通行会造成危害后果而希望或放任这种后果的发生。

(四) 冲闯警戒带、警戒区行为

1. 客体特征。本行为侵犯的客体是国家机关的社会管理权,具体为公安机关的现场管制权。

2. 客观方面特征。本行为的客观方面表现为使用暴力、威胁手段强行冲闯公安机关设置的警戒带、警戒区的行为。警戒带,是指公安机关按照规定装备,用于依法履行职责在特定场所设置禁止进出范围的专用标志物。警戒区,是指公安机关依法划定的禁止出入的警戒区域。所谓强行冲闯,是指不顾劝阻、制止,执意强制跨越、突破警戒带,进入或离开警戒区。

3. 主体特征。本行为主体为一般主体,即年满 14 周岁,具有辨认和控制能力的自然人都可以成为本行为主体。

4. 主观方面特征。本行为在主观方面表现为故意,即行为人明知警戒带、警戒区是公安机关设置的,仍然不顾现场工作人员的劝阻、制止而强行冲闯警戒带、警戒区。过失不构成该行为。

三、拒不执行紧急状态下的决定、命令,阻碍执行职务,阻碍特种车辆通行和冲闯警戒带、警戒区行为的认定

(一) 拒不执行紧急状态情况下的决定、命令行为的认定

行为人实施拒不执行政府决定、命令,侵犯人民政府发布的决定、命令的内容行为的后果可能触犯刑法有关规定,构成犯罪。例如,在紧急状态下煽动群众暴力抗拒行政法规实施的,构成煽动暴力抗拒法律实施罪。

(二) 阻碍执行职务行为的认定

1. 此类行为违法与犯罪的界限

认定本行为违法与犯罪的主要界限关键要看是否采用暴力手段实施阻碍公务行为,如果是以暴力手段之外的方法阻挠、妨碍公务行为的,以本行为处理;如果是采用暴力、威胁方法阻碍公务行为的,则按照妨碍公务罪论处。

2. 本行为与其他相关违反治安管理行为的界限

(1) 本行为与扰乱单位秩序行为的界限。两者都表现为对一定的公共管理秩序造成破坏,有一些相似之处,两者的主要区别有三个方面:一是侵犯客体不同。本行为侵犯的是因为公务管理而形成的正常社会管理秩序,而扰乱单位秩序行为侵犯的是机关、团体、企业、事业单位的正常工作、生产秩序。二是两者的行为对象不同。本行为针对的对象是执行公务的国家工作人员,而扰乱单位秩序行为侵犯的对象是单位工作人员、单位财物、设备等特定单位的人或者物。三是行为方式不同。本行为只限于实施阻碍国家机关工作人员依法执行职务,而扰乱单位秩序行为形式多样,既可以是针对单位人员的人身攻击,针对单位车辆通行的阻碍,也可以是除此之外的其他多种形式。

(2) 本行为与殴打他人、故意伤害、故意毁坏财物行为的界限。本行为也可以表现为对他人人身的殴打、伤害或者是对公共财物的毁坏,因而,出现本行为与殴打他人、故意伤害、故意毁坏财物行为竞合问题,应按照处罚较重的行为论处。

(三) 阻碍车辆通行行为的认定

实施阻碍执行紧急任务的消防车、救护车、工程抢险车、警车等车辆通行行为,一般应当予以治安管理处罚。但是,如果行为人的行为方式、造成的后果触犯刑法,则根据《刑法》第 277 条构成妨害公务罪。例如,在自然灾害和突发事件中,以暴力、威胁方法阻碍红十字会的救护车通行,

或者阻碍警车通行，造成严重后果的，构成犯罪。

（四）强行冲闯警戒带、警戒区行为的认定

实施强行冲闯公安机关设置的警戒带、警戒区行为的，一般应当予以治安管理处罚。但是，如果行为人实施的强行冲闯警戒带、警戒区行为采用了暴力、威胁方法，阻碍了公安机关人民警察依法执行职务，或者阻碍了公安机关依法执行国家安全任务，造成严重后果，则根据《刑法》第277条构成妨害公务罪。

四、拒不执行紧急状态下的决定、命令，阻碍执行职务，阻碍特种车辆通行和冲闯警戒带、警戒区行为的处罚

下列情形可以认定为拒不执行紧急状态下的决定、命令违法行为的“情节严重”：不听执法人员劝阻的；造成人员受伤、财产损失等危害后果的；其他情节严重的情形。

下列情形可以认定为阻碍执行职务违法行为的“情节严重”：不听执法人员制止的；造成人员受伤、财物损失等危害后果的；在公共场所或者公共交通工具上阻碍执行职务的；以驾驶机动车冲闯检查卡点等危险方法阻碍执行任务的；其他情节严重的情形。

下列情形可以认定为阻碍特种车辆通行冲闯警戒带、警戒区违法行为的“情节严重”：不听执法人员制止的；造成人员受伤、财物损失等危害后果的；其他情节严重的情形。

第二节　招摇撞骗案件查处

一、法律规定

《治安管理处罚法》第51条规定：“冒充国家机关工作人员或者以其他虚假身份招摇撞骗的，处五日以上十日以下拘留，可以并处五百元以下罚款；情节较轻的，处五日以下拘留或者五百元以下罚款。冒充军警人员招摇撞骗的，从重处罚。”

二、招摇撞骗行为的构成特征

（一）客体特征

本行为侵犯的客体主要是国家机关的威信及其对社会的正常管理秩序，同时，也对公共利益和公民、法人或者其他组织的合法权益造成一定的侵害。

（二）客观方面特征

本行为的客观方面表现为冒充国家机关工作人员或者以其他虚假身份骗取他人信任谋取非法利益的行为，本行为在客观上有两个必备特征：

1. 必须具有“冒充国家机关工作人员”或者“以其他虚假身份”的行为方式。这里规定的“冒充国家机关工作人员”的身份行为，是指非国家机关工作人员假冒国家机关工作人员的身份、地位，或者某一国家机关工作人员冒用其他国家机关工作人员的身份、地位的行为。国家机关是依据宪法和法律设立的，依法承担一定的国家和社会公共事务管理职能并拥有一定权力的组织。国家机关包括国家各级权力机关、行政机关、审判机关、检察机关、军事机关等。国家机关工作人员就是指在上述机关中从事公务的人员以及在依照法律、法规规定行使国家行政管理职权的组

织中从事公务的人员，或者在受国家机关委托代表国家机关行使职权的组织中从事公务的人员，或者虽未列入国家机关人员编制但在国家机关中从事公务的人员等。这里规定的“其他虚假身份”，是指假冒除国家机关工作人员以外的不真实身份，足以使他人相信并上当受骗的情形。

2. 必须具有谋取非法利益的行为。所谓非法利益，是指没有法律依据而获取的不正当利益，包括已经或者可能获得的利益、物质利益或者非物质利益等，如不应该享有的政治待遇或者荣誉、玩弄异性的行为等。

（三）主体特征

本行为主体为一般主体，即年满 14 周岁，具有辨认和控制能力的自然人都可以成为本行为主体。

（四）主观方面特征

本行为在主观方面表现为故意，一般具有非法谋取不正当利益的目的。

三、招摇撞骗行为的认定

（一）此类行为违法与犯罪的界限

《刑法》第 279 条规定：“冒充国家机关工作人员招摇撞骗的，处三年以下有期徒刑、拘役、管制或者剥夺政治权利；情节严重的，处三年以上十年以下有期徒刑。冒充人民警察招摇撞骗的，依照前款的规定从重处罚。”因此，认定此类行为违法与犯罪的界限关键在于行为人冒充的身份，如果是冒充国家机关工作人员进行招摇撞骗则构成犯罪，否则以治安违法行为论处。

（二）本行为与其他相关违反治安管理的行为的界限

主要注意本行为与诈骗行为的界限。两个行为都有一个“骗”字，因而有一定相似之处。两者的区别主要有三个方面：第一，本行为侵犯的客体是复杂客体，其主要客体是国家机关的权威性和公信力，次要客体是公共利益和公民、法人和其他组织的合法权益，而诈骗行为所侵犯的客体则只是公私财产所有权；第二，本行为所采取的手段必须是冒充国家机关工作人员或者以其他虚假身份骗取他人信任谋取非法利益的行为，诈骗行为则无此限制，行为人只要采取虚构事实、隐瞒真相的方法，就符合诈骗行为的客观方面特征；第三，本行为的行为人的目的是骗取非法利益，其内容既包括骗取财物，又包括骗取其他非法利益，而诈骗行为的行为人则是以非法占有他人财物为目的。

下列情形可以认定为招摇撞骗违法行为的“情节较轻”：社会影响较小，未取得实际利益的；未造成当事人财物损失或者其他危害后果的；其他情节较轻的情形。

第三节 妨害公文、证件、证明文件、印章管理秩序和伪造、变造、倒卖有价票证、凭证案件查处

一、法律规定

《治安管理处罚法》第 52 条规定有四种行为之一的，处十日以上十五日以下拘留，可以并处一千元以下罚款；情节较轻的，处五日以上十日以下拘留，可以并处五百元以下罚款。第一种行为是：伪造、变造或者买卖国家机关、人民团体、企业、事业单位或者其他组织的公文、证件、证明

文件、印章的。第二种行为是:买卖或者使用伪造、变造的国家机关、人民团体、企业、事业单位或者其他组织的公文、证件、证明文件的。第三种行为是:伪造、变造、倒卖车票、船票、航空客票、文艺演出票、体育比赛入场券或者其他有价票证、凭证的。

二、妨害公文、证件、证明文件、印章管理秩序和伪造、变造、倒卖有价票证、凭证行为的构成特征

(一)伪造、变造、买卖公文、证件、证明文件、印章行为

1. 客体特征。本行为侵犯的客体是国家对公文、证件、证明文件、印章的正常管理秩序。行为对象是公文、证件、证明文件、印章。“公文”,是指国家机关、人民团体、企业、事业单位或者其他组织在其职权之内,以其名义制作的指示工作、处理问题或者联系事务的各种书面文件,如决定、命令、决议、指示、通知、报告、信函、电文等。“证件”,是指国家机关、人民团体、企业、事业单位或者其他组织制作颁发的用以证明身份、权利、义务关系或者有关事实的凭证,主要包括证件、证书。“证明文件”,是指由国家机关、人民团体、企业、事业单位或者其他组织开具的证明其身份的文书等,如介绍信。“印章”,是指刻有国家机关、人民团体、企业、事业单位或者其他组织名称的公章或者有某种特殊用途的专用章。此外,该项规定的“公文、证件、证明文件、印章”都指真实、有效的公文、证件、证明文件、印章。

2. 客观方面特征。本行为的客观方面表现为伪造、变造或者买卖国家机关、人民团体、企业、事业单位或者其他组织的公文、证件、证明文件、印章的行为。“伪造”,是指无制作、发布、颁发资格的人,冒用有关机关、团体等单位的名义,非法制造国家机关、人民团体、企业、事业单位或者其他组织的公文、证件、证明文件、印章的行为。“变造”,是指用涂改、擦消、拼接等方法,对真实的公文、证件、证明文件、印章进行改制,变更其原来真实内容的行为。“买卖”,是指为了某种目的,非法购买或者销售国家机关、人民团体、企业、事业单位或者其他组织的公文、证件、证明文件、印章的行为。

3. 主体特征。本行为主体为一般主体,即年满 14 周岁,具有辨认和控制能力的自然人都可以成为本行为主体。

4. 主观方面特征。本行为在主观方面表现为故意,即明知是在伪造、变造、买卖公文、证件、证明文件、印章,而决意为之。

(二)买卖、使用伪造、变造的公文、证件、证明文件行为

1. 客体特征。本行为所侵犯的客体是社会管理秩序以及国家机关、人民团体、企业、事业单位或者其他组织的信誉和正常活动。

2. 客观方面特征。本行为的客观方面表现为买卖或者使用伪造、变造的国家机关、人民团体、企业、事业单位或者其他组织的公文、证件、证明文件的行为。本行为包括三个方面:一是实施了买卖或者使用行为。买卖,是指有偿取得或者有偿转让行为,包括购买和销售。使用,是指实际地应用、利用或者运用的行为。二是买卖或者使用的必须是伪造、变造的公文、证件、证明文件。如果行为人买卖或者使用的是真实、有效的国家机关、人民团体、企业、事业单位或者其他组织的公文、证件、证明文件,则不构成该行为。三是买卖或者使用的伪造、变造的公文、证件、证明文件必须是国家机关、人民团体、企业、事业单位或者其他组织的公文、证件、证明文件,如果买卖或者使用的是私人的文书、证件、证明文件等,则不构成该行为。

3. 主体特征。本行为主体为一般主体,即年满14周岁,具有辨认和控制能力的自然人都可以成为本行为主体。

4. 主观方面特征。本行为在主观方面表现为故意,即明知是伪造、变造的国家机关、人民团体、企业、事业单位或者其他组织的公文、证件、证明文件,而仍然进行买卖或者使用。

(三) 伪造、变造、倒卖有价票证、凭证行为

1. 客体特征。本行为侵犯的客体是国家对有价票证、凭证的管理制度。行为侵犯的具体对象是根据车票、船票、航空客票、文艺演出票、体育比赛入场券或者其他有价票证、凭证提供服务的机构和享有服务的消费者。

2. 客观方面特征。本行为的客观方面表现为实施了伪造、变造、倒卖车票、船票、航空客票、文艺演出票、体育比赛入场券或者其他有价票证、凭证行为。伪造,是指仿照真实的有价票证、凭证的图案、形状、颜色、面值等外部形态特点,通过印刷、绘制、复印等方法加以制作的行为。变造,是指对真实的有价票证、凭证通过涂改、拼接、挖补、粘合、覆盖等方式加以改变的行为。倒卖,是指取得有价票证、凭证后转手加价出卖的行为。在客观上,只要实施了上述行为中的一种,即构成违反治安管理行为。

3. 主体特征。本行为主体为一般主体,即年满14周岁,具有辨认和控制能力的自然人都可以成为本行为主体。

4. 主观方面特征。本行为在主观方面表现为故意,即明知自己伪造、变造、倒卖有价票证、凭证的行为会侵害有价票证、凭证的信用以及国家对有价票证、凭证的管理制度,而仍然实施这种行为。行为人通常具有牟取非法利益的动机。

三、妨害公文、证件、证明文件、印章管理秩序和伪造、变造、倒卖有价票证、凭证行为的认定

(一) 伪造、变造、买卖公文、证件、证明文件、印章行为的认定

1. 违法与犯罪的界限。把握本行为违法与犯罪的界限,关键是考察情节轻微的标准。伪造、变造或者买卖一般程度的公文、证件、证明文件、印章,社会影响不大,而且数量较小的,或者初次伪造、变造、买卖公文、证件、证明文件、印章,还没有给相关单位造成严重损失的,属于情节轻微,应当依据《治安管理处罚法》的规定处理;情节严重,构成犯罪的,应当依照刑法规定论处。

2. 本行为与其他相关违反治安管理行为的界限。主要应该把握行为人伪造、变造、买卖公文、证件、证明文件、印章进行招摇撞骗等其他违反治安管理的行为应该如何认定的问题。本书认为,应该构成本行为与其他行为的牵连犯,按照牵连犯处断的原则择一重处罚。

(二) 买卖、使用伪造、变造的公文、证件、证明文件行为的认定

认定买卖、使用伪造、变造的国家机关、人民团体、企业、事业单位或者其他组织的公文、证件、证明文件行为罪与非罪的界限主要有以下两点:一是行为对象的范围不同。犯罪行为表现为买卖伪造、变造的海关签发的报关单、进口证明、外汇管理部门核准件等凭证和单据以及国家机关的其他公文、证件、印章,不包括使用伪造的国家机关的公文、证件、证明文件行为和买卖伪造、变造的人民团体、企业、事业单位或者其他组织的公文、证件、证明文件行为。二是实施买卖伪造、变造的国家机关的公文、证件、印章行为,原则上即构成犯罪;对于主观恶性较小,未造成危害后果或者危害后果不大,属于情节显著轻微的,不认为是犯罪,可予以治安管理处罚。

（三）伪造、变造、倒卖有价票证、凭证行为的认定

认定伪造、变造、倒卖车票、船票、航空客票、文艺演出票、体育比赛入场券或者其他有价票证、凭证行为罪与非罪的界限主要有以下两点：一是行为表现不同。构成犯罪必须实施了伪造、倒卖有价票证、凭证或者倒卖伪造的有价票证、凭证行为。变造有价票证、凭证的，构成违反治安管理行为，应当予以治安管理处罚。二是数额大小、情节轻重不同。伪造有价票证或者倒卖伪造的有价票证，数额较大的，或者倒卖有价票证、凭证情节严重的，才构成犯罪。

关于“数额较大”的认定标准，应当依照司法机关制定的司法解释执行。根据最高人民法院《关于审理倒卖车票刑事案件有关问题的解释》的规定，高价、变价、变相加价倒卖车票或者倒卖坐席、卧铺签字号及订购车票凭证，票面数额在 5 000 元以上，或者非法获利数额在 2 000 元以上的，构成《刑法》第 227 条第 2 款规定的“倒卖车票情节严重”。这里规定的“情节严重”，是指倒卖有价票证、凭证数额较大，或者倒卖有价票证、凭证获利数额较大，或者倒卖有价票证、凭证经多次处理屡教不改的等。伪造有价票证或者倒卖伪造的有价票证，数额较小的，构成违反治安管理行为，应当予以治安管理处罚。

四、妨害公文、证件、证明文件、印章管理秩序和伪造、变造、倒卖有价票证、凭证行为的处罚

下列情形可以认定为伪造、变造、买卖公文、证件、证明文件、印章违法行为和买卖、使用伪造、变造的公文、证件、证明文件违法行为的“情节较轻”：尚未造成危害后果，且获利较少的；尚未造成危害后果，且能够及时纠正或者弥补的；其他情节较轻的情形。

下列情形可以认定为伪造、变造、倒卖有价票证、凭证违法行为的“情节较轻”：伪造有价票证、凭证的票面数额、数量或者非法获利未达到有关刑事立案追诉标准 10%的；倒卖车票、船票票面数额或者非法获利未达到有关刑事立案追诉标准 10%的；其他情节较轻的情形。

第四节 妨害船舶管理秩序案件查处

一、法律规定

《治安管理处罚法》第 52 条规定的第三种行为是：伪造、变造船舶户牌，买卖或者使用伪造、变造的船舶户牌，或者涂改船舶发动机号码的。

二、妨害船舶管理秩序行为的构成特征

（一）伪造、变造船舶户牌行为

1. 客体特征。本行为侵犯的客体是国家船舶户牌管理制度。

2. 客观方面特征。本行为的客观方面表现为伪造、变造船舶户牌的行为。船舶，是指各类机动、非机动船舶以及其他水上移动装置，但是船舶上装备的救生艇筏和长度小于 5 米的艇筏除外。户牌，是指船舶登记管理机关依法发给船舶所有人的载有船舶名称、编号等内容的牌证，是船名、船号标志。

3. 主体特征。本行为主体为一般主体，即年满 14 周岁，具有辨认和控制能力的自然人都可

以成为本行为主体。

4. 主观方面特征。本行为在主观方面表现为故意,即明知自己的行为是伪造、变造船舶户牌,会造成危害国家船舶户牌管理制度的后果而仍然实施该行为。

(二)买卖、使用伪造、变造的船舶户牌行为

1. 客体特征。本行为侵犯的客体是国家船舶户牌管理制度。

2. 客观方面特征。本行为的客观方面表现为在交易或者生产生活中使用伪造、变造的船舶登记管理机关依法发给船舶所有人的载有船舶名称、编号等内容的牌证的行为。

3. 主体特征。本行为主体为一般主体,即年满14周岁,具有辨认和控制能力的自然人都可以成为本行为主体。

4. 主观方面特征。本行为在主观方面表现为故意,即明知自己的行为是买卖或者使用伪造、变造的船舶户牌,会造成危害国家船舶户牌管理制度的后果而仍然实施该行为。

(三)涂改船舶发动机号码行为

1. 客体特征。本行为侵犯的客体是国家船舶发动机号码管理制度。

2. 客观方面特征。本行为的客观方面表现为涂改船舶发动机号码,危害国家船舶发动机号码管理制度的行为。

3. 主体特征。本行为主体为一般主体,即年满14周岁,具有辨认和控制能力的自然人都可以成为本行为主体。

4. 主观方面特征。本行为在主观方面表现为故意,即明知自己的行为是涂改船舶发动机号码,会造成危害国家船舶发动机号码管理制度的后果而仍然实施该行为。

三、妨害船舶管理秩序行为的认定

伪造、变造船舶户牌,买卖或者使用伪造、变造的船舶户牌,或者涂改船舶发动机号码的行为,一般都属于违反治安管理行为。《刑法》没有对伪造、变造船舶户牌,买卖或者使用伪造、变造的船舶户牌,或者涂改船舶发动机号码行为单独定罪。但是,实施伪造、变造船舶户牌,买卖或者使用伪造、变造的船舶户牌,或者涂改船舶发动机号码行为往往是与其他违法犯罪活动联系或结合在一起的,如偷盗船舶后,为逃避法律制裁,又为销赃而伪造、变造船舶户牌,涂改船舶发动机号码等。

四、妨害船舶管理秩序行为的处罚

下列情形属于"情节较轻":伪造、变造船舶户牌数量较少,或者以营利为目的买卖伪造、变造的船舶户牌、涂改船舶发动机号码,获利较少的;伪造、变造船舶户牌,或者涂改船舶发动机号码的船舶,尚未出售或者未投入使用的;因船舶户牌丢失,伪造、变造或者购买、使用伪造、变造的船舶户牌的;其他情节较轻的情形。

第五节 驾船擅自进入、停靠国家管制的水域、岛屿案件查处

一、法律规定

《治安管理处罚法》第53条规定:"船舶擅自进入、停靠国家禁止、限制进入的水域或者岛屿

的,对船舶负责人及有关责任人员处五百元以上一千元以下罚款;情节严重的,处五日以下拘留,并处五百元以上一千元以下罚款。"

二、驾船擅自进入、停靠国家管制的水域、岛屿行为的构成特征

(一) 客体特征

本行为侵犯的客体是国家对特定水域、岛屿的管理秩序,侵犯的对象是国家禁止、限制进入的水域或者岛屿。

(二) 客观方面特征

本行为的客观方面表现为船舶擅自进入、停靠国家禁止、限制进入的水域或者岛屿的行为,必须同时具备以下两个条件:第一,行为人是未经批准,进入、停靠国家禁止、限制进入的水域或者岛屿的。经过有关部门许可进入、停靠限制进入的水域或者岛屿的,不属于该行为。第二,擅自进入、停靠的是明确标识或者公告不得进入的水域或者岛屿。对于未明确标识、公告禁止或者限制进入的水域、岛屿,船舶进入的,不能处罚。

(三) 主体特征

本行为主体为特殊主体,即船舶的负责人和其他有关责任人员。船舶负责人,是指船长或船主。其他有关责任人员,是指具体负责驾驶船舶的操作人员等。

(四) 主观方面特征

本行为在主观方面表现为故意。

三、驾船擅自进入、停靠国家管制的水域、岛屿行为的认定

船舶擅自进入、停靠国家禁止、限制进入的水域或者岛屿的,构成违反治安管理行为,应当依法予以治安管理处罚。但是,如果驾驶船舶擅自进入、停靠国家禁止、限制进入的水域或者岛屿,为境外的机构、组织、人员窃取、刺探国家秘密或者情报,则应按照《刑法》第 111 条的规定,认定为为境外窃取、刺探国家秘密或者情报罪。

四、驾船擅自进入、停靠国家管制的水域、岛屿行为的处罚

下列情形属于"情节严重":不听制止,强行进入、停靠的;经责令离开而拒不驶离的;其他情节严重的情形。

第六节　违反社会团体管理秩序和擅自经营需经公安机关许可的行业案件查处

一、法律规定

《治安管理处罚法》第 54 条第 1 款规定:"有下列行为之一的,处十日以上十五日以下拘留,并处五百元以上一千元以下罚款;情节较轻的,处五日以下拘留或者五百元以下罚款:(一) 违反国家规定,未经注册登记,以社会团体名义进行活动,被取缔后,仍进行活动的;(二) 被依法撤销登记的社会团体,仍以社会团体名义进行活动的;(三) 未经许可,擅自经营按照国家规定需要由

公安机关许可的行业的。”

二、违反社会团体管理秩序和擅自经营需经公安机关许可的行业行为的构成特征

(一) 非法以社团名义活动行为

1. 客体特征。本行为侵犯的客体是国家对社会团体的管理秩序。《宪法》在“公民的基本权利和义务”一章中明确规定,公民有结社的自由。社会团体的合法活动,对于我国政治民主的发展和促进社会主义精神文明、物质文明建设,有着积极的作用。但是,公民权利的行使必须遵守国家的法律,在法律的保障下进行。成立社会团体或者以社会团体的名义开展活动,首先要依法履行登记手续,经批准后进行活动。根据国务院颁布的《社会团体登记管理条例》的规定,社会团体是指中国公民自愿组成,为实现共同意愿,按照其章程开展活动的非营利性社会组织。社会团体必须遵守宪法、法律、法规和国家政策,不得反对宪法确定的基本原则,不得危害国家的统一、安全和民族团结,不得损害国家利益、社会公众利益以及其他组织和公民的合法权益,不得违背社会道德风尚。同时明确规定,成立社会团体,应当经其业务主管单位审查同意,并依照规定进行登记。国务院民政部门和县级以上地方各级人民政府民政部门是本级人民政府的社会团体登记管理机关,成立社会团体要符合法律规定的具体条件和程序。只有依照法律规定的上述内容和程序,经批准后方能以社会团体的名义开展活动。这既是对社会团体的一种管理方式,也使依法进行登记的社会团体的活动能够得到法律的保障。

2. 客观方面特征。本行为的客观方面表现为未经注册登记,以社会团体名义进行活动,被取缔后,仍进行活动的行为。本行为须同时具备以下两个条件:一方面必须是违反国家规定。这里所说的国家规定主要是指国务院颁布的《社会团体登记管理条例》的有关规定。另一方面必须有未经注册,以社会团体名义进行活动,被取缔后,仍进行活动。这一规定包含两层意思:首先,违法行为人未经注册,擅自以社会团体名义进行活动,这是一种严重违反国家有关社团管理规定的行为,根据《社会团体登记管理条例》规定,对这种行为,由登记管理机关即民政部门予以取缔,没收非法财产。其次,在被国家有关部门取缔后,仍进行活动。

3. 主体特征。本行为主体为一般主体,即年满 14 周岁,具有辨认和控制能力的自然人都可以成为本行为主体。

4. 主观方面特征。本行为在主观方面表现为故意,即明知未经注册登记或者被取缔后仍进行活动。

(二) 被撤销登记的社团继续活动行为

1. 客体特征。本行为侵犯的客体是国家对社会团体的管理制度。

2. 客观方面特征。本行为的客观方面表现为被依法撤销登记的社会团体,仍以社会团体名义进行活动的行为,必须同时具备以下两个条件:

(1) 原注册登记的社会团体已被依法撤销登记。是指该社会团体在成立之初,依照法定程序进行过社会团体登记,但在开展活动的过程中,违反了国家关于社团管理的规定,被登记管理机关予以撤销登记。社会团体被撤销登记的,将由登记管理机关收缴《社会团体法人登记证书》和印章。《社会团体登记管理条例》第 29 条规定,社会团体在申请登记时弄虚作假,骗取登记的,或者自取得《社会团体法人登记证书》之日起 1 年未开展活动的,由登记管理机关予以撤销登记。

第 30 条规定，社会团体有下列情形之一，情节严重的，予以撤销登记：涂改、出租、出借《社会团体法人登记证书》，或者出租、出借社会团体印章的；超出章程规定的宗旨和业务范围进行活动的；拒不接受或者不按照规定接受监督检查的；不按照规定办理变更登记的；违反规定设立分支机构、代表机构，或者对分支机构、代表机构疏于管理，造成严重后果的；从事营利性的经营活动的；侵占、私分、挪用社会团体资产或者所接受的捐赠、资助的；违反国家有关规定收取费用、筹集资金或者接受、使用捐赠、资助的。前述规定的行为有违法经营额或者违法所得的，予以没收，可以并处违法经营额 1 倍以上 3 倍以下或者违法所得 3 倍以上 5 倍以下的罚款。

(2) 撤销登记后，仍以社会团体名义进行活动。行为人实施该行为是以作为的形式进行的。仍以社会团体名义进行活动，是指社会团体在被撤销登记之后，行为人仍以原社会团体名义，按照其章程中确立的宗旨、业务范围、活动区域和会员资格及其权利、义务等内容进行活动，或者以其他社会团体名义进行活动。如继续召开会员大会或者会员代表大会、开展会员之间的交流、吸收新会员、开展对外业务活动等。如果社会团体被撤销登记后，不再进行活动的，不构成违反治安管理行为。

3. 主体特征。本行为的主体为特殊主体，一般是已被依法撤销登记的社会团体的负责人或者继续以社会团体名义举办某项非法活动的组织者。

4. 主观方面特征。本行为在主观方面表现为故意，即行为人明知原社会团体已被登记管理机关依法撤销，在丧失社会团体主体资格的前提下，仍以社会团体名义继续进行活动。

（三）擅自经营需经公安机关许可的行业行为

1. 客体特征。本行为侵犯的客体是国家对需要由公安机关许可的行业的管理制度。

2. 客观方面特征。本行为的客观方面表现为未经许可，擅自经营按照国家规定需要由公安机关许可的行业的行为，必须同时具备以下两个条件：

第一，行为人未经许可。许可，是行政许可的简称，是指行政机关根据公民、法人或者其他组织的申请，经依法审查，准予其从事特定活动的行为。未经许可，是指行为人没有取得需要经过公安机关审查批准才能从事某种行业或者某项经营活动的资质和资格。包括两种情况：一是行为人应当向公安机关申请取得，而未依法取得行政许可；二是超出公安机关审查许可经营的范围，擅自从事其他经营行业的行为。

第二，擅自经营按照国家规定需要由公安机关许可的行业。特种行业，是指工商服务行业中，由于业务内容和经营方式同社会治安秩序密切相关，易于被犯罪分子所利用，所以由国家或地方法规规定交由公安机关实行治安行政管理的行业。目前需要由公安机关审查许可的行业主要有旅馆业、典当业、公章刻制业、保安服务业、信托寄卖业、拍卖业等。旅馆业是指为来往旅客提供住宿条件以及其他生活、生产服务的行业。根据国务院批准、公安部颁布的《旅馆业治安管理办法》的规定，凡经营接待旅客住宿的旅馆、饭店、宾馆、招待所、客货栈、车马店、浴池等（以下统称旅馆），不论是国营、集体经营，还是合伙经营、个体经营、中外合资、中外合作经营，不论是专营还是兼管，不论是常年经营，还是季节性经营，一律作为特种行业加以管理。典当业，是指以实物占用权转移形式为非国有中、小企业和公民个人临时性质押贷款的特殊企业。根据商务部、公安部颁布的《典当管理办法》的规定，申请人领取《典当经营许可证》后，应当在 10 日内向所在地县级人民政府公安机关申请典当行《特种行业许可证》，领取营业执照后，方可营业。公章刻制业，是指使用手工、机械、电子等技术经营刻制公章、戳记的行业。根据公安部颁布的《关于加强刻字业治安管理打击伪造印章犯罪活动的通告》的规定，凡经营刻字业务的单位和个人，须经所在地县、市（区）以上公安机关审查同意，申请经营原子印章的，还须经所在地省、自治区、直辖市公安厅、局审查批准，向工商行政管理部门申请登记、领取营业执照后，方准开业。未经审查、核准登记的单位和个人一律不准从事刻制公章业务。保安服务业作为为社会提供专业化、有偿安全服务的特殊行业，在服务社会，协助公安机关维护社会治安，预防和减少违法犯罪方面发挥了积极的作用。根据国务院颁布的《保安服务管理条例》的规定，保安服务公司的设立，必须取得省一级公安机关颁发的保安服务许可证。任何组织或者个人未经许可，擅自从事保安服务、保安培训的，依法给予治安管理处罚，并没收违法所得；构成犯罪的，依法追究刑事责任。

3. 主体特征。本行为主体为一般主体，即年满 14 周岁，具有辨认和控制能力的自然人都可以成为本行为主体。

4. 主观方面特征。本行为在主观方面表现为故意，即行为人明知所从事经营的行业及其经营活动，需经公安机关许可批准才能进行，在没有得到公安机关许可的情况下，实施该行为。行为人以不知道应经公安机关许可为理由进行辩解的，其理由不能成立。

三、违反社会团体管理秩序和擅自经营需经公安机关许可的行业行为的认定

（一）非法以社团名义活动行为的认定

1. 认定本行为违法与否的关键，是考察社会团体是否违反国家规定未进行注册登记。如果已经注册登记就不会构成本行为，如果没有注册登记进行活动，就应当依照《治安管理处罚法》的规定处理。

2. 本行为与其他相关违反治安管理行为的界限。这里主要注意利用非法社会团体实施其他违反治安管理行为的定性问题。本书认为，应当构成本行为与其他行为的牵连犯，按照牵连犯择一重处的原则处理。

（二）被撤销登记的社团继续活动行为的认定

被依法撤销登记的社会团体，仍以社会团体名义进行活动，构成违反治安管理行为。但是，对于利用社会团体进行危害国家主权、领土完整和安全的，分裂或者煽动分裂国家、破坏祖国统一的，颠覆国家政权、推翻社会主义制度的，从事间谍活动、恐怖活动、黑社会性质活动的，或者因其活动损害了社会公共利益以及其他组织和公民的合法权益，构成犯罪的，依照相关刑法规定予以刑事处罚。

（三）擅自经营需经公安机关许可的行业行为的认定

擅自经营按照国家规定需要由公安机关许可的行业的行为，构成违反治安管理行为。但是，对于在擅自经营需经公安机关许可的行业期间犯罪的，将依法追究刑事责任。例如，行为人在从事非法经营典当业务期间，对明知是赃物而窝藏、销毁、转移，在非法开办旅馆期间，为卖淫嫖娼、赌博、吸毒、传播淫秽物品等违法犯罪活动提供帮助，构成犯罪的，应依法追究刑事责任。

四、违反社会团体管理秩序和擅自经营需经公安机关许可的行业行为的处罚

非法以社团名义活动、以被撤销登记的社团名义活动行为的“情节较轻”情形：尚未造成危害后果或者较大社会影响的；以营利为目的，但获利较少的；其他情节较轻的情形。

下列情形可以认定为未获公安许可擅自经营违法行为的“情节较轻”：经营时间较短且规模

较小的;主动停止经营且获利较少的;其他情节较轻的情形。

下列情形可以认定为未获公安许可擅自经营违法行为的“情节严重”:造成较重危害后果或者较大社会影响的;多次违反国家有关管理规定的;其他情节严重的情形。

第七节　煽动、策划非法集会、游行、示威案件查处

一、法律规定

《治安管理处罚法》第55条规定:“煽动、策划非法集会、游行、示威,不听劝阻的,处十日以上十五日以下拘留。”

二、煽动、策划非法集会、游行、示威行为的构成特征

(一)客体特征

本行为侵犯的客体是国家对集会、游行、示威的管理制度。

(二)客观方面特征

本行为的客观方面表现为煽动、策划非法集会、游行、示威,不听劝阻的行为。必须同时具备以下两个条件:

第一,煽动、策划非法集会、游行、示威。所谓集会,是指聚集于露天公共场所,发表意见、表达意愿的活动。游行,是指在公共道路、露天公共场所列队行进、表达共同意愿的活动。示威,是指在露天公共场所或者公共道路上以集会、游行、静坐等方式,表达要求、抗议或者支持、声援等共同意愿的活动。露天公共场所,是指公众可以自由出入的或者凭票可以进入的室外公共场所,不包括机关、团体、企业事业组织管理的内部露天场所。公共道路,是指除机关、团体、企业事业组织内部的专用道路以外的道路和水路。非法集会、游行、示威,是指违反法律、行政法规和规章中有关集会、游行、示威的管理规定,未依照规定申请或者申请未获许可,或未按照主管机关许可的目的、方式、标语、口号、起止时间、地点、路线进行,不听制止的集会、游行、示威。《集会游行示威法》第7条规定,举行集会、游行、示威,必须依照规定向主管机关提出申请并获得许可。第8条规定,举行集会、游行、示威,必须有负责人。依照规定需要申请的集会、游行、示威,其负责人必须在举行日期的5日前向主管机关递交书面申请。申请书中应当载明集会、游行、示威的目的、方式、标语、口号、人数、车辆数、使用音响设备的种类与数量、起止时间、地点(包括集合地和解散地)、路线和负责人的姓名、职业、住址。所谓煽动,是指以语言、文字、图像等方式对他人进行鼓动、宣传,意图使他人相信其鼓动的内容,或者意图使他人去实施所鼓动的行为。策划,是指为实现某一目的而进行筹划、谋划的行为,如制订计划、方案等。

第二,不听劝阻。这是指公安机关或有关部门对行为人煽动、策划非法集会、游行、示威的行为已经进行了劝阻,而行为人仍继续实施煽动、策划行为。对于行为人虽然实施了煽动、策划非法集会、游行、示威行为,但经公安机关或有关部门劝阻后,终止煽动、策划行为的,不构成违反治安管理行为。

(三)主体特征

本行为主体为一般主体,即年满14周岁,具有辨认和控制能力的自然人都可以成为本行为

主体。

（四）主观方面特征

本行为在主观方面表现为故意，即行为人明知所举行的集会、游行、示威是非法的，仍予以煽动、策划，且不听从公安机关和有关部门的劝阻，继续实施煽动、策划行为。

三、煽动、策划非法集会、游行、示威行为的认定

煽动、策划非法集会、游行、示威行为，是非法集会、游行、示威犯罪活动的准备阶段或萌芽阶段。如果因行为人的煽动、策划，致使非法集会、游行、示威得以举行，又拒不服从解散命令，严重破坏社会秩序，具有较大的社会危害性，则根据《刑法》第 296 条规定认定为非法集会、游行、示威罪。

非法举行集会、游行、示威行为罪与非罪的界限主要有以下两点：第一，构成犯罪的非法集会、游行、示威的活动已经举行，且具有拒不服从解散命令，严重破坏社会秩序的情节；第二，对于既是非法集会、游行、示威活动的煽动者、策划者，同时又是非法集会、游行、示威活动的负责人，拒不服从解散命令，严重破坏社会秩序的，构成犯罪。

第八节 违反旅馆业管理规定案件查处

一、法律规定

《治安管理处罚法》第 56 条规定："旅馆业的工作人员对住宿的旅客不按规定登记姓名、身份证件种类和号码的，或者明知住宿的旅客将危险物质带入旅馆，不予制止的，处二百元以上五百元以下罚款。旅馆业的工作人员明知住宿的旅客是犯罪嫌疑人员或者被公安机关通缉的人员，不向公安机关报告的，处二百元以上五百元以下罚款；情节严重的，处五日以下拘留，可以并处五百元以下罚款。"

二、违反旅馆业管理规定行为的构成特征

本行为主体为特殊主体，只能是旅馆业的工作人员，既包括单位经营者，也包括个人经营者；既包括作为投资人的老板、股东，也包括被老板聘用的经营管理人员。

（一）不按规定登记住宿旅客信息行为

1. 客体特征。本行为侵犯的客体是旅馆业管理秩序。旅馆业作为流动人员居住和活动的场所，加强对旅馆等公共场所的管理是维护社会治安秩序的一个重要方面。近年来，在一些地方的旅馆包括高级宾馆、饭店和单位内部的招待所等场所中，刑事案件时有发生，严重危害旅客人身和财产安全。一些犯罪分子使用假证件在旅馆落足藏身，有些被公安机关通缉的重大逃犯经常出没于宾馆、饭店，甚至有个别的旅馆实际上已成了卖淫嫖娼、聚众赌博、吸毒、贩毒等藏污纳垢的窝点。一些旅馆业的工作人员单纯追求经济利益，不认真履行安全防范责任，有的对卖淫嫖娼、聚众赌博等社会丑恶现象采取放任和纵容的态度，甚至与不法分子相互勾结，从中牟利。加强对旅馆业的管理，提高预防和查控违法犯罪的能力，是充分发挥人口流动的积极作用，依法打击其中极少数的违法犯罪，维护社会治安秩序，保障社会主义市场经济顺利运行的重要管理

措施。

2. 客观方面特征。本行为的客观方面表现为旅馆业的工作人员对住宿的旅客不按规定登记姓名、身份证件种类和号码的行为。

加强对住宿旅客进行登记,是旅馆业管理工作的基本工作,同时也是预防和打击违法犯罪活动的有效手段。根据 1987 年 11 月公安部颁布的《旅馆业治安管理办法》的规定,旅馆接待旅客住宿必须登记。登记时,应当查验旅客的身份证件,按规定的项目如实登记旅客的姓名、身份证件种类和号码。接待境外旅客住宿,应当在 24 小时内向公安机关报送住宿登记表。

3. 主观方面特征。本行为在主观方面表现为故意,即明知对住宿的旅客应该按规定登记姓名、身份证件种类和号码而不登记。

(二) 不制止住宿旅客带入危险物质行为

1. 客体特征。本行为侵犯的客体是国家对旅馆业的管理秩序和公共安全。

2. 客观方面特征。本行为的客观方面表现为旅馆业的工作人员明知住宿的旅客将危险物质带入旅馆,不予制止的行为。本行为的构成必须具备以下两个条件:第一,行为人明知住宿的旅客将危险物质带入旅馆。危险物质包括爆炸性物质、易燃性物质、放射性物质、毒害性物质、腐蚀性物质和传染病病原体。明知住宿的旅客将危险物质带入旅馆,是指旅馆业工作人员明明知道或者他人发现而向其举报后知道住宿的旅客携带有危险物质,不是主观推断或猜想。《旅馆业治安管理办法》第 11 条规定:"严禁旅客将易燃、易爆、剧毒、腐蚀性和放射性等危险物品带入旅馆。"第二,旅馆业的工作人员不予制止。不予制止,是指行为人已经明知住宿的旅客携带有危险物质,不采取任何措施,仍予以登记入住。如果行为人不知道,不构成本行为。

3. 主观方面特征。本行为在主观方面表现为故意,即明知住宿的旅客将危险物质带入旅馆而不制止。过失不构成本行为。

(三) 明知住宿旅客是犯罪嫌疑人不报告行为

1. 客体特征。本行为侵犯的客体是旅馆业管理秩序和司法机关惩治犯罪分子的正常活动。

2. 客观方面特征。本行为的客观方面表现为旅馆业的工作人员明知住宿的旅客是犯罪嫌疑人或者被公安机关通缉的人员,不向公安机关报告的行为。本行为的构成必须具备以下两个条件:第一,明知住宿的旅客是犯罪嫌疑人员或者被公安机关通缉的人员。犯罪嫌疑人员,是指通过其言行、携带物品、身份证明等被认为有犯罪嫌疑的人,如发现其身上有血迹,随身携带枪支等。被公安机关通缉的人员,是指被公安机关通缉追捕的人员。第二,不向公安机关报告。《旅馆业治安管理办法》第 9 条规定:"旅馆工作人员发现违法犯罪分子,行迹可疑的人员和被公安机关通缉的罪犯,应当立即向当地公安机关报告,不得知情不报或隐瞒包庇。"协助公安机关发现和查控违法犯罪嫌疑人员,是旅馆业工作人员的法定责任。

3. 主观方面特征。本行为在主观方面表现为故意,即明知住宿的旅客是犯罪嫌疑人或者被公安机关通缉的人员而不向公安机关报告。过失不构成本行为。

三、违反旅馆业管理规定行为的认定

(一) 不按规定登记住宿旅客信息行为的认定

认定本行为违法与否的关键,主要在于旅馆业工作人员的行为是作为还是不作为。如果是不作为,即有义务履行登记且有能力履行,而没有履行这种义务的,则构成本行为,否则就不构成本行为。

本行为与容留他人卖淫行为在客观方面有一定的交叉表现,两者的主要区别在于:第一,侵犯的客体不同,本行为侵犯的是旅馆业的管理秩序,而容留他人卖淫行为侵犯的是社会主义良好风尚;第二,行为手段不同,本行为主要表现为对住宿的旅客不按规定登记,主要表现为不作为,而容留他人卖淫行为则主要是提供场所或者便利条件容纳、收留他人卖淫,一般为积极作为方式。

(二) 明知住宿旅客是犯罪嫌疑人不报告行为的认定

明知住宿旅客是犯罪嫌疑人不报告,构成违反治安管理行为。但是,如果旅馆业的工作人员属于明知是犯罪的人而为其提供隐藏处所,则构成《刑法》第 310 条规定的窝藏、包庇罪。

第九节 违反房屋出租管理规定案件查处

一、法律规定

《治安管理处罚法》第 57 条规定:“房屋出租人将房屋出租给无身份证件的人居住的,或者不按规定登记承租人姓名、身份证件种类和号码的,处二百元以上五百元以下罚款。房屋出租人明知承租人利用出租房屋进行犯罪活动,不向公安机关报告的,处二百元以上五百元以下罚款;情节严重的,处五日以下拘留,可以并处五百元以下罚款。”

二、违反房屋出租管理规定行为的构成特征

本行为侵犯的客体是国家对租赁房屋的治安管理制度。本行为主体为特殊主体,即房屋出租人或负责出租房屋的人员,包括个人和单位。

(一) 将房屋出租给无身份证件人居住行为

1. 客观方面特征。本行为的客观方面表现为行为人在房屋出租过程中,实施了将房屋出租给无身份证件的人居住的行为。

出租房屋,是指旅馆业以外以营利为目的,公民私有和单位所有出租用于他人居住的房屋。将房屋出租给无身份证件的人居住,主要是指房屋出租人将个人私有或者单位所有的房屋出租给没有身份证件的人居住。身份证件,主要包括居民身份证、护照、户口簿、军官证等。公安部 1995 年 3 月 6 日颁布实施的《租赁房屋治安管理规定》规定,私有房屋出租或单位房屋出租,经审核符合规定出租条件的,由出租人向公安派出所签订治安责任保证书。房屋出租人不准将房屋出租给无合法有效证件的承租人。房屋承租人承租房屋必须持有本人居民身份证或者其他合法身份证件。房屋出租人违反规定,将房屋出租给无身份证件的人居住的,应当承担相应的责任。

2. 主观方面特征。本行为在主观方面表现为故意。

(二) 不按规定登记承租人信息行为

1. 客观方面特征。本行为的客观方面表现为不按规定登记承租人姓名、身份证件种类和号码的行为。不按规定登记承租人姓名、身份证件种类和号码,是指在房屋出租期间,没有按照规定对承租人个人身份相关信息进行登记,主要表现在漏写某些项目,或者仅是根据承租人的口述

进行登记,或者胡乱填写。《租赁房屋治安管理规定》规定,房屋出租人应对承租人的姓名、性别、年龄、常住户口所在地、职业或者主要经济来源、服务处所等基本情况进行登记并向公安派出所备案。对违反该规定的行为作出相应的处罚。

2. 主观方面特征。本行为在主观方面表现为故意。如果行为人按照规定对承租人提供的身份证件进行了登记,但因其提供的身份证件不合法,而行为人没有能力分辨真伪的,则不构成违反治安管理行为。

(三) 明知承租人利用出租屋犯罪不报告行为

1. 客观方面特征。本行为的客观方面表现为房屋出租人明知承租人利用出租房屋进行犯罪活动,不向公安机关报告的行为。本行为的构成必须具备以下三个条件:第一,房屋出租人主观上必须是明知,即房屋出租人明知道房屋承租人在其承租的房屋内进行违法犯罪活动的事实。对于房屋出租人确实不知房屋承租人利用承租的房屋进行违法犯罪活动的,不构成违反治安管理行为。第二,承租人有利用出租人出租的房屋进行违法犯罪的事实。例如,承租人利用其承租的房屋卖淫,或者开设赌场进行赌博,或者进行制毒、贩毒、黑社会性质等犯罪活动。如果承租人进行的犯罪活动不是在其承租的房屋内进行,不属于违反本规定的行为。第三,房屋出租人不向公安机关报告。发现承租人利用其承租的房屋进行违法犯罪活动,及时向公安机关报告,是房屋出租人应当履行的法定义务。违反该规定,承租人应当承担相应的法律责任。

2. 主观方面特征。本行为在主观方面表现为故意。如果行为人不了解承租人利用出租房屋进行违法犯罪活动情况则不构成违反治安管理行为。

三、违反房屋出租管理规定行为的认定

违反房屋出租管理规定行为不构成犯罪行为,但是可转化为其他类型犯罪。例如,房屋出租人如果已经知道承租人租用其房屋,就是为了进行卖淫,仍为其提供房屋,并以此多收承租人钱财的,可能构成《刑法》第 359 条第 1 款规定的引诱、容留、介绍卖淫罪等。

四、违反房屋出租管理规定行为的处罚

下列情形可以认定为明知住宿旅客是犯罪嫌疑人不报告违法行为的“情节严重”:发现多名犯罪嫌疑人、被通缉人不报告的;明知住宿旅客是严重暴力犯罪嫌疑人不报告的;阻挠他人报告或者在公安机关调查时故意隐瞒的;其他情节严重的情形。

下列情形可以认定为明知承租人利用出租屋犯罪不报告违法行为的“情节严重”:房屋承租人利用出租房屋进行犯罪活动,造成较严重后果的;阻挠他人报告或者在公安机关调查时故意隐瞒的;其他情节严重的情形。

第十节　制造噪声干扰他人正常生活案件查处

一、法律规定

《治安管理处罚法》第 58 条规定:“违反关于社会生活噪声污染防治的法律规定,制造噪声干扰他人正常生活的,处警告;警告后不改正的,处二百元以上五百元以下罚款。”

二、制造噪声干扰他人正常生活行为的构成特征

（一）客体特征

本行为侵犯的客体是他人的生活安宁权。

（二）客观方面特征

本行为的客观方面表现为制造噪声干扰他人正常生活的行为，这种行为在客观上应当同时符合两个条件：一是违反了关于社会生活噪声污染防治的法律规定。我国是一个发展中国家，国家正处于发展建设阶段，在建设中造成的一些噪声污染问题在一定阶段会比较突出。对于各种噪声污染的防治，国家都有明确的规定，如对噪声的排放标准、防治措施、赔偿标准、审批程序等都有严格的规定。对于制造噪声者，其行为只要是严格依照国家法律、法规的规定，并严格履行其应尽的职责和义务，与国家和其影响到的周围的人民群众达成谅解并作出相应赔偿的，则不属于本法规定要处罚的行为。反之，则必须要承担法律责任。噪声，是指在工业生产、建筑施工、交通运输和社会生活中所产生的干扰周围生活环境的声音。也就是说，广义上的噪声，既包括工业噪声，还包括建筑施工噪声、交通运输噪声和社会生活噪声。工业噪声，是指在工业生产活动中使用固定的设备时产生的干扰周围生活环境的声音。建筑施工噪声，是指在建筑施工过程中产生的干扰周围生活环境的声音。交通运输噪声，是指机动车辆、铁路机车、机动船舶、航空器等交通运输工具在运行时所产生的干扰周围生活环境的声音。社会生活噪声，是指人为活动所产生的除工业噪声、建筑施工噪声和交通运输噪声之外的干扰周围生活环境的声音。该条所处罚的制造噪声干扰他人正常生活行为的"噪声"，仅指社会生活噪声。二是制造噪声干扰了他人的正常生活。干扰他人正常生活，是指已经造成他人正常的学习、工作、交往以及休息等生活活动的中断、间歇甚至无法进行，或者造成他人精神和身心的不适与危害等行为。

（三）主体特征

本行为主体为一般主体，既可以是年满 14 周岁，具有辨认和控制能力的自然人主体，也可以是单位。实践中，一般表现为单位和经营场所。

（四）主观方面特征

本行为在主观方面一般表现为故意，即明知自己制造的噪声可能造成对他人正常生活的干扰，而仍然实施；某些特殊情况之下，过失也可以构成本违法行为的主观方面。

三、制造噪声干扰他人正常生活行为的认定

注意把握此类行为违法与一般行为的界限，这里主要是针对制造的噪声是否违反了社会生活噪声污染防治的法律规定进行科学鉴定。如果没有超过规定的标准，或者已经超过但是并非发生在社会生活区域，或者对他人生活不构成干扰，不能以本行为论处。

第十一节 违反典当管理规定案件查处

一、法律规定

《治安管理处罚法》第 59 条规定有四种行为之一的，处五百元以上一千元以下罚款；情节严

重的,处五日以上十日以下拘留,并处五百元以上一千元以下罚款。第一种行为是:典当业工作人员承接典当的物品,不查验有关证明、不履行登记手续,或者明知是违法犯罪嫌疑人、赃物,不向公安机关报告的。

二、违反典当管理规定行为的构成特征

本行为所侵犯的客体是国家对典当业的管理制度。本行为主体为特殊主体,即典当行从业人员,包括典当行法定代表人、个人股东、董事、监事、经理、财务负责人及一般从业人员。

(一) 违法承接典当物品行为

1. 客观方面特征。本行为的客观方面表现为典当业工作人员承接典当的物品,不查验有关证明、不履行登记手续的行为。

典当,是指当户将其动产、财产权利作为当物质押或者将其房地产作为当物抵押给典当行,交付一定比例费用,取得当金,并在约定期限内支付当金利息、偿还当金、赎回当物的行为。典当行是以实物占有权转移形式为非国有中、小企业和个人提供临时性质押贷款的特殊金融企业。商务部、公安部2005年2月9日颁布的《典当管理办法》第35条规定:“办理出当与赎当,当户均应当出具本人的有效身份证件。当户为单位的,经办人员应当出具单位证明和经办人的有效身份证件;委托典当中,被委托人应当出具典当委托书、本人和委托人的有效身份证件。除前款所列证件外,出当时,当户应当如实向典当行提供当物的来源及相关证明材料。赎当时,当户应当出示当票。典当行应当查验当户出具的本条第二款所列证明文件。”第51条规定:“典当行应当如实记录、统计质押当物和当户信息,并按照所在地县级以上人民政府公安机关的要求报送备查。”根据上述规定,典当业从业人员在承接典当物品时,查验当户的有效身份证件,并履行严格的登记手续,是法定的义务。违反规定的,应当承担相应的责任。

2. 主观方面特征。本行为在主观方面表现为故意,即明知承接典当物品应当查验当户的身份证件并进行登记而不查验、不履行登记手续。

(二) 典当业工作人员发现违法犯罪嫌疑人、赃物不报告行为

本行为的客观方面表现为典当业工作人员明知是违法犯罪嫌疑人、赃物,不向公安机关报告的行为。构成本行为必须满足以下两方面条件:第一,明知是违法犯罪嫌疑人、赃物。这里的犯罪嫌疑人,指被怀疑有某种犯罪行为的人,而非刑事诉讼法中严格意义上的犯罪嫌疑人。所谓赃物,是指通过实施盗窃、抢劫、诈骗、贪污等违法犯罪活动获取的公私财物。明知是违法犯罪嫌疑人、赃物,是指典当行从业人员明知当户是有某种违法犯罪嫌疑的人,其所典当的物品是其违法行为所得。第二,不向公安机关报告。《典当管理办法》第27条规定,典当行不得收当下列财物:依法被查封、扣押或者已经被采取其他保全措施的财产;赃物和来源不明的物品;易燃、易爆、剧毒、放射性物品及其容器;管制刀具,枪支、弹药,军、警用标志、制式服装和器械;国家机关公文、印章及其管理的财物;国家机关核发的除物权证书以外的证照及有效身份证件;当户没有所有权或者未能依法取得处分权的财产;法律、法规及国家有关规定禁止流通的自然资源或者其他财物。第52条规定:“典当行发现公安机关通报协查的人员或者赃物以及本办法第二十七条所列其他财物的,应当立即向公安机关报告有关情况。”根据以上规定,典当行从业人员在承接典当物品时,发现违法犯罪嫌疑人、赃物的,有义务向公安机关报告。违反规定的,将根据情节轻重不同,分别处以治安处罚或刑事处罚。

三、违反典当管理规定行为的认定

违反典当管理规定行为不构成犯罪,但是可转化为其他类型犯罪。例如,如果典当业从业人员明知当户典当的物品是犯罪所得的赃物而予以窝藏、转移、收购或者代为销售,则构成《刑法》第 312 条规定的掩饰、隐瞒犯罪所得、犯罪所得收益罪;如果明知是毒品犯罪、黑社会性质的组织犯罪、恐怖活动犯罪、走私犯罪的违法所得,为掩饰、隐瞒其来源和性质,协助将财产转换为现金或者金融票据或以其他方法掩饰、隐瞒犯罪所得及其收益的性质和来源,则构成《刑法》第 191 条规定的洗钱罪。

四、违反典当管理规定行为的处罚

下列情形可以认定为违法承接典当物品违法行为的"情节严重":违法承接典当物品较多的;违法承接典当物品价值较大的;其他情节严重的情形。

下列情形可以认定为典当业工作人员发现违法犯罪嫌疑人、赃物不报告违法行为的"情节严重":涉及赃物数量较多或者价值较大,不报告的;发现严重暴力犯罪嫌疑人不报告的;阻挠他人报告或者在公安机关调查时故意隐瞒的;其他情节严重的情形。

第十二节 违法收购案件查处

一、法律规定

《治安管理处罚法》第 59 条规定的第二种行为是:违反国家规定,收购铁路、油田、供电、电信、矿山、水利、测量和城市公用设施等废旧专用器材的。第三种行为是:收购公安机关通报寻查的赃物或者有赃物嫌疑的物品的。第四种行为是:收购国家禁止收购的其他物品的。

二、违法收购行为的构成特征

(一) 违法收购废旧专用器材行为

1. 客体特征。本行为侵犯的客体是国家对收购废旧专用器材的管理制度。

2. 客观方面特征。本行为的客观方面表现为违反国家规定,收购铁路、油田、供电、电信、矿山、水利、测量和城市公用设施等废旧专用器材的行为。构成本行为必须满足以下两方面条件:

第一,行为人违反国家规定。国家规定,主要是指法律、行政法规和规章中有关废旧专用器材收购管理的规定。公安部颁布的《废旧金属收购业治安管理办法》第 2 条规定:"本办法所称废旧金属,是指生产性废旧金属和非生产性废旧金属。生产性废旧金属和非生产性废旧金属的具体分类由公安部会同有关部门规定。"

国内贸易部、公安部 1994 年 9 月 24 日发布的《生产性废旧金属和非生产性废旧金属分类》对生产性废旧金属和非生产性废旧金属作了明确具体的划分。其中规定,用于建筑、铁路、通信、电力、水利、油田、国防及其他生产领域,并已失去原有使用价值的金属材料和金属制品,是生产性废旧金属。包括:(1) 废钢铁:汤道、跑钢、钢包底、渣钢、钢坯切头、钢材切头、板边、废钢坯、废钢锭模、废次材、氧化铁皮;钢屑、铁屑、边角料、浇冒口、废铸钢件、废铸铁件;废机床、废锅炉、废冶金设备、废矿山设备、废化工设备、废轻纺设备、废采油设备、废石油化工设备；废铸铁管、废钢管、废暖气片、废水暖零件、废水泵；加工生产过程中产生的废半成品、废零件、废次产品、废结构件、废机械零件、散碎铁；各种铁路废器材：废钢轨、废道钉、废道叉、废车轮、废闸瓦、废轴、废防滑器、废机车零件、废机车等；报废的城市公共设施：废井盖、废铁篦子、废护栏等；报废的农田水利设施和农业机械：废拖拉机、废收割机等；报废的各种输电器材和设备；报废的各种机动车辆、船舶及其零件；报废或退役的各种武器装备；废钢丝绳、废钢丝。(2) 废合金钢：各种牌号合金和合金钢的切头、边角料、屑末；机械设备中的废合金钢零件；发动机中的废合金零件；各种废刀具：废铣刀、废拉刀、废插齿刀、废滚齿刀、废绞刀、废丝锥、废板牙、废钻头、废模具；废滚动轴承、废弹簧、废不锈钢容器、废硬质合金等。(3) 废有色金属：各种有色金属切头、屑末、边角料；各种机械设备中的废有色金属零部件(含合金零件)；各种废有色金属材料：废丝、废管、废棒、废带等；废电器、废电缆、废电线、各种废铜漆包线、废导电板、废铅电瓶等；废滑动轴承、废轴瓦、废轴衬；废弹壳、废飞机铝、废汽车水箱、废铅管、废铅字、废铅板、废锡基合金、废有色金属器皿等。(4) 废稀贵金属：含金、银的废液：镀金废液、镀银废液、废定影液、废腐蚀液等；镀金、镀银的废电子元件、废器皿、废钟表件，金银电镀的废夹具、残极；废感光乳剂、废胶片、废相纸、废X光片等；电器产品的废触头、废银锌电池；电子工业的废印刷电路板、废集成电路块、废电容器、废继电器及其他废电子元件；通信设备中的废调节器、废起动器、电话废继电器等；废贵金属丝：废银丝、废铂(含合金)丝、废金丝、废热电偶丝、废铂(含合金)网、废银网等；废喷丝头、废贵金属坩埚、废贵金属器皿、废贵金属电极、废贵金属触点等；含贵金属的工业废渣：玻璃纤维工业的废耐火砖(拉丝模废衬砖)，硝酸工业的转化炉灰尘，电解阳极泥，含贵金属的废催化剂、灰泥等；工艺美术及贵金属加工厂产生的贵重金属屑末、废饰线、烫金衬纸、贵金属边角料等。

城乡居民及企、事业单位用于生活资料和农村居民用于农业生产的小型家具，在已失去原有的使用价值后的金属制品，是非生产性废旧金属。包括：(1) 废钢铁：废锅勺、废炉具、废炊具、废缝纫机、废旧自行车、钢铁制的废生活用品；废农用工具：废镰刀、废锄头、废镐、废锹、废犁铧、废水车及零件、报废的小型农用机具和粮食加工设备、废人力车及其废零件等。(2) 废合金钢：废不锈钢餐具等。(3) 废有色金属报废的有色金属生活用品：铜、铅、锌、锡制成的生活器皿、佛像、香炉、蜡台等。废牙膏皮、有色金属的废药管等。

《废旧金属收购业治安管理办法》第3条规定："生产性废旧金属，按照国务院有关规定由有权经营生产性废旧金属收购业的企业收购。收购废旧金属的其他企业和个体工商户只能收购非生产性废旧金属，不得收购生产性废旧金属。"第7条规定："在铁路、矿区、油田、港口、机场、施工工地、军事禁区和金属冶炼加工企业附近，不得设点收购废旧金属。"第8条规定："收购废旧金属的企业在收购生产性废旧金属时，应当查验出售单位开具的证明，对出售单位的名称和经办人的姓名、住址、身份证号码以及物品的名称、数量、规格、新旧程度等如实进行登记。"第9条第3项规定，收购废旧金属的企业和个体工商户不得收购铁路、油田、供电、电信通讯、矿山、水利、测量和城市公用设施等专用器材。根据以上规定，收购生产性废旧金属必须是具有经营资格的企业，同时还要按照规定程序开展经营活动。

第二，行为人实施了收购铁路、油田、供电、电信、矿山、水利、测量和城市公用设施等废旧专用器材的行为。收购，是指以出卖为目的有偿取得物品的行为。个人为自己使用而买的，不属于收购行为。行为人收购的对象必须是废旧的铁路、油田、供电、电信、矿山、水利、测量和城市公用设施等专用器材。行为人收购的是现用或备用的铁路、油田、供电、电信、矿山、水利、测量和城市公用设施等专用器材的,不影响本行为的成立。

3. 主体特征。本行为主体为一般主体,即年满 14 周岁,具有辨认和控制能力的自然人都可以成为本行为主体。

4. 主观方面特征。本行为在主观方面表现为故意。

(二)收购赃物、有赃物嫌疑的物品行为

1. 客体特征。本行为侵犯的客体是公安机关依法打击违法犯罪行为的正常活动。

2. 客观方面特征。本行为的客观方面表现为收购公安机关通报寻查的赃物或者有赃物嫌疑的物品的行为。公安机关通报寻查的赃物,主要是由于丢失物品的单位或者个人向公安机关报告,公安机关经过侦查确认为犯罪分子以犯罪手段获得,并向废旧金属收购业、废旧物品收购业等单位发出通报的物品。公安机关通报寻查的赃物,实践中主要是物品本身至关重要,有非常重要的价值,一方面对国家、集体、个人具有难以替代的作用;另一方面对确定犯罪,进行诉讼,是非常重要的证据。有赃物嫌疑的物品,是指虽不能确认为赃物,但根据物品的用途、来源、出售价格等方面分析,出售人不可能合法拥有,有理由认为可能是赃物的物品。《废旧金属收购业治安管理办法》第 9 条第 4 项规定,收购废旧金属的企业和个体工商户不得收购公安机关通报寻查的赃物或者有赃物嫌疑的物品。第 10 条规定:"收购废旧金属的企业和个体工商户发现有出售公安机关通报寻查的赃物或者有赃物嫌疑的物品的,应当立即报告公安机关。公安机关对赃物或者有赃物嫌疑的物品应当予以扣留,并开付收据。有赃物嫌疑的物品经查明不是赃物的,应当及时退还;赃物或者有赃物嫌疑的物品经查明确属赃物的,依照国家有关规定处理。"第 11 条规定,收购废旧金属的企业和个体工商户应当协助公安人员查处违法犯罪分子,据实反映情况,不得知情不报或者隐瞒包庇。

3. 主体特征。本行为主体为一般主体,即年满 14 周岁,具有辨认和控制能力的自然人都可以成为本行为主体。实践中,行为人主要是废旧金属收购业、废旧物品收购业的从业人员和从事废品收购的一般经营者。

4. 主观方面特征。本行为在主观方面表现为故意,即行为人明知是公安机关通报寻查的赃物或者有赃物嫌疑的物品,而予以收购。行为人实施该行为通常是以谋取非法利益为目的。

(三)收购国家禁止收购的其他物品行为

1. 客体特征。本行为侵犯的客体是国家对禁止收购的物品的管理制度。

2. 客观方面特征。本行为的客观方面表现为收购国家禁止收购的其他物品的行为。《废旧金属收购业治安管理办法》第 9 条第 1 项、第 2 项规定,收购废旧金属的企业和个体工商户不得收购枪支、弹药和爆炸物品,剧毒、放射性物品及其容器。枪支,是指以火药或者压缩气体等为动力,利用管状器具发射金属弹丸或者其他物质,足以致人伤亡或者丧失知觉的各种枪支,包括军用的手枪、步枪、冲锋枪、机枪以及射击运动用的各种枪支,还有各种民用的狩猎用枪等。弹药,是指各种枪支所使用的子弹、火药等。爆炸物品,是指具有爆破性并对人体造成杀伤的物品,如手榴弹、炸药、雷管、爆破筒、地雷等。剧毒物品,是指如氰化钾等其他各种对人体或牲畜能够造成严重毒害的物质。放射性物品,是指铀、镭以及其他各种具有放射性能,并能够对人体或牲畜造成严重损害的物品。剧毒物品、放射性物品容器,顾名思义,是指各种盛放剧毒物品、放射性物品的器具。

3. 主体特征。本行为主体为一般主体,即年满 14 周岁,具有辨认和控制能力的自然人都可以成为本行为主体。实践中,行为人主要是废旧金属收购业、废旧物品收购业的从业人员和从事废品收购的一般经营者。

4. 主观方面特征。本行为在主观方面表现为故意，即行为人明知是国家禁止收购的物品而仍予以收购。行为人通常是以谋取非法利益为目的。

三、违法收购行为的认定

（一）违法收购废旧专用器材行为的认定

违法收购废旧专用器材行为人明知是犯罪所得的赃物而予以收购的，构成《刑法》第 312 条规定的掩饰、隐瞒犯罪所得、犯罪所得收益罪。

（二）收购赃物、有赃物嫌疑的物品行为的认定

收购赃物、有赃物嫌疑的物品行为构成犯罪与否的界限主要在于情节。如果收购赃物的数量不多，次数较少，属于情节显著轻微，则构成违反治安管理行为；如果情节严重，则构成《刑法》第 312 条规定的掩饰、隐瞒犯罪所得、犯罪所得收益罪。

（三）收购国家禁止收购的其他物品行为的认定

收购国家禁止收购的其他物品行为是否构成犯罪，关键在于是否收购《刑法》明确规定禁止买卖的物品。如果收购《刑法》明确规定禁止买卖的物品，则构成犯罪。例如，收购枪支、弹药、爆炸物等，构成《刑法》第 125 条的非法制造、买卖、运输、邮寄、储存枪支、弹药、爆炸物罪。

四、违法收购行为的处罚

下列情形可以认定为违法收购废旧专用器材行为的“情节严重”：违法收购数量较大或者价值较高的；造成较重危害后果的；其他情节严重的情形。

下列情形可以认定为收购赃物、有赃物嫌疑的物品违法行为的“情节严重”：收购赃物、有赃物嫌疑的物品价值达到有关司法解释认定构成《刑法》第 312 条第 1 款规定的掩饰、隐瞒犯罪所得罪定罪数额的 50%以上的；[①] 影响公安机关办案或者造成其他较重危害后果的；造成收购的赃物或者有赃物嫌疑的物品损毁、无法追回的；物品属于公共设施或者救灾、抢险、防汛等物资的；其他情节严重的情形。

下列情形可以认定为收购国家禁止收购的其他物品违法行为的“情节严重”：违法收购数量

---

① 《最高人民法院关于审理掩饰、隐瞒犯罪所得、犯罪所得收益刑事案件适用法律若干问题的解释》第 1 条规定：“明知是犯罪所得及其产生的收益而予以窝藏、转移、收购、代为销售或者以其他方法掩饰、隐瞒，具有下列情形之一的，应当依照刑法第三百一十二条第一款的规定，以掩饰、隐瞒犯罪所得、犯罪所得收益罪定罪处罚：

（一）掩饰、隐瞒犯罪所得及其产生的收益价值三千元至一万元以上的；

（二）一年内曾因掩饰、隐瞒犯罪所得及其产生的收益行为受过行政处罚，又实施掩饰、隐瞒犯罪所得及其产生的收益行为的；

（三）掩饰、隐瞒的犯罪所得系电力设备、交通设施、广播电视设施、公用电信设施、军事设施或者救灾、抢险、防汛、优抚、扶贫、移民、救济款物的；

（四）掩饰、隐瞒行为致使上游犯罪无法及时查处，并造成公私财物损失无法挽回的；

（五）实施其他掩饰、隐瞒犯罪所得及其产生的收益行为，妨害司法机关对上游犯罪进行追究的。

各省、自治区、直辖市高级人民法院可以根据本地区经济社会发展状况，并考虑社会治安状况，在本条第一款第（一）项规定的数额幅度内，确定本地执行的具体数额标准，报最高人民法院备案。

司法解释对掩饰、隐瞒涉及计算机信息系统数据、计算机信息系统控制权的犯罪所得及其产生的收益行为构成犯罪已有规定的，审理此类案件依照该规定。”

较大或者价值较高的;造成较重危害后果的;其他情节严重的情形。

第十三节 隐藏、转移、变卖、损毁依法扣押、查封、冻结的财物案件查处

一、法律规定

《治安管理处罚法》第 60 条规定有四种行为之一的,处五日以上十日以下拘留,并处二百元以上五百元以下罚款。第一种行为是:隐藏、转移、变卖或者损毁行政执法机关依法扣押、查封、冻结的财物的。

二、隐藏、转移、变卖、损毁依法扣押、查封、冻结的财物行为的构成特征

(一) 客体特征

本行为侵犯的客体是行政执法机关的正常管理活动。

(二) 客观方面特征

本行为的客观方面表现为隐藏、转移、变卖或者损毁行政执法机关依法扣押、查封、冻结的财物的行为。行政执法机关,是指具有行政执法权的机关,既包括法律、法规规定的有行政执法权的行政机关,如公安机关、工商行政管理部门、质量技术检验检疫部门、税务、海关等,也包括法律、法规授权的组织,如银行业、保险业、证券业监督管理机构等具有行政执法权的组织。已被行政执法机关依法采取扣押、查封、冻结的财物,是指行政执法机关按照法律、法规等规定的条件和程序,为履行行政管理职责而予以扣押、查封、冻结的财物,既包括物品,也包括款项。扣押是指行政执法机关将与执法案件有关的物品、文件等暂时予以扣留,不允许他人在扣留期间占用、使用、转移、处分的行为。查封,是指行政执法机关对需要采取财产保全措施的财物清点后,加贴封条,就地封存或异地封存,不准任何人转移和处理的一种强制措施。冻结,是指行政执法机关在执法过程中,就被执法当事人在银行、信用合作社等金融机构的存款或者资金,采取向有关银行、信用合作社等金融机构发出协助执行通知书的方式,不准被执法当事人提取和转移的一种强制措施。

(三) 主体特征

本行为主体为一般主体,即年满 14 周岁,具有辨认和控制能力的自然人都可以成为本行为主体。

(四) 主观方面特征

本行为在主观方面表现为故意,即行为人明知财物已被行政执法机关采取扣押、查封、冻结行政强制措施,而仍故意实施隐藏、转移、变卖或者损毁的行为。

第十四节 妨碍行政执法案件查处

一、法律规定

《治安管理处罚法》第 60 条规定的第二种行为是:伪造、隐匿、毁灭证据或者提供虚假证言、

谎报案情,影响行政执法机关依法办案的。

二、妨碍行政执法行为的构成特征

(一) 伪造、隐匿、毁灭证据行为

1. 客体特征。本行为侵犯的客体是正常的行政执法活动。

2. 客观方面特征。本行为的客观方面表现为在行政执法过程中,行为相对人或者他人伪造、隐匿、毁灭证据,影响行政执法机关依法办案的行为。伪造、隐匿、毁灭证据,是指行为人为了逃避法律责任,捏造事实,制造假证据,或者对证据隐藏、销毁的行为。这里需要指出的是,这种行为不仅发生在行政机关办理行政案件时,还包括公安机关在办理刑事案件的侦查阶段发生的上述行为。因为有时公安机关办理的刑事案件,经过侦查,最后不作为犯罪而只按一般的治安案件予以处理。但是,在公安机关侦查过程中有上述行为,妨害收集证据,尚未达到追究刑事责任程度的,也可以依照本法的规定予以治安处罚。所以这里规定的"影响行政执法机关依法办案"应作广义的理解。

3. 主体特征。本行为主体为一般主体,即年满 14 周岁,具有辨认和控制能力的自然人都可以成为本行为主体。

4. 主观方面特征。本行为在主观方面表现为故意,即明知是在伪造、隐匿、毁灭证据而决意实施。

(二) 提供虚假证言行为

1. 客体特征。本行为侵犯的客体是正常的行政执法活动。

2. 客观方面特征。本行为的客观方面表现为在行政执法过程中,行为相对人或者他人提供虚假证言的行为。提供虚假证言,是指证人故意歪曲客观事实作出虚假的证言。虚假,一般包括两种情况:一是为陷害他人,无中生有,捏造事实或者夸大事实;二是为开脱责任,将"有"说成"无",掩盖或缩小事实。

3. 主体特征。本行为主体为一般主体,即年满 14 周岁,具有辨认和控制能力的自然人都可以成为本行为主体。

4. 主观方面特征。本行为在主观方面表现为故意,即明知自己提供虚假证言的行为,会给行政执法机关依法办理案件带来影响仍实施的行为。

(三) 谎报案情行为

1. 客体特征。本行为侵犯的客体是正常的行政管理活动。

2. 客观方面特征。本行为的客观方面表现为在行政执法过程中,行为相对人或者他人谎报案情,影响行政执法机关依法办案的行为。谎报案情,是指行为人为了某种目的或需要,故意向行政执法机关举报、投诉客观上并不存在或者实际上未曾发生的违法事实。

3. 主体特征。本行为主体为一般主体,即年满 14 周岁,具有辨认和控制能力的自然人都可以成为本行为主体。

4. 主观方面特征。本行为在主观方面表现为故意,即明知自己谎报案情的行为会给行政执法机关依法办理案件带来影响仍实施的行为。

第十五节 窝藏、转移、代销赃物案件查处

一、法律规定

《治安管理处罚法》第 60 条规定的第三种行为是:明知是赃物而窝藏、转移或者代为销售的。

二、窝藏、转移、代销赃物行为的构成特征

(一) 客体特征

本行为侵犯的客体是行政执法机关、司法机关查处违法行为的正常活动。

(二) 客观方面特征

本行为的客观方面表现为明知是赃物而窝藏、转移或者代为销售的行为。明知,既包括行为人已经知道窝藏、转移或者代为销售的物品为赃物,也包括行为人应当知道其所窝藏、转移或者代为销售的物品可能是赃物。赃物,主要是指由违法犯罪分子非法获得的物品。窝藏,是指将赃物隐藏起来,不让他人发现,或替违法行为人保存赃物,使执法机关不能获得。转移,是指将赃物转移到他处,以使执法机关不能查获。代销,是指代替违法行为人将赃物卖出的行为。

(三) 主体特征

本行为主体为一般主体,即年满 14 周岁,具有辨认和控制能力的自然人都可以成为本行为主体。

(四) 主观方面特征

本行为在主观方面表现为故意,即行为人明知某一物品是赃物而仍予以窝藏、转移或者代为销售。

第十六节 违反监督管理规定案件查处

一、法律规定

《治安管理处罚法》第 60 条规定的第四种行为是:被依法执行管制、剥夺政治权利或者在缓刑、保外就医等监外执行中的罪犯或者被依法采取刑事强制措施的人,有违反法律、行政法规和国务院公安部门有关监督管理规定的行为。

二、违反监督管理规定行为的构成特征

(一) 客体特征

本行为侵犯的客体是国家有关监外执行和刑事强制措施的监督管理制度。

(二) 客观方面特征

本行为的客观方面表现为被依法执行管制、剥夺政治权利或者在缓刑、保外就医等监外执行中的罪犯或者被依法采取刑事强制措施的人,有违反法律、行政法规和国务院公安部门有关监督管理规定的行为。

（三）主体特征

本行为主体为特殊主体，只有符合特定身份要求的人实施这一行为才能构成本行为。行为人只能是被依法执行管制、剥夺政治权利或者在缓刑、保外就医等监外执行中的罪犯或是被依法采取刑事强制措施的人。

（四）主观方面特征

本行为在主观方面表现为故意，即行为人明知行为违反法律、行政法规和国务院公安部门有关监督管理方面规定而仍实施。

第十七节　协助组织、运送他人偷越国（边）境和违反国（边）境管理案件查处

一、法律规定

《治安管理处罚法》第 61 条规定："协助组织或者运送他人偷越国（边）境的，处十日以上十五日以下拘留，并处一千元以上五千元以下罚款。"

《治安管理处罚法》第 62 条规定："为偷越国（边）境人员提供条件的，处五日以上十日以下拘留，并处五百元以上二千元以下罚款。偷越国(边)境的，处五日以下拘留或者五百元以下罚款。"

二、协助组织、运送他人偷越国（边）境和违反国（边）境管理行为的构成特征

本行为侵犯的客体是国家对出入国（边）境的管理制度。

（一）协助组织、运送他人偷越国（边）境行为

1. 客观方面特征。本行为的客观方面表现为在他人偷越国（边）境过程中，协助他人组织或者运送偷越国（边）境的行为。本行为在客观方面要把握两个内容：

第一，对组织或者运送他人偷越国（边）境行为的理解。所谓组织他人偷越国（边）境，是指未经办理有关出国、出境证件和手续，领导、策划、指挥他人偷越国（边）境，或者在首要分子指挥下，实施拉拢、引诱、介绍他人偷越国（边）境行为。国境，是指我国与外国的国界。边境，主要是指我国大陆与香港、澳门、台湾地区的交界。运送他人偷越国（边）境，是指用车辆、船只等交通工具将偷越国（边）境的人非法运送出入我国国（边）境的行为。

第二，对协助组织或者运送他人偷越国（边）境行为的理解。所谓协助组织或者运送他人偷越国（边）境，是指行为人虽然没有直接参与组织或者运送，但有帮助组织或者运送的行为，或者在组织、运送他人偷越国（边）境中只起一般的辅助作用，尚不足以作为犯罪的共犯处理。

2. 主体特征。本行为主体为一般主体，即年满 14 周岁，具有辨认和控制能力的自然人都可以成为本行为主体。

3. 主观方面特征。本行为在主观方面表现为故意，即明知协助组织或者运送他人偷越国(边)境是违法行为，仍予以协助。

（二）为偷越国（边）境人员提供条件的行为

1. 客观方面特征。本行为的客观方面表现为为偷越国（边）境人员提供交通、食宿、财物、图纸、路线指示图等方便或者为偷越国（边）境人员提供各种证明文件等条件的行为。本行为在客

观方面要把握两个内容：

第一，明知他人是偷越国（边）境人员。是指行为人已经知道他人是偷越国（边）境人员，或者已经认识到他人要偷越国（边）境，而并不是主观上的猜想。

第二，为偷越国（边）境人员提供条件。提供条件，是指为偷越国（边）境的人提供交通、食宿、线路图纸、引领带路等条件和方便的行为，以及为偷越国（边）境人员提供偷越国（边）境所需的证明文件等各种条件的行为。提供条件既包括有偿提供，也包括无偿提供，实践中一般是以牟利为目的的有偿提供。

2. 主体特征。本行为主体为一般主体，即年满 14 周岁，具有辨认和控制能力的自然人都可以成为本行为主体。

3. 主观方面特征。本行为在主观方面表现为故意，即明知他人是偷越国（边）境人员，仍为其提供条件。

（三）偷越国（边）境行为

1. 客观方面特征。本行为的客观方面表现为违反国(边)境管理法律法规，避开国(边)境管理，越过国（边）境的行为。偷越国（边）境，是指行为人在没有依法取得国（边）境出入境管理部门批准的情况下，擅自出入国（边）境。主要表现为不在出入境口岸、边防站等规定的地点出入国（边）境，或者使用伪造、涂改、冒用出入境证件等蒙骗方法和手段在规定的地点出入国（边）境。

2. 主体特征。本行为主体为一般主体，即年满 14 周岁，具有辨认和控制能力的自然人都可以成为本行为主体。

3. 主观方面特征。本行为在主观方面表现为故意，即明知自己出入国（边）境的行为没有依法取得有关出入境管理部门的批准，仍出入国（边）境。

三、协助组织、运送他人偷越国（边）境和违反国（边）境管理行为的认定

（一）协助组织、运送他人偷越国（边）境行为的认定

协助组织、运送他人偷越国（边）境行为违法与犯罪的界限主要在于：行为人是否直接参与组织或者运送，以及在组织或者运送他人偷越国（边）境活动中的作用大小。如果行为人没有直接参与组织或者运送他人偷越国（边）境的活动，或者虽然参与了组织或运送他人偷越国（边）境的活动，但在活动中只起一般的辅助作用，则构成违反治安管理行为。反之，则构成犯罪行为。

（二）为偷越国（边）境人员提供条件行为的认定

为偷越国（边）境人员提供条件的行为是否构成犯罪，应根据提供条件的方式不同作具体分析。构成犯罪行为提供条件的方式是特定的，即为他人提供伪造、变造的护照、签证等出入境证件，或者出售护照、签证等出入境证件。而违反治安管理行为通常是为偷越国（边）境人员提供交通、食宿、线路图纸、引领带路等条件，也包括为偷越国（边）境人员提供偷越国（边）境所需的证明文件等。

（三）偷越国（边）境行为的认定

认定偷越国（边）境的行为是否构成犯罪的界限，主要是看情节是否严重。情节严重的，构成偷越国（边）境罪；否则，构成偷越国（边）境的违反治安管理行为。

第十八节　违反文物管理案件查处

一、法律规定

《治安管理处罚法》第 63 条规定："有下列行为之一的，处警告或者二百元以下罚款；情节较重的，处五日以上十日以下拘留，并处二百元以上五百元以下罚款：（一）刻画、涂污或者以其他方式故意损坏国家保护的文物、名胜古迹的；（二）违反国家规定，在文物保护单位附近进行爆破、挖掘等活动，危及文物安全的。"

二、违反文物管理行为的构成特征

（一）故意损坏文物、名胜古迹的行为

1. 客体特征。本行为侵犯的客体是国家对文物和名胜古迹的保护管理。本行为侵害的对象是国家保护的文物和名胜古迹。

2. 客观方面特征。本行为的客观方面表现为刻画、涂污或者以其他方式故意损坏国家保护的文物、名胜古迹的行为。本行为在客观方面要把握两个内容：

第一，损坏对象是国家保护的文物或名胜古迹。所谓国家保护的文物，是指具有历史、艺术、科学价值的文物，包括珍贵文物、一般文物和被确定为全国重点文物保护单位、省级文物保护单位、市级和县级文物保护单位的文物。根据《文物保护法》第 2 条的规定，文物包括：(1) 具有历史、艺术、科学价值的古文化遗址、古墓葬、古建筑、石窟寺和石刻、壁画；(2) 与重大历史事件、革命运动或者著名人物有关的以及具有重要纪念意义、教育意义或者史料价值的近代现代重要史迹、实物、代表性建筑；(3) 历史上各时代珍贵的艺术品、工艺美术品；(4) 历史上各时代重要的文献资料以及具有历史、艺术、科学价值的手稿和图书资料等；(5) 反映历史上各时代、各民族社会制度、社会生产、社会生活的代表性实物。具有科学价值的古脊椎动物化石和古人类化石同文物一样受国家保护。第 3 条规定："古文化遗址、古墓葬、古建筑、石窟寺、石刻、壁画、近代现代重要史迹和代表性建筑等不可移动文物，根据它们的历史、艺术、科学价值，可以分别确定为全国重点文物保护单位，省级文物保护单位，市、县级文物保护单位。历史上各时代重要实物、艺术品、文献、手稿、图书资料、代表性实物等可移动文物，分为珍贵文物和一般文物；珍贵文物分为一级文物、二级文物、三级文物。"所谓名胜古迹，一般是指具有重大历史、艺术、科学价值，可供游人游览的著名风景区以及虽未被人民政府核定公布为文物保护单位但也具有一定历史意义的古建筑、雕刻、石刻等历史陈迹等。

第二，行为人实施了刻画、涂污等行为。即指行为人违反国家有关文物管理的规定，采取刻画、涂污或者以其他方式损坏文物和名胜古迹的行为。所谓刻画，主要是指在文物或名胜古迹表面利用各种尖硬物体（包括尖石块、各种金属制器、笔等）进行凿画、刻写的行为。所谓涂污，主要是指在文物表面进行涂抹的行为，如在古建筑、雕刻、石刻上张贴宣传品、广告或者乱涂乱画、泼洒脏物的行为。以其他方式，是一种概括性的规定，它概括了除刻画和涂污两种以外的所有损坏文物、名胜古迹的方式。

3. 主体特征。本行为主体为一般主体，即年满 14 周岁，具有辨认和控制能力的自然人都可

以成为本行为主体。

4. 主观方面特征。本行为在主观方面表现为故意,即行为人明知是受国家保护的文物和名胜古迹,仍施加行为予以损坏。

(二) 违法实施危及文物安全的活动行为

1. 客体特征。本行为侵犯的客体是国家对文物保护单位的管理秩序和文物的安全。

2. 客观方面特征。本行为的客观方面表现为违反国家规定,在文物保护单位附近进行爆破、挖掘等活动,危及文物安全的行为。本行为在客观方面要把握两个内容:

第一,行为人违反国家规定,在文物保护单位附近进行爆破、挖掘等活动。文物保护单位,是指由人民政府按照法定程序确定的,具有历史、艺术、科学价值的革命遗址、纪念建筑物、古文化遗址、古墓群、古建筑、石窟寺、石刻、壁画、近代现代重要史迹和代表性建筑等不可移动文物。主要分为全国重点文物保护单位、省级文物保护单位、市级和县级文物保护单位四级,如颐和园、圆明园、清西陵等。该行为包括两种情形:一是未经批准,擅自在文物保护单位附近进行爆破、挖掘等活动的;二是虽然经过批准,但是违章施工,危及文物安全的。

第二,行为危及文物安全。是指行为人的行为威胁到文物的安全。危及文物安全,并不要求造成实际危害结果的发生。

3. 主体特征。本行为主体为一般主体,即年满 14 周岁,具有辨认和控制能力的自然人都可以成为本行为主体。

4. 主观方面特征。本行为在主观方面表现为故意。

三、违反文物管理行为的认定

(一) 故意损坏文物、名胜古迹行为的认定

认定故意损坏文物、名胜古迹行为是否构成犯罪的关键,主要是看行为对象受损的程度及情节是否严重。情节严重,一般是指:损毁名胜古迹的动机极其恶劣;损毁名胜古迹造成严重社会影响;率众损毁名胜古迹;多次损毁名胜古迹;损毁多处名胜古迹;损毁重要名胜古迹;损毁结果严重,致使名胜古迹遭到毁灭性破坏等。如果损坏的对象是国家保护的珍贵文物或者被确定为全国重点文物保护单位、省级文物保护单位的文物,或者是国家保护的名胜古迹,情节严重的,构成《刑法》第 324 条规定的故意损毁文物罪。否则,构成违反治安管理行为。

(二) 违法实施危及文物安全的活动行为的认定

如果行为人违反国家规定,在文物保护单位附近进行爆破、挖掘等活动,造成全国重点文物保护单位、省级文物保护单位损毁,则构成《刑法》第 324 条规定的故意损毁文物罪。

四、违反文物管理行为的处罚

下列情形可以认定为故意损坏文物、名胜古迹违法行为的“情节较重”:拒不听从管理人员或者执法人员制止的;造成文物、名胜古迹较重损害后果的;两次以上损坏或者损坏两处以上文物、名胜古迹的;其他情节较重的情形。

下列情形可以认定为违法实施危及文物安全的活动行为的“情节较重”:不听管理人员或者执法人员制止的;造成文物、名胜古迹较重损害后果的;其他情节较重的情形。

第十九节　违法驾驶交通工具案件查处

一、法律规定

《治安管理处罚法》第 64 条规定："有下列行为之一的，处五百元以上一千元以下罚款；情节严重的，处十日以上十五日以下拘留，并处五百元以上一千元以下罚款：(一) 偷开他人机动车的；(二) 未取得驾驶证驾驶或者偷开他人航空器、机动船舶的。"

二、违法驾驶交通工具行为的构成特征

(一) 偷开机动车行为

1. 客体特征。本行为侵犯的客体是社会管理秩序和他人对机动车的物权。

2. 客观方面特征。本行为的客观方面表现为实施了偷开他人机动车的行为。偷开，主要是指未经车辆所有人、管理人或者使用人的允许，擅自偷开他人机动车辆的行为。其形式有多种，如瞒着车主偷拿钥匙实施偷开，趁他人未锁车偷开，或者私配钥匙偷开等。

3. 主体特征。本行为主体为一般主体，即年满 14 周岁，具有辨认和控制能力的自然人都可以成为本行为主体。

4. 主观方面特征。本行为在主观方面表现为故意，在目的和动机上，行为人一般是为练习开车、游乐等，而不是以非法占有为目的。

(二) 无证驾驶或偷开航空器、机动船舶行为

1. 客体特征。本行为侵犯的客体是国家对驾驶机动车船或者航空器的管理秩序和公共安全。

2. 客观方面特征。本行为的客观方面表现为未取得驾驶证驾驶机动车船或者航空器，或者偷开他人航空器、机动船舶的行为。所谓未取得驾驶证驾驶，是指未经过专门的专业训练而取得合法的驾驶机动车、机动船或者航空器的专业驾驶证书而从事驾驶的行为。所谓偷开，就是未经航空器、机动船舶管理人或者所有人允许，采用秘密方式使用他人的航空器、机动船舶。

3. 主体特征。本行为主体为一般主体，即年满 14 周岁，具有辨认和控制能力的自然人都可以成为本行为主体。

4. 主观方面特征。本行为在主观方面表现为故意，即明知自己没有驾驶证而驾驶或偷开机动车、机动船或者航空器。

三、违法驾驶交通工具行为的处罚

下列情形可以认定为偷开机动车违法行为的"情节较重"：偷开特种车辆、军车的；偷开机动车从事违法活动的；发生安全事故或者造成机动车损坏、人员受伤的；对他人的工作生活造成较大影响的；其他情节严重的情形。

下列情形可以认定为无证驾驶、偷开航空器、机动船舶违法行为的"情节较重"：偷开警用、军用航空器、机动船舶的；无证驾驶载有乘客、危险品的机动船舶或者驾驶机动船舶总吨位在 500 吨位以上的；酒后无证驾驶或者偷开他人航空器、机动船舶的；发生安全事故或者造成航空

器、机动船舶损坏、人员受伤的;对他人的工作生活造成较大影响的;其他情节严重的情形。

第二十节 破坏、污损坟墓,毁坏、丢弃尸骨、骨灰和违法停放尸体案件查处

一、法律规定

《治安管理处罚法》第65条规定:“有下列行为之一的,处五日以上十日以下拘留;情节严重的,处十日以上十五日以下拘留,可以并处一千元以下罚款:(一)故意破坏、污损他人坟墓或者毁坏、丢弃他人尸骨、骨灰的;(二)在公共场所停放尸体或者因停放尸体影响他人正常生活、工作秩序,不听劝阻的。”

二、破坏、污损坟墓,毁坏、丢弃尸骨、骨灰和违法停放尸体行为的构成特征

(一)破坏、污损坟墓行为

1. 客体特征。本行为侵犯的客体是国家对社会公共生活秩序的管理和健康文明的社会风尚。

2. 客观方面特征。本行为的客观方面表现为故意破坏、污损他人坟墓的行为。破坏他人坟墓,是指挖掘、毁坏他人坟墓、墓碑等行为。破坏坟墓的行为,不要求一定要露出坟墓内的棺材、尸体等。污损他人坟墓,是指用污秽用品泼洒在他人的坟墓上,也包括污损他人墓碑的行为。

3. 主体特征。本行为主体为一般主体,即年满14周岁,具有辨认和控制能力的自然人都可以成为本行为主体。

4. 主观方面特征。本行为在主观方面表现为故意。

(二)毁坏、丢弃尸骨、骨灰行为

1. 客体特征。本行为侵犯的客体是国家对社会公共生活秩序的管理和健康文明的社会风尚。

2. 客观方面特征。本行为的客观方面表现为故意毁坏、丢弃他人尸骨、骨灰的行为。毁坏、丢弃他人尸骨、骨灰,是指将他人的尸骨进行破坏、丢弃或者将他人的骨灰丢弃的行为。

3. 主体特征。本行为主体为一般主体,即年满14周岁,具有辨认和控制能力的自然人都可以成为本行为主体。

4. 主观方面特征。本行为在主观方面表现为故意。

(三)违法停放尸体行为

1. 客体特征。本行为侵犯的客体是社会的正常管理秩序。

2. 客观方面特征。本行为的客观方面表现为实施了在公共场所停放尸体或者因停放尸体影响他人正常生活、工作秩序的行为。

该行为客观方面应满足以下两个条件:一是行为人在公共场所停放尸体。公共场所包括党政和司法机关门口、车站、码头、港口、民用航空站、商场、公园、运动场馆、展览馆等供不特定多数人随时出入、停留、使用的场所。二是行为人乱停尸体并不听劝阻。不听劝阻,是指对于行为人

在公共场所停放尸体或因停放尸体影响他人正常生活、工作秩序的行为予以规劝、阻止及警告后,行为人仍然拒不纠正,执意为之。

3. 主体特征。本行为主体为一般主体,即年满 14 周岁,具有辨认和控制能力的自然人都可以成为本行为主体。

4. 主观方面特征。本行为在主观方面表现为故意。

三、破坏、污损坟墓,毁坏、丢弃尸骨、骨灰和违法停放尸体行为的处罚

下列情形可以认定为破坏、污损坟墓违法行为的"情节较重":破坏、污损程度较严重的;破坏、污损英雄烈士坟墓或者具有公共教育、纪念意义的坟墓的;引发民族矛盾、宗教矛盾或者群体性事件的;其他情节严重的情形。

下列情形可以认定为毁坏、丢弃尸骨、骨灰违法行为的"情节较重":毁坏程度较重的;引发民族矛盾、宗教矛盾或者群体性事件的;其他情节严重的情形。

下列情形可以认定为违法停放尸体违法行为的"情节较重":造成交通拥堵、秩序混乱等危害后果的;影响他人正常工作、生活持续时间较长的;造成较大社会影响的;其他情节严重的情形。

第二十一节　卖淫或者嫖娼案件查处

一、法律规定

《治安管理处罚法》第 66 条第 1 款规定:"卖淫、嫖娼的,处十日以上十五日以下拘留,可以并处五千元以下罚款;情节较轻的,处五日以下拘留或者五百元以下罚款。"

二、卖淫或者嫖娼行为的构成特征

(一) 客体特征

本行为侵犯的客体是良好健康的社会风尚。卖淫或者嫖娼行为违反社会主义道德、毒化社会风气、影响社会治安,也是传播各种性病的主要途径,与我国提倡树立的社会主义道德风尚格格不入。因此,我国历来严禁卖淫嫖娼,这种违法活动也一直是我国治安管理处罚的重点对象之一。

(二) 客观方面特征

本行为的客观方面表现为与他人发生性关系以获取金钱或者用付出金钱的方式进行性活动的行为。

"卖淫",是指以牟利为目的,通过与他人实施性行为的方式获取财物的行为。这种行为也包括为他人提供"口淫"等行为而获取金钱的行为。"嫖娼",是指通过金钱与从事卖淫的人进行交易的行为。具体地说,就是用付出金钱的方式换取与卖淫人员进行性活动的行为。

(三) 主体特征

本行为主体为一般主体,即年满 14 周岁,具有辨认和控制能力的自然人都可以成为本行为主体。

（四）主观方面特征

本行为在主观方面表现为故意，即明知出卖性活动是为了谋取财物或者付出金钱是为了换取与卖淫人员的性活动，而决意实施该行为。

三、卖淫或者嫖娼行为的处罚

下列情形属于“情节较轻”：已经谈妥价格或者给付金钱等财物，尚未实施性行为的；以手淫等方式卖淫、嫖娼的；其他情节较轻的情形。

这里应当注意的是，除根据《治安管理处罚法》对卖淫、嫖娼活动进行处罚外，1991 年全国人大常委会通过的《关于严禁卖淫嫖娼的决定》对卖淫、嫖娼行为规定的收容教育措施仍然有效。根据《关于严禁卖淫嫖娼的决定》的规定，对卖淫、嫖娼的，可以由公安机关会同有关部门强制集中进行法律、道德教育和生产劳动，期限为 6 个月至 2 年。

第二十二节　拉客招嫖案件查处

一、法律规定

《治安管理处罚法》第 66 条第 2 款规定：“在公共场所拉客招嫖的，处五日以下拘留或者五百元以下罚款。”

二、拉客招嫖行为的构成特征

（一）客体特征

本行为侵犯的客体是良好健康的社会风尚和社会治安管理秩序。在现实生活中，有些卖淫人员为了招引嫖客，在一些街道、餐馆、娱乐场所等公共场所中大肆拉客招嫖，采用明显的语言或者身体动作，纠缠过往行人要求卖淫，甚至在某些地方形成比较固定的卖淫“一条街”，严重败坏了社会风气，干扰了群众正常生活。因此，对这种行为必须给予治安管理处罚。

（二）客观方面特征

本行为的客观方面表现为在公共场所拉拢、招引嫖客进行卖淫的行为。

所谓“公共场所”，是指任何社会成员都可以自由往来、自由出入进行各种共同性活动的场所。此行为常发生在公共道路服务区、市区街道、宾馆、饭店、娱乐场所等公共场所。“拉客招嫖”包含两层含义：一是指卖淫人员必须有拉客招嫖的具体行为，包括用口头语言或肢体动作向他人示意自己卖淫的主观故意。如果没有上述行为的证据，不能以前述规定进行处罚。公安机关应当在执行中严格把握政策界限，规范执法活动，应当注意防止将一般的休闲群众作为卖淫人员进行查处，在群众中造成不良影响等情况。二是拉客招嫖必须是卖淫人员为自己招引嫖客的行为，以区别于那些通过他人介绍而卖淫的行为。如果是介绍他人进行卖淫，对尚未构成犯罪的，应当适用《治安管理处罚法》其他有关条款进行处罚。

（三）主体特征

本行为主体为一般主体，即年满 14 周岁，具有辨认和控制能力的自然人都可以成为本行为主体。实践中一般为女性，但是我国《治安管理处罚法》也没有明确排除男性实施这种行为，因此，如果查明男性行为人有招嫖行为的，也可以按照本规定处理。

（四）主观方面特征

本行为在主观方面表现为故意，其目的就是通过出卖性活动获取财物。

第二十三节　引诱、容留、介绍卖淫案件查处

一、法律规定

《治安管理处罚法》第67条规定："引诱、容留、介绍他人卖淫的，处十日以上十五日以下拘留，可以并处五千元以下罚款；情节较轻的，处五日以下拘留或者五百元以下罚款。"

二、引诱、容留、介绍卖淫行为的构成特征

（一）客体特征

本行为侵犯的客体是社会主义良好风尚。卖淫嫖娼行为是一种与我国提倡的社会主义精神文明建设格格不入的丑恶现象。多年来，国家通过各种法律手段严厉禁止和打击这类违法犯罪活动。在打击这类违法犯罪活动时，一个不可忽视的环节就是打击那些为卖淫嫖娼活动牵线搭桥的行为，即引诱、容留、介绍卖淫的行为。正是这些违法犯罪嫌疑人的活动，使卖淫嫖娼活动愈演愈烈，因此，其是打击卖淫嫖娼活动的一个重点。引诱、容留、介绍卖淫罪的犯罪对象是自然人，多数是妇女，也包括男人和未成年人。

（二）客观方面特征

本行为在客观方面表现为行为人实施了引诱、容留、介绍他人卖淫的行为。

所谓引诱他人卖淫，是指利用金钱、财物、色相、腐朽的生活方式等物质或者精神利益为诱饵，勾引、诱惑他人卖淫的行为。所谓容留他人卖淫，是指行为人提供场所或者便利条件容纳、收留他人卖淫的行为。所谓介绍他人卖淫，是指行为人采取积极为卖淫者和嫖娼者牵线搭桥、撮合沟通等居间介绍的手段使他人的卖淫得以实现的行为。

以上三种行为可以独立实施，也可以同时交叉实施。但无论是实施其中的一种还是数种，都不影响该行为的成立。如实施引诱他人卖淫行为的，以引诱卖淫行为论处；兼有引诱、容留他人卖淫行为的，以引诱、容留卖淫行为论处；同时实施引诱、容留、介绍他人卖淫行为的，则以引诱、容留、介绍卖淫行为论处。需要指出的是，在执法中上述三种行为往往相互交叉、相互渗透，共同组成了同一违反治安管理行为过程，需要在具体案件的把握中仔细分析。

（三）主体特征

本行为主体为一般主体，即年满14周岁，具有辨认和控制能力的自然人都可以成为本行为主体。

（四）主观方面特征

本行为在主观方面表现为故意，即行为人明知道自己所实施的引诱、容留、介绍他人卖淫的行为能够促使他人卖淫，并且希望他人在自己的引诱、容留、介绍下从事卖淫活动。

引诱、容留、介绍卖淫的行为具有鲜明的目的性，但是，需要说明的是，尽管实践中绝大多数实施引诱、容留、介绍他人卖淫的行为人是以营利为目的，但是，行为人是否以营利为目的，不影响该条规定的违反治安管理行为的成立。

三、引诱、容留、介绍卖淫行为的认定

这里主要注意本类行为违法与犯罪的界限。认定引诱、容留、介绍他人卖淫行为是构成违反《治安管理处罚法》的行为还是犯罪的关键在于是否"情节较轻"。[①] 根据《刑法》及有关司法解释的最新规定,除引诱他人以手淫形式卖淫的行为以外,引诱他人卖淫的行为全部入罪化,因而排除了《治安管理处罚法》中引诱他人卖淫的情形。在具体的实践中,认定行为人的容留、介绍他人卖淫行为是否属于"情节较轻",应当从行为人的主观恶性、行为的危害性等一系列主客观表现来综合考察。例如,行为人系初次实施介绍他人卖淫行为,事后又有真诚的悔改表现的,就可以认定为"情节较轻",以一般违法行为处理。

四、引诱、容留、介绍卖淫行为的处罚

下列情形可以认定为引诱、容留、介绍卖淫违法行为的"情节较轻":容留、介绍一人次卖淫,且尚未发生性行为的;容留、介绍一人次以手淫等方式卖淫的;其他情节较轻的情形。

第二十四节 制作、运输、复制、出售、出租淫秽物品和传播淫秽信息案件查处

一、法律规定

《治安管理处罚法》第 68 条规定:"制作、运输、复制、出售、出租淫秽的书刊、图片、影片、音像制品等淫秽物品或者利用计算机信息网络、电话以及其他通讯工具传播淫秽信息的,处十日以上十五日以下拘留,可以并处三千元以下罚款;情节较轻的,处五日以下拘留或者五百元以下罚款。"

二、制作、运输、复制、出售、出租淫秽物品和传播淫秽信息行为的构成特征

(一) 制作、运输、复制、出售、出租淫秽物品行为

1. 客体特征。本行为侵犯的客体是国家对文化市场的管理秩序和良好的社会风尚。

2. 客观方面特征。本行为的客观方面表现为实施了制作、运输、复制、出售、出租淫秽书刊等淫秽物品的行为。淫秽物品,是指具体描绘性行为或者露骨宣扬色情的书刊、影片、录像带、录音带、影碟、图片及其他淫秽物品。这里的制作,是指生产、录制、编写、译著、绘画、印刷、刻制、摄制、洗印等行为。这里的运输,是指通过各种交通运输工具输送淫秽物品的行为,如使用船舶水上运输、使用飞机空中运输、使用各种车辆通过陆地运输,等等。这里的复制,是指通过翻印、翻

---

① 《最高人民法院、最高人民检察院关于办理组织、强迫、引诱、容留、介绍卖淫刑事案件适用法律若干问题的解释》第 8 条规定:"引诱、容留、介绍他人卖淫,具有下列情形之一的,应当依照刑法第三百五十九条第一款的规定定罪处罚:

(一) 引诱他人卖淫的;

(二) 容留、介绍二人以上卖淫的;

(三) 容留、介绍未成年人、孕妇、智障人员、患有严重性病的人卖淫的;

(四) 一年内曾因引诱、容留、介绍卖淫行为被行政处罚,又实施容留、介绍卖淫行为的;

(五) 非法获利人民币一万元以上的。

……"

拍、复印、复写、复录等方式对已有的淫秽物品进行重复制作的行为。这里的出售，是指将淫秽物品通过批发、零售的方式销售给他人的行为。这里的出租，是指将淫秽物品让他人在约定期限内使用以收取一定费用的行为。

3. 主体特征。本行为主体为一般主体，即年满 14 周岁，具有辨认和控制能力的自然人都可以成为本行为主体。

4. 主观方面特征。本行为在主观方面表现为故意。

（二）传播淫秽信息行为

1. 客体特征。本行为侵犯的客体是复杂客体，既包括社会管理秩序，又包括社会主义良好健康的道德风尚。

我国之所以把传播淫秽信息行为规定为违反《治安管理处罚法》的行为，是因为这种行为不仅损害了人们的道德观念、伦理情操，而且极大地危害我们共同生活的伦理准则，进而直接影响到社会的稳定，妨害了社会正常的管理秩序，具有一定的社会危害性。本行为的对象是淫秽信息，它是指带有淫秽内容的信息。根据中国互联网协会、互联网新闻信息服务工作委员会 2004 年 6 月 10 日颁布的《互联网站禁止传播淫秽、色情等不良信息自律规范》的规定，淫秽信息，是指在整体上宣扬淫秽行为，具有下列内容之一，挑动人们的性欲，导致普通人腐化、堕落，而又没有艺术或者科学价值的文字、图片、音频、视频等信息内容：(1) 淫亵性地具体描写性行为、性交及其心理感受；(2) 宣扬色情淫荡形象；(3) 淫亵性地描述或者传授性技巧；(4) 具体描写乱伦、强奸及其他性犯罪的手段、过程或者细节，可能诱发犯罪的；(5) 具体描写少年儿童的性行为；(6) 淫亵性地具体描写不正当且性变态行为，以及具体描写与性变态有关的暴力、虐待、侮辱行为；(7) 其他令普通人不能容忍的对性行为的淫亵性描写。具有淫秽内容的信息，是通过电影、动画等视频文件、音频文件和电子刊物、图片、文章、短信息等电子信息体现出来的。

2. 客观方面特征。本行为的客观方面表现为利用计算机信息网络、电话以及其他通信工具传播淫秽信息的行为。这是近几年来新出现的一种传播淫秽信息的方式。所谓利用计算机信息网络、电话以及其他通信工具传播淫秽信息，是指通过网络，利用聊天室、论坛、即时通信软件、电子邮件等方式传播淫秽信息和通过电话、移动通信终端转播淫秽电子信息、语音信息的行为，行为人既包括直接实施传播行为的人，也包括明知是淫秽电子信息而在自己所有、管理或者使用的网站或者网页上提供链接的人。这里的计算机网络，是指由计算机及其相关的配套设备、设施构成的，按照一定的应用目标和规则对信息进行采集、加工、存储、传输、检索等处理的计算机系统。所谓传播，是指通过文字、图片、音频、视频等方式致使淫秽信息流传的行为。这里规定的“其他通信工具”，是指除了座机电话、手机外，能够用来传递信息的通信工具，如对讲机等。

3. 主体特征。本行为主体为一般主体，即年满 14 周岁，具有辨认和控制能力的自然人都可以成为本行为主体。

4. 主观方面特征。本行为在主观方面表现为故意，即明知是淫秽信息而故意通过计算机信息网络、电话以及其他通信工具进行传播。

三、制作、运输、复制、出售、出租淫秽物品和传播淫秽信息行为的认定

（一）制作、运输、复制、出售、出租淫秽物品行为的认定

制作、运输、复制、出售、出租淫秽物品行为罪与非罪的界限在于，行为人是否以牟利为目的，

且情节是否达到处刑标准。如果行为人不以牟利为目的，或者虽以牟利为目的，但在数量上并未达到司法解释规定的处刑标准，属于情节显著轻微危害不大的，则构成违反治安管理行为。否则，构成《刑法》第363条规定的制作、复制、出版、贩卖、传播淫秽物品牟利罪。

(二) 传播淫秽信息行为的认定

认定本行为违法与否关键要把握两个方面：

1. 看本行为的对象是否为淫秽信息。实践中要注意区分淫秽信息与色情信息的界限，主要应从程度上进行划分。色情信息一般是指在整体上不是淫秽的，该信息的宗旨不在于宣扬淫秽内容，但其中部分夹杂有上述所列淫秽信息的内容。应当注意的是，有关人体生理、医学知识的电子信息和声讯台语音信息不是淫秽信息。包含色情内容的有艺术价值的电子文学、艺术作品不应被视为淫秽信息。

2. 要注意区分罪与非罪的界限。这里应该根据《刑法》以及最高人民法院、最高人民检察院联合颁布的《关于办理利用互联网、移动通讯终端、声讯台制作、复制、出版、贩卖、传播淫秽电子信息刑事案件具体应用法律若干问题的解释》和《治安管理处罚法》的规定来加以区分。对于构成犯罪的，应当依照《刑法》的有关规定追究刑事责任。对于传播淫秽信息行为不构成犯罪的，按照本条规定处理。对于屡教不改的违法行为人，还可以按照国家规定采取强制性措施。

四、制作、运输、复制、出售、出租淫秽物品和传播淫秽信息行为的处罚

下列情形属于“情节较轻”：制作、复制、出售淫秽书刊、图片、影片、音像制品，传播淫秽信息数量、获利未达到有关刑事立案追诉标准10%的；运输、出租淫秽物品的“情节较轻”数量基准参照上述规定执行；传播范围较小，且影响较小的；其他情节较轻的情形。

第二十五节 其他淫秽活动案件查处

一、法律规定

《治安管理处罚法》第69条规定：“有下列行为之一的，处十日以上十五日以下拘留，并处五百元以上一千元以下罚款：(一) 组织播放淫秽音像的；(二) 组织或者进行淫秽表演的；(三) 参与聚众淫乱活动的。明知他人从事前款活动，为其提供条件的，依照前款的规定处罚。”

二、其他淫秽活动行为的构成特征

(一) 组织播放淫秽音像行为

1. 客体特征。本行为侵犯的客体是社会管理秩序和社会主义道德风尚。

2. 客观方面特征。本行为的客观方面表现为策划、指挥、安排、聚集多人观看、收听淫秽音像的行为，具体应满足以下两个条件：第一，行为人实施了播放淫秽音像的行为。这里的播放淫秽音像，是指行为人利用一定的音像器材把淫秽音像制品中所载有的淫秽内容加以显现的行为。如果行为人没有展现淫秽音像的内容而只是展示淫秽音像制品本身则不构成本行为。第二，具有组织播放淫秽音像的行为。如果行为人在客观上实施了播放淫秽音像的行为，但不具备组织

他人观看行为的,不构成本行为。例如,行为人播放淫秽音像只为自己观看、收听的,不能以组织播放淫秽音像的行为处罚。在实践中应当注意的是,组织播放淫秽音像的行为人仅限于组织、策划、指挥播放和亲自操作播放的人员,不包括参与观看、收听的人员。

3. 主体特征。本行为主体为一般主体,即年满14周岁,具有辨认和控制能力的自然人都可以成为本行为主体。

4. 主观方面特征。本行为在主观方面表现为故意。

(二)组织、进行淫秽表演行为

1. 客体特征。本行为侵犯的客体是文艺演出的管理秩序和社会主义道德风尚。

2. 客观方面特征。本行为的客观方面表现为行为人实施了组织淫秽表演或者从事淫秽表演的行为。淫秽表演,是指关于性行为或者露骨宣扬色情的诲淫性的表演,如进行性交、手淫、口淫表演及脱衣舞表演等。实践中淫秽表演的组织者,有的是专门从事组织淫秽表演的人,有的是歌舞厅、酒吧等娱乐场所的老板为招揽生意而组织他人进行淫秽表演等。进行淫秽表演的人既包括被招募、雇用来专门从事淫秽表演的人,也包括既组织他人进行淫秽表演,自己也参与淫秽表演的人。

3. 主体特征。本行为主体为一般主体,即年满14周岁,具有辨认和控制能力的自然人都可以成为本行为主体。

4. 主观方面特征。本行为在主观方面表现为故意,即明知是淫秽表演而有意进行组织、进行表演。

(三)参与聚众淫乱行为

1. 客体特征。本行为侵犯的客体是社会的管理秩序和社会风尚。

2. 客观方面特征。本行为的客观方面表现为行为人参加了以聚众形式进行的淫乱活动。聚众,是指纠集多人聚集在一起进行淫乱活动。在男女性别上,既可以是男性多人,也可以是女性多人,还可以是男女混杂多人。所谓淫乱活动,主要是指不正当的性交行为。聚众淫乱活动,即群奸群宿,集体进行不正当的性交行为。参与聚众淫乱活动是指行为人作为一般成员参加该活动,而并非聚众淫乱活动的组织者。

3. 主体特征。本行为主体为一般主体,即年满14周岁,具有辨认和控制能力的自然人都可以成为本行为主体。

4. 主观方面特征。本行为在主观方面表现为故意。

(四)为淫乱行为提供条件行为

1. 客体特征。本行为侵犯的客体是社会管理秩序和良好的社会风尚。

2. 客观方面特征。本行为的客观方面表现为行为人为他人组织播放淫秽音像、组织或者进行淫秽表演、参与聚众淫乱活动提供便利条件的行为。

3. 主体特征。本行为主体为一般主体,即年满14周岁,具有辨认和控制能力的自然人都可以成为本行为主体。

4. 主观方面特征。本行为在主观方面表现为故意。

三、其他淫秽活动行为的认定

(一)组织播放淫秽音像行为的认定

组织播放淫秽音像行为罪与非罪的主要界限是行为的情节和造成的后果是否严重。如果行为的情节和造成的后果没有达到构成犯罪的程度，属情节显著轻微，不认为是犯罪的，则按照违反治安管理的行为处罚。如果组织播放淫秽的电影、录像等音像制品达15~30场次以上或者造成恶劣社会影响的，则以《刑法》第364条规定的组织播放淫秽音像制品罪定罪处罚。

（二）组织、进行淫秽表演行为的认定

组织、进行淫秽表演行为罪与非罪的界限主要有以下两点：一是行为的主体不同。组织淫秽表演罪的主体只包括组织者，而不包括具体从事淫秽表演的人员。而《治安管理处罚法》规定的组织，进行淫秽表演行为的主体则既包括组织者，也包括具体从事淫秽表演的人员。二是行为情节的严重程度不同。对于组织淫秽表演或者进行淫秽表演情节显著轻微，对社会危害不大的，如组织的次数很少等，可按照违反治安管理行为来处罚。反之，依照《刑法》第365条规定构成组织淫秽表演罪。

（三）参与聚众淫乱行为的认定

参与聚众淫乱活动的行为罪与非罪的界限在于行为人是否为首要分子，是否多次参加。如果行为人没有组织聚众淫乱活动或者只是偶尔参加，则构成参与聚众淫乱活动的违反治安管理行为。如果行为人是组织聚众淫乱活动的首要分子，且多次参加聚众淫乱活动，则构成《刑法》第301条规定的聚众淫乱罪。这里的多次参加，一般是3次或者3次以上。

第二十六节　为赌博提供条件和赌博案件查处

一、法律规定

《治安管理处罚法》第70条规定："以营利为目的，为赌博提供条件的，或者参与赌博赌资较大的，处五日以下拘留或者五百元以下罚款；情节严重的，处十日以上十五日以下拘留，并处五百元以上三千元以下罚款。"

二、为赌博提供条件和赌博行为的构成特征

（一）为赌博提供条件行为

1. 客体特征。本行为侵犯的客体是良好的社会风尚。

2. 客观方面特征。本行为的客观方面表现为以营利为目的，为赌博提供条件的行为。

为赌博提供条件，包括以下行为：一是提供赌具。赌具，是指被直接用做实施赌博的工具，只要是被直接用于实施赌博的一切物品，都可以成为赌具。常见的赌具主要有麻将、纸牌、骰子、牌九、赌博机、老虎机、角子机、苹果拼盘机或与之相类似的带有赌博性质的游戏机等。二是为赌博人员提供赌博场所。这里的赌博场所包括房屋、场院、汽车等能够从事赌博活动的场所。三是提供赌资，即为赌博人员提供用于赌博的资金和财物。四是为赌博提供其他方便的条件，如为赌博人员提供食宿等方便条件。

3. 主体特征。本行为主体为一般主体，即年满14周岁，具有辨认和控制能力的自然人都可以成为本行为主体。

4. 主观方面特征。本行为在主观方面表现为故意，即明知他人是在赌博，但为了谋取利益

仍为他们提供便利的条件。

（二）赌博行为

1. 客体特征。本行为侵犯的客体是良好的社会风尚。本行为的对象是财物，既包括金钱，也包括有价值的物品及其他财产性利益；既可以是动产，也可以是不动产。

2. 客观方面特征。本行为的客观方面表现为以营利为目的，参与赌博赌资较大的行为。

本行为主要表现为两个方面：

第一，以营利为目的，为赌博提供条件的行为。赌博，是指以获取金钱或其他物质利益为目的，以投入一定赌资为条件进行的输赢活动。以营利为目的，是指行为人实施的为赌博提供条件的行为，是以获取金钱或财物等好处为目的。至于方式，既包括以下赌注打扑克牌、玩麻将等方式，还包括以使用计算机网络、老虎机、角子机、苹果拼盘机或与之相类似的带有赌博性质的游戏机等方式。不管使用什么方法，只要具有赌博的性质就可以构成。为赌博提供条件，是指为赌博提供赌场、赌具，帮助招揽他人参与赌博等行为。这里的赌场包括房屋、场院、汽车等能够从事赌博活动的场所。实践中，对于进行带有少量财物输赢的娱乐活动，以及提供棋牌室等娱乐场所只收取正常的服务费用的经营行为和纯粹家庭或亲朋好友之间的娱乐活动等，不应视为赌博行为和为赌博提供条件的行为。

第二，参与赌博赌资较大的行为。这里的"赌资"，是指专门用于赌博的款物，即金钱或财物，如在赌博活动中用做赌注的款物、换取筹码的款物等。根据公安部《关于为赌博提供的交通工具能否予以没收的批复》的规定，非为赌博直接服务的交通工具以及场所等不是赌具。这一点应该严格区分。根据《治安管理处罚法》第70条规定，赌资必须达到数额较大，才能给予治安管理处罚。至于赌资是以个人用于赌博的款物计算，还是以参与赌博的人用于赌博的款物总数计算以及多少算"赌资较大"等问题，应当由公安机关在司法实践中根据实际情况和当地的不同情况而定。对于不构成违反治安管理的行为，有关部门可以对其进行教育。

3. 主体特征。本行为主体为一般主体，即年满14周岁，具有辨认和控制能力的自然人都可以成为本行为主体。

4. 主观方面特征。本行为在主观方面表现为故意，而且具有牟利的目的。

三、为赌博提供条件和赌博行为的认定

认定本行为违法与否的界限主要把握主客观两个方面：一是主观上是否以营利为目的或者具有牟利的目的。对于不是以营利为目的，只是出于娱乐消遣目的进行的游戏性质的活动，虽然带有少量财物的输赢，不能按赌博处理。二是赌资是否较大。赌资较大，是认定赌博违法行为的一个客观标准。

四、为赌博提供条件和赌博行为的处罚

下列情形可以认定为为赌博提供条件违法行为的"情节严重"：设置赌博机的数量或者为他人提供场所放置的赌博机数量达到有关规范性文件认定构成开设赌场罪标准的50%以上的；在公共场所或者公共交通工具上为赌博提供条件的；通过计算机信息网络平台为赌博提供条件的；为未成年人赌博提供条件的；国家工作人员为赌博提供条件的；明知他人从事赌博活动而向其销售赌博机的；发行、销售"六合彩"等其他私彩的；组织、协助他人出境赌博的；为赌场接送

参赌人员、望风看场、发牌做庄、兑换筹码的;其他情节严重的情形。

下列情形可以认定为赌博违法行为的“情节严重”:在公共场所或者公共交通工具上赌博的;利用互联网、移动终端设备等投注赌博的;国家工作人员参与赌博的;其他情节严重的情形。

第二十七节 非法持有毒品案件查处

一、法律规定

《治安管理处罚法》第72条规定有四种行为之一的,处十日以上十五日以下拘留,可以并处二千元以下罚款;情节较轻的,处五日以下拘留或者五百元以下罚款。第一种行为是:非法持有鸦片不满二百克、海洛因或者甲基苯丙胺不满十克或者其他少量毒品的。

二、非法持有毒品行为的构成特征

(一) 客体特征

本行为侵犯的客体是国家对毒品的管制。本行为的对象是毒品。毒品是指鸦片、海洛因、甲基苯丙胺(冰毒)、吗啡、大麻、可卡因以及国务院规定管制的其他能够使人形成瘾癖的麻醉药品和精神药品。行为对象包括为行为人所持有、无法查明真实来源和去向的一切毒品。行为人持有的祖传的毒品也可以成为本行为的对象。

(二) 客观方面特征

本行为的客观方面表现为非法持有鸦片不满200克、海洛因或者甲基苯丙胺不满10克或者其他少量毒品的行为。

持有毒品是指行为人对毒品事实上的支配,它包括行为人随身携带、住所内放置等。只要行为人对该毒品享有支配权,则应视为持有。“持有”应当具有以下特征:其一,持有毒品的行为对于毒品的来源并无特殊要求。行为人持有的毒品是自己购买、拾得、非法占有还是祖辈遗留的,对持有毒品行为的成立无影响。例如,行为人胡某从云南购买海洛因200克供自己吸食,后由他人检举,胡某被查获。人民法院认定胡某构成非法持有毒品罪,这是正确的。其二,持有行为的实质特征在于持有人对毒品的实际支配和控制。持有并不要求持有人一定是其所持有毒品的所有人,行为人为他人管理毒品也可以构成非法持有毒品罪。所谓“持有”,不要求持有人对所持有的毒品随时携带,毒品存在的方式和状态不影响“持有”的成立。“持有”可以是将毒品放置于秘密之处,也可以是放在他人之处,寄存、偷放于其他处所等。例如,王某有一些海洛因,因其所在城市扫毒,王某便将毒品送出城,藏于一朋友处,后王某的毒品被查获。此案中,不仅王某的朋友构成非法持有毒品罪,王某也构成非法持有毒品罪。其三,持有可以是共同持有,也可以是单独持有。其四,持有毒品必须不以进行其他毒品犯罪为目的或作为其他犯罪的延续,前者如为贩卖、走私毒品而非法持有,后者如买进毒品为以后贩卖而非法持有。其五,持有行为必须有一定的时间段,并非一持有即构成犯罪。“其他少量毒品”,是指除鸦片、海洛因或者甲基苯丙胺以外的毒品,如大麻、K粉、摇头丸等。《刑法》对非法持有毒品构成犯罪的最低数额规定为:鸦片200克、海洛因或者甲基苯丙胺10克,其他毒品数量较大的。

（三）主体特征

本行为主体为一般主体，即年满 14 周岁，具有辨认和控制能力的自然人都可以成为本行为主体。

（四）主观方面特征

本行为在主观方面表现为故意。从认识上看，行为人须明知是毒品而非法持有。至于毒品的名称、数量、含毒量的高低等，不要求明知；持有毒品的具体内容、持有毒品的目的，也不需要明知；行为人须明知非法持有毒品具有危害社会的结果，具有严重的社会危害性。从意志上看，行为人是希望或者放任危害结果发生。

三、非法持有毒品行为的处罚

下列情形可以认定为非法持有毒品行为的“情节较轻”：非法持有鸦片不满 20 克的；非法持有海洛因、甲基苯丙胺不满一克或者其他毒品数量未达到有关刑事立案追诉标准 10%的；其他情节较轻的情形。

第二十八节　其他与毒品有关的案件查处

一、法律规定

《治安管理处罚法》第 71 条规定：“有下列行为之一的，处十日以上十五日以下拘留，可以并处三千元以下罚款；情节较轻的，处五日以下拘留或者五百元以下罚款：(一) 非法种植罂粟不满五百株或者其他少量毒品原植物的；(二) 非法买卖、运输、携带、持有少量未经灭活的罂粟等毒品原植物种子或者幼苗的；(三) 非法运输、买卖、储存、使用少量罂粟壳的。有前款第一项行为，在成熟前自行铲除的，不予处罚。”

《治安管理处罚法》第 72 条规定的其他三种行为是：向他人提供毒品的；吸食、注射毒品的；胁迫、欺骗医务人员开具麻醉药品、精神药品的。

《治安管理处罚法》第 73 条规定：“教唆、引诱、欺骗他人吸食、注射毒品的，处十日以上十五日以下拘留，并处五百元以上二千元以下罚款。”

二、其他与毒品有关行为的构成特征

（一）非法种植毒品原植物行为

1. 客体特征。本行为侵犯的客体是国家对麻醉品原植物的管理制度。

2. 客观方面特征。本行为的客观方面表现为非法种植罂粟不满 500 株或者其他少量毒品原植物的行为。本行为必须同时具备以下两个条件：一是实施了非法种植罂粟或其他毒品原植物的行为。所谓种植，是指播种、除草、施肥、灌溉以及收取的整个过程。二是行为人种植毒品原植物情节必须轻微，尚不够刑事处罚的标准，即行为人种植的罂粟不满 500 株，大麻不满 5 000 株，并且经公安机关处理后没有再行种植或者没有抗拒铲除行为的，否则，应追究刑事责任。

3. 主体特征。本行为主体为一般主体，即年满 14 周岁，具有辨认和控制能力的自然人都可

以成为本行为主体。

4. 主观方面特征。本行为在主观方面表现为故意,即行为人明知是毒品原植物而非法种植。不论行为人出于何种目的非法种植毒品原植物,都属于违法行为。

(二) 非法买卖、运输、携带、持有毒品原植物种苗行为

1. 客体特征。本行为侵犯的客体是国家对毒品原植物的管理制度。行为的对象是未经灭活的毒品原植物种子或幼苗。

2. 客观方面特征。本行为的客观方面表现为非法买卖、运输、携带、持有少量罂粟等毒品原植物种子或者幼苗的行为。行为必须同时具备以下两个条件:一是实施了非法买卖、运输、携带、持有毒品原植物种子或者幼苗的行为;二是非法买卖、运输、携带、持有的毒品原植物种子须是未经灭活处理的。未经灭活的罂粟等毒品原植物种子,是指未经过烘烤、放射线照射等处理手段,还能继续繁殖、发芽的罂粟等毒品原植物种子。罂粟籽本身不具毒性,联合国严禁贩运毒品的公约和我国麻醉药品表中都未将其列为毒品,但联合国公约中明确规定对罂粟籽严格加以管制。

3. 主体特征。本行为主体为一般主体,即年满 14 周岁,具有辨认和控制能力的自然人都可以成为本行为主体。

4. 主观方面特征。本行为在主观方面表现为故意,即明知是毒品原植物种子或幼苗而故意地非法买卖、运输、携带、持有。

(三) 非法运输、买卖、储存、使用罂粟壳行为

1. 客体特征。本行为侵犯的客体是国家对麻醉药品的管理制度。

2. 客观方面特征。本行为的客观方面表现为非法运输、买卖、储存、使用少量罂粟壳的行为。这里的运输,是指自身携带或者利用交通工具将罂粟壳从一地运往另一地。买卖,是指购买或者销售罂粟壳的行为。储存,是指将罂粟壳存放在一定的场所。使用,是指将罂粟壳添加在食品里或者用做其他用途。

3. 主体特征。本行为主体为一般主体,即年满 14 周岁,具有辨认和控制能力的自然人都可以成为本行为主体。

4. 主观方面特征。本行为在主观方面表现为故意,即明知是罂粟壳而非法运输、买卖、储存、使用。

(四) 向他人提供毒品行为

1. 客体特征。本行为侵犯的客体是国家对毒品的管理制度和他人的身心健康。

2. 客观方面特征。本行为的客观方面表现为供给他人一定数量毒品的行为。本行为的客观方面必须同时具备以下两个条件:一是实施了向他人提供毒品的行为,行为人实施向他人提供毒品的形式多种多样,并不一定是行为人亲手交付;二是行为人提供毒品的行为是无偿的。行为人提供毒品行为应当是无偿的,即行为人以赠送、供给、非法批准等方式给予吸食、注射毒品者提供毒品。如果行为人向他人提供毒品,收取钱财的,无论是等价交换行为还是以营利为目的出售行为,都以贩卖毒品罪论处。

3. 主体特征。本行为主体为一般主体,即年满 14 周岁,具有辨认和控制能力的自然人都可以成为本行为主体。

4. 主观方面特征。本行为在主观方面表现为故意。

（五）吸毒行为

1. 客体特征。本行为侵犯的客体是国家对毒品的管理制度。

2. 客观方面特征。本行为的客观方面表现为吸入、尝试、食用或者通过一定医疗器械往自己体内注入毒品的行为。吸食、注射毒品，是指用口吸、鼻吸、吞服、饮用或者皮下、静脉注射等方法使用鸦片、海洛因、吗啡、大麻、可卡因、摇头丸、冰毒等毒品以及由国家管制的其他能够使人形成瘾癖的麻醉药品和精神药品。因治疗疾病的需要，依照医生的嘱咐和处方服用、注射麻醉药品和精神药品的，不属于吸食、注射毒品行为。

3. 主体特征。本行为主体为一般主体，即年满 14 周岁，具有辨认和控制能力的自然人都可以成为本行为主体。

4. 主观方面特征。本行为在主观方面表现为故意，即行为人明知是毒品而吸食、注射。

（六）胁迫、欺骗开具麻醉药品、精神药品行为

1. 客体特征。本行为侵犯的客体是国家对麻醉药品、精神药品的管理制度和医务人员的人身权利。

2. 客观方面特征。本行为的客观方面表现为采用胁迫、欺骗方式使医务人员开具麻醉药品、精神药品的行为。这里的胁迫，是指行为人对医务人员施以威胁、恐吓、进行精神上的强制，以迫使医务人员按照行为人的意思开具麻醉药品或精神药品，达到其目的。欺骗，是指隐瞒真相或编造谎言，如谎称自己、家人或亲朋好友患有绝症，急需麻醉药品或精神药品等情况，骗取医务人员的信任，为其开出麻醉药品、精神药品的行为。这里的麻醉药品，主要是指连续使用后容易使人产生身体依赖性、易成瘾的药品，如吗啡、杜冷丁等。精神药品，是指直接作用于中枢神经系统，使之兴奋或抑制，连续使用能使人体产生依赖性的药品，如甲基苯丙胺、安纳咖、安眠酮等。

3. 主体特征。本行为主体为一般主体，即年满 14 周岁，具有辨认和控制能力的自然人都可以成为本行为主体。

4. 主观方面特征。本行为在主观方面表现为故意。

（七）教唆、引诱、欺骗吸毒行为

1. 客体特征。本行为侵犯的客体是国家对毒品的管理制度和他人的身心健康。

2. 客观方面特征。本行为的客观方面表现为唆使、怂恿、利诱、欺骗他人吸食、注射毒品的行为。毒品，是指鸦片、海洛因、甲基苯丙胺（冰毒）、吗啡、大麻、可卡因以及国家规定管制的其他能够使人形成瘾癖的麻醉药品和精神药品。这里的教唆、引诱，是指通过向他人宣传吸毒后的感受和体验，示范吸毒的方法，或者对他人进行蛊惑，从而促使他人吸食、注射毒品的行为。教唆、引诱的方法有激将、劝说、请求、怂恿、建议、示范、传授等。欺骗他人吸食、注射毒品，是指在他人不知道真相的情况下，给他人吸食、注射毒品的行为，如在香烟或食品、药品中掺入毒品，供他人吸食或使用，使其不知不觉地由少到多地染上了毒瘾。

3. 主体特征。本行为主体为一般主体，即年满 14 周岁，具有辨认和控制能力的自然人都可以成为本行为主体。

4. 主观方面特征。本行为在主观方面表现为故意，即行为人明知教唆、引诱、欺骗他人吸食、注射的是毒品，将会导致危害他人健康的后果，是一种违法行为而故意为之。

三、其他与毒品有关行为的认定

（一）非法种植毒品原植物行为的认定

非法种植毒品原植物行为罪与非罪的界限在于，非法种植毒品原植物的数量多少和情节是否严重。非法种植罂粟超过 500 株、大麻超过 5 000 株，或者非法种植毒品原植物经公安机关处理后又种植的以及抗拒铲除的，构成《刑法》第 351 条规定的非法种植毒品原植物罪。反之，则构成非法种植毒品原植物的违反治安管理行为。

（二）非法买卖、运输、携带、持有毒品原植物种苗行为的认定

非法买卖、运输、携带、持有未经灭活的毒品原植物种子、幼苗的行为罪与非罪的界限主要在于，非法买卖、运输、携带、持有的毒品原植物种子、幼苗的数量多少。如果数量较大，则构成《刑法》第 352 条规定的非法买卖、运输、携带、持有毒品原植物种子、幼苗罪；如果非法买卖、运输、携带、持有的毒品原植物种子、幼苗的数量较少，则属于违反治安管理行为。

（三）非法运输、买卖、储存、使用罂粟壳行为的认定

非法运输、买卖罂粟壳的行为罪与非罪的界限主要是数量的多少。如果行为人非法运输、买卖、储存、使用的是少量的罂粟壳，则属于构成违反治安管理的行为，按照《治安管理处罚法》的规定处罚。反之，行为人非法运输、买卖罂粟壳数量较大，则按照《刑法》第 347 条的规定构成走私、贩卖、运输、制造毒品罪。

（四）向他人提供毒品行为的认定

向他人提供毒品的行为罪与非罪的界限主要是提供毒品的主体不同。如果非法提供麻醉药品、精神药品的主体是依法从事生产、运输、管理、使用国家管制的麻醉药品、精神药品的人员，则根据《刑法》第 355 条的规定构成非法提供麻醉药品、精神药品罪。应该注意的是，向他人提供毒品的行为是无偿提供，如果以牟利为目的向他人提供毒品，则属于《刑法》第 347 条规定的贩卖毒品罪。如果非法提供麻醉药品、精神药品的主体是一般主体，即达到责任年龄，具有责任能力的自然人，则构成违反治安管理行为。

（五）吸毒行为的认定

对吸食、注射毒品的行为，法律规定可以给予治安管理处罚，没有规定为犯罪行为。根据联合国《禁止非法贩运麻醉药品和精神药物公约》的规定，对吸毒者可以采取治疗、教育、善后护理、康复、回归社会等措施作为定罪处刑的替代办法。

（六）胁迫、欺骗开具麻醉药品、精神药品行为的认定

《刑法》没有对胁迫、欺骗医务人员开具麻醉药品、精神药品的行为单独列罪，但在一定情况下，胁迫、欺骗医务人员开具麻醉药品、精神药品的行为也可转化为犯罪行为。比如，行为人采用胁迫、欺骗手段骗取医务人员开具麻醉药品、精神药品后进行贩卖的，则构成《刑法》第 347 条规定的贩卖毒品罪。

（七）教唆、引诱、欺骗吸毒行为的认定

教唆、引诱、欺骗他人吸食、注射毒品的行为罪与非罪的界限主要是：情节是否显著轻微，危害是否不大。对于教唆、引诱、欺骗他人吸食、注射毒品的，应当依照《刑法》第 353 条的规定构成引诱、教唆、欺骗他人吸毒罪。对于情节显著轻微，危害不大的，应当给予治安管理处罚，如在被引诱人的怂恿下谈吸毒体会的行为。

四、其他与毒品有关行为的处罚

下列情形可以认定为非法种植毒品原植物行为的“情节较轻”：非法种植罂粟不满 50 株、大麻不满 500 株的；非法种植罂粟不满 20 平方米、大麻不满 200 平方米，尚未出苗的；其他情节较轻的情形。

下列情形可以认定为非法买卖、运输、携带、持有毒品原植物种苗行为的“情节较轻”：非法买卖、运输、携带、持有未经灭活的罂粟种子不满 5 克、罂粟幼苗不满 500 株的；非法买卖、运输、携带、持有未经灭活的大麻幼苗不满 5 000 株、大麻种子不满 5 000 克的；其他情节较轻的情形。

下列情形可以认定为非法运输、买卖、储存、使用罂粟壳行为的“情节较轻”：非法运输、买卖、储存、使用罂粟壳不满 5 000 克的；其他社会危害性不大的。

下列情形可以认定为提供毒品，吸毒，胁迫、欺骗开具麻醉药品、精神药品违法行为的“情节较轻”：向他人提供毒品后及时收回且未造成危害后果的；未成年人、在校学生吸食毒品且无戒毒史或者无戒断症状的；欺骗医务人员开具少量麻醉药品、精神药品尚未吸食、注射的。其他社会危害性不大的。

第二十九节 为吸毒、赌博、卖淫、嫖娼人员通风报信案件查处

一、法律规定

《治安管理处罚法》第 74 条规定：“旅馆业、饮食服务业、文化娱乐业、出租汽车业等单位的人员，在公安机关查处吸毒、赌博、卖淫、嫖娼活动时，为违法犯罪行为人通风报信的，处十日以上十五日以下拘留。”

二、为吸毒、赌博、卖淫、嫖娼人员通风报信行为的构成特征

（一）客体特征

本行为侵犯的客体是社会管理秩序和公安机关的执法活动。

（二）客观方面特征

本行为的客观方面表现为旅馆业、饮食服务业、文化娱乐业、出租汽车业等行业的人员在公安机关进行执法活动时，实施了向吸毒、赌博、卖淫、嫖娼的违法犯罪人员通风报信的行为。行为的主体既包括单位的负责人，如法定代表人、经理等，也包括单位的职工。为违法犯罪行为人通风报信，是指在公安机关依法查处吸毒、赌博、卖淫、嫖娼的违法犯罪分子时，向违法犯罪人员通报行动的时间、地点、对象和方式等消息的行为。通风报信，包括各种传递消息的方法和手段，如通过打电话、发送短信息、传呼信号和事先约定的各种联系暗号等。这里所说的公安机关查处吸毒、赌博、卖淫、嫖娼活动，既包括查处的部署阶段，也包括实施阶段。

（三）主体特征

本行为主体为特殊主体，即旅馆业、饮食服务业、文化娱乐业、出租汽车业等行业的人员。

(四)主观方面特征

本行为在主观方面表现为故意,一般是为了谋取非法利益而纵容、包庇吸毒、赌博、卖淫、嫖娼等违法犯罪活动。

三、为吸毒、赌博、卖淫、嫖娼人员通风报信行为的认定

旅馆业、饮食服务业、文化娱乐业、出租汽车业等行业的人员,在公安机关查处吸毒、赌博、卖淫、嫖娼活动时,为违法犯罪行为人通风报信的行为罪与非罪的界限在于情节是否严重。主要包括以下两方面:一是《刑法》第 362 条的规定未包括在公安机关查处吸毒、赌博活动时,为违法犯罪分子通风报信的;二是行为人实施上述行为,如果情节严重,就构成《刑法》第 310 条规定的窝藏、包庇罪,如严重干扰对卖淫、嫖娼活动的打击或者有其他恶劣情节的行为。如果情节较轻,应当按照《治安管理处罚法》的规定,给予治安管理处罚。

第三十节 饲养动物干扰他人正常生活、放任动物恐吓他人和驱使动物伤害他人案件查处

一、法律规定

《治安管理处罚法》第 75 条规定:"饲养动物,干扰他人正常生活的,处警告;警告后不改正的,或者放任动物恐吓他人的,处二百元以上五百元以下罚款。驱使动物伤害他人的,依照本法第四十三条第一款的规定处罚。"

二、饲养动物干扰他人正常生活、放任动物恐吓他人和驱使动物伤害他人行为的构成特征

(一)饲养动物干扰他人正常生活行为

1. 客体特征。本行为侵犯的客体是人们的公共生活秩序。近些年来,随着人们生活水平的提高,城市饲养动物的现象比较普遍,有的作为家庭宠物,有的为了开展娱乐、竞赛,还有的成了主人的情感陪伴或者寄托等。但随之而来的问题,是有些人未能管理好自己饲养的动物,经常出现一些损坏他人的财物、咬伤他人或者干扰他人正常生活秩序等扰民现象,引起了一些纠纷或矛盾。为了保障公民的健康和人身安全,维护环境和社会公共秩序,对饲养动物的问题应当有所规范。《治安管理处罚法》也正是从这个意义上对一些饲养动物行为进行了规定。

2. 客观方面特征。本行为的客观方面表现为行为人饲养动物没有履行好管理义务,致使动物干扰了他人正常生活秩序的行为。本行为包含两个层面的含义:一方面是行为人没有履行好饲养动物的管理义务,也就是说没有遵守正常的公共场所动物活动规则,使得自己饲养的各种动物对他人的正常生活造成干扰。这里的动物,既包括家庭饲养的小宠物,如猫狗禽鸟等,也包括牲畜家禽等饲养的各种飞禽走兽。这里的饲养,包括在专门动物养殖场里圈养的动物,也包括公民私人家养的各类动物。另一方面是干扰了他人的正常生活秩序。所谓干扰他人正常生活,主要是指违反圈养或者饲养动物的规定,给他人的正常生活带来了一定的影响。例如在夜深人静或者午间休息期间,饲养的猫狗吠叫声音致使周围居民无法得到正常休息;饲养者随意在生活区

遛狗，致使狗追逐他人或者嗅闻他人，给他人造成精神恐惧或者卫生问题的干扰等。

3. 主体特征。本行为主体为一般主体，即年满 14 周岁，具有辨认和控制能力的自然人都可以成为本行为主体。

4. 主观方面特征。本行为在主观方面表现为故意。

（二）放任动物恐吓他人行为

1. 客体特征。本行为侵犯的客体是人们的公共生活秩序和公民的人身权利。

2. 客观方面特征。本行为的客观方面表现为行为人对自己管理或者所有的动物造成他人精神恐惧而不予制止的行为。放任动物恐吓他人，是指明知饲养的动物不严加看管会造成恐吓他人的后果而故意不管理，听之任之的行为，如不给动物系锁链、绳索等。

3. 主体特征。本行为主体为一般主体，即年满 14 周岁，具有辨认和控制能力的自然人都可以成为本行为主体。

4. 主观方面特征。本行为在主观方面表现为故意为之，即明知自己饲养的动物会恐吓他人而持放任态度。

（三）驱使动物伤害他人行为

1. 客体特征。本行为侵犯的客体是公民的人身权利。

2. 客观方面特征。本行为的客观方面表现为行为人实施了驱使动物伤害他人的行为。这里的驱使动物伤害他人，是指饲养动物或牵领动物的人，故意用声音、语言、眼神或动作暗示或指使动物对他人进行攻击的行为。这种行为一般有两种情况：一种是为了报复他人，故意驱使动物伤害他人；另一种是出于取乐，寻求精神刺激。不管动机如何，只要伤害了他人，就构成违反治安管理行为。

3. 主体特征。本行为主体为一般主体，即年满 14 周岁，具有辨认和控制能力的自然人都可以成为本行为主体。

4. 主观方面特征。本行为在主观方面表现为故意为之。

［自测自评］

【思考练习题】

1. 梁某与李某合租一套公寓，梁某买了一辆私家车，李某非常羡慕。李某决定学车，也想过过车瘾。一天，李某趁梁某睡觉，偷偷开走梁某的私家车。李某驾车发生刮擦事故，后私了开车回公寓，被梁某发现。次日，梁某拨打 110 报案称李某盗窃自己的车辆，请求公安机关对李某进行处理。值班民警经过初查，认为李某没有盗窃行为，于是责令李某修复车辆，同时不予受理此案。

请问：

(1) 值班民警对梁某报案的处理是否正确，为什么？

(2) 如果对李某行为进行处理，如何处理为好？

2. 2017 年 5 月 24 日，某县税务局局长甲给东喻村村书记乙打电话，在电话中甲向乙推销《2017 年现行财务会计规章制度工作实务全书》，书价 1 399 元，乙同意购买。社会闲散人员丙得知此消息后，于 2007 年 5 月 25 日早 8 时指使同伙丁来到东喻村，找到乙后，丁自称是地税局打扫卫生人员，局长甲委托其来收取书款，同时丁将丙冒充甲打来的电话让乙接听来骗取信任。乙对来电电话进行查询后识破了骗局，并报案。

问题：

(1) 丙、丁构成何种治安违法行为？

(2) 丙、丁二人应当如何处罚？

3. 试论治安民警如何以“经营意识”为引领，完善对卖淫嫖娼嫌疑人的询问调查笔录内容。

全书思考练习题参考答案